A coragem da desesperança

Slavoj Žižek

A coragem da desesperança

Crônicas de um ano em que agimos perigosamente

Tradução:
Renato Aguiar

Para Jela, assim simplesmente, por nenhuma razão

Título original:
The Courage of Hopelessness
(Chronicles of a Year of Acting Dangerously)

Tradução autorizada da primeira edição inglesa, publicada em 2017
por Allen Lane, um selo de Penguin Books, de Londres, Inglaterra

Copyright © 2017, Slavoj Žižek

Copyright da edição brasileira © 2019:
Jorge Zahar Editor Ltda.
rua Marquês de S. Vicente 99 – 1º | 22451-041 Rio de Janeiro, RJ
tel (21) 2529-4750 | fax (21) 2529-4787
editora@zahar.com.br | www.zahar.com.br

Todos os direitos reservados.
A reprodução não autorizada desta publicação, no todo
ou em parte, constitui violação de direitos autorais. (Lei 9.610/98)

Grafia atualizada respeitando o novo
Acordo Ortográfico da Língua Portuguesa

A editora não se responsabiliza por links ou sites aqui indicados,
nem pode garantir que eles continuarão ativos e/ou adequados,
salvo os que forem propriedade da Zahar.

Preparação: Ana Lima Cecílio
Revisão: Tamara Sender, Eduardo Monteiro
Imagem da capa: © Matt Carr/Getty Images

CIP-Brasil. Catalogação na publicação
Sindicato Nacional dos Editores de Livros, RJ

	Žižek, Slavoj, 1949-
Z72c	A coragem da desesperança: crônicas de um ano em que agimos perigosamente/Slavoj Žižek; tradução Renato Aguiar. – 1.ed. – Rio de Janeiro: Zahar, 2019.
	Tradução de: The courage of hopelessness: chronicles of a year of acting dangerously
	ISBN 978-85-378-1763-6
	1. Mudança social. 2. Ciências sociais. 3. Capitalismo. I. Aguiar, Renato. II. Título.

CDD: 303.4
CDU: 316.42

18-48527

Sumário

Introdução: *V de Vingança*, parte 2   7

PARTE I **Os altos e baixos do capitalismo global**

1. Mal-estar do capitalismo global   25

2. Syriza, a sombra de um acontecimento   73

3. Religião e suas alegrias   121

PARTE II **O teatro de sombras ideológico**

4. A "ameaça terrorista"   175

5. O sexual (não) é político   221

6. A tentação populista   273

Finale: A solidão do policial global num mundo multicêntrico   337

Notas   351

Introdução
V *de Vingança*, parte 2

Num maravilhoso comentário sobre o romance de Italo Svevo *A consciência de Zeno*, Alenka Zupančič desenvolve uma matriz sistemática das relações entre repetição e fim.[1] A versão básica é a falsa referência à liberdade de escolha em que (se tomarmos o caso do tabagismo) a minha percepção de que posso parar de fumar a qualquer momento garante que nunca irei fazê-lo realmente – a possibilidade de parar de fumar é o que bloqueia a verdadeira mudança; ela permite aceitar nosso tabagismo contínuo sem consciência pesada, de modo que parar de fumar está consistentemente presente no princípio mesmo de continuar a fazê-lo. (Como observa Zupančič com perspicácia, basta imaginar uma situação na qual o sujeito tem de pôr na balança a seguinte decisão: você pode fumar ou não, mas uma vez que comece a fumar, você não tem mais escolha, não poderá parar. Muito menos pessoas começariam a fumar sob esta condição.) Quando já não posso mais tolerar a hipocrisia dessa eterna desculpa, o próximo passo consiste numa inversão imanente da mesma postura: eu decido fumar e proclamo que este é o último cigarro da minha vida, de modo que o desfruto com um excedente especial de prazer, propiciado pela percepção de que aquele é meu último cigarro... e faço e refaço isso reiteradamente, repetindo interminavelmente o fim, o último cigarro. O problema com essa solução é que ela só funciona (i.e., o excedente de prazer só é produzido) se, a cada vez que eu declarar que aquele é meu último cigarro, eu acreditar sinceramente que é de fato o último, de modo que essa estratégia também fracassa. No romance de Svevo, o passo seguinte é que o analista (que, até então, tentou convencer Zeno de que fumar é perigoso para a sua saúde física e mental) muda sua estratégia e afirma que Zeno deve fumar tanto quanto queira, já que saúde não é realmente um problema – o único traço patológico é a obsessão de Zeno com fumar, sua paixão por parar de fazê-lo.

Assim, devemos dar um fim não ao ato de fumar, mas à própria tentativa de fumar. Previsivelmente (para qualquer um com experiência analítica), o efeito dessa mudança é catastrófico: em vez de finalmente sentir-se aliviado e capaz de fumar (ou não) sem culpa, Zeno fica totalmente perturbado e desesperado. Ele fuma feito um doido e no entanto se sente totalmente culpado, sem obter dessa culpa nenhuma satisfação narcísica. Atormentado, ele colapsa. O que quer que faça se revela errado: nem proibições nem permissividade funcionam, não há saída, nenhuma acomodação ou compromisso aprazível; e, como fumar foi o foco de sua vida, até isso perde o sentido, não há mais propósito em fazê-lo. Então, em completo desespero – e não como uma grande decisão –, ele *para de fumar...* A saída aparece inesperadamente, quando Zeno aceita a total desesperança de seu dilema. E essa mesma matriz também deve ser aplicada à perspectiva de mudanças radicais. A atitude predominante entre os "radicais de esquerda" acadêmicos ainda é a mesma que, em 1937, George Orwell descreveu a propósito das diferenças de classe:

> Nós todos falamos mal de distinções de classe, mas muito poucas pessoas desejam seriamente aboli-las. E eis que você dá de cara com o importante fato de que toda opinião revolucionária extrai parte de sua força de uma convicção oculta de que nada pode ser mudado.[2]

O argumento de Orwell é que os radicais evocam a necessidade de mudança revolucionária como uma espécie de moeda supersticiosa que deve realizar o oposto, i.e., *impedir* que mudanças realmente aconteçam – como o acadêmico de esquerda de hoje, que critica o imperialismo cultural capitalista mas na realidade está horrorizado com a ideia de que seu campo de estudo venha a se tornar redundante. A postura aqui é a mesma que aquela do fumante convencido de que pode parar de fumar se escolher fazê-lo: a possibilidade de mudança é evocada para garantir que

Introdução 9

ela não será posta em ação. E com isso ganhamos toda uma panóplia de estratégias que redundam no mesmo, até o "aceleracionismo" (o capitalismo sofrerá colapso através de seu próprio desenvolvimento excessivo, consequentemente, encarreguemo-nos disso até o fim...). É só quando entramos em desespero e não sabemos mais o que fazer que mudanças podem ser implementadas – nós temos de passar por este ponto zero de desesperança. Em resumo, nós temos de desempenhar na política uma inversão semelhante àquela desempenhada em "O homem do realejo", a canção que conclui *Viagem de inverno*, de Schubert. Ela parece descrever o desespero absoluto do amante abandonado que finalmente perde toda esperança, inclusive a própria capacidade de prantear e se desesperar, e conjura o homem da rua, que toca seu realejo. No entanto, como muitos analistas observaram, essa última canção também pode ser lida como um sinal de redenção iminente: enquanto todas as demais canções do ciclo apresentam a meditação introvertida do herói, aqui, pela primeira vez, o herói se extroverte e estabelece um contato mínimo, uma identificação enfática com outro ser humano, embora a identificação se dê com outro perdedor desesperado, despossuído até mesmo de sua capacidade de prantear e reduzido a desempenhar gestos cegos e mecânicos. Dois anos antes de sua morte, quando ficou claro que não ia acontecer nenhuma revolução abrangendo toda a Europa, e sabendo que a ideia da construção do socialismo era absurda, Lênin chegou a ponto de escrever:

> E se a total desesperança da situação, ao estimular dez vezes mais os esforços dos operários e camponeses, nos oferecesse a oportunidade de criar os requisitos fundamentais de civilização de uma maneira diferente daquela dos países europeus ocidentais?[3]

A operação ideológica básica de Stálin foi precisamente inverter a leitura de Lênin da situação: ele apresentou o isolamento da União Soviética como a única chance de construir o socialismo em um país. Naquela situação histórica, a fórmula de Stálin foi uma fórmula de esperança. Entretanto, a década seguinte tornou evidente o preço da tentativa de levar essa esperança a cabo: expurgos, fome generalizada etc. A lição do comunismo do século XX é que é preciso juntar coragem para assumir plenamente a desesperança. Giorgio Agamben disse numa entrevista que "o pensamento é a coragem da desesperança" – um insight que é especialmente pertinente para nosso momento histórico, quando até mesmo o diagnóstico mais pessimista em regra se conclui com a sugestão animadora de alguma versão da proverbial luz no fim do túnel. A verdadeira coragem não é imaginar uma alternativa, mas aceitar as consequências do fato de que não há alternativa claramente discernível: o sonho de uma alternativa é um sinal de covardia teórica, funcionando como um fetiche que nos impede de considerar até o fim o beco sem saída do nosso dilema. Em resumo, a verdadeira coragem é admitir que a luz no fim do túnel é provavelmente o farol de um trem vindo de encontro a nós.

Recentemente, esse trem que se aproxima assumiu muitas formas. Nos últimos anos, problemas no nosso paraíso capitalista-global explodiram em quatro níveis, com quatro figuras do inimigo: a renovada ameaça terrorista fundamentalista (a declaração de guerra contra o Estado Islâmico (EI), Boko Haram...); as tensões geopolíticas com e entre potências não europeias (China e especialmente a Rússia); a ascensão de novos movimentos emancipatórios radicais na Europa (Grécia e Espanha, por enquanto); e o fluxo de refugiados que cruza o muro que separa "Nós" de "Eles" e impõe, assim, "uma ameaça ao nosso modo de vida". É crucial compreender essas ameaças em sua interconexão – não no sentido de que sejam quatro faces de um mesmo inimigo, mas no sentido de expressarem aspectos da mesma "contradição" imanente do capitalismo global. Apesar de o fundamentalismo e o fluxo de refugiados aparecerem como as mais ameaçadoras das quatro faces (não é o EI uma negação brutal dos nossos valores civilizados?), as tensões com a Rússia representam um perigo muito mais sério para a paz na Europa, enquanto movimentos como o Syriza, antes de sua capitulação, solapam o capitalismo global em sua versão neoliberal a partir de dentro. Mas não deve haver mal-entendido aqui: as potências ocidentais podem coexistir facilmente com regimes fundamentalistas; ao passo que, no caso de Putin, o problema é como conter a Rússia em termos geopolíti-

Introdução

cos (lembrem-se de que a ascensão dele é resultado dos catastróficos anos da administração Yeltsin, marcados pela corrupção e nos quais os conselheiros econômicos ocidentais ajudaram a humilhar a Rússia e a levá-la à ruína). Assim, embora os Estados Unidos tenham declarado guerra contra o EI, e apesar de haver comentários constantes sobre a ameaça de guerra com a Rússia, o perigo verdadeiro está nos novos movimentos emancipatórios moderados e "pacíficos", desde o Syriza na Grécia até os seguidores de Bernie Sanders nos Estados Unidos, e na sua suposta radicalização. Por causa dessa percepção equivocada da política radical, nós vivemos em tempos de pseudoconflitos: no Reino Unido, Brexit "sim" ou "não"; na Turquia, militares ou Erdogan; no Leste Europeu, novos fundamentalistas bálticopolaco-ucranianos ou Putin; na França, burquíni ou seios nus; na Síria, Assad ou Estado Islâmico... Em todos esses casos, embora seja possível preferir-se ligeiramente um lado a outro, a postura última deveria ser de indiferença, muito bem traduzida por Stálin, que, quando perguntado no final da década de 1920 que desvio era pior, se o de direita ou o de esquerda, respondeu de bate-pronto: "Ambos são piores!" Ainda existe potencial de mudança real por baixo dessas pseudolutas? Sim, existe, haja vista o fato de que seu papel é precisamente bloquear a explosão das verdadeiras lutas.

Ódio, rebelião e novo poder oferecem uma espécie de tríade dialética do processo revolucionário. Primeiro, há um ódio caótico: as pessoas estão insatisfeitas e demonstram isso de maneira mais ou menos violenta, mas sem nenhuma meta ou organização clara. Quando esse ódio se organiza, nós temos uma rebelião com organização mínima e uma consciência mais ou menos clara de quem é o inimigo e do que deve ser mudado. Finalmente, se ocorre rebelião, o novo poder enfrenta o imenso desafio de organizar a nova sociedade. (Lembrem-se da anedota da conversa entre Lênin e Trótski, pouco antes da Revolução de Outubro. Lênin disse: "O que vai acontecer conosco se falharmos?" Trótski respondeu: "E o que vai acontecer se tivermos êxito?") O problema é que nós quase nunca temos essa tríade em sua progressão lógica: o ódio caótico se dilui ou se transforma em populismo direitista; a rebelião tem êxito, mas perde força e se compromete de muitas maneiras. É por isso que o ódio ocorre não só no começo, mas também no fim, como resultado dos projetos emancipatórios fracassados. Lembrem-se de protestos como os de Ferguson, em agosto de 2014 nos Estados Unidos, depois da morte a tiros de Michael Brown por um policial. Não seriam exemplos contemporâneos do que Walter Benjamin chamou de "violência divina"? Tais protestos não são parte de uma estratégia de longo prazo – como formula Benjamin, eles são meios sem fins. Essa mesma definição não se aplica apenas a outros protestos que se seguiram a Ferguson, como os distúrbios de Baltimore em abril de 2015, mas também aos distúrbios suburbanos franceses no outono de 2005, quando vimos milhares de carros incendiados e uma grande explosão de violência pública? O que salta aos olhos nesses protestos é a total ausência de quaisquer perspectivas utópicas entre os protestadores: se Maio de 68 foi uma revolta liderada principalmente por estudantes e operários com uma visão utópica, as revoltas na Paris suburbana de 2005 foram irrupções entre comunidades imigrantes guetizadas sem nenhuma pretensão de visão coletiva. Se o lugar-comum, frequentemente repetido, de que vivemos numa era pós-ideológica tem algum sentido, é este. O fato de que não havia *nenhum* programa nos subúrbios em chamas de Paris é, portanto, em si, um fato a ser interpretado. Ele nos diz muito sobre a nossa situação político-ideológica. Que tipo de universo é este que habitamos, que celebra a si próprio como uma sociedade de escolhas, mas em que a única opção disponível para o consenso democrático imposto são ações impulsivas cegas?

Eis como Göran Therborn caracteriza sucintamente a nossa situação: "Nunca antes tivemos maiores possibilidades de um mundo bom para a espécie humana como um todo. Ao mesmo tempo, a lacuna entre o potencial humano e as condições existentes da humanidade em sua totalidade provavelmente nunca foi tão grande."[4] Por que essa lacuna? Em seu *Idea of Socialism*,[5] Axel Honneth começa com o grande paradoxo da situação de hoje: há uma insatisfação crescente com o capitalismo global, a qual explode frequentemente em ódio, mas é cada vez menos possível expressar esse ódio num novo projeto político de esquerda. E, quando esse ódio crescente é articulado num programa, é predominantemente à guisa de direitismo populista. Quando nos perguntamos sobre a enigmática as-

Introdução 13

censão do fundamentalismo muçulmano, não deveríamos também nos perguntar sobre a não menos enigmática ascensão do fundamentalismo religioso-nacionalista em países como Polônia, Hungria e Croácia? Nas últimas décadas, a Polônia protagonizou uma das poucas histórias definitivas de sucesso na Europa: após a queda do socialismo, a produção per capita mais que dobrou e por um bom tempo o governo liberal-centrista moderado de Donald Tusk comandou o país – então, praticamente do nada, sem nenhum grande escândalo de corrupção como na Hungria, a extrema direita assumiu e há hoje um movimento disseminado para proibir o aborto, mesmo nos casos limítrofes de risco de morte para a saúde das mães, estupro e deformidade do feto. O que está acontecendo?

O caso da Polônia também é importante por outra razão: produz uma forte refutação empírica à rejeição, pela esquerda liberal predominante, do populismo autoritário como política contraditória fadada ao fracasso. Embora em princípio isso seja verdade – a longo prazo estaremos todos mortos, como diz o senhor J.M. Keynes –, pode haver muitas surpresas no (não tão) curto prazo:

A visão convencional do que está reservado para os Estados Unidos (e possivelmente para a França e a Holanda) em 2017 aponta um governante errático que implementa políticas contraditórias, as quais beneficiam fundamentalmente os ricos. Os pobres irão perder, porque os populistas já não têm mais nenhuma esperança de restaurar empregos fabris, apesar de suas promessas. E os fluxos maciços de migrantes e refugiados continuarão, pois os populistas não têm nenhum plano para lidar com a raiz do problema. No final, governos populistas incapazes de controle efetivo se desintegrarão e seus líderes irão enfrentar *impeachments* ou perder reeleições. Mas os liberais estavam errados. O PiS (Lei e Justiça, o partido populista-direitista no poder) se transformou de uma nulidade ideológica em um partido que conseguiu introduzir mudanças surpreendentes com velocidade e eficiência recordes ... ele implementou as maiores transferências sociais da história contemporânea da Polônia. Pais recebem um benefício mensal de 500 zlótis (US$ 120) por cada filho após o primeiro, ou para todos os filhos nas famílias mais pobres (a renda líquida média mensal é de cerca de 2.900 zlótis, embora mais de dois terços dos poloneses ganhem menos). Como resultado, a taxa de pobreza declinou de 20 a 40%, e de 70 a 90% entre as crianças. Essa lista prossegue: em 2016, o governo introduziu medicação gratuita para pessoas acima de 75 anos. O salário mínimo hoje excede o que os sindicatos pensaram. A idade de aposentadoria foi reduzida de 67 para sessenta anos para mulheres e 65 homens. O governo também planeja uma redução de impostos para os contribuintes de baixa renda.[6]

O PiS faz o que Marine Le Pen também promete fazer na França: uma combinação de medidas antiausteridade – transferências sociais que nenhum partido de esquerda sequer ousa considerar – mais uma promessa de ordem e segurança que afirma a identidade nacional e se compromete a lidar com a ameaça imigrante. Quem pode derrotar essa combinação, que responde diretamente às duas grandes preocupações das pessoas comuns? Podemos discernir no horizonte uma situação estranhamente pervertida, na qual a "esquerda" oficial está aplicando políticas de austeridade (enquanto advoga direitos multiculturais e assim por diante), ao passo que a direita populista está adotando medidas antiausteridade para ajudar os pobres (enquanto adota uma agenda xenófoba nacionalista) – a última imagem do que Hegel descreveu como *die verkehrte Welt*, "o mundo de pernas para o ar".

E se Trump for na mesma direção? E se seu projeto de protecionismo moderado e grandes obras públicas, combinado com medidas de segurança anti-imigrantes e uma nova paz pervertida com a Rússia, de algum modo funcionar? A língua francesa usa o assim chamado *ne explétif* depois de certos verbos e conjugações; a partícula também é chamada de "*ne* não negativo", porque não tem valor negativo em si mesma – "é usada em situações em que a cláusula independente tem um sentido negativo (ou negativo-ruim ou negativo-negado), como expressões de medo, advertência, dúvida e negação".[7] Por exemplo: "*Elle a peur qu'il ne soit malade*" ["Ela está com medo de que ele esteja doente"]. Lacan observou como esta negação supérflua exprime perfeitamente a lacuna que separa nosso ver-

Introdução

dadeiro desejo inconsciente do nosso anseio consciente: quando a esposa teme que o marido esteja doente, ela pode estar inquieta de ele não estar doente (desejar que ele esteja doente). Não poderíamos dizer exatamente o mesmo sobre os liberais de esquerda horrorizados com Trump? *Ils ont peur qu'il ne soit une catastrophe.* O que eles realmente temem é que ele não seja uma catástrofe.

Assim, passemos ao outro extremo, a construção de um novo poder. Quando, um dia depois de ganhar o referendo contra a pressão da União Europeia (UE) e dizendo "não" às políticas de austeridade, o governo Syriza cedeu totalmente a essa pressão, essa reversão surpreendente simbolizou o "julgamento infinito" final (coincidência de opostos) da política de esquerda contemporânea no poder: não houve nenhuma mediação gradual entre os dois extremos, nenhum deslizamento lento rumo a um compromisso, mas sim uma reversão direta e brutal – imediatamente após um resoluto "não" à política de austeridade, o Syriza se tornou seu fiel executor. Temos que aceitar esse paradoxo em sua expressão mais pura, sem diluí-lo mediante referências a circunstâncias particulares (medo, ou mesmo corrupção deslavada da liderança Syriza etc.). Estamos lidando com uma reversão dialética hegeliana no sentido próprio do termo, na qual a mais elevada postura ética se torna uma subserviência não menos íntegra.

Na cena final do filme *V de Vingança* (2006), milhares de londrinos desarmados usando máscaras de Guy Fawkes marcham rumo ao Parlamento; sem receber ordens, os militares permitem que a multidão entre no Parlamento, e o povo toma o poder. Quando Finch pergunta a Evey qual era a identidade de V, ela responde: "Ele era todos nós." Certo, um momento de êxtase maravilhoso, mas eu venderia minha mãe como escrava para assistir a uma segunda parte de *V de vingança*. O que teria acontecido no dia seguinte à vitória do povo: como eles iriam (re)organizar a sua vida cotidiana?

Ecoando o crescimento dos grandes protestos populares nos últimos anos, com centenas de milhares se reunindo em praças públicas (de Nova York, Paris e Madri até Atenas, Istambul e Cairo), o "agenciamento" (não no sentido da teoria do agenciamento de Latour e DeLanda, mas no sentido de analisar o fenômeno do agenciamento em espaços públicos), seus efeitos performativos, seu poder de desafiar as relações de poder existentes, tornou-se um tópico popular de teoria. É preciso manter um distanciamento cético em relação a esse tópico: quaisquer que sejam os seus méritos, ele deixa intocado o problema-chave de como passar do protesto agenciador à imposição de um novo poder, de como esse novo poder vai funcionar em oposição ao antigo. Jean-Claude Milner relata que Althusser improvisou certa vez uma tipologia de líderes revolucionários dignos da classificação de Kierkegaard dos humanos como funcionários públicos, empregadas domésticas e limpadores de chaminé: os que citam provérbios, os que não citam provérbios e os que inventam (novos) provérbios. Os primeiros são canalhas (opinião de Althusser sobre Stálin), os segundos são grandes revolucionários fadados ao fracasso (Robespierre); só os terceiros compreendem a verdadeira natureza de uma revolução e são exitosos (Lênin, Mao). Se deixarmos de lado a leitura de Milner dessa tríade (os líderes autênticos bem-sucedidos importaram a ideia revolucionária do exterior e, para fazê-la parecer enraizada em seu país, tiveram que revesti-la sob a forma popular de provérbios),[8] sua importância reside no fato de que ela registra três maneiras diferentes de se relacionar com o grande Outro (a substância simbólica, o domínio dos costumes e saberes não escritos mais bem expressos na estupidez de provérbios). Canalhas simplesmente reinscrevem a revolução na tradição ideológica de sua nação (para Stálin, a União Soviética era o último estágio do desenvolvimento progressivo da Rússia). Revolucionários radicais como Robespierre fracassam porque apenas realizam uma ruptura com o passado sem ter êxito em seu esforço para impor um novo conjunto de costumes (lembrem-se do fracasso retumbante da ideia de Robespierre de substituir a religião por um novo culto a um ser supremo). Líderes como Lênin e Mao tiveram êxito (por algum tempo, pelo menos) porque inventaram provérbios novos, o que significa que impuseram novos costumes que regulavam a vida cotidiana. Uma das melhores tiradas de Sam Goldwyn nos conta como, depois de saber que os críticos às vezes se queixavam de que havia clichês demais em seus

Introdução

filmes, ele escreveu um memorando ao seu departamento de roteiristas: "Nós precisamos de mais clichês novos!" Ele estava certo, e essa é uma das tarefas mais difíceis de uma revolução – criar "clichês novos" para a vida diária comum.

Há uma ideia circulando subterraneamente entre muitos esquerdistas radicais desapontados, uma repetição mais suave da opção pelo terror na esteira do movimento de Maio de 68 (Action Directe na França, Baader-Meinhof na Alemanha, por exemplo): só uma catástrofe radical (preferivelmente uma catástrofe ecológica) pode despertar as grandes massas e, assim, dar um novo ímpeto à emancipação radical. A última versão dessa ideia diz respeito aos refugiados: a afluência de um número realmente grande de refugiados seria capaz de revitalizar a esquerda radical europeia. Eu acho essa linha de pensamento obscena: não obstante o fato de que tal desenvolvimento daria certamente imenso impulso à brutalidade anti-imigrantes, o aspecto verdadeiramente louco da ideia é que ela tenta preencher o vazio deixado pela ausência de proletariado mediante importá-lo do estrangeiro, de modo que chegássemos à revolução através de um agente revolucionário substituto...

Pode-se afirmar, é claro, que as derrotas sucessivas da esquerda são apenas etapas de um longo processo educacional que pode acabar em vitória – digamos, Occupy Wall Street criou as condições para o movimento Bernie Sanders, o qual, por sua vez, pode atuar como primeira etapa na ascensão de um movimento de esquerda amplo e organizado. Entretanto, o mínimo que se pode dizer é que, a partir de 1968, o edifício do poder demonstrou uma capacidade extraordinária de usar os movimentos de contestação como fonte de sua própria renovação. Porém, se o quadro é tão desanimador, por que então não fechar a barraca e nos resignar a um modesto reformismo? Muito simplesmente, o problema é que o capitalismo global nos confronta com uma série de antagonismos que não podem ser controlados nem sequer contidos dentro do quadro da democracia capitalista global. Ninguém menos que Elon Musk, a figura icônica do Vale do Silício, fundador da SolarCity e da Tesla, propôs a fórmula: "Os robôs vão tirar seu trabalho, o governo vai ter que pagar seu salário":

Computadores, máquinas inteligentes e robôs parecem ser a força de trabalho do futuro. E à medida que mais e mais empregos são substituídos por tecnologia, as pessoas terão menos trabalho a fazer e, em última análise, serão sustentadas por pagamentos do governo, prediz Elon Musk. Segundo Musk, realmente não haverá outras opções: "Há uma boa chance de que nós cheguemos a uma renda básica universal, ou algo parecido, devido ao automatismo."[9]

Se esta perspectiva não é o fim do capitalismo, então o que é? Deve-se igualmente observar que a fórmula de Musk implica um governo forte, e não apenas uma rede qualquer de cooperativas locais. Assim, a única questão *verdadeira* hoje é a seguinte: endossamos a aceitação predominante de que o capitalismo é um fato da natureza (humana) ou o capitalismo global de hoje contém antagonismos fortes o bastante para impedir sua reprodução indefinida? Esses antagonismos são quatro. Dizem respeito aos (1) *bens comuns de cultura*, no sentido mais amplo do termo, de capital "imaterial": as formas imediatamente socializadas de capital "cognitivo", principalmente a língua, nosso meio de comunicação e educação, sem mencionar a esfera financeira com as absurdas consequências da circulação virtual incontrolada de dinheiro; (2) *bens comuns de natureza externa*, ameaçados pela poluição humana: todos os perigos particulares – aquecimento global, morte de oceanos etc. – são aspectos do descarrilamento da totalidade do sistema de reprodução de vida na terra; (3) *bens comuns de natureza interna* (a herança biogenética da humanidade): com novas tecnologias biogenéticas, a criação de um Novo Homem, no sentido literal de mudar a natureza humana, se torna uma perspectiva realista; e, por último mas não menos importante, (4) *bens comuns da própria humanidade, do espaço social e político compartilhado*: quanto mais o capitalismo se torna global, mais novos muros e *apartheids* estão surgindo, separando os que estão DENTRO dos que estão FORA. Essa divisão global é acompanhada pelo aumento das tensões entre novos blocos geopolíticos (o "choque de civilizações"). É essa referência aos "bens comuns" que justifica o ressuscitamento da noção de comunismo: ela nos capacita a ver o "cercamento" crescente dos bens

Introdução 19

comuns como um processo de proletarização daqueles que são, por meio desse processo, excluídos da própria substância de suas vidas.

Somente o quarto antagonismo, a referência aos excluídos, justifica o termo comunismo: os três primeiros dizem respeito efetivamente a questões de sobrevivência econômica, antropológica e mesmo física, ao passo que o quarto, em última análise, é questão de justiça. Aqui, porém, tropeçamos na velha e enfadonha questão da relação entre socialismo e comunismo: por que chamar o objetivo de um movimento emancipatório radical de comunismo? Na tradição marxista, o socialismo foi conceituado como a (mal-)afamada fase inferior do comunismo, de modo que o progresso haveria supostamente de transcorrer do socialismo para o comunismo. (Não é de admirar que abundassem gracejos sobre a triste realidade da vida sob o "socialismo realmente existente", como a bem conhecida piada sobre a União Soviética em que um grupo de pessoas em Moscou está olhando um grande cartaz de propaganda que diz: "Em vinte anos, nós estaremos no comunismo pleno!" Um dos membros do grupo cai na risada e dá pulinhos de satisfação e alegria: "É que eu estou com câncer, daqui a vinte anos vou estar morto!") Mas a realidade foi diferente, a maioria dos países socialistas começou, ao contrário, com alguma versão de comunismo primitivo, mas radical (a União Soviética em 1918-20 etc.), e, depois, para sobreviver, teve que "regredir" e fazer compromissos com a velha sociedade – de modo que a linha de desenvolvimento transcorreu do comunismo para o socialismo (que combinava o velho e o novo). A pior coisa que podemos fazer hoje é abandonar o nome "comunismo" e defender uma versão diluída de "socialismo democrático". A tarefa que nos confronta hoje é precisamente de reinvenção do comunismo, uma mudança radical que vá muito além de uma noção vaga de solidariedade social. Na medida em que, no curso do processo histórico de mudança, sua própria meta deva ser redefinida, podemos dizer que o "comunismo" deve ser reinventado como nome do que desponta como meta, após o fracasso do socialismo.

O establishment reage à teoria "radical" de hoje do mesmo modo que Hegel descreveu no prefácio ao seu *A filosofia do direito*, em que menciona "uma carta de Joh. v. Müller, que, falando das condições de Roma no ano de 1803, quando a cidade estava sob domínio francês, escreve: 'Perguntado sobre como estavam as academias públicas, um professor respondeu: *On les tolère, comme les bordels!* [Elas são toleradas, como os bordéis!]'"[10] Ora, a maior parte do que hoje sucede na academia "radical" não é tolerada do mesmo modo? Considera-se que, "embora não tragam muito benefício, [elas] não podem fazer grande mal. Daí a recomendação, assim se imagina: se inúteis, não podem prejudicar".[11] Meu argumento é que só um comunismo reinventado pode devolver à teoria a sua força emancipatória.

ESSA ABORDAGEM DO COMUNISMO (exposta em muitos livros recentes meus) foi ultimamente submetida a uma série de críticas – basicamente, meus críticos identificam cinco pecados principais: meu eurocentrismo (abertamente admitido), i.e., minha insistência nas raízes europeias do projeto de emancipação universal; minha rejeição da proposta da Plataforma de Esquerda grega de arriscar medidas mais radicais (Grexit etc.) depois da vitória do governo Syriza no referendo; minha crítica da elevação de refugiados e migrantes a uma nova forma de proletariado global e minha insistência nos problemas de identidade cultural; minhas dúvidas sobre alguns componentes ideológicos do movimento LGBT+; e, por último mas não menos importante, meu "apoio" ao "fascista" Donald Trump. Como é de esperar, todas essas abordagens se combinam na tese de que eu sou, efetivamente, um homofóbico eurocentrista racista que se opõe a toda e qualquer medida radical... Este livro trata sistematicamente de todos esses pontos críticos.

A coragem da desesperança é certamente um livro sombrio, mas eu prefiro ser pessimista: não esperando nada, aqui e ali fico agradavelmente surpreso (visto que as coisas não são tão ruins quanto poderiam ser), ao passo que os otimistas veem suas esperanças arruinadas e sempre acabam deprimidos. As duas partes do livro desdobram o diagnóstico sombrio em dois níveis: o da mixórdia econômico-política em que estamos metidos – "Os altos e baixos do capitalismo global" – e aquele do teatro ideológico no

Introdução

qual as batalhas políticas e econômicas são travadas – "O teatro de sombras ideológico". (Esse teatro não é de modo algum um reflexo secundário da "verdadeira" luta econômica, mas ele mesmo o palco onde as "verdadeiras" batalhas são travadas.) A Parte I dá uma visão geral dos impasses do capitalismo global; depois, descreve o destino do Syriza como tentativa de livrar-se do imbróglio do capitalismo global; e conclui com uma visão geral do retorno à religião como fator político desde a China até Israel. A Parte II começa com uma análise da assim chamada "ameaça terrorista" do fundamentalismo religioso; e em seguida lida com a batalha mundial em nome da sexualidade, que assola entre conservadores e as forças da correção política; ela conclui com o ódio populista como reação predominante a esses impasses. Um curto *finale* pinta um quadro ainda mais sombrio de como as tensões geopolíticas em curso podem levar à Terceira Guerra Mundial.

PARTE I

Os altos e baixos do capitalismo global

1. Mal-estar do capitalismo global

Perturbações em uma cúpula

No filme de terror clássico de G. Ulmer, *O gato preto* (1934), a oposição entre o personagem de Bela Lugosi (Werdegast) e o de Boris Karloff (Poelzig) é aquela entre dois modos dos "mortos-vivos", ambos fazendo referência a imagens anteriores dos atores na tela – Lugosi é o sobrevivente espectral obcecado com o passado traumático, enquanto Boris Karloff, um monstro no estilo máquina; i.e., temos ali o morto-vivo vampírico *versus* o monstro frankensteiniano (o que é claramente discernível na atuação dos dois: os maneirismos à moda de Drácula de Lugosi *versus* os gestos canhestros de Karloff). O filme inteiro aponta para a teatralmente representada cena final de tortura sadomasoquista, na qual Lugosi começa a esfolar Karloff vivo. Não seria essa oposição aquela mesma da luta de classes, reduzida ao seu mínimo: a oposição entre o vampiro aristocrático e o morto-vivo proletário? Sendo assim, que forma toma este esfolamento nos nossos tempos?

Na primeira metade de 2015, a Europa estava preocupada com movimentos emancipatórios (Syriza, Podemos), ao passo que na segunda metade deslocou sua atenção para a questão "humanitária" dos refugiados – a luta de classes foi literalmente reprimida e substituída por tópicos liberal-culturais de tolerância e solidariedade. Com os massacres terroristas de Paris na sexta-feira 13 de novembro de 2015, até mesmo a crise dos refugiados (que continua a dizer respeito a grandes questões socioeconômicas) foi eclipsada pela oposição simples de todas as forças democráticas capturadas numa guerra inclemente contra as forças do terror – e é fácil acreditar no que daí decorreu: buscas paranoicas por agentes do Estado Islâmico entre os refugiados etc. (a mídia relatou, exultante, que dois dos terroristas tinham entrado na Europa pela Grécia, como refugiados).[1] As maiores vítimas dos ataques terroristas de Paris serão os próprios refugiados, e os verdadeiros vencedores, por trás de chavões como *"Je suis Paris"*, serão simplesmente os partidários da guerra total, nos dois lados. É por isso que nós deveríamos *realmente* condenar os massacres de Paris: não apenas nos engajando em exibições patéticas de solidariedade antiterrorista, mas insistindo na simples questão *cui bono*. Não deve haver nenhuma "compreensão mais profunda" dos terroristas do EI (no sentido de que "seus atos deploráveis são, todavia, reações a intervenções brutais da Europa"): eles devem ser caracterizados pelo que são, como o anverso islamofascista dos racistas anti-imigrantes europeus – dois lados da mesma moeda.

Há, porém, um outro aspecto, mais formal, ao qual deveríamos dedicar atenção – a própria forma dos ataques: uma momentânea ruptura brutal da vida cotidiana. (Significativamente, os objetivos atacados não representam o establishment militar ou político, mas a cultura popular do dia a dia – restaurantes, casas de show de rock e assim por diante.) Essa forma de terrorismo – de perturbação momentânea – caracteriza principalmente ataques nos países ocidentais desenvolvidos, em claro contraste com muitos países do Terceiro Mundo, nos quais a violência é um fato permanente da vida. Pense na vida cotidiana no Congo, no Afeganistão, na Síria, no Iraque, no Líbano – onde estão os clamores e declarações de solidariedade internacional quando centenas morrem nesses países? Nós devemos nos lembrar *agora* de que vivemos numa "cúpula" dentro da qual a violência terrorista é uma ameaça que só explode de tempos em tempos, em contraste com países onde (com a participação ou a cumplicidade do Ocidente) a vida cotidiana consiste em terror e brutalidades ininterruptos.

Eu seu *In the World Interior of Capital* (2013), Peter Sloterdijk demonstra como, na globalização contemporânea, o sistema mundial completou seu desenvolvimento e, como sistema capitalista, chegou a determinar todas as condições de vida. O primeiro símbolo desse desenvolvimento foi o Palácio de Cristal em Londres, local da primeira exposição mundial, em 1851: a inevitável exclusividade da globalização como construção e

Mal-estar do capitalismo global 27

expansão de um mundo interior, cujas fronteiras são invisíveis, ainda que virtualmente insuperáveis a partir de fora, que é agora habitado pelo 1,5 bilhão de "vencedores" da globalização. Um número três vezes maior que esse resta do lado de fora da porta. Consequentemente, "o mundo interior do capital não é uma ágora nem uma feira de comércio a céu aberto, mas antes uma estufa que sugou para dentro tudo que outrora esteve do lado de fora". Esse interior, construído sobre excessos capitalistas, determina tudo: "O fato primário da Idade Moderna não é que a Terra gira em torno do Sol, mas que o dinheiro gira em torno da Terra." Depois do processo que transformou o mundo num globo, "a vida social só podia ter lugar num interior expandido, um espaço interno doméstica e artificialmente climatizado". Com a dominação do capitalismo cultural, todas as revoltas suscetíveis de modelar o mundo são contidas: "Acontecimentos históricos não poderiam mais ter lugar sob tais condições – no máximo, acidentes domésticos."[2] O que Sloterdjik aponta corretamente é que a globalização capitalista não significa somente abertura e conquista, mas também uma cúpula fechada em si mesma, separando o "lado de dentro" do "lado de fora". Esses dois aspectos são inseparáveis: o alcance global do capitalismo é fundado na maneira como ele introduz uma divisão de classe radical em todo o globo, separando aqueles que são protegidos pela esfera daqueles que estão fora da sua cobertura.

O último ataque terrorista em Paris, bem como o fluxo de refugiados, é um lembrete momentâneo do mundo violento fora da nossa cúpula, um mundo que, para nós que estamos dentro, aparece principalmente nas reportagens de televisão sobre países distantes violentos – não como parte da nossa realidade, mas invadindo-a. Nosso dever ético-político não é somente tomar consciência da realidade fora da cúpula, mas assumir plenamente a corresponsabilidade pelos horrores fora dela. O filme *Cop Land: A cidade dos tiras* (1996), de James Mangold, é situado em Garrison (uma Nova Jersey imaginada do outro lado do rio desde Manhattan), onde Ray Donlan, um tenente corrupto da polícia de Nova York (interpretado por Harvey Keitel), fundou um lugar no qual os policiais de Nova York podem viver em segurança com suas famílias. Quando Freddy Heflin, um tira local honesto (Sylvester Stallone), expressa sua relutância moral face ao modo de operação de Donlan, ele responde:

> Freddy, eu convidei homens, tiras, homens bons, a viverem nesta cidade. Todos esses homens têm que ganhar a vida, eles atravessam aquela ponte todos os dias lá para aquela cidade em que tudo está de cabeça para baixo, onde o tira é o perpetrador e o perpetrador é a vítima. A única coisa que eles fizeram foi tirar suas famílias de lá antes que aquilo as pegasse. Nós fizemos um lugar em que as coisas fazem sentido, onde você pode andar na rua sem medo; e você me aparece com um plano para consertar as coisas, todo mundo na cidade de mãos dadas, cantando "We are the World". É muito bonito. Mas, Freddy, seu plano é coisa de garoto, rabiscado numa caixinha de fósforos sem pensar, sem olhar as cartas. Eu olho as cartas, vejo essa cidade destruída. Ora, não é isso que você quer, é?

É fácil ver em que sentido a visão quase ontológica de Donlan da realidade social é falsa: o grupo de policiais criou seu paraíso de segurança, retirando-se da corrupta Manhattan, mas é a sua participação plena no universo corrupto do crime em Manhattan que lhes permite manter a criminalidade longe de sua própria aldeia e sustentar seu modo de vida seguro e amigável. O que isto significa é que é justamente a sua preocupação com o seu paraíso de segurança que contribui para a reprodução regular da criminalidade em Manhattan – e o mesmo pode ser dito sobre todos os participantes da criminalidade em Manhattan, com exceção dos criminosos de rua de nível mais baixo. Não estão também os chefes de máfia fazendo o que têm que fazer para proteger seus paraísos familiares seguros? Devemos notar a circularidade dessa constelação: o esforço para criar um paraíso seguro e protegê-lo do mundo louco lá fora engendra o próprio mundo do qual esse esforço tenta nos proteger. E nós não encontramos exatamente o mesmo paradoxo em Song-do, uma nova cidade para 250 mil habitantes construída do nada perto do aeroporto de Incheon em Seul, na Coreia do Sul, uma espécie de manifesto ideológico supremo feito em pedra? Em seu relatório "Song-do, the Global City Without Soul", Francesco Martone descreve como Song-do é construída:

em 6,5 quilômetros quadrados reclamados do mar, por uma mão humana que altera fronteiras e morfologias. Ela hospedará finalmente 250 mil pessoas, e rapidamente está se tornando um local da moda, à medida que várias estrelas de novelas se mudaram para lá, para o que gostam de encarar como a Beverly Hills do Oriente.

Contudo, como hoje se apresenta, a cidade é composta de edifícios futuristas quase vazios, umas poucas bicicletas vagueando em suas amplas avenidas, canteiros de obra ativos 24 horas por dia. Ao fundo, canais repletos de embarcações mercantes. Passear em meio aos altos arranha-céus feitos de aço e cristal, às rodovias semidesertas à espera dos carros que a encherão, é como viver num Show de Truman de liberalismo sem nenhum limite ... Uma espécie de "cidade-Estado" na qual os investidores desfrutam todo tipo de exceção, de isenções fiscais a muito além disso. Uma performance plástica e virtual de liberalismo extremo, de reificação cotidiana da realidade, de natureza transformada em mercadoria de consumo, a equação impossível entre um New Deal Verde e o crescimento, pedras falsas e árvores transplantadas na areia, batidas por rajadas de vento, frio gélido no inverno, calor de rachar no verão ...

Song-do é hoje considerada e alardeada como mostruário da "economia verde", construída ao custo do deslocamento de um delicado ecossistema no qual não menos que onze espécies de pássaros migratórios, entre eles o *Platalea minor*, viviam, um lugar de suma importância para a Convenção de Ramsar. Usinas elétricas superverdes de emissão zero transformam água marítima em energia, destruindo habitat costeiros frágeis. Paradoxalmente, a maior usina elétrica maremotriz do mundo, a Siwha Tidal Powerplant, foi registrada pelo Mecanismo do Desenvolvimento Limpo, criado para reduzir emissões e gerar créditos de carbono. "A Conflict of Greens: Green Development versus Habitat Preservation – the case of Incheon, South Korea" é o título eloquente de um artigo que apontou para a contradição entre capitalismo verde e ecologia. Que tipo de conversão ecológica é possível num lugar artificial, onde direitos estão submetidos ao domínio do mercado e das finanças? Um lugar que pretende ser o laboratório de um New Deal Verde, antisséptico e sem alma?

Serão esses espaços urbanos extraterritoriais, como Ifex, ou Intercâmbio Internacional de Liberdade de Expressão, e muitos mais, desenvolvidos *"in vitro"*, suspensos no espaço e tempo, buracos negros onde ausência de legislação trabalhista e isenções fiscais são a regra, que representarão a nova fronteira do liberalismo especulativo, abastecido pela exploração de recursos alhures no mundo. A verdade é que Song-do é hoje um desses espaços "extraterritoriais", semelhante às Zonas de Processamento de Exportação que, junto com os paraísos fiscais, desenham uma geografia paralela do poder, uma teia de governança paralela, longe do escrutínio público, que nem sequer concebe anomalias nem alternativas ... Assim, Song-do, projetada pela empresa de arquitetura Kohn Pedersen Fox, é uma cidade que pode ser reproduzida em qualquer parte do mundo, com seu Central Park, seu World Trade Center, seus canais que evocam uma Veneza futurista, um tecnoparque e um biocomplex. Banheiros eletrônicos em hotéis oferecem várias opções aos hóspedes, de enemas aromatizados a massagens nas nádegas em diferentes temperaturas. Supermercados vendem cosméticos produzidos por manipulação genética de células-tronco, para branquear a pele e nutrir a ilusão de eterna juventude.[3]

Falando de modo brando, esse novo modelo de cidade é a ideologia neoliberal encarnada, uma combinação impossível de economia e mercado, isentos de controle estatal com preocupações ecológicas, educacionais e de saúde "progressistas" usuais, resultando em um ambiente "verde" construído sobre um habitat natural devastado. Para ter um quadro completo, só é preciso imaginar uma redoma transparente gigante (semelhante àquela nos filmes *Zardoz* ou *Elysium*) para proteger a cidade das suas cercanias poluídas, e banheiros transgênero para garantir que todas as formas de segregação foram deixadas para trás (numa cidade que é, em si mesma, uma área segregada).

Cúpula, Oriente e Ocidente

Nas constelações históricas de hoje, a cúpula está limitada aos países ricos ocidentais (e suas cópias em todo o mundo), de modo que a luta proletária para entrar na cúpula deva ser identificada com a luta contra o espantalho do "eurocentrismo"? Nessa linha de raciocínio, em seu "On the Twilight of the

West", Pankaj Mishra defende "um retorno às instituições confederacionais no estilo otomano, que transferem poder e garantem direitos de minorias":

> No século XXI, aquele velho encanto de progresso universal – seja através do socialismo no estilo ocidental ou de capitalismo e democracia – foi decisivamente quebrado. As suposições otimistas datadas do século XIX de que essas ideologias e técnicas universalistas iam entregar crescimento infinito e estabilidade política não podem ser sustentadas ... A crise global, que é tão moral e intelectual quanto política e ambiental, põe em questão sobretudo a nossa longa submissão às ideias ocidentais de política e economia. Quer sejam as guerras catastróficas no Iraque e no Afeganistão, quer sejam as intervenções desastrosas na Líbia; a crise financeira de 2008; o desemprego desenfreado na Europa, que parece ser um problema sem solução e provavelmente vai fortalecer os partidos de extrema direita em todo o continente; a crise não resolvida do euro; as monstruosas disparidades de renda tanto na Europa como nos Estados Unidos; a suspeição disseminada de que as grandes fortunas corromperam os processos democráticos; o sistema político absurdamente disfuncional dos Estados Unidos; as revelações de Edward Snowden sobre a National Security Agency; ou a perda dramática de um sentido de possibilidade para os jovens em toda parte – tudo isso, separada e conjuntamente, não apenas exauriu a autoridade moral do Ocidente, mas também enfraqueceu a sua hegemonia intelectual ... É por isso que essa mensagem para o restante da população mundial já não pode mais ser uma tranquilização serena de que o modo de vida ocidental é o melhor, modo de vida que os outros deveriam tentar replicar diligentemente na sua própria parte do mundo, através de construção nacional e capitalismo industrial ... Refletindo sobre a "deterioração difusa" do mundo, o antropólogo norte-americano Clifford Geertz falou certa vez de como "o despedaçamento de coerências mais amplas" em "coerências menores, incertamente conectadas umas com as outras, tornou extremamente difícil relacionar realidades locais ... com o mundo em geral. Se for possível compreender minimamente o geral", continuou Geertz, "e descobrir novas unidades, é preciso, parece, fazê-lo não diretamente, tudo ao mesmo tempo, mas através de amostras, diferenças, variações, particula-

ridades – peça por peça, caso a caso. Num mundo estilhaçado, nós devemos lidar com estilhaços" ... O caminho ocidental para a modernidade já não pode mais ser encarado como "normal"; não pode ser o padrão em referência segundo o qual mudanças históricas em outras partes do mundo são medidas. Os europeus criaram a sua própria espécie de modernidade nas circunstâncias muito particulares dos séculos XIX e XX, e outros povos têm tentado desde então, com graus variados de sucesso, imitá-los. Há, porém, e sempre houve, outras maneiras de conceber o Estado, a sociedade, a economia e a boa vida. Todos têm suas próprias dificuldades e desafios específicos. Entretanto, só vai ser possível entendê-los mediante um engajamento aberto e sustentado com sociedades não ocidentais e suas tradições políticas e intelectuais. Tal esforço, formidável em si mesmo, também iria contra todo instinto de universalismo autocentrado que o Ocidente tem sustentado há dois séculos. Contudo, ele será necessário se quisermos enfrentar seriamente o grande problema que se impõe à vasta maioria dos 7 bilhões de seres humanos: como garantir uma vida digna e sustentável em meio à desigualdade e à animosidade que se aprofundam num mundo interdependente.[4]

Vale citar essas longas passagens, pois elas traduzem de maneira concisa o senso comum pós-colonial: nós devemos reconhecer o fracasso da civilização ocidental como modelo global, e o fracasso das nações descolonizadas que tentaram emulá-lo. Há, contudo, um problema com este diagnóstico: sim, a lição do pós-11 de Setembro é o fim do sonho de Fukuyama de democracia liberal global; no âmbito da economia, contudo, o capitalismo triunfou mundialmente – as nações do Terceiro Mundo que hoje estão crescendo a taxas espetaculares são aquelas que o endossaram. A máscara de diversidade cultural é sustentada pelo atual universalismo do capital global. E esse novo capitalismo global funciona ainda melhor se o seu complemento político se apoia nos chamados "valores asiáticos". O capitalismo global não tem problemas para se acomodar a uma pluralidade de religiões, culturas e tradições locais. Assim, a cruel ironia do antieurocentrismo é que, em nome do anticolonialismo, critica-se o Ocidente no mesmíssimo momento histórico em que o capitalismo global já não precisa mais dos valores culturais do Ocidente (igualitarismo, direitos fundamentais, Estado do bem-estar social) para funcionar fluentemente, e está se dando muito bem com a "modernidade alternativa" autoritária. Em resumo, há uma tendência a denunciar os valores culturais ocidentais no exato momento em que, criticamente reinterpretados, muitos deles podem servir como arma contra a globalização capitalista. E vice-versa, como Saroj Giri observou agudamente, é possível que:

> os imigrantes que conquistam direitos graças à luta antirracista anticolonial possam estar assegurando o direito de livre empresa capitalista, recusando-se a ver, recusando-se a "abrir seus olhos", como gritou o negro zangado para o imigrante pós-colonial. Esse direito à livre empresa é mais uma maneira de acumular capital tracionada pelo empreendedor pós-colonial: ele produz "mão de obra não livre" e relações de classe racializadas em nome de desafiar o regime colonial de diferença ... Há uma posição de classe ayn randiana escamoteada escorando o antirracismo dos anticolonialistas hiperbólicos – por isso, não é difícil ver que a alteridade não moderna radical, premissa do anticolonial, representa agora o capitalismo universal.[5]

A última sentença de Giri deve ser entendida em todo o seu rigor hegeliano: o "universal concreto" do capitalismo global de hoje, a forma particular que sobredetermina e colore a sua totalidade, é aquela do capitalista "anticolonial" não europeu.

A questão de Giri não é simplesmente afirmar a primazia da "luta de classes" econômica sobre outras lutas (contra o racismo, pela libertação sexual etc.) – se simplesmente decodificarmos a tensão racial como reflexo de diferenças de classe, um deslocamento tão direto de raça para classe é efetivamente uma maneira reducionista de ofuscar a própria dinâmica das relações de classe. Giri faz referência aqui aos escritos de Jared Sexton na sequência das revoltas de 1992 em Los Angeles, nos quais ele

> analisa estudiosos como Sumi Cho, que argumenta que "a capacidade (dos norte-americanos coreanos) de abrir lojas (em bairros negros) depende am-

plamente de uma variável de classe". Consequentemente, "muitas das tensões (entre esses grupos) podem ser baseadas em classe, em vez de raça, refletindo, na verdade, diferenças entre os proprietários coreanos imigrantes e os clientes afro-americanos". Como mostra Sexton, essa análise de classe não tem nada a ver com a luta de classes quando a classe é abstraída de quaisquer relações sociais desiguais reais. Em segundo lugar, "a menção de uma relação baseada em classe é feita a fim de mitigar o ressentimento e a hostilidade supostamente oriundos de 'diferenças culturais e animosidades raciais'". Assim, para Cho, "a capacidade de abrir lojas (negócios coreanos) depende amplamente da variável de classe, *em vez da* variável de raça". Uma noção diluída e politicamente estéril de classe é evocada no próprio momento em que a questão do racismo antinegro é dissolvida. Sexton chama essa abordagem de "subordinar a significância de raça e ao mesmo tempo pacificar a noção de classe" ... É nesse ponto que encontramos a história familiar dos imigrantes pós-coloniais se tornando grandes empreendedores e mantendo vivo o Sonho Americano, no momento mesmo em que outros migrantes "ilegais" e sem documentos são empurrados para o fundo e que uma vasta maioria dos negros é reduzida não apenas à marginalização e à privação, mas a uma "morte social" ... essa ênfase sarcástica em classe é uma maneira de reduzir o status sobredeterminado dos pobres de raça negra ao que parece ser resultado natural de relações (livres) de mercado.[6]

Não temos aqui um caso exemplar da própria referência à classe como sendo um meio de confundir o funcionamento concreto da luta de classes? A diferença de classe em si pode ser o fetiche que confunde a luta de classes.

O legado ocidental não é somente o da dominação imperialista pós-colonial, mas também o do exame autocrítico da violência e da exploração que o Ocidente trouxe ao Terceiro Mundo. Os franceses colonizaram o Haiti, mas a Revolução Francesa também forneceu a fundação ideológica da rebelião que libertou os escravos e estabeleceu o Haiti independente; o processo de descolonização foi posto em movimento quando as nações colonizadas exigiram para si os mesmos direitos que o Ocidente havia conquistado. Em resumo, não devemos jamais esquecer que o Ocidente provê os padrões através dos quais ele (assim como os seus críticos) vai avaliar seu passado criminoso. Nós estamos lidando aqui com a dialética de forma e conteúdo: quando os países coloniais exigem independência e decretam o "retorno às suas raízes", a própria forma deste retorno (a de uma nação-Estado) é ocidental. Em sua própria derrota (perdendo as colônias), o Ocidente, assim, está vencendo, impondo sua forma social ao outro.

Os três tipos de subjetividade que, segundo Alain Badiou, estão em operação no capitalismo global não cobrem a totalidade do campo. Há a subjetividade da classe média ocidental hegemônica, que se percebe como um farol da civilização; há aqueles possuídos pelo desejo do Ocidente; e há aqueles que, pela frustração do desejo que têm do Ocidente, se voltam para um niilismo (auto)destrutivo. Mas há também o tradicionalismo global-capitalista: a postura daqueles que, embora participando plenamente da dinâmica do capitalismo global, tentam conter seus excessos desestabilizadores confiando em alguma ética ou modo de vida tradicional (confucionismo, hinduísmo etc.).

O legado emancipatório europeu não pode ser reduzido a "valores europeus" no sentido ideológico predominante, i.e., àquilo a que nossa mídia faz alusão quando fala sobre como os nossos valores são ameaçados pelo islã; ao contrário, a maior ameaça àquilo que é digno de ser salvo na Europa são os próprios defensores de hoje da Europa (os populistas anti-imigrantes). O pensamento de Platão é um advento europeu; o igualitarismo radical é europeu; a noção de subjetividade moderna é europeia; o comunismo é um advento europeu, se é que um dia houve um. Quando os marxistas celebraram o poder do capitalismo de desintegrar os velhos vínculos comunais, quando detectaram que essa desintegração era a abertura de um espaço para a emancipação radical, eles falaram em nome do legado emancipatório da Europa. É por isso que Walter Mignolo e outros antieurocentristas pós-coloniais atacam Badiou e outros propositores do comunismo, considerando-os muito europeus: eles rejeitam a ideia corretíssima de que o comunismo é europeu e, em vez de comunismo, propõem como fonte da resistência ao capitalismo global algumas antigas tradições asiáticas, latino-americanas ou africanas. Há uma escolha crucial a ser feita aqui: resistimos nós ao capitalismo global em nome das tradições locais que ele solapa, ou endossamos aquele poder de desintegração e nos opomos ao capitalismo global em nome de um projeto emancipatório universal? O antieurocentrismo é tão popular hoje precisamente porque o capitalismo global funciona muito melhor quando seus excessos são regulados por alguma tradição antiga: capitalismo global e tradições locais já não são mais opostos, eles estão do mesmo lado.[7]

Tomemos um exemplo, um que questiona a postura de que costumes locais sejam lugares de resistência. No outono de 2016, em Santiago Quetzalapa, comunidade indígena remota, 450 quilômetros ao sul da Cidade do México, um ex-pastor de 55 anos estuprou uma garota de oito anos de idade; a corte local condenou-o a comprar dois engradados de cerveja para o pai da vítima. Santiago Quetzalapa fica no estado de Oaxaca, onde muitas comunidades indígenas são governadas por um sistema idiossincrático popularmente conhecido como *usos y costumbres* (tradições e costumes), que supostamente consagra as tradições de diversas populações indígenas. Funcionários em comunidades que têm *usos y costumbres* já usaram a estrutura como pretexto para excluir mulheres do governo local; por exemplo, Eufrosina Cruz Mendoza, uma mulher indígena, venceu as eleições para prefeito, mas teve a posse embargada por líderes locais por causa de seu gênero. Casos como esses demonstram claramente que os costumes populares locais de modo nenhum devem ser reverenciados como forma de resistência ao imperialismo global. A tarefa seria, antes, miná-los, apoiando a mobilização dos próprios indígenas locais contra esses costumes, conforme aconteceu no México, onde mulheres indígenas estão organizadas em redes efetivas.

A cúpula aparelhada I: por que o cachorro lambe o próprio saco?

A divisão entre um espaço interior coberto por uma cúpula e o seu espaço externo não é apenas resultado de alguma objetiva "lógica do capital" – de modo inteiramente deliberado, o espaço do capitalismo global também é

Mal-estar do capitalismo global

"equipado" para privilegiar os que estão dentro da cúpula, conforme ficou claro com a revelação dos assim chamados Panama Papers. A única coisa verdadeiramente surpreendente sobre a informação financeira vazada nos Panama Papers foi que neles não havia nenhuma surpresa: ora, não aprendemos com eles *exatamente* o que esperávamos aprender sobre a obscura finança *offshore*? Mas uma coisa é conhecê-la em geral, outra é obter dados concretos. É um pouco como saber que o parceiro ou parceira sexual está pulando a cerca – pode-se aceitar o conhecimento abstrato, mas a dor aumenta quando se toma conhecimento de detalhes excitantes, quando se tiram fotos do que eles estavam fazendo... Assim, agora, com os Panama Papers, nós recebemos algumas fotografias sujas da pornografia financeira, e não podemos continuar a fingir que não sabemos.

Uma rápida olhada nos papéis revela duas características proeminentes, uma positiva e uma negativa. A positiva é a solidariedade abrangente dos participantes: no mundo cheio de sombras do capital global, nós somos todos irmãos. O mundo desenvolvido ocidental está presente, inclusive os escandinavos incorruptos, e eles cumprimentam Putin e o presidente chinês, Xi; o Irã e a Coreia do Norte também estão presentes; muçulmanos e judeus trocam piscadelas amistosas – é um verdadeiro reino de multiculturalismo, em que todos são iguais e todos são diferentes. A característica negativa: a ausência ofuscante dos Estados Unidos, o que dá algum crédito às reclamações russas e chinesas de que interesses políticos particulares estariam envolvidos no inquérito.

Então, o que devemos fazer com todos esses dados? Há uma piada clássica sobre o marido que volta para casa mais cedo do que o esperado e encontra a esposa na cama com outro homem. A esposa, surpresa, pergunta a ele: "O que houve? Você disse que só ia voltar daqui a três horas!" O marido explode em resposta: "Qual é? O que você está fazendo na cama com esse cara?" A esposa responde calmamente: "Não mude de assunto, primeiro responda à minha pergunta!" Não é algo semelhante o que está acontecendo com as reações aos Panama Papers? A primeira reação (e predominante) é uma explosão moralista de raiva: "Horrível, quanta ganância e desonestidade há nas pessoas; onde estão os valores básicos da nossa sociedade?" O que deveríamos fazer é mudar de assunto imediatamente, de moralidade para nosso sistema econômico: políticos, banqueiros e empresários sempre são gananciosos; assim, o que há em nosso sistema legal e econômico que os capacita a realizar sua ganância de maneira tão espetacular?

A realidade que emerge é uma realidade de divisão de classe, simples assim. As revelações demonstram como as pessoas ricas vivem num mundo separado, no qual regras diferentes se aplicam, no qual processos legais e autoridades policiais são pesadamente desvirtuadas, não só para proteger os ricos, mas até mesmo para dobrar sistematicamente o estado de direito a fim de acomodá-los. Não procederia pensar o mesmo quanto à falência da Enron em janeiro de 2002, que pode ser interpretada como uma espécie de comentário irônico sobre a noção de uma sociedade de risco? Milhares de funcionários que perderam seus empregos e suas economias foram certamente expostos a um risco, mas sem nenhuma escolha verdadeira – o risco se mostrou a eles como um capricho do destino. Aqueles que, ao contrário, tiveram capacidade de entender os riscos, assim como a possibilidade de intervir na situação (os administradores de alto escalão), minimizaram seus riscos, vendendo suas ações e opções antes da falência – portanto, é verdade que vivemos numa sociedade de escolhas arriscadas, mas alguns (os diretores de Wall Street) fazem as escolhas, enquanto os outros (as pessoas comuns que pagam hipotecas) correm o risco...

Já há muitas reações liberais direitistas aos Panama Papers que põem a culpa nos excessos dos nossos Estados de bem-estar social (o que quer que deles ainda reste): como a riqueza é tão pesadamente taxada, não é de admirar que proprietários tentem transferi-la para lugares com impostos menores, o que em última análise nada tem de ilegal. Por mais ridícula que essa desculpa pareça (os Panama Papers expõem transações que de fato infringem a lei), seu argumento tem um grão de verdade e faz dois pontos não significarem nada. Primeiro, a linha que separa transações legais de ilegais está se tornando cada vez mais indistinta e frequentemente é reduzida a uma questão de interpretação. Segundo, proprietários de riqueza que a transferem para contas *offshore* e paraísos fiscais não são monstros gananciosos, mas indivíduos que simplesmente agem como sujeitos racionais, tentando salvaguardar seu patrimônio. No capitalismo, a gente não pode jogar fora a água suja da especulação financeira e ficar com o bebê saudável da economia real: a água suja é efetivamente o sangue do bebê saudável. Nesse ponto, a gente não deve ter medo e ir até o fim: o próprio sistema legal do capitalismo global é, na sua dimensão mais fundamental, corrupção legalizada. A questão de onde começa o crime (que transações financeiras são ilegais) não é, portanto, uma questão legal, mas sim uma questão eminentemente política, uma questão de poder.

Assim, por que milhares de homens de negócios e políticos fazem o que está documentado nos Panama Papers? A resposta é a mesma que a da velha pegadinha vulgar: por que cachorros lambem o próprio saco? Porque podem.

A cúpula aparelhada II: acordos de "livre comércio"

Nossa cúpula está aparelhada não apenas com violações da lei toleradas, mas, ainda mais abertamente, com tentativas sistemáticas de adaptar as próprias leis aos interesses daqueles cobertos pela cúpula. Em 19 de junho de 2014, o dia seguinte ao segundo aniversário do confinamento de Julian Assange na embaixada equatoriana em Londres, o WikiLeaks publicou a minuta secreta do Anexo de Serviços Financeiros do Acordo sobre Comércio de Serviços (Tisa, na sigla em inglês). Essa minuta, resultado da última rodada de conversações do Tisa, transcorrida entre 28 de abril e 2 de maio em Genebra, cobre cinquenta países e a maior parte dos comércios de serviços do mundo. Ela estabelece regras que assistiriam a expansão de multinacionais financeiras para outras nações, impedindo a criação de barreiras regulatórias. Ela proíbe mais regulação de serviços financeiros, apesar de a crise financeira de 2007-8 ser geralmente percebida como resultante de falta de regulação. Além disso, os Estados Unidos são entusiastas particularmente animados da incrementação do fluxo transfronteiras de dados, incluindo dados pessoais e financeiros.

A minuta era um documento confidencial para manter o Tisa secreto não apenas durante as negociações, mas por cinco anos após sua entrada em vigor. Embora as negociações do Tisa não fossem abertamente censuradas, elas mal foram mencionadas na nossa mídia – uma marginalização e um sigilo que estão em claro contraste com a importância histórica mundial do acordo Tisa. Se aplicado, ele terá consequências globais, servindo efetivamente como uma espécie de espinha dorsal para a reestruturação do mercado mundial. O Tisa seria obrigatório para futuros governos, indiferentemente de quem ganhasse eleições e do que dissessem os tribunais. Ele imporá uma estrutura restritiva a serviços públicos, abrangendo desde o desenvolvimento de novos serviços até a proteção de serviços já existentes – a principal razão para seu sigilo, sem dúvida. O Tisa não é de modo algum o único caso no que diz respeito a sigilo: hoje, mais do que nunca, acordos e decisões secretos desempenham um papel-chave na economia e nas finanças, bem como na guerra (a decisão de invadir um país frequentemente é tomada muito antes de o público amplo ser preparado para ela por relatórios sobre as ameaças que esse país representaria). O Nafta foi o último grande acordo comercial a ser debatido previamente (embora ninguém o tenha lido em detalhe); e acordos posteriores são mantidos secretos precisamente porque os protestos contra o Nafta ensinaram uma lição aos detentores do poder.

Essa discrepância entre importância político-econômica e sigilo é realmente surpreendente? Não seria, antes, uma triste e precisa indicação de onde nós estamos, nos países liberal-democráticos ocidentais, em relação à democracia? Um século e meio atrás, em *O capital*, Karl Marx caracterizou o intercâmbio de mercado entre trabalhadores e capitalistas como "o próprio Éden dos direitos inatos do homem. Somente lá governam a Liberdade, a Igualdade, a Propriedade e Bentham". Para Marx, o irônico acréscimo de Jeremy Bentham, o filósofo do egoísmo igualitário, dá uma chave para o que liberdade e igualdade realmente significam na sociedade capitalista – para citar *O manifesto comunista*: "Nas atuais condições da produção burguesa, por Liberdade entende-se livre comércio, liberdade de vender e comprar." E por igualdade entende-se a igualdade formal legal entre comprador e vendedor, mesmo que um deles seja forçado a vender sua mão de obra sob qualquer condição (como os trabalhadores precários de hoje). Hoje, nós podemos dizer que temos liberdade, democracia e Tisa. Liberdade significa fluxo livre de capitais, assim como de dados financeiros e pessoais; ambos os fluxos garantidos pelo Tisa. E quanto à democracia?

Os maiores culpados da crise financeira de 2008, de grandes banqueiros a administradores de alto nível do Estado, agora se impõem como experts capazes de nos conduzir no doloroso caminho da recuperação financeira, cujo conselho, por conseguinte, deve prevalecer sobre a política parlamentar; ou, como disse Mario Monti: "Aqueles que governam não devem se permitir ser completamente circunscritos por parlamentares." Qual é, então, a força superior cuja autoridade pode suspender as decisões dos representantes democraticamente eleitos do povo? Já em 1998, a resposta tinha sido dada por Hans Tietmeyer, na época diretor do Deutsches Bundesbank, que exaltava governos nacionais que preferissem "o plebiscito permanente dos mercados globais" ao "plebiscito das urnas". Observem a retórica democrática dessa afirmação obscena: os mercados globais são mais democráticos do que eleições parlamentares, visto que neles o processo de votação procede permanentemente (e é permanentemente refletido nas flutuações do mercado) e não apenas de quatro em quatro anos, e em âmbito global, em vez de apenas dentro dos limites de uma nação-Estado. A ideia subjacente é que, livres desse controle superior dos mercados (e dos experts), as decisões democrático-parlamentares seriam "irresponsáveis".

Assim, a democracia é a democracia dos mercados, o plebiscito permanente das flutuações do mercado. O espaço para agentes políticos democraticamente eleitos tomarem decisões é muito limitado e o processo político lida predominantemente com questões em relação às quais o capitalismo é indiferente (como guerras culturais). É por isso que a divulgação da minuta do Tisa marca uma nova etapa na estratégia do WikiLeaks: até então, a atividade deles estava concentrada em denunciar as maneiras como nossas vidas são monitoradas e reguladas por agências de inteligência do Estado – o tema liberal padrão de indivíduos ameaçados pela opressão dos aparelhos de Estado. Hoje, surge outra força controladora – o capital – que ameaça nossa liberdade de maneira muito mais distorcida, pervertendo o nosso próprio sentido de liberdade.

Como em nossa sociedade a liberdade de escolha é elevada à categoria de valor supremo, controle e dominação social já não podem mais parecer infringir a liberdade do sujeito – eles têm que parecer a própria experiência de liberdade dos indivíduos (e ser sustentados por ela). Há uma multiplicidade de exemplos de não liberdade que se mostram sob o disfarce do seu oposto: quando somos privados de assistência de saúde universal, nos dizem que estão nos dando uma nova liberdade de escolha (escolher nosso prestador de assistência de saúde); quando não podemos mais contar com empregos de longo prazo e somos obrigados a buscar uma nova posição precária a cada par de anos, nos dizem que estão nos dando uma oportunidade para nos reinventar e descobrir novos potenciais criativos inesperados, que estariam à espreita em nossa personalidade; quando temos que pagar pela educação dos nossos filhos, nos dizem que nós nos tornamos "empreendedores do eu", atuando como um capitalista que tem que escolher livremente como vai investir os recursos que possui (ou que pediu emprestado) – em educação, saúde, viagens. Constantemente bombardeados por "escolhas livres" impostas, forçados a tomar decisões para as quais a maioria de nós não está sequer adequadamente qualificada (ou possui informações suficientes), experimentamos cada vez mais nossa liberdade como ela efetivamente é: um fardo que nos priva da verdadeira liberdade de mudar.

Imaginemos uma mãe solteira com dois filhos pequenos – vamos chamá-la de Sofia. Ela quer o melhor para seus filhos, mas, sem dinheiro, tem que fazer escolhas difíceis: só pode mandar um deles para uma boa escola, qual escolherá? Ela deve organizar boas férias de verão para eles, comprar para cada um deles um novo computador ou, antes, melhorar seus planos de saúde? Embora sua escolha não seja tão difícil e brutal quanto a escolha de Sofia no bem conhecido romance de William Styron, em que ela tem que escolher qual dos filhos salvar da câmara de gás, ela se dá num mesmo diapasão, e certamente eu preferiria viver numa sociedade que a privasse dessa liberdade de escolha. Não é de admirar que partidos que afirmam representar pessoas como Sofia as ofendam.[8] Em vista desses paradoxos, seria o caso de se reler a irônica observação de Aaron Schuster, dizendo que "o grande campeão da livre escolha, o neurótico obsessivo, é precisamente aquele que é incapaz de escolher, que faz sua casa num eterno 'talvez'".[9]

Talvez o paradoxo também nos possibilite jogar uma nova luz sobre nossa obsessão com os acontecimentos em curso na Ucrânia, e mesmo com a ascensão do Estado Islâmico no Iraque, ambos extensivamente cobertos pela mídia (em claro contraste com o silêncio predominante sobre o Tisa). O que nos fascina no Ocidente não é o fato de que pessoas em Kiev tenham defendido a miragem do modo de vida europeu, mas que elas tenham (ao que pareceu, pelo menos) simplesmente se levantado e tentado tomar seu destino nas próprias mãos – destituindo seu presidente e exigindo mudanças no sistema político corrupto. Elas atuaram como um agente político que impõe mudanças radicais – algo que, como demonstram as negociações do Tisa, nós no Ocidente já não temos mais a possibilidade de escolher.

A cúpula aparelhada III: uma descida no *Maelström*

Algumas vezes, rostos se tornam símbolos – não símbolos da individualidade forte dos seus portadores, mas símbolos de forças anônimas por trás deles. Não era o rosto estupidamente sorridente do presidente do Eurogrupo, Jeroen Dijsselbloem, um símbolo da pressão brutal da UE sobre a Grécia? Quando o espectro público do Tisa foi suplantado pelo espectro do Acordo de Parceria Transatlântica de Comércio e Investimento (TTIP, na sigla em inglês), mais um acordo comercial multinacional, um novo rosto surgiu: o rosto frio de Cecilia Malmström, a comissária do comércio da UE que, ao ser perguntada por um jornalista como ela poderia dar continuidade à sua promoção do TTIP face à maciça oposição pública, respondeu sem nenhum acanhamento: "Eu não recebo meu mandato do povo europeu." (Numa ironia insuperável, seu nome de família é uma variação da palavra em inglês *maelstrom*, redemoinho, voragem ou turbilhão.) Para citar o comentário ácido de Lee Williams:

Um dos principais objetivos do TTIP é a introdução da Resolução de Disputas Estado-Investidor (ISDS, na sigla em inglês), que permite que empresas processem governos cujas políticas governamentais possam causar perda de lucros. De fato, isso significa que corporações transnacionais não eleitas podem ditar as políticas de governos eleitos democraticamente ... Eu votaria contra o TTIP, exceto... espere um minuto... eu não posso fazê-lo. Como você, eu não tenho direito de dizer o que quer que seja sobre o TTIP ser aprovado ou não.[10]

O quadro geral do impacto social do TTIP é bastante claro: representa nada menos que um brutal ataque contra a democracia. Em parte alguma isso fica mais claro do que no caso da chamada ISDS, que já está em vigor em alguns acordos comerciais bilaterais, onde podemos ver como esse mecanismo funciona. A empresa de energia sueca Vattenfall está processando o governo alemão em bilhões de dólares por causa de sua decisão de cancelar usinas nucleares na esteira do desastre de Fukushima – assim, uma política de saúde pública implantada por um governo democraticamente eleito é ameaçada por um gigante energético devido a uma perda potencial de lucro. Mas, esqueçamo-nos por um momento desse quadro geral e voltemos nossa atenção para uma questão mais específica: o que significará o TTIP para a produção cultural europeia?

Em "Uma descida no Maelström", um conto de Edgar Allan Poe de 1841, um sobrevivente relata como conseguiu evitar ser tragado por um gigantesco redemoinho, ou turbilhão. Ele observou que quanto maior fosse o corpo, mais veloz era a sua descida, e que objetos esféricos eram puxados mais rápido; então, ele abandonou seu navio e se agarrou a uma barrica cilíndrica até ser salvo várias horas mais tarde. Não estariam os proponentes da chamada "exceção cultural" (tratar o mercado de produtos culturais diferentemente do mercado para bens e serviços em geral) imaginando algo parecido? Deixar nossas grandes companhias econômicas serem engolidas pelo vórtice do mercado global enquanto tentamos salvar produtos culturais... Como? Simplesmente isentando produtos culturais das regras do livre mercado: permitindo que Estados apoiem suas indústrias artísticas (com subsídios estatais, redução de impostos etc.), mesmo que isso signifique "competição injusta" com outros países. Por exemplo, a França, digamos, provavelmente insistirá que esta é a única maneira de o seu cinema nacional sobreviver ao ataque violento dos megassucessos de Hollywood.

Isso pode funcionar? Embora medidas desse tipo possam ter um resultado positivo limitado, eu vejo dois problemas. Primeiro, no capitalismo global de hoje, a cultura não é mais apenas uma exceção, uma espécie de superestrutura frágil alçando-se acima da infraestrutura econômica "real", e sim um ingrediente cada vez mais central da nossa economia "real" dominante. Mais de uma década atrás, Jeremy Rifkin designou o último estágio do nosso desenvolvimento econômico como "capitalismo cultural" (numa veia semelhante, Gerhard Schulze falou de "sociedade da experiência"). A característica definidora do capitalismo "pós-moderno" é a mercantilização direta da nossa experiência: o que compramos no mercado é cada vez menos produtos (objetos materiais) que queremos possuir e cada vez mais "experiências de vida" – experiências de sexo, de comer, de comunicar, de consumo cultural, de participação num estilo de vida – ou, como definiu Mark Slouka sucintamente, "nós nos tornamos consumidores de nossas próprias vidas". Já não compramos mais objetos; em última análise, nós compramos (o tempo de) nossas próprias vidas. A noção de Michel Foucault de transformar a si mesmo numa obra de arte ganha assim uma confirmação esperada: eu compro minha boa forma física visitando academias de ginástica; eu compro o meu esclarecimento espiritual me inscrevendo em cursos de meditação transcendental; eu compro uma autoexperiência satisfatória de mim mesmo como pessoa ecologicamente consciente adquirindo apenas frutas orgânicas etc. Embora essas atividades possam ter efeitos benéficos, sua importância essencial é claramente ideológica.

Segundo problema: mesmo que a Europa tenha sucesso em impor "exceções culturais" ao TTIP, que tipo de Europa sobreviveria ao reino do TTIP? Assim, a questão não é se a cultura europeia pode sobreviver ao TTIP, mas o que isso vai trazer para a nossa economia. Não se tornará ela lentamente o que a Grécia foi para a Roma imperial, um lugar predileto para turistas (norte-americanos e chineses no caso moderno), um destino para o turismo cultural nostálgico sem nenhuma relevância efetiva? Medidas mais radicais são, portanto, necessárias: em vez de exceções *culturais*, nós precisamos de exceções *econômicas*. Podemos cobrir os custos? Nossas despesas militares crescentes, bem como nosso apoio a instituições científicas magníficas como o Cern, demonstram que podemos dispor de grandes investimentos sem prejudicar de maneira nenhuma a nossa economia.

Na atmosfera pós-Brexit, a oposição ao TTIP explodiu em toda a Europa, mas a luta está longe de acabar. Mesmo que o TTIP e o Tisa sejam abandonados, não se deve esquecer que eles são expressões de uma tendência geral que funciona como uma hidra – quando uma cabeça é cortada, uma nova cabeça cresce imediatamente. O (primeiro) nome dessa cabeça é Ceta (sigla em inglês para Acordo Abrangente de Economia e Comércio), um pacto entre os Estados Unidos e o Canadá. George Monbiot escreve:

> No que diz respeito a transparência, paridade e abrangência, é o equivalente dos tratados de terra que os chefes africanos analfabetos eram induzidos a assinar no século XIX. É difícil enxergar a possibilidade de os parlamentares tomarem uma decisão adequadamente informada.
>
> Como o TTIP, o Ceta ameaça consolidar a privatização, tornando renacionalizações (das estradas de ferro britânicas, digamos) ou tentativas municipais de assumir o controle de serviços públicos deficientes (como Joseph Chamberlain fez em Birmingham no século XIX, estabelecendo as fundações da previdência social moderna) impossíveis. Como o TTIP, o Ceta usa uma definição ampla tanto de investimento como de expropriação para permitir que empresas processem governos quando acreditarem que seus "lucros futuros esperados" possam estar sendo ameaçados por leis novas. Como o TTIP, ele restringe as maneiras como governos podem proteger seu povo. Ele parece proibir, por exemplo, regras que impeçam bancos de se tornarem grandes demais para quebrarem. Ele parece ameaçar nossas leis de planejamento e outras proteções de senso comum ... O Tisa reivindica ser um tratado comercial, mas muitas de suas cláusulas têm pouco a ver com comércio. Elas são tentativas de circunscrever a democracia em nome do poder empresarial.

Mal-estar do capitalismo global

A triste conclusão de Monbiot é que a luta "vai continuar ao longo de toda a nossa vida. Nós temos de vencer a cada vez; eles têm de vencer apenas uma. Nunca abaixe a guarda. Nunca deixe que eles vençam".[11]

Progredindo rumo à escravidão e ao precariado

Mas não estaríamos nós aqui exagerando, pintando um quadro sombrio demais? Defensores do capitalismo sempre destacam que, apesar de todas essas profecias críticas, o capitalismo, de uma perspectiva global, em geral não está em crise, mas sim progredindo mais que nunca – e a única coisa que podemos fazer é concordar com eles. O capitalismo prospera em todo o mundo (em maior ou menor grau), da China à África. Definitivamente, ele não está em crise – são apenas e tão somente as pessoas apanhadas nesse desenvolvimento explosivo que estão em crise. Essa tensão entre crescimento geral rápido e crises e penúria locais é parte do funcionamento normal do capitalismo: o capitalismo se renova através dessas crises.

Tomemos o caso da escravidão. Ao mesmo tempo que o capitalismo se legitima como o sistema econômico que implica e promove a liberdade pessoal (como uma condição para o intercâmbio de mercado), ele engendra por si mesmo escravidão, como parte de sua própria dinâmica: embora a escravidão tenha quase sido extinta no final das Idades Médias, ela ressurgiu nas colônias do período inicial da modernidade até a Guerra Civil norte-americana. E pode-se arriscar a hipótese de que hoje, com a nova fase de capitalismo global, uma nova era de escravidão esteja surgindo. A despeito de não existir mais uma categoria legal direta de pessoas escravizadas, a escravidão adquire uma multiplicidade de formas novas: milhões de trabalhadores migrantes na península Arábica (Emirados Árabes Unidos, Qatar etc.) são privados de direitos civis e liberdades elementares e estão submetidos a restrições de mobilidade; o total controle sobre milhões de trabalhadores nos *sweatshops* asiáticos, amiúde conscientemente organizados como campos de concentração; o uso maciço de trabalho forçado na exploração de recursos naturais em muitos Estados centro-africanos (Congo etc.). Esse novo apartheid *de facto*, essa explosão sistemática do número de diferentes formas de escravidão contemporânea não é um acidente deplorável, mas uma necessidade estrutural do capitalismo global de hoje.

Outro caso ostensivo de retrocesso como parte do progresso capitalista é o enorme crescimento do trabalho precário. O trabalho precário priva os trabalhadores de uma série de direitos que, até recentemente, eram todos tidos como autoevidentes em qualquer país que se percebesse como Estado de bem-estar social: trabalhadores precários têm que cuidar eles mesmos de suas opções de saúde, seguro e aposentadoria; não há férias remuneradas; o futuro se torna muito mais incerto. O trabalho precário também engendra antagonismo no seio da classe trabalhadora, entre empregados permanentes e trabalhadores precários (sindicatos tendem a privilegiar trabalhadores permanentes: é muito difícil para trabalhadores precários sequer se organizarem num sindicato ou estabelecer outras formas de auto-organização coletiva). Seria de esperar que essa exploração crescente também fortalecesse a resistência dos trabalhadores, mas ela torna a resistência ainda mais difícil, e a principal razão para isso é ideológica: o trabalho precário é apresentado (e até certo ponto até efetivamente vivenciado) como uma nova forma de liberdade – eu não sou mais apenas um dente da engrenagem de uma empresa complexa, mas um empreendedor autônomo, sou meu próprio patrão, gerencio livremente o meu emprego, sou livre para escolher novas opções, explorar diferentes aspectos do meu potencial criativo, escolher minhas prioridades...

Há uma clara homologia entre trabalhadores precários e os típicos consumidores contemporâneos de televisão e programas culturais, nos quais nós também recebemos ordens, por assim dizer, de praticar a liberdade de escolha.[12] Cada vez mais, cada um de nós está se tornando curador de si mesmo, assinando programas que preferimos (HBO, History Channel), selecionando filmes *on demand* etc., segundo nosso próprio desejo, expostos a uma liberdade de escolha para a qual não estamos realmente qualificados, já que nenhuma orientação é dada, nenhum critério, e assim somos deixados à arbitrariedade do nosso mau gosto. O papel de autoridades, modelos e até de cânones é aqui essencial: mesmo quando visamos

Mal-estar do capitalismo global

a transgredi-los e derrubá-los, eles dão as coordenadas básicas (pontos de orientação) numa paisagem confusa de escolhas infinitas.

Faire bouger les choses

A lição-chave a ser tirada da combinação do precariado, que está se expandindo nas classes médias no interior da cúpula, com a nova escravidão fora de suas fronteiras, é que, para *faire bouger les choses* [fazer as coisas acontecer], é crucial estabelecer um vínculo entre os protestos de esquerda (Occupy etc.) no Ocidente e os horrores do Terceiro Mundo. Todos concordam em princípio que essa seja uma grande tarefa, mas temos aqui um caso claro de política que não segue essa ética: concorda-se em princípio com a tarefa, mas nada se faz para levá-la a cabo: nós podemos até dizer que a própria posição ética serve como desculpa para não fazer nada, um nada que pode assumir muitas formas bem conhecidas. Para citar Badiou:

> A "esquerda" tenta em geral constituir grupos "autônomos" compostos de estudantes ou desistentes e marginais do mundo ocidental, e se interessa por questões de terceiro grau, como "áreas a serem defendidas" por razões ecológicas, ou por aglomerações em torno de motivos como "vamos mudar nossas vidas". São iniciativas reais que dizem efetivamente respeito ao proletariado nômade, mas elas exigem consciência política e esforços pessoais consideráveis.[13]

Desse modo, refugiados imigrantes devem ser considerados um "proletariado nômade"? Há um imenso problema em transformá-los em parte de um movimento emancipatório radical: sua utopia é principalmente integrar-se ao capitalismo (do bem-estar social) e preservar sua identidade cultural. Em sua maioria, eles não são sustentados por um vulgar "anseio pelo Ocidente", mas sim por uma combinação muito mais desesperada da necessidade de sobreviver com o desejo de manter algum tipo de identidade cultural. Em ambos os aspectos, eles terão que aprender uma lição difícil e dolorosa. Assim, mais uma vez, podemos ver o "proletariado nômade" como um agente preso na terrível tensão entre uma posição proletária autêntica e a tentação populista. A razão pela qual é indicado focar em modos de vida diferentes não é que esses modos tenham valor inerente, mas que, se não confrontarmos esses tipos de tensão abertamente, a luta de classes universal pela emancipação (e a única universalidade social verdadeira é a luta de classes) será deslocada para um falso "choque de civilizações".

O gesto básico que nós no Ocidente devíamos fazer não é nos dedicarmos a alguma espécie de "respeito" muito dúbio e paternalista pelo Outro, mas lutar no seio da nossa própria tradição pelas dimensões emancipatórias (o legado de igualdade, justiça social etc.) que faculta argumentos fortes contra o colonialismo e o racismo. Além disso, para estabelecer o vínculo entre a esquerda ocidental e o Terceiro Mundo pobre e deslocado, é crucial superar a tensão entre a modernidade ocidental e a antimodernidade do Terceiro Mundo (mesmo que ela seja mascarada de "anti-imperialismo"). Esse vínculo só será construído através de uma dupla autocrítica: um lado (a esquerda protestadora no Ocidente) deve se livrar de sua obsessão com a classe média cultural e com questões de política sexual, ao passo que o outro lado (o Terceiro Mundo) deve endossar a modernização cultural e sexual como único caminho para romper a exploração neocolonialista, i.e., eles devem aprender a lição de que o antimodernismo serve em última análise a novas formas de imperialismo. Para citar Badiou mais uma vez:

> a política comunista deve arrancar do capitalismo ocidental o monopólio da modernidade (no tocante à história da sexualidade, dos costumes, língua, religião e outros aspectos das identidades simbólicas). O primeiro problema aqui é que essa política une todos aqueles que consideram o capitalismo global como o inimigo principal e que um novo comunismo seja o vetor desse conflito. No âmbito dessa convicção compartilhada está a noção de que é preciso lidar com as contradições persistentes, mostrando, especialmente, ponto por ponto, como o fato de abandonar ao capital o monopólio da modernidade (a morte dos deuses, o simbólico dos sexos, internacionalismo etc.)

vai contra a unidade necessária para combatê-lo. Só dessa discussão emergirá uma nova modernidade despojada da cultura da mercadoria.[14]

Sim, a luta pela modernização deve ser conduzida sob a bandeira do anticapitalismo, porém, sem o vínculo com a luta pela modernização, a luta anticapitalista será apenas um movimento reativo fadado ao fracasso.

Além disso, há aqui outras ambiguidades em ação. Badiou propõe um quadrado semiótico que resuma as coordenadas básicas do mundo de hoje; seus dois eixos são um vertical, a oposição entre tradição e modernidade, e um horizontal, a oposição entre capitalismo e comunismo. A fronteira entre modernismo e capitalismo designa o espaço do Ocidente moderno desenvolvido, e a linha entre o capitalismo e a tradição, o espaço do fascismo. No lado oposto, a linha entre tradição e comunismo designa o espaço do socialismo de Estado (stalinismo), ao passo que a linha entre modernismo e comunismo abre o espaço para uma nova verdade política (o comunismo recém-reinventado). Guerras mundiais ocorrem no triângulo entre Ocidente, fascismo e socialismo de Estado, ao passo que a Guerra Fria ocorre entre o Ocidente e o socialismo de Estado.

Embora atraente em seu poder explanatório, esse esquema levanta muitas questões. Como o capitalismo e o comunismo se relacionam com a modernidade? Pode o capitalismo reproduzir-se sem se basear num núcleo pré-moderno de valores e práticas tradicionais? Ou é a modernidade (como Fredric Jameson às vezes sugere) mais um nome do capitalismo? Também acho problemática a localização do stalinismo na linha que conecta comunismo e tradição: não foi o stalinismo primariamente uma modernização extremamente brutal (coletivização forçada, industrialização rápida), e o mesmo não é válido para o Grande Salto Adiante de Mao? Não terá sido até mesmo o fascismo uma modernização conservadora, uma modernização legitimada como um retorno à tradição pré-moderna (exemplarmente no Japão), podendo, por isso, ser antes situado no eixo horizontal entre tradição e modernidade? Mesmo o Estado Islâmico não é simplesmente tradicional – como em todos os fascismos, ele combina conteúdos pseudotradicionais com formas ultramodernas. Por outro lado, se estivermos procurando elementos que se encaixem no eixo comunismo-tradição, o "socialismo realmente existente" stalinista está menos neste lugar do que muitos elementos da nova esquerda do Terceiro Mundo, que buscam inspiração em algumas tradições antigas (a América Latina está repleta de *indigenismos*). Além disso, algumas formas do mais dinâmico capitalismo contemporâneo (Índia, China etc.) se referem à tradição para conter os efeitos disruptivos da modernização capitalista.

Não subestime o fetiche da democracia!

A lição de todas essas complicações é que, para parafrasear o presidente Bush, definitivamente não se deve "malsubestimar" o poder destrutivo do capital internacional. Em tais condições, pode um governo de esquerda "democraticamente eleito" de fato impor mudanças radicais? A armadilha à espreita aqui é claramente perceptível em *O capital no século XXI*, de Thomas Piketty. Para Piketty, o capitalismo tem que ser aceito como a única carta sobre a mesa, a única alternativa factível seria permitir à maquinaria capitalista fazer seu trabalho em sua própria esfera, e impor justiça igualitária politicamente, através de um poder democrático que regule o sistema econômico e imponha redistribuição. Esta solução é utópica no sentido mais estrito do termo. Piketty está perfeitamente consciente de que o modelo que propõe só funcionaria se implementado globalmente, além dos confins das nações-Estado (de outro modo, o capital fugiria dos Estados com menores taxas de lucro); uma medida global dessa natureza pressupõe um poder global já existente e com a força e a autoridade necessárias para fazer cumprir suas diretivas. Entretanto, tal poder global é inimaginável nos limites do capitalismo global de hoje e dos mecanismos políticos que ele implica – em resumo, existisse um tal poder, *o problema básico já teria sido resolvido*. E mais, de que medidas adicionais necessitaria a imposição global de impostos altos proposta por Piketty? É claro, a única saída desse círculo vicioso é simplesmente cortar o nó górdio e *agir*. Nunca há condições perfeitas para uma ação – por definição, toda ação ocorre demasiado cedo, mas alguém tem que começar em algum ponto; com uma intervenção particular, deve-se ter em mente as complicações adicionais que tal ação vai acarretar. Em outras palavras, a verdadeira utopia é imaginar o capitalismo global tal como nós o conhecemos hoje, ainda funcionando do jeito que funciona, só que com o acréscimo dos altos impostos propostos por Piketty. O mesmo utopismo opera no comentário de Joseph Stiglitz "A democracia no século XXI" – o título obviamente se refere ao trabalho de Thomas Piketty, mas com um importante viés, que desloca o acento do capitalismo para o nosso sistema político liberal-democrata. Eis a sua linha de argumento conclusiva:

> O que temos observado – estagnação salarial e desigualdade crescente, mesmo com crescimento da riqueza – não reflete o funcionamento de uma economia de mercado normal, mas do que eu chamo de "capitalismo sucedâneo". O problema pode não estar em como os mercados deveriam funcionar ou funcionam, mas, sim, no nosso sistema político, que deixou de assegurar que mercados sejam competitivos e desenhou regras que sustentam mercados distorcidos nos quais as corporações e os ricos podem explorar todos os demais (e infelizmente o fazem) ... Mercados, é claro, não existem num vácuo. Tem de haver regras no jogo, e elas são estabelecidas através de processos políticos ... Assim, o prognóstico de Piketty de níveis ainda mais elevados de desigualdade não reflete leis inexoráveis da economia. Mudanças simples – incluindo maior taxação sobre ganhos de capital e heranças, aumento de despesas para acesso mais amplo à educação, aplicação rigorosa de leis antitruste, reformas de governança corporativa que circunscrevam o pagamento de executivos e regulações financeiras que controlem a capacidade dos bancos de explorar o restante da sociedade – reduziriam a desigualdade e aumentariam a igualdade de oportunidades marcadamente. Se compreendermos acuradamente as regras do jogo, podemos até ser capazes de restaurar o crescimento econômico rápido e partilhado que caracterizou as sociedades de classe média dos meados do século XX. A principal questão que enfrentamos agora não é realmente sobre o capital no século XXI. É sobre a democracia no século XXI.[15]

Em algum sentido formal, isso, claro, é verdade: a organização de uma economia de mercado só é efetivamente possível no interior de coordenadas legais que são em última análise decididas no processo político. Stiglitz também está plenamente justificado ao apontar que, para mudar efetivamente o capitalismo, nós também teríamos que mudar o funcionamento da nossa democracia. Entretanto, aqui surgem problemas. Em que sentido precisamente a democracia é um problema? Parece que, para Stiglitz, trata-se simplesmente de uma questão de aplicação de novas regras (leis regulando a vida econômica) no interior da estrutura democrática existente – nós precisamos de um governo eleito para aprovar algumas "mudanças simples" como "maior taxação sobre ganhos de capital e heranças, aumento de despesas para acesso mais amplo à educação, aplicação rigorosa de leis antitruste, reformas de governança corporativa que circunscrevam o pagamento de executivos e regulações financeiras que controlem a capacidade dos bancos de explorar o restante da sociedade". Podemos, contudo, realmente imaginar uma transformação da sociedade feita desse modo? Aqui, o insight-chave de Marx permanece válido, talvez mais do que nunca: para Marx, a questão da liberdade não deve ser situada na esfera política propriamente dita (Este ou aquele país têm eleições livres? São seus juízes independentes? E sua imprensa, está ela livre de pressões ocultas? Respeitam-se ali os direitos humanos?). Antes, a chave para a verdadeira liberdade reside na rede "apolítica" das relações sociais, do mercado à família. A mudança exigida não é política, mas uma transformação das relações sociais de produção – a qual implica precisamente a luta revolucionária de classe, em vez de eleições democráticas ou qualquer outra medida "política" no sentido estrito do termo. Nós não votamos em quem possui o quê, nem sobre as relações dentro das fábricas etc. – tais questões permanecem fora da esfera do político, e é ilusório esperar que fosse possível mudar efetivamente as coisas "estendendo" a democracia para dentro da esfera econômica (através, digamos, da reorganização dos bancos para botá-los sob controle popular). Mudanças radicais nesse domínio têm de ser feitas fora da esfera dos "direitos" legais. Nos procedimentos "democráticos" (os quais, é claro, podem ter um papel positivo a desempenhar), não importa o quanto nosso anticapitalismo seja radical, as soluções são procuradas exclusivamente através daqueles mecanismos democráticos que compõem eles mesmos parte do aparato do Estado "burguês" que garante a reprodução imperturbada do capital. Nesse sentido preciso, Badiou estava certo em sua afirmação aparentemente extravagante: "Hoje o inimigo não se chama Império nem Capital. Chama-se Democracia!"[16] Quando Badiou afirma, além disso, que a democracia é o nosso fetiche, essa declaração deve ser tomada literalmente, no sentido freudiano preciso, não apenas no sentido vago de que nós elevamos a democracia à condição de nosso absoluto intocável: a "democracia" é a última coisa que vemos antes de confrontar a "falta" que é constitutiva do nosso campo social, o fato de que "não existe relação de classe" (se me permitirem parafrasear a fórmula de Lacan de que "não existe relação sexual"), o trauma do antagonismo social. É como se, ao sermos confrontados pela realidade da dominação e da exploração, de lutas sociais brutais, nós pudéssemos sempre acrescentar: sim, mas *nós temos a democracia*, o que nos dá esperanças de resolver ou pelo menos regular lutas, obstando seus resultados destrutivos. É a "ilusão democrática", a aceitação de mecanismos democráticos como provedores da única estrutura para qualquer mudança possível, que impede a transformação radical da sociedade.

O campo da economia capitalista, da organização de produção, intercâmbio e distribuição, tem sua própria inércia e movimento imanentes, e o arcabouço político democrático já está acomodado a essa estrutura capitalista. Para mudar realmente essa estrutura capitalista, é preciso mudar também o seu arcabouço político democrático; não é possível fazê-lo impondo mudanças através de procedimentos democráticos eleitorais que permanecem iguais aos de sempre. E aqui encontramos a segunda limitação, keynesiana, de Stiglitz: sua designação do sistema econômico presente como "capitalismo sucedâneo" não implica que haja outro capitalismo, propriamente dito, no qual mercados sejam real e justamente competitivos, não os nossos "mercados distorcidos nos quais as corporações e os ricos podem explorar todos os demais"? Aqui podemos ver a aposta de Stiglitz: impondo mudanças legais democraticamente, nós podemos substituir o capitalismo sucedâneo por um capitalismo mais eficiente, combinando assim o melhor do capitalismo com o melhor da democracia. Mas e se toda a ideia for utópica no sentido estrito do termo? E se o que Stiglitz chama de "capitalismo sucedâneo" for simplesmente o capitalismo como tal, o capitalismo que segue seu desenvolvimento imanente, e não alguma perversão secundária? Vale dizer, considerando que mercados capitalistas "não existem num vácuo", que o processo político da democracia também não existe num vácuo, mas é sempre sobredeterminado pelas relações econômicas.

Por essa razão, devemos desconfiar da crítica a movimentos ou governos progressistas formulada, em termos pseudoesquerdistas, como crítica liberal de suas características "autoritárias". Estudantes de classe média e liberais pequeno-burgueses (que querem mais "liberdades" e chances para si mesmos, mas têm aversão a mudanças reais) se queixam de decisões governamentais "não democráticas" etc. Esse tipo de crítica é a mais traiçoeira rejeição de mudanças radicais, as quais, inicialmente, têm de parecer "autoritárias" em sua ruptura resoluta com os modos do establishment. Tomemos o triste caso da Venezuela. Embora a revolução bolivariana mereça muitas críticas, devemos, contudo, ter sempre em mente que ela tem sido vítima ultimamente de uma bem orquestrada contrarrevolução, especialmente de uma longa guerra econômica. Não há nada de novo nesse procedimento. No começo dos anos 1970, numa nota para a CIA aconselhando sobre como enfraquecer o governo chileno de Salvador Allende, democraticamente eleito, Henry Kissinger escreveu sucintamente: "Façam a economia gritar." Nós podemos facilmente conjecturar que as dificuldades econômicas enfrentadas pelo governo chavista não sejam tão somente resultado da inépcia de suas próprias políticas econômicas. Aqui nós chegamos a um ponto político-chave, difícil de engolir para alguns liberais: claramente, nós não estamos lidando com processos e reações cegos de mercado (como, digamos, proprietários de loja tentando lucrar mais tirando alguns produtos das prateleiras), mas, sim, com estratégias elaboradas e inteiramente planejadas. Em condições assim, não seria plenamente justificado usar uma espécie de terror (incursões policiais a depósitos secretos, detenção de especuladores e de coordenadores da escassez etc.) como contramedida defensiva? Quando, em 9 de março de 2015, o presidente Obama emitiu um decreto presidencial declarando a Venezuela uma "ameaça à segurança nacional" dos Estados Unidos, não deu ele, por meio disso, um sinal verde para um *coup d'état*? Num nível mais "civilizado", o mesmo está acontecendo na Grécia.

Além do capitalismo

Assim, o que fazer para tornar a ideia de socialismo novamente operacional em circunstâncias tão desesperançadas? Axel Honneth[17] resume as principais fraquezas do modelo socialista clássico: (1) o foco na produtividade industrial e na socialização do processo de produção, o que negligencia a liberdade política/pública (a formação democrática do espaço público) e a liberdade na esfera íntima, como se fosse possível supor que a socialização dos processos produtivos implicasse automaticamente liberdade real na totalidade do corpo social; (2) a confiança acrítica na noção da necessidade teleológica histórica (o socialismo advirá mais ou menos automaticamente – e substituirá o capitalismo segundo a lógica do progresso histórico); e (3) a presunção de que há um sujeito privilegiado da libertação (em função de sua situação social objetiva, a classe trabalhadora está predestinada a ser o principal agente da transição do capitalismo ao socialismo). Segundo Honneth, para que a ideia de socialismo recupere seu poder de mobilização, ela tem que deixar para trás essas três pretensões. O socialismo deve ser (re)concebido como um processo de expansão da liberdade que ocorra em três esferas: a cooperação e solidariedade, em vez de competição na esfera da produtividade; a liberdade dos indivíduos na esfera pública, uma liberdade que torna possível a formação democrática da sua vontade coletiva; e a liberdade da opressão na esfera íntima. O agente e/ou recipiente dessa noção tão estendida de liberdade já não é mais um sujeito social privilegiado (como a classe trabalhadora), mas (potencialmente) todos os cidadãos.

Além disso, a legislação progressiva de liberdades tão estendidas não pode mais ser concebida em termos deterministas, como um processo regulado pela necessidade histórica; ela só pode ser um processo de experimentação social complexa, sem nenhuma meta ou procedimento predeterminado. Por exemplo, na economia, não se deve adotar uma posição antimercado *a priori*, mas antes tentar "purificar" o mercado das suas distorções capitalistas.

Essa visão de liberdade estendida às três esferas implica a primazia (não da economia, mas) da esfera da comunicação pública: a socialização da economia bem como as liberdades alcançadas na esfera privada podem ambas ser concebidas como extensões da lógica de liberdades democráticas. Contudo, não estaríamos aqui tropeçando numa fraqueza-chave no modelo de Honneth? Não estamos testemunhando hoje precisamente uma situação complexa na qual a liberdade política (relativa) e a explosão de liberdades na esfera íntima são neutralizadas pela não transparência crescente da esfera econômica? Desse modo, hoje, o problema-chave é precisamente o problema da economia, do capitalismo global e seus antagonismos. A negligência em relação aos antagonismos é claramente discernível no recurso de Honneth à metáfora orgânica de "Vida", de um organismo vivo como modelo para a coexistência das três esferas. Esse modelo o impele a ignorar antagonismos radicais que hoje estão crescendo, da ecologia até a biogenética, da exploração até novas formas de violência social, antagonismos estes que resistem a serem traduzidos em problemas comunicacionais. Assim, ao falarmos de totalidade social, seria apropriado seguir a afirmação de Hegel da totalidade antagônica, uma totalidade que oscila de um extremo a outro. A lição básica de Hegel é que o caminho da verdade não será encontrado ao nos livrarmos de posições "universais", criando assim totalidades harmoniosas de vida, mas ao levar cada esfera ao seu extremo, causando por meio disso a sua inversão ao oposto. Para dizer de outra forma, o que está faltando na visão de Honneth é uma compreensão da combinação paradoxal de liberdade crescente, num nível, com ausência crescente de liberdade, noutro nível, situação em que a nova liberdade é frequentemente o próprio modo de manifestação da ausência de liberdade –

lembrem-se apenas da condição desesperada dos trabalhadores precários, condição celebrada por alguns sociólogos "pós-modernos" como uma nova liberdade para os trabalhadores se reinventarem a cada par de anos. Se quisermos alcançar alguma liberdade nova, nós temos que sair dessa dança maluca da liberdade correndo atrás do rabo da não liberdade – não há caminho direto para a liberdade.

Em última análise, Honneth continua a ser um socialista ético, i.e., ele rejeita referências a um agente privilegiado de mudança (a classe trabalhadora) como uma reminiscência do socialismo do século XIX, e, em vez disso, baseia a exigência de mudança em normas éticas que dizem respeito a todos nós. Entretanto, não seria razoável buscar, na própria realidade de hoje, tendências que apontem para além do capitalismo global e discernir grupos sociais que ocupem uma posição proletária? Pode-se fazê-lo sem nenhum recurso a essencialismos de classe trabalhadora e determinismos históricos. Uma das grandes ironias da teoria social contemporânea é que Peter Sloterdijk, um conservador liberal resolutamente anticomunista, que alguns habermasianos até suspeitam de abraçar uma agenda nazista eugenista, dá um passo adiante ao esboçar os antagonismos que fazem de um progresso além do capitalismo global uma questão de sobrevivência para nós.

Em seu novo livro, *What Happened in the Twentieth Century?*,[18] depois de rejeitar a "paixão pelo Real" do século XX como arauto de um extremismo político que leva ao extermínio de inimigos, Sloterdijk fornece seu próprio esboço do que deve ser feito no século XXI, resumido no título dos dois primeiros ensaios do livro: "The Anthropocene" e "From the Domestication of Man to the Civilizing of Cultures". O "antropoceno" designa uma nova fase na vida do nosso planeta, na qual nós, os seres humanos, já não podemos mais confiar na Terra como um reservatório pronto para absorver as consequências da nossa atividade produtiva: nós já não podemos mais nos dar o luxo de ignorar os efeitos colaterais (danos colaterais) da nossa produtividade. Esses danos já não podem mais ser reduzidos a pano de fundo da humanidade. Nós temos de aceitar que vivemos numa "Nave Espacial Terra", responsáveis e obrigados a prestar contas por suas condições. A Terra não é mais o segundo plano/horizonte impenetrável da nossa atividade produtiva: ela emerge como (mais um) objeto finito, que, inadvertidamente, podemos destruir ou transformar em inabitável. Isso significa que, no momento mesmo em que acumulamos força bastante para afetar nossas condições básicas de vida, temos de aceitar que somos apenas mais uma espécie animal num pequeno planeta. Uma nova maneira de se relacionar com nosso ambiente será necessária, uma vez que compreendamos que não se trata mais de um trabalhador heroico, expressando seus potenciais criativos e extraindo recursos inexauríveis do ambiente, mas de um agente muito mais modesto em colaboração com o meio ambiente, negociando permanentemente um nível tolerável de segurança e estabilidade.

Mas isso não é ignorar os danos colaterais da própria essência do modelo capitalista? O que interessa na reprodução capitalista é a circulação automotivada focada em lucro, e o dano colateral produzido contra o meio ambiente é em princípio ignorado – mesmo as tentativas de levá-lo em consideração através de taxações (ou pondo etiquetas de preço diretamente em todo recurso natural utilizado, inclusive o ar) estão certamente fadadas ao fracasso.

Assim, para fundar esse novo modo de relação com o nosso meio ambiente, uma mudança político-econômica é necessária, o que Sloterdijk chama de "domesticação da cultura do animal selvagem". Até hoje, cada cultura educava ou disciplinava seus membros e garantia a paz cívica entre eles através dos poderes do Estado; mas a relação entre diferentes culturas e Estados esteve permanentemente sob o espectro de guerras potenciais, com cada período de paz sendo nada mais que um armistício temporário. Como Hegel conceitualizou, toda a ética de um Estado culmina no mais elevado ato de heroísmo: a presteza para o sacrifício da própria vida em nome da nação-Estado, o que significa que as relações selvagemente bárbaras entre Estados servem como fundação da vida ética no interior de um Estado. Não é a Coreia do Norte de hoje, com seu empenho implacável por armas nucleares e foguetes capazes de atingir alvos distantes, o exemplo supremo dessa lógica de soberania incondicional da nação-Estado? Entretanto, no momento em que aceitamos plenamente que vivemos numa Nave Espacial Terra, a tarefa que se impõe com urgência é a de civilizar as próprias civilizações, de impor a solidariedade e a cooperação universais entre todas as comunidades humanas, uma tarefa que se torna ainda mais difícil por causa do corrente aumento da violência sectária religiosa e étnica "heroica" e da presteza para sacrificar-se (e ao mundo) em nome de causas específicas.

Agora, vamos dar um passo atrás e refletir sobre o que Sloterdijk está defendendo. As medidas que ele propõe como necessárias para a sobrevivência da humanidade – superação do capitalismo expansionista, cooperação internacional ampla e solidariedade, que deveriam levar à criação de um poder executivo capaz de violar a soberania do Estado etc. – não são todas medidas destinadas a proteger nossos bens comuns naturais e culturais? Se elas não apontam para o comunismo, se elas não implicam um horizonte comunista, então o termo "comunismo" não tem absolutamente nenhum significado. Embora Sloterdijk rejeite de modo crítico todo extremismo do século XX, a mudança que ele advoga é extremamente radical, muito mais "extrema" do que a visão comunista padrão (esboçada originalmente por Marx) de uma nova sociedade que continua a contar com uma expansão capitalista irrestrita. Não é de admirar que Sloterdijk permaneça vago sobre como dar força de lei a essa imensa transformação – uma análise mais rigorosa certamente o levaria ao velho tópico da reorganização comunista da sociedade. O primeiro passo nessa direção teria sido o deslocamento marxista tradicional de antagonismos externos para antagonismos internos: o fato de as relações entre civilizações prosperarem sob permanente ameaça de guerra, i.e., permanecerem bárbaras, aponta para uma dimensão bárbara que espreita no seio de cada civilização, o antagonismo radical ("luta de classes") sobre o qual toda civilização está baseada. "Civilizar civilizações" não é essencialmente uma questão de negociação externa entre civilizações, mas uma questão de uma transformação radical imanente de cada civilização.

Para Sloterdijk, a grande luta política e ideológica que jaz à nossa frente e que vai decidir o destino da humanidade é a luta entre a soberania política (em que cada agente está pronto a arriscar tudo em nome de sua causa político-ideológica, como é o caso do fundamentalismo islâmico e outros) e a política de unidade através de negociações (que se esforça seriamente para estabelecer compromissos moderados como única opção para a nossa sobrevivência). Mais uma vez, porém, a luta contra soberanias particulares, em si mesma, não envolve um radicalismo, uma ruptura clara com o modo de fazer política até aqui predominante?

Bens comuns cooperativos

Para resolver esse impasse, devemos, talvez, seguir o bom e velho caminho marxista e deslocar o foco da política para os sinais de pós-capitalismo, discerníveis no seio do próprio capitalismo global, em particular a ascensão do que Jeremy Rifkin chama de "bens comuns colaborativos" (CC, na sigla em inglês), um novo modo de produção e troca, que deixa para trás a propriedade privada e as relações de mercado. Os Bens Comuns Colaborativos serão necessariamente opostos às duas outras formas de organização social que foram operacionais na história moderna: interação de mercado (auto-organização espontânea de baixo para cima, baseada em competição individualista e busca de lucro) e planejamento centralizado (regulação de cima para baixo da sociedade por um Estado forte, como no "socialismo realmente existente"). A quarta forma é a auto-organização pré-Estado das sociedades "primitivas", às quais os Bens Comuns Colaborativos se relacionam de maneira ambígua: os dois são radicalmente diferentes, mas ao mesmo tempo estranhamente se parecem. Como funciona, então, esse quadrado de quatro formas? Um caminho possível para entendê-lo foi esboçado por Kojin Karatani, cuja premissa básica é usar os modos de intercâmbio (em vez de os modos de produção, como no marxismo) como ferramenta com a qual analisar a história da humanidade.[19] Karatani distingue quatro modos progressivos de intercâmbio: (A) troca de presentes, que predomina em sociedades pré-Estado (clãs ou tribos trocando presentes); (B) dominação e proteção, que predomina nas sociedades escravistas e feudais (nelas, a exploração é baseada em dominação direta e a classe dominante tem algo a oferecer em troca, por exemplo, proteger seus membros de perigos); (C) intercâmbio de objetos como mercadorias, que predomina no capitalismo (intercâmbio individual livre não só de produtos, mas também de sua própria força de trabalho); e (X) um estágio posterior a ser alcançado, um retorno à troca de presentes num nível superior – esse X é uma ideia reguladora kantiana, uma visão que assumiu diferentes aparências historicamente, desde as comunidades igualitaristas religiosas, que se apoiavam na solidariedade comunal, até cooperativas anarquistas e projetos comunistas. Karatani introduz aqui duas complicações adicionais. (1) Há uma ruptura crucial, a assim chamada "revolução sedentária", que tem lugar nas sociedades primitivas pré-Estado: a passagem de grupos caçadores nômades a grupos permanentemente estabelecidos, organizados em tribos ou clãs. No âmbito das trocas, nós passamos do presente "puro" a redes complexas de presentes e contrapresentes. Essa distinção é crucial, na medida em que a futura passagem a X ocorrerá num nível mais alto de retorno ao modo de existência social nômade. (2) Na passagem de A para B etc., o estágio anterior não desaparece, embora seja "reprimido" e retorne sob uma forma nova. Com a passagem de A para B, a comunidade de presentes-trocas sobrevive como espírito de conciliação religiosa e solidariedade; com a passagem de B para C, A sobrevive como nação, comunidade nacional, e B (dominação) sobrevive como poder do Estado. Por essa razão, o capitalismo não é, para Karatani, um reino "puro" de B, mas uma tríade (ou, antes, um nó borromeano) de nação-Estado-capital: a nação como a forma de solidariedade comunal, o Estado como a forma de dominação direta e o capital como a forma de intercâmbio econômico; todos três são necessários para a reprodução da sociedade capitalista.[20]

Assim, pode-se conceber o modo de produção dos Bens Comuns Colaborativos como o retorno, num nível superior, a presentes-trocas: no modo de produção dos Bens Comuns Colaborativos, indivíduos põem seus produtos gratuitamente em circulação.[21] Essa dimensão emancipatória dos Bens Comuns Colaborativos deve, é claro, ser situada no contexto da ascensão da assim chamada "Internet das Coisas" (IoT, na sigla em inglês), combinada com outro resultado do desenvolvimento atual das forças produtivas, o crescimento explosivo de "custos marginais zero" (muitos produtos, e não só informação, podem ser produzidos em maior escala sem custo adicional algum).

Claro, o que está à espreita por trás da IoT é uma visão distintamente metafísica da emergência da assim chamada singularidade: nossas vidas individuais estarão totalmente inseridas num Outro digital, com características divinas, que as controlará e regulará. Essa extrapolação nos confronta claramente com a rematada ambiguidade da Internet das Coisas. Duas leituras reciprocamente excludentes da IoT se impõem: a IoT como domínio de emancipação radical, uma chance única de combinar liberdade e colaboração, na qual, para parafrasear a definição de amor de Julieta, em *Romeu e Julieta*, de Shakespeare – "Quanto mais te dou, mais tenho, pois são ambos infinitos" –, *versus* a IoT como uma submersão completa no Outro digital divino, em que eu sou despojado da minha liberdade de agência. Mas serão essas duas leituras de fato reciprocamente excludentes, ou são apenas duas visões diferentes da mesma realidade?

A Internet das Coisas é uma rede de dispositivos físicos, veículos, edifícios e outros itens com artefatos eletrônicos, programas, sensores, atuadores e rede de conectividade implantados, que capacitam esses objetos a coletar e trocar dados; isso permite que objetos sejam percebidos e controlados remotamente em toda a infraestrutura de rede existente, criando oportunidades para integração mais direta do mundo físico em sistemas baseados em computadores, o que resulta em eficiência, exatidão e benefício econômico acrescidos. Quando a IoT é aumentada com sensores e atuadores, a tecnologia se torna uma instância da classe mais geral dos "sistemas ciberfísicos", os quais também abrangem tecnologias como redes elétricas inteligentes, casas inteligentes, transportes inteligentes e cidades inteligentes. Cada coisa é singularmente identificável através de seu sistema informático implantado e é capaz de interagir no interior da rede de internet existente. A interconexão desses dispositivos implantados (inclusive objetos inteligentes) deve introduzir automação em quase todos os campos, ao mesmo tempo que viabiliza aplicações avançadas, como redes elétricas inteligentes, e se expande para áreas como cidades inteligentes. "Coisas" também podem se referir a uma ampla variedade de dispositivos – como monitoramento de implantes cardíacos, *biochips transponders* na criação de animais, barragens eletrônicas de águas costeiras, automóveis construídos com sensores embutidos e dispositivos para análise de DNA para monitoramento ambiental/alimentar/patogênico – os quais podem coletar dados úteis com ajuda de várias tecnologias existentes e, em seguida, fluí-los de modo autônomo para outros dispositivos. Nesse contexto, indivíduos humanos também são "coisas", cujos estados e atividades são continuamente registrados e transmitidos à sua revelia. Dados relativos a seus movimentos físicos, suas transações financeiras, sua saúde e seus hábitos de beber, o que eles compram e vendem, o que leem, ouvem e assistem, tudo é coletado em redes digitais que os conhecem melhor do que eles conhecem a si mesmos.

A perspectiva da IoT parece nos obrigar a virar do avesso a famosa frase de Friedrich Hölderlin, de "onde, porém, está o perigo, também cresce o poder redentor" para "onde, porém, está o poder redentor, também cresce o perigo". O aspecto "redentor" da IoT foi descrito em detalhe por Jeremy Rifkin, quando afirma que, pela primeira vez na história humana, um caminho para superar o capitalismo é discernível como tendência atual da produção e do intercâmbio sociais (o crescimento dos bens comuns cooperativos), e que, por isso, o fim do capitalismo está no horizonte. A mais crua hipótese marxista parece reivindicada: o desenvolvimento de novas forças produtivas torna as relações capitalistas obsoletas. A ironia suprema é que, enquanto os comunistas são hoje os melhores administradores do capitalismo (China, Vietnã), os países capitalistas desenvolvidos avançam na direção dos bens comuns colaborativos ou cooperativos como caminho para superar o capitalismo:

> Mercados estão começando a dar lugar a redes, propriedade está se tornando menos importante do que acesso, a busca egoísta está sendo moderada pela arrancada dos interesses colaborativos, e o sonho tradicional de sair da pobreza e ficar rico está sendo suplantado por um novo sonho de qualidade

sustentável de vida ... Enquanto o mercado capitalista é baseado em interesse próprio e impelido por ganho material, os bens comuns sociais são motivados por interesses colaborativos e impelidos por um desejo profundo de se conectar com outros e compatilhar.[22]

À medida que mercados e trabalho assalariado se tornam menos relevantes, uma economia construída sobre a base de novos princípios e valores sociais emergirá progressivamente: redes descentralizadas tomarão o lugar de mercados; o acesso a uma abundância de bens e serviços compartilhados reduzirá a significância da posse e da propriedade privada; inovações de código aberto, transparência e cocriações colaborativas substituirão a busca do interesse próprio e da autonomia competitivos; um compromisso com o desenvolvimento sustentável e com a reintegração à biosfera terrestre corrigirá o materialismo desenfreado e o consumismo excessivo; e a redescoberta da nossa natureza empática conduzirá a nossa busca por engajamento comunitário e pertencimento social no seio de um modo de produção ascendente dos Bens Comuns Colaborativos.[23]

No entanto, isso dá lugar a novos perigos, mesmo se descontarmos as falsas preocupações, como a ideia de que a IoT vai promover o desemprego. (Não seria essa "ameaça" uma boa razão para reorganizar o processo de produção para que os trabalhadores trabalhassem muito menos? Em resumo, não seria esse "problema" a sua própria solução?) No âmbito concreto da organização social, a ameaça é uma tendência claramente discernível do Estado e do setor privado a retomar o controle sobre os bens comuns colaborativos:

Governos nacionais se esforçam cada vez mais para aprovar legislações próprias, citando direitos soberanos, que ameaçam minar a natureza aberta e acessível da internet. O setor privado também está se afastando de alianças coletivas, buscando, em vez disso, lucros maiores através do controle centralizado sobre como conteúdos são distribuídos. Similarmente, grandes companhias que controlam a rede, como Google, Facebook e Twitter, estão

Mal-estar do capitalismo global

cada vez mais "vendendo as massas de Big Data transmitidos que caem em suas mãos a arrematadores comerciais e negócios que os empregam para campanhas de propaganda e marketing dirigidas" [Rifkin, *The Zero Marginal Cost Society*, p.199]. Em essência, as corporações centradas em lucros verticalmente escalados da era capitalista estão explorando bens comuns colaborativos lateralmente escalados para seus próprios fins privados. Em outras palavras, as "companhias estão explorando bens comuns sociais como empreendimento comercial" [Ibid., p.204].[24]

Assim, contatos pessoais são privatizados pelo Facebook, programas pela Microsoft, buscas pela Google... Para compreender essas novas formas de privatização, é preciso transformar criticamente o aparato conceitual de Marx: em função de sua negligência da dimensão social do "intelecto geral" (a inteligência coletiva da sociedade), Marx não considera a possibilidade da *privatização do próprio "intelecto geral"* – o que está no núcleo da luta sobre "propriedade intelectual". Antonio Negri tem aqui razão: no interior dessa estrutura, a exploração no sentido marxista clássico não é mais possível – motivo pelo qual ela tem sido cada vez mais imposta através de medidas legais, i.e., por força não econômica. É por isso que, hoje, a exploração assume cada vez mais a forma de renda: como explica Carlo Vercellone, o capitalismo pós-industrial é caracterizado pelo "lucro tornando-se renda".[25] E esse é o motivo pelo qual uma autoridade direta é necessária: ela é necessária para impor as condições legais (arbitrárias) para extrair renda, condições estas que já não são mais espontaneamente geradas pelo mercado. Talvez nisso resida a contradição fundamental do capitalismo pós-moderno de hoje: enquanto sua lógica é desreguladora, "antiestatal", nômade/desterritorializante etc., sua tendência-chave do "lucro tornando-se renda" sinaliza o fortalecimento do papel do Estado, cuja função (não somente) reguladora é crescentemente onipresente. A desterritorialização dinâmica coexiste e se apoia em intervenções autoritárias mais importantes do Estado e de seu aparato legal. O que se pode discernir no horizonte no nosso futuro histórico é, assim, uma sociedade na qual o liberalismo pessoal e o hedonismo coexistirão com (e serão sustentados por) uma complexa rede de mecanismos reguladores do Estado. Longe de desaparecer, o Estado hoje está se fortalecendo.

Em outras palavras, devido ao papel crucial do "intelecto geral" (conhecimento e cooperação social) na criação de riqueza, formas de riqueza estão crescentemente "fora de proporção com o tempo de trabalho direto despendido na sua produção",[26] e o resultado não é, como Marx parece ter esperado, a autodissolução do capitalismo, mas a gradual transformação relativa do lucro gerado pela exploração do trabalho em renda apropriada pela privatização do "intelecto geral". Tomemos o caso de Bill Gates: como ele se tornou o homem mais rico do mundo? Sua riqueza nada tem a ver com custos de produção dos produtos que a Microsoft está vendendo (pode-se até argumentar que a Microsoft paga a seus trabalhadores intelectuais um salário relativamente alto), i.e., a riqueza de Gates não é resultado do seu sucesso ao produzir bons programas por preços mais baixos do que seus competidores, ou de impor "exploração" maior a seus trabalhadores intelectuais assalariados. Se fosse esse o caso, a Microsoft teria falido há muito tempo: as pessoas teriam maciçamente escolhido programas como Linux, que são livres e, segundo especialistas, de melhor qualidade do que os programas da Microsoft. Por que, então, milhões de pessoas continuam a comprar Microsoft? Porque a Microsoft se impôs como padrão quase universal, (quase) monopolizando o campo, uma espécie de encarnação direta do "intelecto geral". Gates se tornou o homem mais rico do mundo num par de décadas, se apropriando da renda gerada por permitir que milhões de trabalhadores intelectuais participem na nova forma do "intelecto geral" que ele privatizou e controla. É verdade, então, que os trabalhadores intelectuais de hoje já não estão mais separados das condições objetivas do seu trabalho (eles possuem o seu PC etc.), separação esta que vem a ser a definição marxista da "alienação" capitalista? Sim, mas mais fundamentalmente, *não*: eles estão apartados do campo social do seu trabalho, de um "intelecto geral" que não é mediado pelo capital privado.

A pior coisa a fazer aqui é simplesmente opor os aspectos "bom" e "mau", seguindo o lendário político norte-americano que, na época da Proibição, quando perguntado sobre o que pensava sobre o álcool, respondeu:

"Se por álcool você quer dizer a bebida terrível que arruína famílias e causa brigas, então eu sou contra. Mas se você estiver falando do drinque maravilhoso que torna o anoitecer relaxante e traz alegria para a convivência, eu sou a favor." Aplicada aos bens comuns digitais, essa posição equivale a: "Se você estiver falando da Google ou de outra grande corporação que sabe mais sobre nós do que nós mesmos e regulam nossas vidas, então eu sou contra; mas se estiver falando de cooperação livre, eu sou a favor." A opinião predominante é que essas companhias desempenham um papel intermediário na passagem do mercado para os bens comuns colaborativos, e que elas desaparecerão por si mesmas através da expansão dos Bens Comuns Colaborativos.

> Companhias como Uber e Airbnb tentarão preencher a lacuna entre as duas economias e tirar vantagens de ambas. Entretanto, como redes ponto a ponto realmente descentralizadas começam a dominar a custo marginal próximo de zero, essas companhias híbridas tendem a desaparecer ... Redes verdadeiramente descentralizadas de intercâmbio no sistema dos Bens Comuns permitirão transações ponto a ponto sem a necessidade da confiança ou envolvimento de uma terceira parte intermediária.[27]

Uma solução tão fácil evita o problema real: é a usurpação praticada por essas grandes corporações apenas um parasitismo a ser superado, ou trata-se de os Bens Comuns Colaborativos não conseguirem se manter por si mesmos e precisarem de controle externo e agência reguladora? E se – enquanto, é claro, devemos lutar contra corporações que privatizam nossos bens comuns – a direção dessa luta não devesse sonhar com o momento em que redes colaborativas descentralizadas assumirão inteiramente o controle do campo, mas sim encontrar outra organização e forma de poder externo para os bens comuns, os quais iriam regular o seu funcionamento? Mesmo se abstrairmos essa reprivatização dos bens comuns e imaginarmos bens comuns plenamente colaborativos sem nenhum poder externo a regulá-los, outro problema se coloca. Na administração dos Bens Comuns Colaborativos, a significância de sistemas de reputação deve ser observada. O ranqueamento de reputações vai desempenhar um papel, assegurando submissão às normas e a atividades reguladoras. Esses sistemas são desenhados para ranquear um capital social de um indivíduo nos Bens Comuns. Com o crescimento dos Comuns Colaborativos, "antecipa-se que avaliações do capital social se tornem tão importantes para milhões de participantes nos Comuns Colaborativos quanto avaliações de crédito o eram para os consumidores no mercado capitalista [Rifkin, *The Zero Marginal Cost Society*, p.258].[28]

Ok, mas como emergirão as reputações, como serão estabelecidas avaliações? A cobiça entra aqui por meio de uma vingança. Em *An American Utopia*,[29] Jameson rejeita totalmente a visão otimista predominante segundo a qual no comunismo a cobiça será deixada para trás como uma lembrança da competição capitalista, a ser substituída por colaboração solidária e prazer com os prazeres dos outros. Rejeitando esse mito, ele enfatiza que, no comunismo, precisamente na medida em que será uma sociedade mais justa, a cobiça e o ressentimento explodirão – por quê? Jean-Pierre Dupuy[30] propõe uma crítica convincente à teoria de John Rawls de justiça: no modelo de Rawls de uma sociedade justa, as desigualdades sociais só são toleradas na medida em que também ajudarem aqueles no fundo da escala social, e na medida em que não forem baseadas em hierarquias herdadas, mas em desigualdades naturais, que são consideradas contingentes, não méritos.[31] O que Rawls não vê, porém, é como essa sociedade criaria condições para uma explosão não controlada de *ressentimentos*: nela, eu saberia que meu status inferior é plenamente justificado, e eu seria privado do artifício de justificar meu fracasso como resultado da injustiça social. Rawls propõe um modelo assustador de sociedade, em que a hierarquia é diretamente legitimada em qualidades naturais; por conseguinte, desprovida da lição-chave de Friedrich Hayek:[32] é muito mais fácil aceitar desigualdades quando é possível afirmar que elas resultam de uma força cega impessoal. A coisa boa sobre a "irracionalidade" do mercado e do sucesso ou fracasso no capitalismo é que ela me permite perceber meu fracasso ou sucesso como "imerecido", contingente. Lembrem-se do velho

Mal-estar do capitalismo global 71

motivo do mercado como versão moderna de um destino imponderável: o fato de o capitalismo não ser "justo" é, portanto, uma característica-chave do que o torna aceitável.

Há outra complicação aqui. Marx sempre enfatizou que o intercâmbio entre trabalhador e capitalista é "justo" no sentido de que os trabalhadores (como regra) recebem o valor total da sua força de trabalho como mercadoria – não há "exploração" direta aqui, isto é, não é que os trabalhadores "não recebam o valor total da mercadoria que estão vendendo aos capitalistas". Assim, embora numa economia de mercado eu permaneça *de facto* dependente, essa dependência é todavia "civilizada", ordenada em lei como intercâmbio de livre mercado entre mim e outras pessoas, em vez de uma servidão direta ou mesmo uma coerção física. É fácil ridicularizar Ayn Rand, mas há um grão de verdade no célebre "hino ao dinheiro" em seu *A revolta de Atlas*: "Até você descobrir e a menos que você descubra que o dinheiro é a raiz de todo bem, você está pedindo a sua própria destruição. Quando o dinheiro deixar de tornar-se o meio pelo qual os homens lidam uns com os outros, então os homens se tornam os instrumentos de outros homens. Sangue, chicotes e armas ou dólares. Faça a sua escolha – não há outra."[33] Marx não diz algo semelhante em sua bem conhecida fórmula sobre como, no universo das mercadorias, "as relações entre pessoas assumem a aparência de relações entre coisas"? Na economia de mercado, relações entre pessoas podem parecer relações de liberdade e igualdade reciprocamente reconhecidas: a dominação já não é diretamente desempenhada nem visível como tal.

"O socialismo realmente existente" no século XX provou que a superação da alienação de mercado abole a liberdade "alienada" e com ela a liberdade *tout court*, levando-nos de volta a relações de dominação direta "não alienadas". Em que medida os bens comuns colaborativos estão expostos ao mesmo perigo? Poderão eles sobreviver sem uma agência reguladora que controle o próprio meio de colaboração e, por meio disso, exerça dominação direta?

2. Syriza, a sombra de um acontecimento

Uma segunda ascensão do Syriza?

Com o fracasso da tentativa do governo Syriza de romper com os controles de Bruxelas, a situação da Grécia se arrasta num estado deprimente. Chegou a hora de refletir sobre o que realmente aconteceu.

Dois textos foram publicados recentemente, ambos escritos por teóricos gregos que foram (e são) participantes do movimento Syriza: Costas Douzinas e Stathis Kouvelakis. Seus caminhos políticos se separaram depois que o Syriza sucumbiu à chantagem da UE e concordou em implementar a continuação da política de austeridade: Douzinas ficou com o Syriza, enquanto Kouvelakis, membro proeminente da Plataforma de Esquerda, rompeu formalmente com o partido. Como eles justificam suas decisões? Os títulos de seus textos são reveladores: o de Kouvelakis é "Syriza's Rise and Fall"[1] *versus* o de Douzinas, "Syriza's Rise, Fall and (Possible) Second Rise".[2] Assim, embora ambos concordem que a rendição do Syriza à pressão da UE tenha sido uma derrota dramática, Kouvelakis a rejeita como uma traição inaceitável, ao passo que Douzinas a vê como um recuo forçado, que poderia ser habilmente explorado para estabelecer as fundações de uma nova política radical.

Eis aqui, primeiro, a narrativa de Kouvelakis. As coisas deram uma guinada decisiva no verão de 2012, quando, depois das eleições, ficou claro que, de alguma maneira, o Syriza ia tomar o poder. Naquele momento, a liderança de Alexis Tsipras tomou uma série de decisões não só sobre a linha do partido, mas também sobre o tipo de organização de que eles precisavam: eles advogaram a transformação do Syriza de uma coalizão de organizações díspares e movimentos civis num partido unificado e centralizado. A maioria dos membros do seu Comitê Central tratou de garantir que as decisões *de facto* fossem tomadas antecipadamente, no círculo estreito informal em torno de Tsipras, o "paracentro de poder". Não é de admirar, portanto, que a rendição a Bruxelas decidida por esse "paracentro" chocasse a base popular do Syriza, cuja maioria se afastou, desesperançada e passiva, privando assim o Syriza de sua força: a combinação de atividade eleitoral com mobilização popular.

Entretanto, quando se fala de perda de contato com o movimento social de base, é demasiado tentador reproduzir a velha oposição de presença e representação, de movimentos sociais básicos e de sua representação/ alienação em mecanismos de partido e aparelhos de Estado, o que resulta no mantra de que a esquerda no poder deve a todo custo manter vivas as suas raízes populares. É fácil mostrar, porém, que esse mantra encobre o verdadeiro problema: como podemos transformar mecanismos de Estado, fazê-los funcionar de modo diferente, em vez de simplesmente suplementá-lo com pressão popular de fora? Em resumo, parece claro que, exceto por dois grandes modelos (aceitação social-democrata da democracia parlamentar e o Estado stalinista), a esquerda não tem nenhum outro modelo prático a oferecer – toda conversa sobre participação popular ativa, sobre auto-organização do povo (ou da "multidão") em movimentos sociais, serve em última análise para ofuscar essa ausência ou falta. (Além disso, nós também devemos prestar atenção no lado sombrio da confiança de um governo [de esquerda] nos movimentos sociais: o caso da Bolívia demonstra que esta confiança também pode abrir caminho para o clientelismo – diferentes grupos exigindo privilégios e ganhos financeiros em troca de apoio político.)

Isso significa que Douzinas propõe uma interpretação melhor? Surpreendentemente, embora seu texto contenha muitos insights e observações preciosos, trata-se em última análise de uma série de variações sobre um único e mesmo tema: sim, há uma contradição entre o projeto antiausteridade do Syriza e a política que ele é forçado a praticar, mas essa contradição é o que caracteriza a esquerda radical no poder; não há como se ver livre disso:

Syriza, a sombra de um acontecimento   75

Há um modo de "esquerda" de governar? É uma pergunta difícil, não só porque não temos uma resposta, mas também porque nem sequer temos uma pergunta plenamente elaborada. Não há precedente na Europa ocidental. O governo tem que experimentar, assumir riscos, usar a imaginação do partido e do movimento, particularmente a de moças e rapazes que o têm apoiado consistentemente. Nós temos que aprender a nadar mergulhando na água.

A esquerda no poder no atual ambiente hostil internacional, europeu e doméstico é um projeto marcado por uma série de paradoxos e contradições. Sua expressão central é a seguinte: quando um partido de esquerda radical assume o Estado, ele encontra uma instituição hostil, organizada para frustrar seus planos...

A denúncia das políticas impostas pelos ministros manifesta a natureza contraditória e agonística da governamentalidade de esquerda numa sociedade capitalista... Nada é mais radical e escandaloso do que um governo que proclama seu desacordo com as políticas que ele tem que implementar, as caracteriza como resultado de chantagem e desenvolve um programa paralelo para mitigar suas consequências. A governamentalidade de esquerda significa que essa distância crítica, dissidência interna e mesmo uma resistência ativa tomam parte da estratégia de negociação do governo e das necessárias correções no vaivém entre ruptura e assimilação. Permitam-me repetir: contradição é o nome de um governo de esquerda que nada num mar de capitalismo neoliberal.[3]

Parece interessante, cheio de paradoxos adequadamente dialéticos, e Douzinas chegou a escrever um texto justificando a rendição do Syriza, no qual ele se refere aos críticos do movimento como exemplos da "bela alma" hegeliana, que não estão prontos a sujar suas mãos e fazer o trabalho político duro, repleto de compromissos necessários. Entretanto, há outro dos insights de Hegel que deveria ser evocado aqui: Hegel sempre enfatizou que o que importa num ato não é a sua intenção íntima, mas o seu resultado social real. Lembrem-se da brilhante análise de Marx de como, durante a revolução francesa de 1848, deputados do republicano-conservador Partido da Ordem percebiam o seu próprio republicanismo como uma zombaria: nos debates parlamentares, eles cometiam lapsos verbais monarquistas e ridicularizavam a república para que todos ficassem sabendo que seu verdadeiro objetivo era restaurar a monarquia. Mas eles não tinham consciência de que eles próprios estavam enganados quanto ao verdadeiro impacto social do seu governo. Inconscientemente, eles estabeleceram as condições da ordem republicana burguesa que tanto desprezavam (garantindo, por exemplo, a segurança da propriedade privada). Assim, não é que eles fossem monarquistas que apenas estivessem usando uma máscara republicana: embora se vivenciassem como tal, foi a sua convicção monarquista "íntima" que fez as vezes de fachada enganosa do seu verdadeiro papel social. Em resumo, longe de ser a verdade oculta do seu republicanismo público, seu monarquismo sincero foi o suporte fantasmático do seu verdadeiro republicanismo – foi ele quem facultou a paixão em sua atividade. Não seria o caso, então, de os deputados do Partido da Ordem também estarem *fingindo fingir* ser republicanos para serem o que de fato eles eram? Não poderia algo semelhante ser dito sobre o Syriza? É possível que muitos dos membros da administração governamental do Syriza acreditassem de forma sincera que estavam fazendo um trabalho profundamente subversivo, obedecendo de maneira superficial às ordens da UE, mas simultaneamente usando todas as oportunidades para controlar danos, salvar o que pudesse ser salvo, aplicar mudanças progressistas e organizar forças para o momento futuro inevitável em que a crise golpearia novamente. O governo Syriza pode, é claro, fazer muitas coisas para acabar com o clientelismo e racionalizar o aparelho ineficaz do Estado, para impor padrões modernos de direitos humanos etc., por isso, é difícil fazer um julgamento definitivo. Entretanto, o que eles estão efetivamente fazendo é impor fielmente as exigências da UE, o que equivale *de facto* a ceder sua soberania (todas as medidas do governo têm de ser aprovadas pela *troika* da UE); e se for essa a verdade da sua atividade, e a consciência íntima profunda da sua resistência for a ilusão que os está capacitando a fazer o que estão fazendo?

O problema aqui é uma questão de limites: até onde se pode ir em concessões e compromissos? No extremo, há o governo de Vichy na França ocupada, que justificou sua colaboração com: "Nós também odiamos os alemães, nós resistimos secretamente, e é melhor para nós fazermos o que os alemães querem do que deixar os alemães fazerem eles mesmos, pois assim podemos minimizar os danos." (Muitos governos social-democratas jogam o mesmo jogo: nós detestamos medidas de austeridade, mas temos que ser realistas e...) Na Grécia, abundam sinais de compromissos sintomaticamente excessivos que desmentem a tese da resistência secreta. Entre outras coisas, Kouvelakis destacou a discreta continuidade das relações com Israel (mascarada por grandes gestos públicos como o reconhecimento do Estado da Palestina):

> O Ministério das Relações Exteriores emitiu uma declaração discordando da política da UE de rotular produtos de Territórios Ocupados. Tsipras visitou Jerusalém e reconheceu que ela era a capital de Israel; nem os norte-americanos fizeram isso. Em setembro de 2015, a Grécia tomou parte num exercício militar em escala sem precedente no Mediterrâneo oriental, com Israel, Egito, Estados Unidos e Chipre. Trata-se de uma orientação estratégica: eles estão entrando em pânico com a situação na região e achando que se alinhar com os norte-americanos e com os israelenses oferece alguma segurança. Isto é o que eu quero dizer por niilismo: Schäuble pediu corte de pensões, reintegração de posse pelos bancos; ele não pediu a subserviência a Netanyahu.[4]

Em vez de decidir quem está certo, Kouvelakis ou Douzinas (e a resposta, claro, é nenhum dos dois – a única chance de sucesso seria tentar uma terceira opção, nos termos das linhas propostas pelo então ministro das Finanças Varoufakis, i.e., continuar no euro e declarar moratória da dívida), nós devemos, antes, questionar sua premissa comum: de que a esquerda radical no poder, exercendo o poder de Estado, é uma contradição em termos, de modo que a política parlamentar do Estado deva ser suplementada por movimentos sociais e baseada em movimentos sociais. Enquanto a esquerda ficar presa nessas coordenadas, estará condenada. Para justificar essas conclusões, examinemos a problemática ascensão do Syriza.

Problemas com governamentalidade de esquerda

As dificuldades em que o governo Syriza se encontrou deram lugar a uma série de críticas tolas. Além das censuras padrão esperadas (o Syriza deve retornar às suas raízes populares; o Syriza deveria arriscar heroicamente o Grexit), houve queixas de que, em sua obsessão cega por humilhar e educar o Estado grego, a administração da UE ignorou brutalmente a dura situação do povo grego; de que nem países europeus meridionais como a Itália ou a Espanha mostraram alguma solidariedade para com a Grécia... mas há alguma surpresa em tudo isso? O que os críticos esperavam? Que a administração da UE compreendesse magicamente o argumento do Syriza e agisse em conformidade com ele? A UE estava simplesmente fazendo o que sempre fez. E houve censura à Grécia por estar procurando ajuda da Rússia e da China – como se a própria Europa não estivesse empurrando a Grécia nessa direção com sua pressão humilhante.

Então, passou-se a afirmar que fenômenos como o Syriza demonstram como a tradicional dicotomia esquerda/direita já não existe mais. O Syriza é chamado na Grécia de extrema esquerda, e Marine Le Pen, na França, de extrema direita, mas esses dois partidos têm efetivamente muito em comum: ambos lutam por soberania do Estado contra corporações multinacionais. Portanto, é totalmente lógico que, na própria Grécia, o Syriza esteja em coalizão com pequenos partidos direitistas pró-soberania. Em 22 de abril de 2015, François Hollande disse na televisão que Marine Le Pen soa hoje como Georges Marchais (um líder comunista francês) nos anos 1970 – a mesma defesa patriótica da dura situação do povo comum francês, explorado pelo capital internacional. Não é de admirar que Marine Le Pen apoie o Syriza. Uma afirmação extravagante que não diz muito mais do que a velha sabedoria liberal que o fascismo também é uma espécie de socialismo. No momento em que trouxermos para o quadro o tópico dos trabalhadores imigrantes, esse paralelo vai inteiramente por água abaixo. Mas a crítica mais deprimente e desmoralizante ao Syriza veio de Joschka Fischer, membro do Partido Verde e ministro das Relações Exteriores do governo alemão de Gerhardt Schroeder, que escreveu um artigo, "Tsipras na Terra dos Sonhos", cujo título diz tudo:

> O governo Tsipras, com alguma justificativa, poderia ter se apresentado como o melhor parceiro da Europa para implementar um programa de reformas de longo alcance e modernização da Grécia. Medidas para compensar os mais pobres desfrutam considerável simpatia nas capitais da UE... Mas Tsipras desperdiçou a oportunidade da Grécia, porque ele e outros líderes do Syriza foram incapazes de ver além do horizonte das origens do seu partido no ativismo de oposição radical. Eles não compreenderam – e não quiseram entender – a diferença entre fazer campanhas e governar. A *Realpolitik*, na visão deles, seria uma traição. É claro, é precisamente a aceitação de necessidades que marca a diferença entre governo e oposição. Um partido de oposição pode dar voz a aspirações, fazer promessas e mesmo sonhar um pouquinho; mas um partido no governo não pode permanecer em algum mundo imaginário ou sistema teórico.[5]

Esse comentário não é apenas de um paternalismo repulsivo, ele está simplesmente errado. Quando comparamos a descrição de Fischer com a declaração programática de Varoufakis (que contém o objetivo estratégico máximo do governo Syriza), não se pode evitar a questão: quem está sonhando aqui? Eis o que escreveu Varoufakis em seu artigo "How I Became an Erratic Marxist":

> Uma saída grega, portuguesa ou italiana da zona do euro logo levaria a uma fragmentação do capitalismo europeu, produzindo um grave superávit recessivo na região a leste do Reno e ao norte dos Alpes, enquanto o restante da Europa se veria nas garras de uma estagflação viciosa. Quem você acha que se beneficiaria com esse desenvolvimento? Uma esquerda progressista, que qual uma Fênix ressuscitaria das cinzas das instituições públicas da Europa? Ou os nazistas da Aurora Dourada, neofascistas sortidos, xenófobos e charlatões? Não tenho absolutamente nenhuma dúvida sobre qual dos dois tiraria melhor proveito de uma desintegração da zona do euro.

Eu, por exemplo, não estou preparado para soprar novos ventos nas velas dessa versão pós-moderna dos anos 1930. Se isso significa que somos nós, os marxistas adequadamente erráticos, que devemos tentar salvar o capitalismo europeu de si mesmo, que assim seja. Não por amor ao capitalismo europeu, nem pela zona do euro, por Bruxelas ou o Banco Central Europeu, mas apenas porque queremos minimizar o custo humano desnecessário desta crise.[6]

E a política financeira do governo Syriza seguiu de perto essas diretrizes: sem déficit, disciplina rígida, mais dinheiro levantado por impostos. O chocante a respeito do governo Syriza é precisamente a modéstia pragmática da sua política. Algumas mídias alemãs recentemente caracterizaram Varoufakis como um psicótico que vive em seu próprio universo, diferente do nosso – mas é ele tão radical? O que há de tão irritante em Varoufakis não é o seu radicalismo, mas sua modéstia pragmática racional – examinando de perto as propostas feitas por ele, é impossível não observar que elas consistem em medidas que, quarenta anos atrás, faziam parte da agenda social-democrata moderada padrão (na Suécia nos anos 1960, o programa do governo era muito mais radical). É um triste sinal dos nossos tempos que hoje alguém tenha que pertencer à esquerda radical para defender essas medidas – um sinal de tempos sombrios, mas também uma chance para a esquerda ocupar o espaço que, décadas atrás, era ocupado pelo centro-esquerda moderado.

Talvez, porém, a observação interminavelmente repetida sobre o quanto a política do Syriza é modesta ("só a boa e velha social-democracia") de certo modo esteja errando o alvo – é como se, caso repetíssemos o bastante, os eurocratas afinal pudessem compreender que não somos realmente perigosos e resolvam assim nos ajudar... Contudo, o Syriza efetivamente é perigoso, ele significa *mesmo* uma ameaça para a presente orientação da UE – o capitalismo global hoje não pode se dar ao luxo de um retorno ao antigo Estado de bem-estar social. Assim, há algo de hipócrita nas tantas garantias de modéstia do que o Syriza quer: efetivamente, eles querem algo que não é possível no interior das coordenadas do sistema global existente. Uma escolha estratégica séria terá de ser feita aqui: e se tiver chegado a hora de tirar a máscara da modéstia e defender abertamente uma mudança muito mais radical, necessária para garantir até mesmo um pequeno benefício? Pode uma ação desse tipo permanecer no interior das fronteiras da democracia parlamentar?

Sim, endividados – mas inocentes!

Críticos da nossa democracia institucional frequentemente se queixam de que eleições, em regra, não oferecem uma verdadeira escolha: o que obtemos principalmente é a escolha entre um centro-direita e um centro-esquerda cujos programas são quase indistinguíveis. No domingo 25 de janeiro de 2015, definitivamente não foi este o caso – como em 17 de junho de 2012, os eleitores gregos estavam enfrentando uma escolha real: o establishment, de um lado, e o Syriza, do outro. E, como geralmente é o caso, esses momentos de escolha real deixam o establishment em pânico: eles pintam uma paisagem de caos social, pobreza e violência, se o lado errado ganhar. A mera possibilidade de uma vitória do Syriza lançou ondas de pavor pelos mercados em volta do planeta e, como é praxe, a prosopopeia ideológica alcançou seu apogeu: os mercados começaram a falar novamente como gente de verdade, expressando sua "preocupação" com o que iria acontecer se as eleições não conseguissem produzir um governo com mandato para continuar o programa de austeridade fiscal.

Dessa perspectiva, as eleições gregas que levassem o Syriza ao poder só poderiam aparecer como um pesadelo – então, como evitar a catástrofe? O caminho óbvio seria fazer o terror se refletir nos eleitores – matá-los de medo com a mensagem: "Você acha que está sofrendo agora, sob a austeridade? Você ainda não viu nada – espere a vitória do Syriza e você vai sentir saudade da bem-aventurança dos últimos anos!" A alternativa é a Grécia sair (ou ser posta para fora) do projeto europeu, com consequências imprevisíveis, ou um "compromisso vexatório" em que os dois lados moderem as suas exigências – o que faz surgir outro medo: não o medo do comportamento "irracional" do Syriza após sua vitória, mas, ao contrário, o medo de que o Syriza aceite um "compromisso vexatório" racional que frustre os eleitores, de modo que o mal-estar continuaria, mas dessa vez não regulado e moderado pelo Syriza... Assim, as únicas soluções verdadeiras ficam claras: como todos sabem que a Grécia nunca vai pagar sua dívida, é preciso juntar coragem e eliminar ou desvalorizar a dívida. Isso pode ser feito a um custo econômico bastante tolerável, só com vontade política. Essas ações são nossa única esperança de romper o círculo vicioso da fria burocracia neoliberal de Bruxelas e das paixões anti-imigrantes. Se não agirmos, outros, da Aurora Dourada ao Ukip, o farão.

A ideia que se faz a partir da nossa mídia é que o governo do Syriza é um bando de extremistas populistas que defendem medidas populistas "irracionais" e irresponsáveis. Nada poderia estar mais longe da verdade. Ao contrário, são as políticas da UE que eram e são obviamente irracionais. A partir de 2008, a Grécia teve que decretar duras medidas de austeridade a fim de pôr as finanças em ordem; em 2015, depois de o país ter passado por uma terrível provação, as finanças gregas estavam ainda mais desorganizadas, considerando que a dívida tinha aumentado de 120 para 180 bilhões de euros – se isso não é irracional, então essa palavra não tem nenhum significado. Varoufakis destacou repetidas vezes que, apesar de todo o estardalhaço sobre austeridade, os países desenvolvidos do Ocidente só a experimentam em pequena medida (no nível de 1 ou no máximo 2%) – e que foi na Grécia que a austeridade realmente plena foi imposta, com reduções que mudaram inteiramente o panorama socioeconômico. Pode-se facilmente arriscar a hipótese de que, como punição por eleger o governo errado, a Grécia foi sentenciada a uma medida extra de "excedente" de austeridade. Lembrem-se da velha distinção de Herbert Marcuse (elaborada em seu *Eros e civilização*) entre repressão "normal" (a renúncia a objetivos libidinosos, necessária para a sobrevivência do gênero humano) e a repressão "excedente" (necessária para a manutenção das relações sociais de dominação). O problema é que essa distinção é teoricamente falsa: da mesma maneira que não há, na nossa economia libidinal, nenhum nível "normal" de repressão excedido por algum tipo de repressão "excedente", no capitalismo tampouco há um nível "normal" ou "excedente" de austeridade. A "austeridade" como tal é uma noção falsa; então, por que a UE está fazendo isso com a Grécia?

Um ideal está emergindo gradualmente da reação do establishment europeu ao referendo grego, ideal muito bem traduzido no título de um artigo de Gideon Rachman no *Financial Times*: "Eurozone's Weakest Link is the Voters".[7] Nesse mundo ideal, a Europa se livra desse "elo mais fraco" e os experts ganham o poder de impor diretamente as medidas econômicas necessárias – se ocorrerem de fato eleições, sua função é apenas confirmar o consenso dos experts. O problema é que esta política de experts é baseada numa ficção, a ficção de "alongar e fingir" (alongar o prazo de pagamento e fingir que todas as dívidas serão finalmente pagas). Por que essa ficção é tão obstinada? Não é só porque ela torna o alongamento da dívida mais aceitável para os eleitores alemães; também não é apenas porque uma eliminação ou desvalorização da dívida grega pode desencadear demandas semelhantes de Portugal, Irlanda e Espanha. É que os que estão no poder *realmente não querem* que a dívida seja inteiramente paga. Mais ou menos uma década atrás, a Argentina decidiu pagar sua dívida com o FMI antes do prazo (com ajuda financeira da Venezuela), e a reação foi surpreendente – em vez de ficar satisfeito de receber seu dinheiro de volta, o FMI (ou, antes, seus representantes de primeiro escalão) expressou sua preocupação com o fato de que a Argentina usasse essa nova liberdade e independência em relação às instituições financeiras internacionais para abandonar políticas financeiras rígidas e engajar-se em gastos negligentes. A dívida é um instrumento de controle e regulação do devedor e, como tal, ela luta por sua própria reprodução expandida.

A pressão em curso da UE sobre a Grécia para implementar medidas de austeridade se encaixa perfeitamente no que a psicanálise chama de "supereu". O supereu não é uma agência ética de poder, mas um agente sádico que bombardeia o sujeito com demandas impossíveis, desfrutando obscenamente o fracasso do sujeito em satisfazê-las; o paradoxo do supereu é que, como Freud viu claramente, quanto mais obedecemos às demandas, mais nos sentimos culpados. Imaginem um professor perverso que dá aos seus alunos tarefas impossíveis e que, depois, os ridiculariza sadicamente ao ver sua ansiedade e pânico. Isso é o que há de tão terrivelmente errado nas exigências/ordens da UE: elas nem sequer dão à Grécia uma chance. O fracasso grego faz parte do jogo.

O verdadeiro objetivo de emprestar dinheiro não é ter a dívida reembolsada com ganhos, mas a continuação infinita da dívida para que o devedor fique em permanente dependência e subordinação... para a maioria dos devedores, em todo caso, pois há devedores e devedores. Não só a Grécia, mas também os Estados Unidos e o Japão não são capazes, nem sequer teoricamente, de pagar suas dívidas, como hoje é publicamente reconhecido. Assim, há devedores que podem chantagear seus credores porque eles não podem quebrar (grandes bancos), devedores que podem controlar as condições de seus pagamentos (o governo dos Estados Unidos) e, finalmente, devedores que podem ser empurrados de um lado para outro e humilhados (Grécia). Além disso, deve-se ter muito cuidado ao criticar a ficção "alongar e fingir": essa ficção não é um excesso local, mas, sim, uma expressão extrema de uma tendência inscrita no próprio núcleo da economia capitalista, que só prospera mediante emprestar constantemente do futuro e postergar interminavelmente a liquidação final das contas.

Dessa perspectiva, o horror causado pelo Syriza tem três vertentes: não só o Syriza levou a democracia a sério, fez respeitar a vontade dos eleitores e rejeitou a expertise dos "experts"; não apenas se recusou a jogar o jogo de "alongar e fingir"; mas, pior, os credores e os gestores da dívida basicamente acusam o governo Syriza de não se sentir culpado o suficiente. Eles são acusados de se sentir inocentes. Foi isso que foi tão perturbador para o establishment da UE sobre o governo Syriza: eles admitem a dívida, mas sem culpa. Eles se livraram da pressão do supereu. O próprio fato de eles persistirem liberta todos nós: nós todos sabemos disso, enquanto eles estiverem lá, há uma chance para todos nós.

Como se não sofressem o bastante, os gregos são vítimas de uma campanha que mobiliza os instintos egoístas mais baixos. Quando eles falam sobre eliminar ou desvalorizar uma parte da dívida, nossa mídia apresenta isso como uma medida que vai prejudicar contribuintes comuns, de tal modo que teríamos gregos preguiçosos e corruptos contra pessoas comuns que trabalham duro nos outros países. Na Eslovênia, meu próprio país, os que simpatizam com o Syriza são acusados até de traição nacional. Assim, quando os bancos ficaram insolventes por ocasião da crise financeira de 2008, foi bom o Estado cobrir suas perdas despendendo trilhões (de dinheiro dos contribuintes, é claro), mas quando todo um povo se vê na penúria, a dívida deve ser paga. (E entre esses bancos estavam aqueles que ajudaram o Estado grego a fraudar dados e maquiar sua situação financeira.)

Varoufakis personificou a resistência a essa pressão do supereu em suas transações com Bruxelas e Berlim: ele reconheceu inteiramente o peso da dívida e argumentou de forma muito racional que, como a política da UE obviamente não tinha funcionado, outra opção deveria ser encontrada. Paradoxalmente, a questão evocada repetidas vezes por Varoufakis e Tsipras era que o governo Syriza era a única chance de os credores receberem pelo menos parte do dinheiro deles de volta. O próprio Varoufakis se espanta com o enigma de por que os bancos estavam despejando dinheiro na Grécia e colaborando com um governo clientelista se sabiam muito bem do pé em que estavam as coisas; a Grécia jamais teria ficado tão pesadamente endividada sem a conivência do establishment ocidental. Sua suspeita sobre a prontidão da UE e dos bancos ocidentais para estender créditos à Grécia parece uma inversão (plenamente justificada) do velho ditado popular: "Cuidado com gregos que trazem presentes!" – hoje, são antes os próprios gregos que têm de tomar cuidado quanto a receber presentes sob a forma de créditos fáceis. O governo Syriza está plenamente consciente de que a principal ameaça não vem de Bruxelas – ela reside na própria Grécia, um Estado clientelista corrupto, se é que um dia houve realmente um Estado. Se há uma coisa pela qual a Europa (os burocratas da UE) deva ser responsabilizada é que, embora criticasse a Grécia por sua corrupção e ineficiência, ela apoiou a própria força política (Nova Democracia) que encarnava essa corrupção e ineficiência.

O que o "não" dos gregos no referendo e o compromisso decorrente demonstraram de modo claro é que não há ilusão alguma de cooperação democrática e solidariedade na UE: qualquer análise séria era bloqueada, a Grécia foi chantageada de forma brutal para se submeter, e tê-lo declarado publicamente foi um ato heroico em si mesmo. O que há de realmente catastrófico sobre a crise grega é que, no momento em que a escolha mostrou ser uma opção entre o Grexit ou a capitulação a Bruxelas, a batalha já estava perdida. Ambos os termos dessa escolha se movem dentro da visão eurocrática dominante. O governo Syriza não estava lutando apenas por um perdão maior da dívida ou por mais dinheiro novo dentro das mesmas coordenadas gerais, mas pelo despertar da Europa de seu sono dogmático. A Europa que vai ganhar se o Syriza for sobrepujado é uma "Europa com valores asiáticos" (os quais, é claro, nada têm a ver com a Ásia, mas com a presente tendência do capitalismo contemporâneo a suspender a democracia). Assim, não é apenas o destino da Grécia que está nas mãos da Europa. Nós, da Europa ocidental, gostamos de olhar para a Grécia como se fôssemos observadores distanciados que seguem com compaixão e solidariedade a dura situação de uma nação empobrecida. Esse confortável ponto de vista se funda numa ilusão fatídica. O que aconteceu na Grécia diz respeito a todos nós – é o futuro da Europa que está em jogo. Então, quando lemos sobre a Grécia atualmente, devemos sempre ter em mente que, como diz o velho ditado, *de te fabula narratur* ("essa história é sobre você").

Os esquerdistas em toda a Europa se queixam de como hoje ninguém ousa realmente perturbar o dogma neoliberal. O problema é real, claro – no momento em que alguém violenta o dogma ou, melhor, no momento em que alguém é simplesmente percebido como um possível agente de tal perturbação, forças tremendas são desatreladas. Embora essas forças pareçam fatores econômicos objetivos, elas são, efetivamente, forças de ilusão, de ideologia – mas seu poder material é todavia terminantemente destrutivo. Nós estamos hoje sob a enorme pressão do que deveríamos chamar de propaganda inimiga. Permitam-me citar Alain Badiou: "O objetivo de toda propaganda inimiga não é aniquilar uma força existente (essa função é geralmente deixada às forças de polícia), mas antes aniquilar uma *possibilidade não observada da situação*."[8] Em outras palavras, eles estão tentando *matar a esperança*: a mensagem dessa propaganda é uma convicção resignada de que o mundo em que nós vivemos, mesmo que não seja o melhor dos mundos possível, é o menos pior, de modo que qualquer mudança radical só pode torná-lo pior.

Alguém tem de fazer o primeiro movimento e cortar o nó górdio do dogma neoliberal. (Não nos esqueçamos de que aqueles que pregam este dogma – dos Estados Unidos à Alemanha – o violam livremente quando lhes é conveniente.) O lema de Gandhi, "seja você mesmo a mudança que você quer ver no mundo", se aplica plenamente ao Syriza. Eles não apenas contribuíram para a solidariedade universal, eles *foram* a solidariedade universal em exercício. Nós ouvimos frequentemente que a esquerda não tem quaisquer alternativas a propor. O Syriza *foi* a alternativa, sua luta alcançando muito além da simples luta por bem-estar. É a luta por todo um modo de vida, e a resistência de um *mundo* ameaçado pela globalização rápida. "Mundo" quer dizer aqui um horizonte específico de significado, toda uma civilização, ou, antes, toda uma *cultura*, com seus rituais e maneiras cotidianas que são ameaçados pela comoditização pós-histórica. Pode essa resistência realmente ser vista como conservadora? A política dominante de hoje, autodeclarada conservadora em termos políticos e culturais, não é realmente conservadora: endossando plenamente a autorrevolução contínua do capitalismo, ela apenas quer torná-lo mais eficiente, suplementando-o com algumas instituições tradicionais (religião etc.) em vista de conter suas consequências destrutivas para a vida social e a coesão social. Hoje, o verdadeiro conservador é aquele que admite plenamente os antagonismos e becos sem saída dos capitalismos globais, aquele que rejeita o mero progressivismo e está atento à contrapartida sombria do progresso. Assim, nesse sentido, só o radical de esquerda pode ser hoje um verdadeiro conservador.

De sintagma a paradigma

Em que reside, portanto, a grandeza autêntica do Syriza? Haja vista que os ícones da inquietação popular na Grécia eram o protesto na praça Syntagma (da Constituição), o Syriza se engajou num esforço hercúleo para pôr em andamento um deslocamento de *sintagma* a *paradigma*, no longo e paciente trabalho de traduzir a energia da rebelião em medidas concretas que mudassem a vida cotidiana das pessoas. Nós temos de ser muito precisos aqui: o "não" do referendo grego não era um "não" para a "austeridade" no sentido do sacrifício e do trabalho duro necessários, mas um "não" para o sonho da UE de apenas seguir em frente, fazendo mais do mesmo. Varoufakis reiteradamente deixou isso claro: chega de empréstimos, mas uma revisão genuína era necessária para dar à economia grega uma chance de retomada. O primeiro passo nessa direção deveria ser um aumento na transparência democrática dos nossos mecanismos de poder. Nossos aparatos estatais democraticamente eleitos são cada vez mais redobrados por uma espessa rede de "acordos" (Tisa, TTIP etc.) e por órgãos "experts" não eleitos que controlam o verdadeiro poder econômico (e militar). Eis aqui um relato de Varoufakis sobre um momento extraordinário nas suas negociações com Jeroen Dijsselbloem:

> Houve um momento em que o presidente do Eurogrupo decidiu agir contra nós e efetivamente nos excluir, fazendo saber que a Grécia estava essencialmente em seu caminho para fora da zona do euro ... Há uma convenção de que comunicados devem ser unânimes, e o presidente não pode simplesmente convocar um encontro da zona do euro e excluir um Estado-membro. E ele disse: "Ah, eu tenho certeza de que posso fazer isso." Então, eu pedi uma opinião legal. Isso gerou uma certa confusão. Por cerca de cinco ou dez minutos, o encontro foi interrompido; empregados, funcionários, todos falavam uns com os outros, em seus telefones celulares, até que finalmente um funcionário, algum expert em direito, se dirigiu a mim, dizendo as seguintes palavras: "Bem, o Eurogrupo não existe na lei, não há tratado que tenha constituído este grupo." De modo que o que temos é um grupo não existente que é detentor do maior poder de determinar a vida dos europeus. Ele não presta contas a ninguém, dado que não existe legalmente; minutas não são mantidas; e sua atividade é confidencial. Portanto, nenhum cidadão jamais sabe o que é dito lá dentro ... Trata-se de decisões de quase vida ou morte e nenhum membro presta contas a ninguém.[9]

Soa familiar? Sim, para qualquer um que saiba como o poder da China funciona hoje, depois que Deng Xiaoping pôs em ação um sistema dual único: o aparelho de Estado e o sistema legal são redobrados pelas instituições do partido, que literalmente são ilegais – ou, como explicou sucintamente He Weifang, um professor de direito de Pequim: "Como organização, o partido se situa fora e acima da lei. Ele deveria ter uma identidade legal, em outras palavras, uma pessoa a quem processar, mas não é sequer registrado como organização. O partido existe completamente fora do sistema legal."[10] É como se, nas palavras de Walter Benjamin, a violência fundadora do Estado permanecesse presente, corporificada numa organização com status legal ininteligível. O jornalista Richard McGregor diz:

> Pareceria difícil esconder uma organização tão grande quanto o Partido Comunista Chinês, mas ele cultiva seu papel de bastidor com diligência e precaução. Os grandes departamentos do partido, que controlam pessoal e mídia, mantêm um perfil público propositadamente discreto. Os comitês do partido (conhecidos como "pequenos grupos de liderança"), os quais orientam e ditam políticas para os ministérios, que, por sua vez, têm a tarefa de executá-las, trabalham longe da vista. A constituição desses comitês e, em muitos casos, mesmo a sua existência são mencionadas raramente na mídia controlada pelo Estado, e muito menos quaisquer discussões sobre como eles chegam a decisões.[11]

Não é de admirar que exatamente a mesma coisa que aconteceu com Varoufakis tenha acontecido com um dissidente chinês, que, alguns anos atrás, tentou formalmente levar o Partido Comunista Chinês (PCC) aos tribunais, acusando-o de ser responsável pelo massacre da praça Tiananmen. Depois de alguns meses, ele recebeu uma resposta do Ministério da Justiça: eles não pódiam dar prosseguimento ao seu processo porque não há nenhuma organização chamada "Partido Comunista Chinês" oficialmente registrada na China. E é crucial observar como o anverso dessa não transparência do poder é um falso humanismo. Depois da derrota grega, é tempo, claro, para preocupações humanitárias: Jean-Claude Juncker, presidente da Comissão Europeia, afirmou imediatamente numa entrevista que estava muito satisfeito com o acordo de socorro financeiro, pois ele amenizaria imediatamente o sofrimento do povo grego, que tanto o preocupava. Foi um roteiro clássico: depois da repressão política, preocupações humanitárias e ajuda... adiamento de pagamentos da dívida etc.

O que se deve fazer numa situação tão desesperada? Pode-se especialmente resistir à tentação de um Grexit, visto como grande ato heroico de rejeitar humilhações adicionais e sair – mas sair para onde? Em que nova ordem positiva nós estaríamos entrando? A opção Grexit se mostra como um real-impossível, algo que levaria a uma desintegração social imediata. Paul Krugman escreveu:

> Tsipras aparentemente se deixou convencer, há algum tempo, de que sair do euro era completamente impossível. Parece que o Syriza nem sequer fez planos de contingência para uma moeda paralela (espero descobrir que essa informação está incorreta). Isto o deixou numa posição desesperada de barganha.[12]

O argumento de Krugman é que o Grexit é um impossível-real, que pode acontecer com consequências imprevisíveis, as quais, por isso mesmo, podem ser arriscadas:

> todas as pessoas sensatas que estão dizendo que o Grexit é impossível, que levaria a uma completa implosão, não sabem do que estão falando. Quando digo isso, não quero dizer que estejam necessariamente erradas – eu acredito que estejam, mas qualquer um que esteja confiante sobre qualquer coisa aqui, está se iludindo. O que quero dizer, em vez disso, é que ninguém tem nenhuma experiência com o que estamos observando.[13]

Embora isso em princípio seja verdade, há todavia muitíssimas indicações de que um Grexit repentino agora levaria a uma catástrofe econômica e social total. Os estrategistas econômicos do Syriza (Varoufakis inclusive) estavam plenamente conscientes de que tal gesto causaria mais uma queda imediata do padrão de vida, de (no mínimo) 30%, levando a penúria a um

Syriza, a sombra de um acontecimento

novo patamar insuportável, com ameaça de inquietação popular e mesmo de ditadura militar. A perspectiva desse ato heroico é, assim, uma tentação a ser evitada.

Contudo, não é bastante dizer que, sim, o Syriza empreendeu uma luta heroica, testando o que era possível, mas agora acabou. Não, a luta continua, ela apenas começou. Em vez de nos atermos às "contradições" da política do Syriza (depois do "não" triunfante, eles aceitaram o mesmíssimo programa que fora rejeitado pelo público) e ficarmos presos a recriminações recíprocas sobre quem é o culpado (teria a maioria do Syriza cometido uma "traição" oportunista, ou foi a esquerda irresponsável em sua preferência pelo Grexit?), nós devemos, antes, nos concentrar no que o inimigo está fazendo: as "contradições" do Syriza são uma imagem espelhada das "contradições" de um establishment UE que gradualmente está minando as próprias fundações de uma Europa unida. Sob a roupagem de "contradições" do Syriza, o establishment UE está meramente ouvindo a sua própria mensagem, ecoada em sua forma verdadeira. E é isso que indica o que o Syriza deveria estar fazendo agora. Com pragmatismo implacável e cálculo frio, ele deve explorar as mais ínfimas fissuras na armadura do oponente. Deve usar todos aqueles que resistem à política predominante da UE. Deve flertar sem acanhamento com a Rússia e com a China, jogando com a ideia de ceder uma ilha para a Rússia usar como base militar mediterrânea, só para apavorar os estrategistas da Otan. Parafraseando Dostoiévski, agora que o Deus da UE fracassou, tudo é permitido.

O heroísmo do Syriza estava no fato de que, depois de ganhar a batalha política democrática, eles arriscaram um passo à frente, perturbando o fluxo regular da reprodução do capital. A lição da crise grega é que o capital, embora seja em última análise uma ficção simbólica, é o nosso Real. Quer dizer, os protestos e revoltas de hoje são sustentados pela combinação (e sobreposição) de diferentes níveis, e é essa combinação que explica a sua força: eles lutam por democracia (parlamentar "normal") contra regimes autoritários; contra racismo e sexismo, especialmente o ódio dirigido contra imigrantes e refugiados; por Estados de bem-estar social contra o neoliberalismo; contra a corrupção na política e na economia (companhias poluindo o meio ambiente etc.); por novas formas de democracia que vão além dos rituais multipartidos (participação etc.); e, finalmente, eles questionam o sistema capitalista global como tal, tentando manter viva a ideia de uma sociedade não capitalista. Duas armadilhas devem ser evitadas aqui: o falso radicalismo ("o que realmente importa é a abolição do capitalismo liberal-parlamentar; todas as outras lutas são secundárias"), bem como uma falsa gradação ("agora nós lutamos contra a ditadura militar e simplesmente pela democracia; esqueçam-se de seus sonhos socialistas, que vêm depois – talvez..."). Quando temos que lidar com uma luta específica, a questão-chave é: como nosso engajamento, ou nosso desengajamento, nela afetará outras lutas? A regra geral é que, quando começa uma revolta contra um regime opressivo semidemocrático, como foi o caso no Oriente Médio em 2011, é fácil mobilizar grandes multidões com slogans que não podemos deixar de caracterizar como apelativos para as grandes massas – pela democracia, contra a corrupção etc. Depois, porém, gradualmente chegamos a escolhas mais difíceis: quando nossa revolta alcança seu objetivo direto, começamos a compreender que o que realmente nos incomodava (nossa falta de liberdade, nossa humilhação, a corrupção social, a falta de perspectiva de uma vida decente) continua a acontecer, sob nova roupagem. No Egito, os manifestantes conseguiram se livrar do regime opressivo de Mubarak, mas a corrupção permaneceu e a perspectiva de uma vida digna se distanciou ainda mais. Depois da derrubada de um regime autoritário, os últimos vestígios da assistência patriarcal aos pobres podem se desintegrar, de modo que a liberdade recém-conquistada fica *de facto* reduzida à liberdade de escolher a forma preferida de miséria – a maioria não apenas continua pobre, mas, para piorar, nos dizem que, como agora somos livres, a pobreza é responsabilidade nossa. Numa situação assim, nós temos de admitir que houve uma limitação do nosso próprio objetivo, que este objetivo – digamos, a democracia política padrão – não foi suficientemente específico. A democracia política padrão também pode servir como a forma mesma da ausência de liberdade: a liberdade política pode facilmente propiciar uma estrutura legal para a escravidão econômica, com os desprivilegiados se vendendo "livremente" no mercado da servidão. Por isso, somos conduzidos a exigir mais do que apenas democracia política – precisamos da democratização também da vida social e econômica. Em resumo, é preciso admitir que aquilo que inicialmente tomamos como um fracasso em compreender plenamente um princípio nobre (de liberdade democrática) é uma limitação inerente ao próprio princípio – compreender isto é *o* grande passo da pedagogia política.

Referendo

A dupla guinada de 180 graus da crise grega em julho de 2015 só pode se afigurar como um passo, não apenas da tragédia para a comédia, mas, como observou Stathis Kouvelakis, da tragédia rica de inversões cômicas diretamente para o teatro do absurdo – há alguma outra maneira de caracterizar uma guinada extraordinária de um extremo ao seu oposto, capaz de confundir até mesmo o mais especulativo dos filósofos hegelianos? Cansado de negociações intermináveis com executivos da UE, nas quais humilhações vinham uma após outra, o referendo do Syriza no domingo 5 de julho perguntou ao povo grego se ele apoiava ou rejeitava a proposta da UE de novas medidas de austeridade. Apesar de o governo afirmar claramente que apoiava o "não", o resultado foi uma surpresa para o próprio governo: uma maioria esmagadora, de mais de 61%, votou "não" para a chantagem europeia. Começaram a circular rumores de que o resultado – a vitória do governo – tinha sido um choque para o próprio Tsipras, que secretamente esperava que o governo perdesse, de modo que a derrota lhe permitisse salvar as aparências ao ceder às exigências da UE ("devemos respeitar a voz das urnas"). Entretanto, literalmente na manhã seguinte, Tsipras anunciou que a Grécia estava pronta a retomar as negociações, e, dias depois, a Grécia negociou uma proposta da UE que era basicamente a mesma que os eleitores tinham rejeitado (em alguns detalhes, até mais severa) – em resumo, ele agiu como se o governo tivesse perdido, e não ganhado, o referendo. Kouvelakis escreveu:

Como é possível que um "não" devastador a um memorando de políticas de austeridade seja interpretado como um sinal verde para um novo memorando? ... A sensação de absurdo não é apenas produto dessa inversão inesperada. Ela advém sobretudo do fato de tudo estar se desenrolando diante dos nossos olhos como se nada estivesse acontecendo, como se o referendo fosse algo como uma alucinação coletiva que acaba de repente, nos permitindo continuar livremente o que estávamos fazendo antes. Entretanto, como nem todos nós nos tornamos comedores de lótus, façamos pelo menos um breve sumário do que aconteceu nesses últimos dias ... Desde a manhã de segunda-feira, antes de os gritos de vitória nas praças públicas do país terem plenamente silenciado, o teatro do absurdo começou ... O público, ainda no alvoroço do júbilo de domingo, assiste enquanto o representante dos 62% se subordinava aos 38% imediatamente após uma vitória retumbante da democracia e da soberania popular ... Mas o referendo aconteceu. Não foi uma alucinação da qual todos agora se recuperaram. Ao contrário, alucinação é a tentativa de reduzi-lo a uma "liberação da pressão" antes de retomar o caminho ladeira abaixo, rumo a um terceiro memorando.[14]

E as coisas continuaram nessa direção. Na noite de 10 de julho, o Parlamento grego deu a Tsipras autoridade para negociar um novo acordo de socorro financeiro com 250 votos contra 32, mas dezessete parlamentares do governo não apoiaram o plano, o que significa que ele teve mais apoio dos partidos de oposição do que do seu próprio. Dias depois, o Secretariado Político do Syriza, dominado pela ala esquerda do partido, concluiu que as últimas propostas da UE eram "absurdas" e "excediam os limites de tolerância da sociedade grega" – extremismo esquerdista? O próprio FMI (nesse caso, uma voz do capitalismo minimamente racional) explicitou o mesmo argumento: publicado um dia antes, um estudo do FMI mostrava que a Grécia precisava de um alívio da dívida maior do que aquele que os governos europeus estavam dispostos a contemplar – os países europeus teriam que dar à Grécia um período de trinta anos de suspensão do serviço de toda a sua dívida europeia, inclusive os novos empréstimos, e uma prorrogação dramática dos prazos de vencimento. Não é de admirar que o próprio Tsipras tenha mencionado publicamente as suas dúvidas sobre o plano de socorro financeiro: "Nós não acreditamos nas medidas que nos foram impostas", disse ele durante uma entrevista na TV, deixando claro que as apoiou por puro desespero, para evitar um colapso econômico e financeiro total. Os eurocratas usam essas confissões com uma perfídia desconcertante: agora que o governo grego aceitou suas duras condições, eles duvidam da sinceridade e da seriedade de seu compromisso. Como pode Tsipras realmente lutar por um programa no qual ele não acredita? Como pode o governo grego se comprometer realmente com um acordo quando este se opõe ao resultado do referendo?

Não obstante, declarações como as do FMI demonstram que o verdadeiro problema está em outro lugar. A UE acredita em seu próprio plano de socorro financeiro? Ela acredita realmente que as medidas brutalmente impostas desencadearão crescimento econômico e, assim, viabilizarão o pagamento das dívidas? Ou será que a motivação última da brutal pressão extorsiva sobre a Grécia não é puramente econômica (visto que é obviamente irracional em seus termos econômicos), mas político-ideológica – ou, como formula Krugman, "rendição substantiva não é suficiente para a Alemanha, que quer mudança de regime e humilhação total –, e há uma facção substancial que só quer forçar a saída da Grécia e que acolheria relativamente bem um Estado fracassado como advertência para os demais"?[15] Deve-se sempre ter em mente o horror que o Syriza representa para o establishment europeu – um membro polonês conservador do Parlamento europeu chegou a apelar diretamente ao Exército grego para dar um golpe de Estado a fim de salvar o país...

E por que este horror? Agora estão pedindo aos gregos que paguem o alto preço, mas não por uma perspectiva realista de crescimento. O preço que estão cobrando deles é o da continuação da fantasia de "alongar e fingir". Estão pedindo a eles que aceitem seu sofrimento atual a fim de sustentar o sonho de outros (os eurocratas). Gilles Deleuze disse décadas atrás: *"Si vous êtes pris dans le rêve de l'autre, vous êtes foutus!"* ["Se você estiver preso no sonho dos outros, está fodido!"], e essa é a situação na qual a Grécia agora se encontra. Quem precisa acordar não é a Grécia, mas a

Europa. Todos que estão presos na armadilha desse sonho sabem o que nos espera se o plano de socorro financeiro for aprovado: outros 90 bilhões de euros, ou algo assim, serão jogados na cesta da Grécia, aumentando a dívida grega para mais ou menos 400 bilhões (e a maior parte disso voltará rapidamente para a Europa ocidental – o verdadeiro socorro financeiro é para os bancos alemães e franceses, não para a Grécia); e nós todos poderemos esperar que a crise grega exploda em um par de anos.

Tal resultado, porém, representa realmente um fracasso? Num nível imediato, se compararmos o plano com seu resultado real, obviamente sim. Num nível mais profundo, entretanto, pode ser, como sugerimos anteriormente, que o verdadeiro objetivo não seja dar à Grécia uma chance, mas transformá-la num semi-Estado economicamente colonizado em pobreza e dependência permanentes, como advertência para outros. Num nível ainda mais profundo, porém, há um outro fracasso – não da Grécia, mas da própria Europa, isto é, do núcleo emancipatório do legado europeu.

Nunca devemos esquecer que o "não" inesperadamente forte no referendo grego foi um voto histórico depositado na urna numa situação desesperada. Em meu trabalho, eu mencionei frequentemente uma bem conhecida anedota da última década da União Soviética sobre Rabinovitch, um judeu que queria emigrar. Depois eu soube que uma nova versão da piada está agora circulando em Atenas. Um jovem grego visita o consulado australiano em Atenas e pede um visto de trabalho. "Por que o senhor quer sair da Grécia?", pergunta-lhe o funcionário. "Por duas razões", responde o grego. "Primeiro, estou preocupado com a Grécia sair da UE, o que vai levar a uma nova onda de pobreza e caos no país..." "Mas", interrompe o funcionário, "isso é completamente absurdo. A Grécia vai continuar na UE e se submetendo à disciplina financeira!" "Bem", responde o grego calmamente, "esta é a minha segunda razão..." Citando Stálin novamente: não há escolha pior, as duas escolhas são piores.

São no entanto as duas escolhas piores? Chegou a hora de ir além dos debates irrelevantes sobre os possíveis erros e interpretações equivocadas do governo grego. As apostas são agora muito mais altas.

Syriza, a sombra de um acontecimento

O fato de uma fórmula de compromisso ter escapado aos administradores da Grécia e da UE é em si mesmo profundamente sintomático, já que não dizia respeito a questões financeiras – nesse nível, a diferença é mínima. A UE habitualmente acusa os gregos de só falarem em termos gerais, fazendo promessas vagas sem detalhes específicos, enquanto os gregos acusam a UE de tentar controlar até mesmo os detalhes mais ínfimos e impor à Grécia hoje condições que são mais severas do que aquelas impostas ao governo anterior. No entanto, o que espreita por trás dessas censuras é outro conflito, mais significativo. Tsipras observou recentemente que, se tivesse podido se encontrar com Angela Merkel a sós para um jantar, eles teriam chegado a uma fórmula em duas horas. Ele argumenta que ele e Merkel, os dois políticos, teriam tratado o desacordo como desacordo político, em contraste com administradores tecnocráticos como o presidente do Eurogrupo, Jeroen Dijsselbloem. Se há um cara mau emblemático nessa história, é Dijsselbloem, cujo lema é: "Se eu ficar considerando o lado ideológico das coisas, nunca vou chegar a nada."

Isto nos traz ao ponto crucial da questão: Tsipras e Varoufakis falam como se fossem parte de um processo político aberto, no qual decisões que são em última análise "ideológicas" (baseadas em preferências normativas) devam ser tomadas; ao passo que os tecnocratas da UE falam como se tudo fosse questão de medidas regulatórias detalhadas. E quando os gregos rejeitam a abordagem da UE e levantam questões políticas mais fundamentais, são acusados de mentir. E é claro que a verdade está aqui do lado grego: a negação do "lado ideológico" por Dijsselbloem é ideologia em sua mais pura expressão: mascara (representa falsamente) como medidas especializadas puramente regulatórias decisões que, efetivamente, são baseadas em premissas político-ideológicas (defesa de desregulações etc.).

Por causa dessa assimetria, o "diálogo" entre Tsipras e Varoufakis e seus parceiros da UE parece frequentemente um diálogo entre um jovem estudante, que deseja um debate sério sobre questões básicas, e um professor arrogante que, em suas respostas, ignora humilhantemente o assunto e repreende o estudante com questões técnicas (Você não formulou corretamente! Você não levou em conta determinada regulação!), ou um diálogo entre uma vítima de estupro que relata desesperadamente o que aconteceu com ela e um policial que continuamente a interrompe, solicitando detalhes administrativos. Essa passagem da política propriamente dita para "administração especialista neutra" caracteriza todo o nosso processo político: decisões estratégicas baseadas em poder são crescentemente mascaradas como regulações administrativas baseadas em conhecimento "especializado" neutro, e são cada vez mais negociadas em segredo e aplicadas sem consulta democrática – lembrem-se do TTIP.

É por isso que o Syriza estava travando uma batalha em nome de todos nós. Uma batalha na qual o próprio significado da democracia seria decidido. Muitos críticos do referendo grego afirmaram tratar-se de um caso de pura pose demagógica, destacando debochadamente que não estava claro sobre o que era o referendo – naquele momento, não havia nenhuma proposta da UE na mesa a ser aceita ou rejeitada; sobre o que, então, os gregos iriam votar? A hipótese era de que o referendo fosse na verdade sobre o euro *versus* o dracma, sobre a Grécia na UE ou fora dela – mas isto é patentemente falso. O governo grego enfatizou reiteradas vezes seu desejo de permanecer na UE e na zona do euro. Mais uma vez, os críticos traduziram automaticamente a questão política-chave levantada pelo referendo numa decisão administrativa sobre medidas econômicas particulares. Em sua entrevista na Bloomberg em 2 de julho, Varoufakis deixou claras as verdadeiras apostas do referendo.[16] A escolha era entre a continuação da política dos anos anteriores da UE, que levaram a Grécia à beira da ruína – a ficção já mencionada de "alongar e fingir" –, e um novo começo realista, que não se fiaria mais em tais ficções, i.e., que produziria um plano concreto para dar partida na recuperação real da economia grega. Sem um plano desse tipo, a crise apenas se reproduziria reiteradamente. No mesmo dia, até mesmo o FMI concedeu que a Grécia necessitava de um alívio da dívida de larga escala para criar "um espaço de respiro" e pôr a economia em movimento (eles propuseram uma moratória de vinte anos para os pagamentos da dívida), confirmando por meio disso o argumento de Varoufakis de que uma nova abordagem era necessária para realmente resolver a crise.

O referendo foi, por isso, muito mais que uma escolha entre duas diferentes abordagens da crise econômica. O povo grego resistiu heroicamente a uma campanha mesquinha de medo que mobilizou os mais baixos instintos de autopreservação. Os gregos viram através da névoa da brutal manipulação de seus oponentes, que falsamente apresentavam o referendo como uma escolha entre o euro e o dracma, entre a Grécia na Europa e o Grexit. Seu "não" foi um não para os "eurocratas", que provaram diariamente ser incapazes de arrancar a Europa de sua inércia. Foi um "não" contra a continuidade dos negócios de sempre (um prenúncio do que viria a acontecer com os apoiadores de Trump – embora numa roupagem diferente), um grito desesperado dizendo a todos nós que as coisas não podem continuar como estão.

Foi uma decisão a favor de uma visão política autêntica contra a estranha combinação de tecnocracia fria e clichês racistas exaltados sobre os gregos preguiçosos e gastadores, que coloria a pressão da UE sobre a Grécia. Foi uma vitória rara da ética contra o oportunismo egoísta e, em última análise, autodestrutivo. O "não" foi um "sim" para uma consciência plena da crise em que a Europa está, um "sim" para a necessidade de pôr em andamento um novo começo. Depois do referendo, cabe à UE agir: será ela capaz de acordar de sua inércia satisfeita e compreender o sinal de esperança lançado pelo povo grego? Ou ela desatrelará sua ira contra a Grécia a fim de poder continuar em seu sonho dogmático?

O Apocalipse

Quando um curto ensaio meu sobre a Grécia depois do referendo foi republicado pelo *In These Times*, seu título foi mudado para "How Alexis Tsipras and Syriza Outmanoeuvred Angela Merkel and the Eurocrats". Embora eu de fato pense que aceitar os termos da UE não foi uma simples derrota, estou longe de uma visão tão otimista. A inversão do "não" do referendo para um "sim" para Bruxelas foi um choque genuinamente devastador, uma catástrofe perturbadora e dolorosa. Mais precisamente, foi um apocalipse em ambos os sentidos do termo, o usual (de catástrofe) e o original, literal (de anúncio, revelação): o antagonismo básico, o beco sem saída da situação foi claramente revelado.

Mas ainda não chegamos ao fim. O recuo grego não é a última palavra, pela simples razão de que a crise vai estourar novamente, daqui a alguns anos, se não antes, e não só na Grécia. A tarefa do governo Syriza é ficar pronto para esse momento, ocupar pacientemente posições e planejar opções. Manter o poder político nessas condições impossíveis pode facultar um espaço mínimo a fim de preparar o terreno para ações futuras e educação política. Aí reside o paradoxo da situação: embora o plano de socorro financeiro não vá funcionar, não se deve perder a coragem e recuar, mas seguir com ele até a próxima explosão – por quê? Porque a Grécia obviamente não estava pronta para o Grexit – não havia qualquer plano sobre como levar a cabo essa operação muito difícil e complexa. Até agora, o governo Syriza operou sem realmente controlar o aparelho de Estado, com seus 2 milhões de funcionários – em sua maioria, a polícia e o Judiciário são parte da direita política, a administração é a carne da máquina clientelista corrupta etc. –, e é precisamente nessa vasta máquina estatal que teríamos de confiar para empreender o imenso trabalho do Grexit. (Também devemos ter em mente que o Grexit era o plano do inimigo – há até mesmo rumores de que Schauble ofereceu 50 bilhões de euros à Grécia se ela deixasse a zona do euro.) O que torna o governo Syriza tão perturbador é precisamente o fato de tratar-se do governo de um país que está dentro da zona do euro: "a veemência com que ele sofreu oposição é devida precisamente à existência da Grécia dentro da zona do euro. Quem iria realmente se preocupar, agora que não há mais Guerra Fria, com o fato de um governo de esquerda chegar ao poder num pequeno país com o dracma como moeda?"[17]

Que espaço de manobra tem o governo Syriza quando está reduzido a pôr em prática a política de seu inimigo? Deveria ele retirar-se e convocar novas eleições, em vez de pôr em prática uma política que é diretamente oposta ao seu programa? Mais que tudo, o Syriza precisa ganhar tempo, e as potências da UE estão fazendo tudo o que podem para privar o Syriza

Syriza, a sombra de um acontecimento

desse tempo. Elas estão tentando empurrar o Syriza para o canto do ringue, impondo uma decisão rápida: capitulação total ou Grexit. Tempo para quê? Não só para se preparar para a próxima crise. Devemos sempre lembrar que a tarefa básica do governo Syriza não diz respeito nem ao euro nem ao acerto de contas com a UE, mas, acima de tudo, à reorganização radical das instituições sociais e políticas a longo prazo corruptas da Grécia: "O problema extraordinário do Syriza – que não seria enfrentado por nenhum outro partido político no governo – era alterar estruturas institucionais *internas* sob condições de ataque institucional *externo*"[18] (como fez a própria Alemanha no começo dos anos 1800, sob ocupação francesa).

O problema que a Grécia está enfrentando agora é o da "governalidade de esquerda":[19] a dura realidade do que significa para a esquerda radical governar no mundo do capital global. Que opções tem o governo? Os candidatos óbvios – social-democratização simples, socialismo de Estado, sair do Estado e fiar-se em movimentos sociais – obviamente não são suficientes. A verdadeira novidade do governo Syriza é que ele é um *acontecimento governamental* – a primeira vez que uma esquerda radical ocidental (não uma esquerda no velho estilo comunista) tomou o poder de Estado. Toda a retórica, tão amada pela Nova Esquerda, de atuar a uma certa distância do Estado tem que ser abandonada: é preciso assumir heroicamente plena responsabilidade pelo bem-estar de todo o povo e deixar para trás a atitude "crítica" básica da esquerda de encontrar uma satisfação perversa em produzir explicações sofisticadas sobre o porquê de as coisas terem desandado.

O "não" que venceu o referendo não deve ser mistificado como uma disposição ética para romper com o capitalismo global, mesmo que ele continue a causar imenso sofrimento. Para a grande maioria dos eleitores, o "não" significou que eles estavam cheios de tanto sofrimento e penúria e queriam uma vida melhor, *sem nenhuma ideia estratégica clara do que isto significa*. Também é por isso que eu acho muito simplista dizer que "o governo não estava no nível do seu povo": o jogo fora decidido previamente, não havia nenhuma chance real. A conversa sobre "traição" subjetiva obscurece o beco sem saída objetivo: qualquer que seja a maneira com a qual redefinimos o que é (im)possível, não havia nenhuma abertura revolucionária autêntica na situação. As acusações de traição do governo Syriza são feitas para evitar a verdadeira grande questão: como podemos confrontar o capital em sua forma moderna? Como podemos governar, como podemos administrar um Estado "com o povo"? É muito fácil dizer que o Syriza não é apenas um partido de governo, mas tem suas raízes em mobilização popular e movimentos sociais:

> [O Syriza] é uma coalizão ampla, autocontraditória e internamente antagônica de pensamento e prática de esquerda, muito dependente da capacidade de movimentos sociais de todos os tipos, inteiramente descentralizado e conduzido pelo ativismo de redes de solidariedade numa ampla esfera de ação, abrangente de conflitos de classe, ativismo de gênero e sexualidade, questões de imigração, movimentos antiglobalização, defesa de direitos civis e humanos etc.[20]

Pode-se, assim, facilmente entender os chamados para o Syriza retornar às suas raízes. "O Syriza não deve se tornar apenas mais um partido parlamentar governante: a verdadeira mudança só pode vir da gente comum, do povo mesmo, de sua auto-organização, não de aparelhos de Estado..." Entretanto, tais chamados ultimamente são apenas mais um caso de mera pose, já que evitam o problema crucial, que é como lidar com a pressão internacional concernente à dívida ou, mais geralmente, como exercer poder e administrar um Estado. Movimentos comunitários auto-organizados não podem substituir o Estado, e a questão é como reorganizar o aparelho estatal para fazê-lo funcionar de modo diferente.

A grande questão permanece: como essa confiança na auto-organização popular afeta ou deveria afetar a prática de administrar um Estado? Podemos sequer imaginar hoje um poder comunista autêntico? Ao que parece, o que temos é desastre (Venezuela), capitulação (Grécia) ou um retorno pleno ao capitalismo (China, Vietnã). A Revolução Bolivariana "transformou as relações sociais na Venezuela e teve um imenso impacto no continente como um todo. A tragédia, porém, é que ela nunca foi ade-

Syriza, a sombra de um acontecimento

quadamente institucionalizada e, por isso, mostrou-se insustentável".[21] É muito fácil dizer que a política autenticamente emancipatória deveria manter certa distância do Estado: o grande problema que espreita por trás disso é o que fazer com o Estado. Podemos de fato imaginar uma sociedade sem Estado? Temos que enfrentar esses problemas aqui e agora: não podemos ficar esperando por alguma situação futura e, enquanto isso, manter uma distância segura em relação ao Estado.

A escolha que o governo Syriza confrontou foi genuinamente uma escolha difícil, a qual teve que ser tratada em termos brutalmente pragmáticos; *não* se trata de uma grande escolha ética entre um ato verdadeiro e uma traição oportunista. Em seu "Greece Has Been Betrayed", Tariq Ali escreveu:

> No começo do mês, eles estavam celebrando o voto "Não". Eles estavam preparados para fazer mais sacrifícios, arriscar viver fora da zona do euro. O Syriza lhes deu as costas. A data de 12 de julho de 2015, quando o Syriza concordou com os termos da UE, se tornará tão infame quanto o 21 de abril de 1967. Os tanques foram substituídos por bancos, como Varoufakis formulou depois de ser empossado ministro das Finanças.[22]

Eu considero este paralelo entre 2015 e 1967 convincente, mas ao mesmo tempo profundamente enganoso. Sim, tanques de fato remetem a bancos, o que significa: a Grécia está *de facto* sob ocupação financeira agora, com soberania fortemente reduzida, todas as propostas do governo tendo que ser aprovadas pela *troika* antes de serem submetidas ao Parlamento. Não apenas decisões financeiras, mas também dados estão sob controle estrangeiro (Varoufakis não teve acesso aos dados do seu próprio ministério – ele foi acusado de traição por tentar obtê-los) e, para piorar, na medida em que o governo democraticamente eleito obedece a essas regras, ele provê voluntariamente uma máscara democrática a essa ditadura financeira. Estamos lidando aqui com obscenidade em sua forma mais pura: enquanto bilhões desapareciam nas últimas décadas e o governo produzia relatórios financeiros fabricados, a única pessoa processada foi o jornalista que revelou publicamente nomes de proprietários de contas ilegais em bancos estrangeiros.

Devia-se, então, arriscar o Grexit? Confrontamos aqui *la tentation événementielle*, a "tentação acontecimental" – a tentação, numa situação difícil, de tomar atitudes insensatas, fazer o impossível, assumir riscos sem se importar com custos, com a lógica subjacente de que "as coisas não podem ficar piores do que estão". A pegadinha é que elas *podem*, sim, ficar muito piores, e até se desdobrar numa crise social e humanitária completa. A questão-chave é: havia uma possibilidade objetiva real de uma ação emancipatória adequada, tirando todas as consequências do voto "não"?

Quando Badiou fala de um acontecimento emancipatório, ele sempre enfatiza que uma ocorrência não é um acontecimento em si mesmo – ele só se torna um retroativamente, através das suas consequências, através do duro e paciente trabalho desprendido daqueles que lutam por ele, que praticam a fidelidade a ele. Deve-se, por isso, abandonar ("desconstruir", mesmo) o tópico da oposição entre o curso "normal" das coisas e o "estado de exceção" caracterizado pela fidelidade a um acontecimento que rompe o curso normal das coisas. Num curso "normal" de coisas, a vida continua seguindo a sua inércia, e nós somos imersos nas nossas preocupações e rituais cotidianos. Aí, alguma coisa acontece, um despertar acontecimental, uma versão secular de um milagre (um tumulto social emancipatório, um encontro amoroso traumático...). Se optarmos pela fidelidade a este acontecimento, toda a nossa vida muda: nós nos engajamos no trabalho "de amor" e empenho para inscrever o acontecimento na nossa realidade. Em seguida, em algum momento, a sequência acontecimental é exaurida e nós retornamos ao fluxo normal das coisas... Contudo, e se o verdadeiro poder de um acontecimento tivesse que ser medido precisamente pelo seu desaparecimento, quando o acontecimento é apagado em seu resultado, na mudança que suscitou na vida "normal"? Tomemos um acontecimento político-social: o que resta dele em sua esteira quando sua energia extática é exaurida e as coisas retornam à normalidade – como essa normalidade é diferente da normalidade pré-acontecimento?

Então, voltemos à Grécia. É fácil contar com um gesto heroico promissor de sangue, suor e lágrimas, repetir o mantra de que a política autêntica significa que não se deve permanecer no terreno do possível, mas antes arriscar o impossível – mas o que isso implicaria no caso do Grexit? Primeiro, não nos esqueçamos de que, como já vimos, o resultado do referendo foi uma exigência de vida melhor, não uma presteza para mais sofrimento e sacrifício. Segundo, em caso do Grexit, não seria o governo grego obrigado a aplicar uma série de medidas (nacionalização de bancos, elevação de impostos etc.) que constituiriam simplesmente um renascimento das políticas econômicas da velha proposta de soberania nacional/socialismo de Estado? Pode não haver nada contra essas políticas, mas elas funcionariam nas condições específicas da Grécia de hoje, com seu aparelho de Estado ineficiente, e como parte da economia global? Eis os três pontos principais do plano antiausteridade da Plataforma de Esquerda, listando uma série de medidas "absolutamente gerenciáveis".

(1) A reorganização radical do sistema bancário, sua nacionalização sob controle social e sua reorientação rumo ao crescimento.

(2) A completa rejeição da austeridade fiscal (excedentes primários e orçamentos equilibrados), a fim de lidar efetivamente com a crise humanitária, cobrir necessidades sociais, reconstruir o Estado social e tirar a economia do círculo vicioso da recessão.

(3) A implementação dos procedimentos iniciais levando à saída do euro e ao cancelamento da maior parte da dívida. Há escolhas absolutamente gerenciáveis que podem levar a um novo modelo social orientado para produção, crescimento e mudanças no equilíbrio social de forças em benefício da classe trabalhadora e do povo.

E mais duas especificações adicionais.

A elaboração de um plano baseado em investimento público que, entretanto, também propiciasse investimentos privados em paralelo. A Grécia precisa de uma nova relação entre os setores público e privado para entrar no caminho do desenvolvimento sustentável. A realização desse projeto se tornaria possível uma vez que a liquidez fosse restabelecida, combinada com poupança nacional. Retomar o controle do mercado doméstico de produtos importados revitalizaria e aumentaria o papel de pequenas e médias empresas, as quais continuam a ser a espinha dorsal da economia grega. Ao mesmo tempo, exportações seriam estimuladas pela introdução de uma moeda nacional.[23]

Esse plano, defendido pela Plataforma de Esquerda (moratória da dívida, nacionalização de bancos, controle de capitais, moeda alternativa; e depois imprimir mais dinheiro para investimentos etc.), não faz o que é exigido – se efetivado, equivaleria meramente a uma nova versão do socialismo de Estado. O ponto fraco da Plataforma de Esquerda era a sua defesa do Grexit: eles apresentaram o Grexit como um passo heroico rumo ao desconhecido, um ato de desafio à tecnocracia da UE; e por isso acharam difícil explicar por que o Grexit foi diretamente sugerido por Schauble, quando ele prometeu ajuda financeira a Varoufakis se a Grécia deixasse temporariamente a zona do euro. (É como hoje no Reino Unido, onde uma estranha coalização de esquerda e direita defendeu o Brexit.) Varoufakis compreendeu corretamente que o Grexit equivale em última análise ao mesmo que se render às exigências de Bruxelas: a zona do euro permanece intacta, totalmente subordinada às regras de Bruxelas. O que havia de tão subversivo no governo Syriza é que ele queria *ficar* na zona do euro e perturbar suas regras. (De maneira homóloga, no instante mesmo em que o Syriza rachou entre aqueles que aceitavam a chantagem da UE e a Plataforma de Esquerda, seu momento passou; a combinação explosiva se desintegrou em seus dois componentes tradicionais: a social-democracia e a esquerda radical.)

Medidas defendidas pela Plataforma de Esquerda, se adequadamente calibradas, podem funcionar – mas funcionariam para a Grécia, com uma dívida externa enorme de indivíduos e companhias privadas (que não podem ser canceladas) e uma economia plenamente integrada e dependente da Europa ocidental, dependente da importação de alimentos, produtos industriais e medicamentos? Em outras palavras, onde, em que "lado de fora" se encontraria a Grécia? No lado de fora da Bielorrússia e de Cuba? Como Paul Krugman escreveu recentemente (ver na p.89), devemos admitir que ninguém sabe realmente quais seriam as consequências do Grexit – é um território não mapeado. Uma coisa é todavia clara: "Grexit é o nome de nada menos que uma política de independência nacional",[24] por isso não é de admirar que alguns partidários da Plataforma de Esquerda lancem mão da autocaracterização extremamente problemática e (para mim) totalmente inaceitável de "nacional-populismo".[25]

Assim, a escolha não era simplesmente "Grexit ou capitulação": o governo Syriza se viu numa situação única, obrigado a fazer aquilo a que se opunha. Persistir nessa situação difícil e não abandonar o campo é a verdadeira coragem. Hoje, o inimigo do governo Syriza não é principalmente a Plataforma de Esquerda, mas aqueles que se sentem "sinceramente" derrotados e querem realmente jogar com as cartas da UE. Esse perigo se torna claro quando levamos em conta o efeito da capitulação no próprio Syriza. A capitulação, diz Varoufakis,

> desradicalizou os que restaram nos ministérios, e resulta que eles são ou bem incapazes ou relutantes (com receio de incomodar a *troika*) quanto a planejar a próxima ruptura. Além disso, a *troika* os está mantendo como hamsters na roda, fazendo-os correr cada vez mais rápido para implementar suas medidas tóxicas. Em poucos dias, eles foram cooptados e se tornaram incapazes de planejar o que quer que seja do tipo que você mencionou.
>
> ... crucialmente, a *troika* está impondo ao governo, de modo inteligente, legislações que expandem e fortificam seus próprios feudos dentro do Estado. Assim, as unidades de combate fiscal hoje foram absorvidas pelo Secretariado Geral de Receitas Públicas (cujo controle pela *troika* eu denunciei), de modo que não restaram instrumentos à disposição do governo para combater a evasão fiscal dos oligarcas. Coisa semelhante está acontecendo com as privatizações. A *troika* está criando novos "órgãos", que ela controla inteiramente.[26]

O verdadeiro milagre da situação era que, apesar da capitulação a Bruxelas, cerca de 70% dos eleitores gregos continuavam apoiando o governo

Syriza – a maioria percebe que o governo Syriza está fazendo a coisa certa numa situação impossível.

Há um risco de que a capitulação do Syriza revele ser apenas isto e nada mais que isto, autorizando a plena reintegração da Grécia na UE como membro humilde e falido, da mesma maneira como havia um risco de o Grexit se tornar uma catástrofe de grandes proporções. Não há resposta clara *a priori* aqui: qualquer decisão só pode ser retroativamente justificada por suas consequências. E ultimamente estão se multiplicando os sinais de que o governo Syriza não está cumprindo adequadamente sequer a tarefa de administrar eficientemente o Estado – há lutas faccionais por poder e influência que envolvem ocasionalmente violência física. Parece que a velha política grega de desgoverno e corrupção está voltando a toda velocidade. O que devemos temer não é apenas a perspectiva de mais sofrimento do povo grego, mas também a perspectiva de mais um fiasco que vai desacreditar a esquerda durante anos, enquanto a esquerda sobrevivente argumenta que sua derrota prova uma vez mais a perfídia do sistema capitalista...

Em defesa do socialismo burocrático

Estará, então, a esquerda radical de hoje realmente "condenada a lutar com unhas e dentes pela social-democracia, para provar que ela não pode dar certo"?[27] Para romper este ciclo perverso, é preciso mudar inteiramente a perspectiva. Quando ouvimos anarquistas desdobrarem sua ideia de comunidades locais trabalhando de maneira transparente, sem mecanismos representativos "alienados", com todos os membros ativamente engajados na organização de suas vidas, a primeira coisa que vem à mente é a definição de Thomas Metzinger de transparência: "Para todo estado fenomenal, o grau de transparência fenomenal é inversamente proporcional ao grau introspectivo de disponibilidade atencional dos estágios de processamento anteriores."[28] A transparência é, portanto, paradoxalmente, "uma forma especial de obscuridade":[29] nós não conseguimos ver uma coisa porque ela

Syriza, a sombra de um acontecimento

é transparente; ou, melhor, porque enxergamos através dela. A tese básica de Metzinger é que essa transparência é formativa da nossa consciência em dois níveis – primeiro, geralmente nós

> não experimentamos a realidade que nos circunda como conteúdo de um processo representacional, nem representamos seus componentes como variáveis internas ... de outro nível, externo, de realidade. Nós simplesmente a experimentamos como *o mundo no qual nós vivemos nossas vidas.*[30]

Assim, o mesmo é verdade para o nosso eu consciente, para a imediação do nosso autoconhecimento, que é uma representação em nossa mente e, portanto, também se fia nessa ilusão, no curto-circuito epistemicamente ilegítimo de perceber o que efetivamente é uma mera representação, um modelo que nosso organismo formou de si mesmo, como "a coisa em si":

> Nós não experimentamos os conteúdos da nossa autoconsciência como conteúdos de um processo representacional, e não os experimentamos como um tipo de variável interna causalmente ativa *do* sistema *no* modelo de realidade includente do sistema, mas simplesmente como *nós mesmos vivendo no mundo aqui e agora.*[31]

O mecanismo básico da "transparência" é bem conhecido a partir da tradição hegeliano-marxiana da crítica da ilusão fetichista: a "determinação reflexiva" do próprio agente (sua vontade ou desejo) é erroneamente percebida como uma propriedade do próprio objeto (percebido); o soberano é percebido como uma encarnação de alguma qualidade – amor, medo. O que Metzinger faz é levar a lógica dessa ilusão ao seu extremo, *aplicando-a ao próprio agente que percebe*: a lógica da percepção errônea da nossa experiência fenomenal como diretamente referente a "objetos presentes no mundo" é aplicada ao *próprio sujeito*. Eu mesmo não "existo realmente", mas só apareço como resultado de uma ilusão fetichista. Nunca pode haver um sujeito (eu) plenamente "opaco" para si mesmo (você nunca pode se "conhecer" plenamente) no sentido de perceber o seu próprio mecanismo generativo – todo entendimento desse tipo é limitado, embutido num contexto global: "a autorreferência cognitiva sempre ocorre contra um pano de fundo de automodelação transparente pré-conceitual".[32] Uma percepção de eu é em última análise uma parte da experiência cotidiana ingênua.

As comunidades imaginadas por anarquistas não seriam "transparentes" de um modo semelhante? Sua sobrevivência se baseia numa textura espessa de mecanismos institucionais "alienados": de onde vêm a eletricidade e a água? Quem garante o estado de direito? A quem procurar para assistência de saúde? Quanto mais uma comunidade é autogovernada, mais essa rede tem que funcionar fluida e invisivelmente. Talvez devêssemos mudar a meta das lutas emancipatórias de superar a alienação para aplicar o tipo certo de alienação, alcançando um funcionamento fluente de mecanismos sociais "alienados" invisíveis que sustentem o espaço das comunidades não alienadas, não é?

Nós temos um velho nome para esses mecanismos alienados: burocracia, motivo pelo qual a esquerda precisa hoje reinventar o socialismo burocrático. A caracterização padrão dos regimes stalinistas como "socialismo burocrático" é totalmente enganosa e automistificadora: é a maneira como o próprio regime stalinista percebia seu problema, a causa dos seus fracassos e dificuldades. Se não houver produtos suficientes nas lojas, se as autoridades não responderem às demandas do povo etc., o que é mais fácil do que responsabilizar a atitude "burocrática" de indiferença, arrogância mesquinha e assim por diante? Não é de admirar, portanto, que, a partir do final da década de 1920, Stálin estivesse escrevendo ataques contra a burocracia, contra a indiferença burocrática. O "burocratismo" foi meramente um efeito do funcionamento dos regimes stalinistas, e o paradoxo é que essa seja a designação inadequada suprema desses regimes: foi precisamente de uma "burocracia" eficiente (de um aparelho administrativo "alienado", despolitizado e competente) que os regimes stalinistas careceram.

Embora tenha acabado em fracasso, a Grande Revolução Cultural Proletária foi única ao atacar este ponto-chave: não apenas a tomada do

Syriza, a sombra de um acontecimento III

poder de Estado, mas a nova organização econômica e a reorganização da vida cotidiana. Seu fracasso foi precisamente não conseguir criar uma nova forma de vida cotidiana: a revolução restou, continuou a ser, um excesso carnavalesco, com o aparelho de Estado (sob o controle de Chu En-lai) garantindo a continuação da vida cotidiana, da produção. A lição desse fracasso é que o foco deve ser deslocado da meta utópica do reinado pleno da expressividade produtiva que já não precisa mais de representação (Estado, ordem, capital etc.), para: Que tipo de representação deve substituir o Estado representativo democrático-liberal existente? Não é a proposta de Negri de uma "renda do cidadão" uma indicação disso? Trata-se de uma medida decretada pelo Estado, não por algum tipo de auto-organização do povo; não é ligada à produtividade do indivíduo, mas é *condição e estrutura* de representação para a introdução de um espaço possível de produtividade expressiva. Trótski defende a mesma dualidade quando apoia uma interação entre auto-organização e liderança política do partido da vanguarda revolucionária. (Um dos argumentos de Trótski em favor de um partido de vanguarda é especialmente interessante: os conselhos auto-organizados não podem assumir também o papel do partido, por uma razão político-psicológica – pessoas "não podem viver durante anos num estado de tensão elevada e imensa atividade").[33] Lênin tinha plena consciência desse problema e a solução dele é quase kantiana: debater livremente em encontros públicos durante os fins de semana, mas obedecer e se empenhar duramente quando no trabalho. Ele escreveu para o homem comum:

> Antes da Revolução de Outubro, ele *não* viu um só exemplo das classes afluentes exploradoras fazer qualquer esforço real por ele, abrir mão do que quer que seja em benefício dele. Ele *não* as viu dar a ele a terra e a liberdade que repetidas vezes lhe tinham sido prometidas, dar a ele paz, sacrificar interesses de "Grande Potência" e interesses de tratados secretos de Grandes Potências, sacrificar capital e lucros. Ele só viu isso *depois* de 25 de outubro de 1917, quando tomou essas coisas à força e teve que defender pela força o que tinha tomado ... Naturalmente, por um certo tempo, toda a sua atenção,

todos os seus pensamentos, toda a sua força espiritual estavam concentrados em tomar fôlego, não dobrar as costas, firmar os ombros, em tomar as bênçãos da vida que lá estavam para ser tomadas e que sempre lhe haviam sido negadas pelos exploradores agora derrubados. É claro, certa quantidade de tempo é necessária para capacitar o trabalhador comum não só a ver por si mesmo, não só a se convencer, mas também a sentir que ele não pode simplesmente "tomar", pegar, apanhar as coisas, que isso conduz a mais ruptura, à ruína, ao retorno dos Kornilovs. A mudança correspondente nas condições de vida (e consequentemente na psicologia) do trabalhador comum é só o começo. E toda a nossa tarefa, a tarefa do Partido Comunista (bolchevique), que é o porta-voz da consciência de classe para os empenhos de emancipação dos explorados, é avaliar essa mudança, compreender o que é necessário, estar à frente do povo exaurido, que busca exaustivamente uma saída, e liderá-lo no caminho verdadeiro, no caminho da disciplina no trabalho, no caminho de coordenar a tarefa de discutir nas assembleias de massa *sobre* as condições de trabalho, juntamente com a tarefa de obedecer inquestionavelmente à vontade do líder soviético, do ditador, *durante* o trabalho ... Precisamos aprender a combinar a democracia da "assembleia pública" do povo trabalhador – turbulenta, revoltosa, transbordando as margens como uma cheia de primavera – com disciplina de *ferro* quanto ao trabalho, com *obediência inquestionável* à vontade de uma única pessoa, o líder soviético, quando no trabalho.[34]

É fácil tirar sarro de Lênin nessa passagem (ou ficar horrorizado com o que ele está dizendo), é fácil acusá-lo de ter se deixado prender no paradigma industrialista etc., mas o problema permanece. A principal forma direta de democracia para a multidão "expressiva" no século XX foram os chamados conselhos ("sovietes") – (quase) todo mundo no Ocidente os amava, até liberais como Hannah Arendt, que via neles o eco da vida da *polis* da Grécia antiga. Ao longo de toda a era do "socialismo realmente existente", a esperança secreta de "socialismo democrático" era a democracia direta dos sovietes, os conselhos locais como forma de auto-organização; com o declínio do "socialismo realmente existente",

Syriza, a sombra de um acontecimento

esse vulto emancipatório, que o assombrou o tempo todo, também desapareceu. Não seria essa a confirmação máxima do fato de a versão conselho do "socialismo democrático" ter sido apenas um duplo espectral do "socialismo realmente existente" "burocrático", sua transgressão inerente, sem nenhum conteúdo positivo substancial em si mesmo e incapaz, por conseguinte, de servir como o princípio organizador básico permanente da sociedade? O que tanto o "socialismo realmente existente" como os conselhos compartilhavam era uma crença na possibilidade de uma organização autotransparente da sociedade, a qual obstaria a alienação política (aparelhos de Estado, regras institucionalizadas de vida política, ordem legal, polícia etc.); e não é a experiência básica do fim do "socialismo de fato existente" precisamente a rejeição desta característica *compartilhada*, a aceitação "pós-moderna" resignada do fato de que a sociedade é uma rede complexa de "subsistemas", motivo por que um certo nível de alienação é constitutivo da vida social, no sentido de que a sociedade totalmente autotransparente é uma utopia com potenciais totalitários.[35] Não é de admirar, portanto, que o mesmo se aplique a exemplos contemporâneos de "democracia direta", de favelas à cultura digital "pós-industrial" (não evocam frequentemente as descrições das novas comunidades tribais de *hackers* a lógica da democracia de conselho?): todos eles têm de se apoiar em aparelhos de Estado, i.e., por razões estruturais cujo campo eles não podem assumir inteiramente.

Além das associações óbvias com o "socialismo realmente existente", há outra censura mais séria à nossa defesa do socialismo burocrático: a burocracia – como aprendemos com Kafka, pelo menos – não é (em princípio, não por razões contingentes de má organização) ineficiente, presa de sua própria *jouissance* circular? Como se costuma dizer, o verdadeiro objetivo da burocracia não é perseguir sua meta, resolver os problemas com os quais ela está lidando, mas recriar repetidamente, ou mesmo ampliar, esses problemas e, desse modo, reproduzir a razão de sua existência. A burocracia, consequentemente, nos confronta de novo com o excedente de gozo: o gozo engendrado não por cumprir sua meta (resolver um problema), mas pelo ciclo autorreprodutivo do seu próprio movimento.

A genialidade de Kafka foi erotizar a burocracia, *a* entidade não erótica, se jamais houve uma. No Chile, Isabel Allende nos diz, quando um cidadão quer se identificar com as autoridades,

> o escrevente de plantão exige que o pobre peticionário produza prova de nascimento, de que não é um criminoso, de que pagou seus impostos, de que esteja registrado para votar, e de que ainda está vivo, porque mesmo se ele tiver um acesso de fúria para provar que não morreu, ele é obrigado a apresentar um "certificado de sobrevivência". O problema alcançou tais proporções que o governo criou uma repartição de combate à burocracia. Os cidadãos podem agora se queixar de terem sido tratados miseravelmente, e podem abrir queixas contra funcionários incompetentes... num formulário que exige selo e três vias, é claro.[36]

Isso é a burocracia estatal em sua expressão mais demente. Não obstante, estamos nós conscientes de que este é o nosso único contato verdadeiro com o divino nos nossos tempos seculares? O que pode ser mais "divino" do que o encontro traumático com a burocracia em sua expressão mais enlouquecida – quando, digamos, um burocrata nos diz que, legalmente, nós não existimos? É em encontros desse tipo que temos um vislumbre de uma outra ordem, além da mera realidade terrena cotidiana. Como Deus, a burocracia é simultaneamente onipotente e impenetrável, caprichosa, onipresente e invisível. Kafka estava perfeitamente consciente desse vínculo profundo entre a burocracia e o divino: é como se, em seu trabalho, a tese de Hegel sobre o Estado como existência terrena de Deus fosse "sodomizada", adquirindo um viés devidamente obsceno. É *apenas e tão somente* neste sentido que as obras de Kafka empreendem uma busca pelo divino em nosso mundo secular estéril – mais precisamente, elas não apenas procuram o divino, elas o *encontram* na burocracia do Estado.

Há duas cenas memoráveis no filme *Brazil*, de Terry Gillian (1985), que expressam perfeitamente os excessos insanos da *jouissance* burocrática perpetuando a si mesma e sua autocirculação. Depois que o encanamento do protagonista quebra e ele deixa uma mensagem com o serviço oficial de consertos pedindo ajuda urgente, Robert de Niro chega, um criminoso mítico-misterioso cuja atividade subversiva era ouvir os chamados de emergência e ir imediatamente ao cliente, consertando o seu encanamento de graça, contornando a papelada do serviço estatal ineficiente. Com efeito, com a burocracia presa num círculo vicioso de *jouissance*, o crime máximo é simplificar a tarefa esperada – se o serviço de reparos do Estado fizer realmente seu trabalho, isso é considerado (no âmbito da sua economia libidinal inconsciente) um subproduto infeliz, visto que a maior parte de sua energia é aplicada em inventar complicados procedimentos administrativos que lhe possibilitem inventar obstáculos sempre novos e, assim, adiar o trabalho indefinidamente. Numa segunda cena, vemos – nos corredores de uma vasta repartição do governo – um grupo de pessoas permanentemente andando de um lado para outro, um líder (um burocrata figurão) seguido por um bando de administradores de escalão inferior que gritam, falando com ele o tempo todo, pedindo uma opinião ou decisão específica, enquanto ele esguicha nervosamente respostas rápidas ("Isto deve ser feito no máximo até amanhã!", "Olhe o relatório!", "Não, cancele esse compromisso!"). A aparência de hiperatividade nervosa é, manifestamente, uma fachada que mascara o espetáculo insensato e autoindulgente de imitar, de interpretar o papel de uma "administração eficiente". Por que eles andam em círculos o tempo todo? O líder, que eles seguem, obviamente não está a caminho de um compromisso para outro – a caminhada rápida sem sentido pelos corredores é tudo o que ele faz. O herói, de tempos em tempos, dá de cara com esse grupo, e a explicação kafkiana, claro, é que toda aquela performance está ali para atrair o olhar dele, só é encenada para o olhar dele. Eles fingem estar ocupados, mas toda a sua atividade transcorre aqui para provocar o herói enquanto ele dirige uma demanda ao líder do grupo, que então fala de modo ríspido: "Não está vendo como estou ocupado agora!". Ou, às vezes, faz o contrário – saúda o herói como se estivesse esperando por ele há muito tempo, misteriosamente aguardando a sua presença.

A ideia de uma burocracia eficiente, inerentemente incapaz de realizar-se, não é, assim, a pior das utopias? A arte da boa administração social é mudar inteiramente a perspectiva: não diminuindo o excedente de gozo e tornando a burocracia tão eficiente quanto possível, mas aceitando o excedente de gozo como um fato e se limitando a reestruturá-lo de modo que ele, como uma espécie de subproduto secundário, também resolva alguns problemas reais. Deve-se também valorizar a frieza anônima do tratamento burocrático de indivíduos: sim, somos todos maltratados pela burocracia, mas isso também significa que nós somos todos tratados da mesma maneira. Embora não se possa imaginar uma burocracia que nos trate de maneira cordial e humana (exceto no caso de uma voz robótica programada para fazê-lo), somos capazes de imaginar uma burocracia que reduza favores pessoais e nos ignore a todos igualmente.

Então, para recapitular. Na época do referendo grego, havia duas "possibilidades": seguir os ditames de Bruxelas e aceitar as políticas de austeridade impostas (a linha adotada pelo governo Tsipras); ou escapar desses ditames, levar a cabo o Grexit e empenhar-se para pôr a economia nacional em movimento através de políticas fiscais autônomas (a proposta da Plataforma de Esquerda). Não existe arriscar o "impossível" nessa segunda opção: ela permanece inteiramente dentro dos limites do sistema capitalista global, o qual, sem nenhum problema, pode permitir que Estados locais se separem – não é de admirar, como já mencionado, que quando Varoufakis ameaçou Schauble com o Grexit, Schauble o tenha aceitado imediatamente e até oferecido à Grécia ajuda financeira para facilitá-lo. A posição de Schauble era: você não quer seguir nossa proposta de políticas de austeridade continuadas, então, OK, não há problema, pode sair. Apesar de todas as suas ideias problemáticas e ingênuas, especialmente sobre "democratizar a Europa", o único agente político que discutiu um "impossível" e causou pânico no establishment europeu foi Varoufakis – e ele teve que se demitir do Ministério das Finanças antes do referendo. A prova de que seu plano tocara o impossível foi que, depois do referendo, o partido liberal-conservador Nova Democracia (ND) propôs ao Parlamento a formação de uma comissão especial de inquérito para investigar o "Plano X", uma imposição defensiva de controle de capital em junho de 2015 – em resumo, eles queriam criminalizar o

Syriza, a sombra de um acontecimento

que Varoufakis tinha feito. A proposta da ND foi rejeitada, mas, de modo interessante, o partido social-democrata Pasok votou a favor, enquanto tanto o comunista "linha-dura" KKE como o fascista Aurora Dourada votaram "presente" e não contra (i.e., se abstiveram). O que Varoufakis propôs foi que a Grécia ficasse na zona do euro, mas agisse de modo independente dentro dela – isso teria sido uma ação autêntica, uma ação visando perturbar as linhas de separação que definem as possibilidades de uma situação e intervir no sistema europeu *a partir de dentro*, impondo uma mudança de suas regras.

É difícil fazer o impossível; significa muito mais do que dizer "não" e resistir heroicamente a pressões. Castro disse "não" aos Estados Unidos, mas nenhuma forma social nova foi inventada em Cuba. Estamos cansados das histórias conflitantes sobre Cuba: o fracasso econômico e os abusos contra direitos humanos apontados pelos oponentes, e os sucessos na educação e na assistência de saúde constantemente evocados pelos amigos da revolução. Estamos cansados até da história realmente grande de como um pequeno país resistiu à maior superpotência (com a ajuda da outra superpotência, é verdade). Todas essas histórias não mudam o triste fato de que a Revolução Cubana não produziu um modelo social relevante para o eventual futuro comunista. A coisa ainda mais triste sobre a Cuba de hoje é um traço claramente retratado na tetralogia policial de Leonardo Padura sobre o detetive Mario Conde, situado na Havana contemporânea: a atmosfera não é tanto de pobreza e opressão quanto de chances perdidas, de viver num lugar do mundo em grande parte ignorado pelas tremendas mudanças econômicas e sociais das últimas décadas. Recentemente, um guia cubano fez um amargo comentário para um grupo de turistas europeus: "Eu sei por que estão aqui. Vocês sabem que estamos condenados, que somos uma excentricidade bizarra, e só querem aproveitar esse último momento para ver essa Cuba antes de ela desaparecer." Ser objeto de um olhar que nos vê como se já estivéssemos mortos não é o comentário mais trágico que se possa imaginar sobre o comunismo do século XX?

A abertura gradual da economia cubana é um compromisso que não resolve o beco sem saída, mas apenas permite que a inércia predominante se arraste. Depois da queda do chavismo na Venezuela, Cuba tinha três escolhas: (1) continuar a vegetar numa mistura de regime de partido comunista e concessões pragmáticas ao mercado; (2) adotar plenamente o modelo chinês (capitalismo selvagem com domínio do partido); (3) simplesmente abandonar o socialismo e, assim, admitir a derrota total da revolução. O que quer que aconteça, a perspectiva angustiante é que, sob a bandeira da democratização, todas as pequenas mas importantes realizações da revolução, desde a assistência de saúde até a educação, sejam desfeitas, e os cubanos que fugiram para os Estados Unidos impinjam uma violenta reprivatização. Há uma pequena esperança de que esse recuo extremo seja evitado e um compromisso razoável seja negociado.

Assim, qual o resultado geral da revolução cubana? O que me vem à mente é a experiência de Arthur Miller na Havana do Malecón, em que dois homens estavam sentados num banco perto dele, obviamente pobres e necessitando fazer a barba, engajados numa discussão clamorosa. Então, um táxi parou junto ao meio-fio à frente deles e uma jovem encantadora saiu do carro com duas sacolas de papel cheias de mantimentos. Ela estava fazendo malabarismos com as sacolas para conseguir abrir sua bolsa, e uma tulipa numa das sacolas estava balançando perigosamente, perto de rebentar-se o caule. Um dos homens se levantou e pegou uma das sacolas para firmá-la, enquanto o outro se aproximou também para segurar a outra sacola, e Miller se perguntou se eles não estariam em vias de agarrar as sacolas e sair correndo. Nada disso aconteceu – ao contrário, um deles segurou gentilmente o caule da tulipa entre o polegar e o indicador até que ela pudesse pegar as sacolas com segurança em seus braços; ela agradeceu com certa dignidade formal e partiu caminhando. O comentário de Miller:

> Não tenho bem certeza por quê, mas achei essa transação notável. Não foi apenas o cavalheirismo daqueles homens empobrecidos que foi impressionante, mas a mulher pareceu enxergar aquilo como devido, sem absolutamente nada de extraordinário. Não carece dizer, ela não ofereceu nenhuma gorjeta, tampouco eles pareceram esperar alguma, não obstante a riqueza comparativa dela.

Syriza, a sombra de um acontecimento

Tendo protestado durante anos contra o governo que prendia e silenciava escritores e dissidentes, eu me perguntei se, apesar de tudo, inclusive o fracasso econômico do sistema, uma espécie inspiradora de solidariedade humana não tinha ali sido criada, possivelmente a partir da simetria de pobreza e da futilidade uniforme inerente num sistema no qual poucos podiam levantar a cabeça sem ter que fugir.[37]

É nesse nível mais elementar que nosso futuro será decidido – o que o capitalismo global não pode engendrar é precisamente essa "espécie inspiradora de solidariedade humana". Assim, no espírito de *mortuis nihil nisi bonum*, a cena no Malecón é talvez a coisa mais bonita que eu posso relembrar sobre Castro. E nem isso se pode dizer sobre o Khmer Vermelho, que também disse "não" aos Estados Unidos e aos seus colaboradores, mas cuja radicalidade assassina mais uma vez testemunha o fato de que nenhuma nova ordem foi criada. Era o Khmer Vermelho realmente extremo? Em certo sentido, sim, seu reinado estabeleceu novos padrões de brutalidade; mas isso não terá sido devido precisamente ao fato de eles terem *fracassado* em seu "extremismo"? Eles fracassaram inteiramente no que diz respeito a mudar a natureza humana: em vez de criar um Novo Homem, seu breve reinado apenas se consumiu num colapso de ódio destrutivo; e a velha "natureza humana" imediatamente retornou. Pode-se argumentar que a mistura explosiva de biogenética e digitalização de nossas vidas é muito mais eficiente ao perseguir sua meta – efetivamente, um Novo Homem está emergindo aqui.

É por isso que, se alguém quiser produzir algo verdadeiramente novo em política, não basta ter um governo que se baseie diretamente numa presença popular forte: o entusiasmo único de uma situação desse tipo rapidamente se dilui em inércia ou mesmo em desânimo, se a organização política não propõe um plano concreto do que fazer (e, mais uma vez, na Grécia, só Varoufakis tinha algo pelo menos parecido com isso). Além disso, nada há de arrogante em mencionar as preocupações materiais das pessoas comuns: os pobres têm o direito de fazê-lo, e ficar falando de disposição para grandes sacrifícios ou de sofrer "a qualquer custo" é, em regra, a ideologia dos privilegiados, que ficam muito satisfeitos de deixar os pobres sofrer por eles. Assim, eu mostro desconfiança em relação ao povo? Sim, não há nada de não comunista nisto. O "povo" é uma multiplicidade contraditória capaz de atos empolgantes de solidariedade que surpreendam intelectuais céticos, mas ele também pode se perder nas mais baixas paixões fascistas.

Pode parecer que, embora os problemas teóricos básicos tenham sido adequadamente tratados por um longo tempo, o que está faltando são políticas reais, posto que o espírito de capitulação predomina nas últimas décadas. Políticas reais não estão fracassando porque o espírito de capitulação tem vencido nos últimos trinta anos; ao contrário, o espírito de capitulação vem se difundindo porque a política real carece de uma visão que só pode ser facultada pela teoria. O grande problema da esquerda é que, depois do colapso do "socialismo realmente existente" e da social-democracia do Estado de bem-estar social, ela carece de qualquer visão séria de como reorganizar a sociedade. O verdadeiro acontecimento não é a mobilização entusiástica das pessoas, mas uma mudança na vida cotidiana, sentida quando as coisas "voltam ao normal". Isso não justifica a capitulação: devemos olhar sempre à nossa volta à procura de todo e qualquer lugar, de toda e qualquer luta particular onde haja uma chance de *faire bouger les choses*, à procura de momentos que possam desencadear o que chamamos de retorno da história, capazes de abrir o caminho a um verdadeiro acontecimento político.

3. Religião e suas alegrias

A modernidade alternativa da China

The Three-Body Problem, obra-prima de ficção científica de Liu Cixin[1] e primeira parte da trilogia *Remembrance of Earth's Past*, começa na China de Mao durante a Revolução Cultural, quando a jovem Ye Wenjie vê seu pai ser morto por continuar a ensinar a teoria da relatividade de Einstein (e nela proclamar sua crença). Desiludida com a humanidade, ela sequestra um programa do governo destinado a fazer contato com alienígenas e tenta estimular extraterrestres a invadir a Terra. A história vai então para o futuro próximo, quando a então já idosa Wenjie é contatada por Wang Miao, um pesquisador que está desenvolvendo uma nova nanotecnologia e começou a ter experiências estranhas. Cientistas que ele conhece estão se matando porque dizem que as leis da física não estão mais funcionando como esperado. Ao fotografar com sua nova e sofisticada câmera, há um número em cada negativo quando revelado. Ao tentar explorar possíveis vínculos entre esses fenômenos, ele se vê preso num jogo de realidade virtual, "Três Corpos", no qual os jogadores se encontram num planeta alienígena chamado Trissolaris, cujos três sóis nascem e se põem a intervalos e posições estranhos e imprevisíveis: às vezes longe demais, tornando o mundo horrivelmente frio, às vezes perto demais e destrutivamente quentes, e às vezes absolutamente não nascem nem se põem por longos períodos de tempo. De algum modo, os jogadores podem se desidratar e ao restante da população para vencer as piores estações, mas a vida é em geral uma luta constante contra elementos manifestamente imprevisíveis. Apesar disso, lentamente os jogadores encontram maneiras de construir civilizações e tentar prever os estranhos ciclos de calor e de frio. Depois que o contato entre as duas civilizações é estabelecido na realidade, fora do jogo, nossa Terra parece ser, aos olhos dos trissolarianos desesperados, um mundo ideal de ordem, e eles decidem invadi-la a fim de garantir a sobrevivência de sua espécie. O resultado desse encontro será provavelmente que ambas as civilizações tenham que "desidealizar" a outra, compreendendo que a outra também tem seus defeitos – algo semelhante ao que Lacan chama de "separação". Há outro motivo lacaniano no romance: o jogo virtual que afinal simula a vida real em Trissolaris nos lembra a máxima de Lacan de que a verdade tem a estrutura de uma ficção.

Entretanto, o aspecto mais interessante do romance é como a oposição entre a Terra e Trissolaris ecoa a oposição entre a visão confuciana tradicional do céu como princípio de ordem cósmica e a exaltação por Mao da desordem do céu: não seria a vida caótica de Trissolaris, onde o próprio ritmo das estações é perturbado, uma versão naturalizada do caos da Revolução Cultural? Não seria o insight apavorante de que "a física não existe", de que não existem leis naturais estáveis (o insight que, no romance, levou muitos cientistas ao suicídio), um reconhecimento de que, como disse Lacan, não há nenhum grande Outro? Essa tensão entre ordem no céu e desordem no céu também nos dá as coordenadas do turbilhão ideológico que permeia a China contemporânea, conforme fica claro em *The China Wave*,[2] best-seller na China e no estrangeiro, no qual Zhang Weiwei apresenta, de modo acessível, uma justificativa para o autoritarismo do sistema político chinês.

O ponto de partida de Zhang é que a China é um "Estado civilizacional" único, um Estado que se sobrepõe a toda uma civilização definida pela tradição confuciana. Seus valores (não no sentido ocidental de valor oposto a fato, mas, antes, de valores como princípios que sustentam e são enraizados numa forma de vida) são, entre outros, humanismo prático, i.e., rejeição do espiritualismo sobrenatural, e foco numa vida boa e harmoniosa nesta terra; uma abordagem orgânica que evita extremos de individualismo e de ordem totalitária centralizada, de tradição fossilizada e

Religião e suas alegrias

de modernização apressada, e combina abertura para outras culturas com fidelidade a raízes próprias; uma abordagem pragmática *versus* persistência em princípios irrealistas (por exemplo, em vez de aferrar-se a regras formais de democracia, o foco deve estar no verdadeiro objetivo da democracia: o povo deve ser governado por homens competentes e virtuosos que trabalhem para o seu bem-estar, dignidade e liberdade); direitos humanos devem ser concebidos holisticamente, não apenas como um conjunto de liberdades pessoais e políticas (de expressão etc.), mas também como o direito a uma vida segura e satisfeita, com todas as necessidades materiais e espirituais atendidas. (Para que servem uma imprensa livre e um sistema multipartidário se o resultado é caos social e lutas despropositadas?) O argumento de Zhang é que foi a fidelidade à tradição confuciana que capacitou a China a levar a cabo o milagre econômico das últimas décadas: combinar desenvolvimento social e econômico rápido (que tirou centenas de milhões de pessoas da pobreza e criou uma classe média gigantesca) com estabilidade social. Em resumo, a China teve sucesso em realizar uma modernidade alternativa: engajando-se no processo de modernização capitalista a uma velocidade recorde e, ao mesmo tempo, evitando a explosão de antagonismos sociais.

Como isso funcionou, então? Zhang cita Martti Ahtisaari, ex-presidente da Finlândia, que disse em 18 de janeiro de 2009:

> O Politburo do Partido Comunista Chinês era como o conselho diretor de uma corporação; o secretário-geral do partido era como o presidente do conselho de administração; o premier era como o diretor executivo da empresa e a governança da China era mais ou menos como administrar uma empresa.[3]

Zhang responde:

> De fato, nós refletimos sobre essa questão. Por que nenhuma grande companhia no mundo elege seus diretores executivos pelo princípio de uma pessoa/um voto? Se fosse feito desse modo, a companhia arriscaria falência. Igualmente, em termos de sistema político, devemos considerar como um

país pode ser mais bem governado. Para mim, a essência da democracia é a vontade do povo e a boa governança de um país, em vez de democracia em nome da democracia e eleições em nome de eleições.[4]

Ficamos quase tentados a acrescentar aqui uma variação da tese de Heidegger de que a essência da técnica não é nada técnica: a essência da democracia não é nada democrática (visto que, como Zhang argumenta, um regime autoritário pode ser mais "essencialmente democrático" do que uma simples democracia).

Todavia, devemos ter cuidado aqui para não rejeitar os argumentos de Zhang como demagogia hipócrita, fabricada para legitimar o regime autocrático da China. O paradoxo é que, precisamente porque carece de legitimidade democrática, um regime autoritário pode às vezes ser mais responsável para com seus indivíduos do que um governo democraticamente eleito: como lhe falta legitimação democrática, ele tem que se legitimar provendo serviços a seus cidadãos, com o seguinte raciocínio subjacente: "É verdade, nós não fomos democraticamente eleitos, porém, como tal, como não temos que jogar o jogo de lutar por popularidade barata, podemos nos concentrar nas necessidades reais dos cidadãos." Um governo democraticamente eleito, ao contrário, pode exercer plenamente seu poder em favor dos interesses privados estreitos de seus membros; eles já tiveram a sua legitimidade confirmada por eleições, de modo que não precisam de nenhuma legitimação ulterior e podem se sentir seguros fazendo o que quiserem – eles podem dizer aos que se queixam: "Vocês nos elegeram, agora é tarde…"

No entanto, as coisas podem tomar um rumo estranho quando Zhang recomenda evitar "o Estado de bem-estar social excessivo de estilo europeu"[5] – uma recomendação que já é seguida pela maioria dos países europeus através de políticas de austeridade, contradizendo assim o argumento de Zhang de que, no Ocidente, "o pacote de assistência social só pode aumentar, não diminuir. Portanto, é impossível lançar reformas como a China promoveu em seu setor bancário e suas empresas estatais".[6] Pôr a culpa dos "excessos" do Estado de bem-estar social em exageros de

Religião e suas alegrias

democracia é uma ideia que seria abraçada com entusiasmo por todos os neoconservadores... Em muitos casos, o princípio evocado por Zhang pode parecer justo e razoável, mas um exemplo particular, usado para ilustrá-lo, dá um viés específico, i.e., aponta para o verdadeiro objetivo político subjacente ao princípio. Zhang afirma que

> o empenho por direitos individuais também pode se dar às expensas de direitos coletivos, como no caso da liberdade de expressão exercida por um único cartunista dinamarquês, que afetou o direito coletivo de 1 bilhão de muçulmanos à liberdade religiosa.[7]

Há um estranho *non sequitur* nesse argumento: pode ser que milhões de muçulmanos tenham de fato se sentido ofendidos e humilhados, mas como isso afeta a sua liberdade religiosa? A liberdade religiosa é mais afetada por proibições de burcas em transportes públicos, por exemplo. E em outra declaração problemática, Zhang afirma que "a proibição de véus em escolas na França e em outros países europeus é inconcebível na China".[8] É mesmo? Em agosto de 2014, em Xingjian, lugar de origem da minoria muçulmana uigur, "cinco tipos de pessoas" foram banidas dos transportes públicos: pessoas usando lenços de cabeça, véus, burcas ou roupas adornadas com o símbolo de lua crescente e estrela, assim como "rapazes de barba longa". "Passageiros que não cooperarem, particularmente os 'cinco tipos de pessoas', serão levados à polícia", disse a autoridade, que acrescentou que todos os passageiros seriam submetidos a revista de bolsas: "As medidas de segurança garantirão a estabilidade social e protegerão a vida, a propriedade e a segurança de cidadãos de todas as raças."[9] (Seguiam-se outras proibições – por exemplo, as autoridades também proibiram o jejum do Ramadã e ordenaram que as lojas de alimentos permanecessem abertas durante o mês do ritual.)

Um problema semelhante é suscitado quando Zhang menciona a situação do Haiti:

> Em muitos países acometidos pela pobreza, dar prioridade à democratização leva a uma situação de Estados fracassados como o Haiti, onde a pobreza

causa caos e anarquia e, no fim das contas, o país só pode se apoiar em forças de paz da ONU para restaurar a paz e a estabilidade.[10]

É muito estranho, para falar com moderação, culpar o excesso de democracia pela miséria continuada do Haiti, um país marcado por uma longa história de ditadura e governo militar... Na verdade, o problema básico está em outro aspecto, na confiança de Zhang na noção confuciana de harmonia social orgânica:

> Na cultura chinesa, você nasceu num papel social como um filho, uma filha, um pai, uma mãe, um colega de outros, e direitos e obrigações estão sempre vinculados. Eu sinto genuinamente que a cultura humanística chinesa pode enriquecer o conceito ocidental de direitos humanos baseado no indivíduo.[11]

Essa oposição é enganosa: o oposto de uma sociedade hierárquica "harmoniosa" na qual todos desempenham o seu papel não é (somente) um individualismo desenfreado, mas (também) uma sociedade igualitária, uma sociedade cujo primeiro grande modelo é o Espírito Santo cristão. É por isso que as palavras de Cristo, "Se alguém vem a mim e não odeia o seu pai, a sua mãe, a sua mulher, os seus filhos, irmãos, irmãs e até a própria vida, não pode ser meu discípulo" (Lucas 14:26), não designam uma sociedade de individualismo extremo, na qual todos só se preocupam consigo e odeiam ou exploram os outros, mas uma sociedade que se mantém unida por um vínculo universal de amor.

É difícil não ler a referência de Zhang ao "conceito tradicional de *tian* ou céu, que significa o interesse e a consciência centrais da sociedade chinesa"[12] em contraste com o velho moto de Mao Tsé-Tung: "tudo sob o céu é completo caos; a situação é excelente". O insight básico da esquerda radical é que, embora crises sejam dolorosas e perigosas, elas são inevitáveis e são o campo onde as batalhas devem ser travadas e vencidas. Zhang fala do Partido Comunista Chinês como a encarnação do *tian* (céu), uma organização "desinteressada", elevada acima dos conflitos sociais e basicamente preocupada com o desenvolvimento harmônico de todas as suas partes.

Religião e suas alegrias 127

Mas o que garante a sua neutralidade? Não haveria luta também no céu, não seria o céu também dividido (e, aliás, não seria "o céu dividido" uma das melhores caracterizações da luta de classes)?

Sob a polaridade "sabedoria confuciana *versus* democracia ocidental", uma outra batalha está em curso: "confucionismo *versus* legalismo". Para os confucianos, a terra estava em caos porque as velhas tradições não eram obedecidas, e Estados como Qin, com sua organização militar centralizada rejeitadora dos velhos costumes, eram percebidos como a encarnação do que pode dar errado. Contrastando com essa abordagem, que percebia nações como Qin como uma ameaça à paz, o grande legalista Han Fei "propôs o impensável, que talvez o modo de governo de Qin não fosse uma anomalia a ser tratada, mas uma prática a ser emulada".[13] A solução residia no que parecia ser a causa do problema: a verdadeira causa dos problemas não era o abandono das velhas tradições, mas *essas tradições elas mesmas*, que demonstravam diariamente a sua incapacidade de servir como princípios-guia da vida social. Como disse Hegel no prefácio à sua *Fenomenologia do espírito*, o padrão com o qual medimos uma situação é parte do problema e deve ser abandonado. Exatamente a mesma inversão está em curso na democracia. Como Claude Lefort demonstrou,[14] a grande realização da democracia é tornar o que para o poder autoritário tradicional é o momento de sua maior crise – o tempo de transição de um senhor para outro, quando, brevemente, "o trono está vazio", o que causa pânico – na própria fonte de sua força: eleições democráticas são o momento de atravessar o ponto zero em que a complexa rede de vínculos sociais está dissolvida numa multiplicidade puramente quantitativa de indivíduos, cujos votos são contados mecanicamente. O momento de terror, da dissolução de todos os vínculos hierárquicos, é assim reencenado e transformado na fundação de uma ordem política positiva nova e estável.

Os argumentos de Zhang contra a democracia ocidental como ordem política que traz instabilidade e conflitos devem, portanto, ser transpostos de volta para o contexto chinês. Ele reabilita o corporativismo organicista confuciano em oposição à orientação igualitária maoísta que culminou no "terror" da Revolução Cultural. É errado e sem sentido interpretar os "excessos" da Revolução Cultural como resultado da influência do Ocidente na China: explosões milenaristas de negativismo social são uma característica de todas as sociedades: elas são a sombra que acompanha toda ordem social hierárquica. E se algo pode ser dito sobre a democracia ocidental, é precisamente que (onde funciona bem) ela capacita a sociedade a operar de modo mais estável do que qualquer sociedade hierárquica, porque integra conflitos e eclosões de negatividade no funcionamento normal da sociedade, tornando supérfluas, por meio disso, explosões de violência (o poder pode ser mudado democraticamente, de modo que não há necessidade de derrubada violenta quando o povo não está satisfeito). Assim, embora a democracia tenha as suas próprias limitações, a desestabilização da sociedade certamente não é uma delas – ao contrário, ela faculta a estruturação de sociedades presumivelmente mais estáveis. Sociedades autoritárias são hoje muito mais instáveis, pois percebem toda demanda de mudança social e política como ameaça.

Efetivamente, a democracia é um vínculo social igualitário baseado no terror: o "terror" significando aqui a ação negativa de destruir todas as hierarquias sociais. Se o axioma democrático é que o lugar do poder está vazio, que ninguém está diretamente qualificado para o posto por tradição, carisma ou, digamos, qualidades de expertise ou de liderança, então, antes que a democracia possa entrar no palco, o terror tem que fazer seu trabalho de manter a cúpula do poder de Estado longe dos especialistas. É interessante notar que, para Hegel, a solução desse mesmo problema é separar o monarca da burocracia do Estado. Enquanto a burocracia governa por expertise, i.e., enquanto burocratas são escolhidos por suas capacidades e qualificações, o rei é rei por nascimento, i.e., em última análise, por loteria, graças a uma contingência natural. O perigo que Hegel tenta evitar por meio disso surgiu um século depois com a burocracia stalinista, que é precisamente o governo de especialistas (comunistas): Stálin *não* é uma figura de senhor, mas aquele que "realmente sabe", que é expert em todos os campos imagináveis da economia à linguística, da biologia à filosofia.

Por esta razão, eleições completamente "racionais" absolutamente não seriam eleições, mas um processo objetivado transparente. Sociedades

Religião e suas alegrias   129

tradicionais ("pré-modernas") resolviam esse problema evocando uma fonte transcendente que "verificava" o resultado, conferindo-lhe autoridade (Deus, rei...). É nesse ponto que reside o problema da modernidade: sociedades modernas se percebem como autônomas, autorreguladas, i.e., não podem mais se fiar em fontes externas (transcendentais) de autoridade. Todavia, o momento de risco tem de restar operacional no processo eleitoral, motivo por que comentaristas gostam de se estender sobre a "irracionalidade" dos votos (nunca se sabe para que lado penderão os votos até o último minuto antes das eleições). Em outras palavras, a democracia não funcionaria se tivesse que ser reduzida a uma pesquisa permanente de opinião – inteiramente mecanizada e quantificada, privada de seu caráter "performático"; como destacou Lefort, votar tem de continuar a ser um ritual (sacrificial), uma autodestruição e um renascimento ritualísticos da sociedade.[15] A razão é que o risco propriamente dito não deve ser transparente, ele deve ser minimamente externalizado/reificado: a "vontade do povo" é o nosso equivalente ao que os antigos percebiam como a vontade imponderável de Deus ou a mão do destino. O que as pessoas não podem aceitar como sua escolha arbitrária, o resultado de um puro acaso, elas podem aceitar se referir a pelo menos um mínimo do "real". Hegel sabia disso há muito tempo; esse é o fulcro da sua defesa da monarquia. E, por último mas não menos importante, o mesmo vale para o amor: deve haver nele um elemento de "resposta do real" ("desde sempre somos feitos um para o outro"); eu não posso aceitar que meu fracasso no amor dependa de pura contingência.

E, talvez, isso nos traga à diferença decisiva entre o Ocidente secular moderno e as sociedades tradicionais. As últimas ainda acreditam plenamente no grande Outro (a autoridade simbólica que sustenta o modo de vida, como o céu na ideologia chinesa), ao passo que o Ocidente secular aceita o vazio, a inconsistência, a impotência etc. do grande Outro, não apenas na ética, mas também na política. Voltando à teorização de Lefort da democracia como ordem política na qual o lugar do poder está originalmente vazio e só é temporariamente preenchido por representantes eleitos: a democracia admite a lacuna entre o simbólico (o lugar vazio do poder) e o real (o agente que ocupa esse lugar), postulando que nenhum agente empírico se ajusta "naturalmente" ao lugar vazio do poder. Outros sistemas são incompletos: eles têm que se engajar em compromissos, em reviravoltas ou revoluções ocasionais, para funcionar. A democracia eleva a incompletude à condição de princípio: ela institucionaliza a reviravolta regular sob roupagem de eleições. A democracia vai aqui mais longe do que a posição "realista" segundo a qual, a fim de atualizar certa visão política, é melhor aceitar circunstâncias concretas imprevisíveis e estar pronto a fazer compromissos, deixar o espaço aberto para os vícios e as imperfeições do povo; a democracia, em vez disso, transforma a própria imperfeição em recurso positivo. Longe de ser uma limitação, o fato de eleições não pretenderem selecionar a pessoa mais qualificada é o que as protege da tentação totalitária – motivo por que, como estava claro para os gregos antigos, a forma mais democrática de selecionar quem vai governar seria uma loteria.

Essa reversão de uma característica negativa em positiva é o mecanismo central do que podemos chamar de dialética do progresso histórico: o que inicialmente parecia ser um obstáculo ou ameaça se torna uma base para uma nova ordem. Uma reversão semelhante ocorre quando uma ideologia tradicional encontra um novo fôlego de vida funcionando como um suporte inesperado de modernização, como no Japão, quando, depois da restauração Meiji, a reafirmação da autoridade forte do Estado e a divinização do imperador proveram estrutura institucional para a industrialização rápida. Não seria o mesmo caso com o confucionismo na China? Ele retornou transfuncionalizado, como o zen-budismo para administradores de empresas, a fim de sustentar o ritmo capitalista. O confucionismo redescoberto é um fenômeno profundamente reativo: é um mecanismo de defesa destinado a manter sob controle o crescimento do capitalismo e das forças de desintegração que ele liberta.

A obsessão de parte das autoridades chinesas com estabilidade e harmonia durante a transformação capitalista da sua economia, quando as desigualdades econômicas estão crescendo rapidamente, significa essencialmente uma coisa: nada de luta de classes, nada de sindicatos. É preciso ter em mente que o processo de mudança nas últimas décadas na China foi extre-

Religião e suas alegrias

mamente violento em seu impacto social: comunidades foram arruinadas, famílias foram dilaceradas, formas elementares de solidariedade estão desaparecendo – vejam os filmes de Jia Zhangke, mas também os relatos de como, quando um homem (ou uma mulher) é espancado ou molestado, os passantes apenas olham para o outro lado. Em abril de 2016, um homem abordou uma mulher quando ela entrava no quarto em que estava hospedada num hotel de Pequim e tentou arrastá-la violentamente para o corredor:

> Em um relato on-line publicado na terça-feira, a vítima, que usa o pseudônimo on-line Wanwan, disse que espectadores e funcionários do hotel nada fizeram enquanto ela estava sendo agredida e arrastada pelo homem. "Eu fiquei pedindo socorro ao faxineiro e disse: 'Eu não conheço esse homem, nem sei o nome dele', mas o faxineiro não o afastou." ... O ataque desencadeou um debate apaixonado sobre a violência contra mulheres e provocou um surto renovado de reflexão sobre por que testemunhas de incidentes ou acidentes violentos tão frequentemente deixam de intervir na China.[16]

Assim, quando Zhang escreve que "tomadores de decisão de primeiro escalão ou membros do Comitê Permanente do Politburo Central do Partido Comunista Chinês são selecionados por critérios que geralmente incluem dois termos como governadores provinciais ou ministros",[17] devemos realçar a forma passiva do verbo: "são selecionados". Ora, quem os seleciona, e como? Num congresso do partido mais ou menos a cada oito anos, um novo centro do poder – os nove (agora sete) membros do Comitê Permanente do Politburo – é apresentado como uma misteriosa revelação, sem nenhum debate público anterior; o processo de seleção envolve negociações complexas de bastidores totalmente opacas, de tal modo que os delegados reunidos, que aprovam a lista por unanimidade, só se informam sobre ela ao votarem. Não estamos lidando aqui com algum tipo de "déficit democrático" secundário: essa impenetrabilidade é estruturalmente necessária (no seio do sistema autoritário, as únicas alternativas são uma monarquia *de facto*, como na Coreia do Norte, ou o modelo stalinista tradicional de um líder que simplesmente para de governar quando morre).

Pode-se argumentar que o Partido Comunista Chinês funciona como a aristocracia britânica no período inicial do crescimento do capitalismo: como explica Marx, a burguesia sabiamente deixou a política partidária para a velha aristocracia, evitando, por meio disso, a transposição de seus conflitos internos para a esfera política. A aristocracia, a classe não burguesa, mostrou ser a melhor representante dos interesses de classe da burguesia em seu conjunto, em vez de determinadas facções em seu próprio seio. Da mesma forma, pode-se afirmar que o PCC, uma organização não burguesa, é o melhor representante do conjunto da nova classe capitalista, protegendo a China das lutas entre diferentes facções da burguesia. Assim, a nova burguesia terá sido sábia de deixar o poder político nas mãos do Partido Comunista Chinês.

A verdadeira oposição que estrutura o edifício de Zhang é, portanto, aquela entre o Estado hierárquico "harmônico" confuciano, onde tudo está em seu devido lugar e os antagonismos estão ausentes (ou são mantidos sob controle, pelo menos), e a orientação populista-igualitária maoista (cujo modelo histórico é o legalismo). Deve-se observar que, com todo discurso sobre "unidade na diversidade", sobre encontrar a posição apropriada entre extremos opostos, Zhang privilegia o modelo confuciano de maneira "unilateral", i.e., ele não defende (como seria de esperar) um equilíbrio "holístico" entre os dois extremos sob a roupagem de um ritmo histórico de intercâmbio entre ordem e caos, entre estabilidade hierárquica e explosões igualitárias.

Um exame mais atento de como o Estado chinês funciona deixa claro que ele é uma nova versão do velho Estado confuciano: a grande diferença é que o poder de Estado é redobrado, algo ausente no Estado confuciano. Com as "reformas" de Deng Xiaoping, no âmbito da economia (e, até certo ponto pelo menos, da cultura), o que é percebido como "comunismo" foi abandonado e os portões foram escancarados para o que, no Ocidente, é chamado de "liberalização" (propriedade privada, busca do lucro, o estilo de vida hedonista do individualismo etc.), enquanto o partido mantinha a sua hegemonia político-ideológica – não no sentido de uma ortodoxia doutrinária (no discurso oficial, as referências a uma "sociedade harmoniosa"

Religião e suas alegrias

confuciana praticamente substituíram as referências ao comunismo), mas no sentido de manter a hegemonia política incondicional do Partido Comunista como garantia única da estabilidade e da prosperidade da China. Desse modo, o comunismo chinês logra ficar com o bolo e comê-lo: a mudança radical na política social ("liberalização" econômica) é combinada com a continuação da dominação do mesmo partido que antes.

Entretanto, como essa combinação funciona na prática (institucional)? Como combinar a hegemonia política do partido com o moderno aparelho de Estado necessário para regular uma economia de mercado em rápida expansão? Que realidade institucional sustenta o slogan oficial de que o bom desempenho do mercado de ações (retorno alto dos investimentos) é a maneira de lutar pelo socialismo? Significa dizer que o que temos na China não é simplesmente uma economia capitalista privada e um poder político socialista: deve-se ter em mente que, através de uma série de canais transparentes e não transparentes, Estado e partido possuem a maioria das empresas (especialmente as grandes). É o próprio partido que exige que essas corporações tenham bom desempenho no mercado. Uma anedota dos tempos de Deng Xiaoping ilustra essa estranha situação. Quando Deng ainda estava vivo, apesar de já aposentado do posto de secretário-geral do PCC, um membro de primeiro escalão da *nomenklatura* foi expurgado e a razão oficial dada à imprensa dizia que, numa entrevista com um jornalista estrangeiro, ele havia divulgado segredos de Estado, a saber, que Deng ainda era a autoridade suprema que tomava as decisões efetivas. A ironia é que esse fato era de conhecimento comum: todos sabiam que Deng ainda puxava as cordinhas – isso estava estampado em toda a mídia, o tempo todo. A nuance dizia respeito tão somente ao grande Outro – e esse fato jamais foi oficialmente declarado. Um segredo não é, assim, um simples segredo: ele se deixa conhecer como segredo, i.e., o que se espera das pessoas não é simplesmente que não saibam da estrutura oculta do partido que redobra as agências do Estado; mas, sim, que elas tenham total consciência dela como rede oculta que é. No palco, a ribalta é ocupada pelo "governo e outros órgãos do Estado, que agem ostensivamente de maneira muito semelhante àqueles de muitos países":[18] o Ministério das Finanças propõe o orçamento, tribunais proferem vereditos, universidades ensinam e expedem diplomas, até padres conduzem rituais. Assim, por um lado, nós temos o sistema legal, o governo, a assembleia nacional eleita, o Judiciário, o estado de direito etc. No entanto – como indica a expressão "liderança do partido e do Estado" oficialmente empregada, com sua hierarquia precisa de quem vem em primeiro e quem vem em segundo – a estrutura de poder do Estado é redobrada pelo partido, que é onipresente, apesar de permanecer nos bastidores. Não seria esse redobramento ainda mais um caso de difração, a lacuna entre os "dois vácuos": a "falsa" cúpula do poder de Estado e a "verdadeira" cúpula do partido? Existem muitos Estados, é claro, alguns até formalmente democráticos, nos quais um clube exclusivo quase secreto ou uma seita *de facto* controla o governo; na África do Sul do apartheid, por exemplo, era a exclusiva Irmandade Bôer. Entretanto, o que torna o caso chinês único é que esse redobramento do poder em poder público e oculto é ele próprio institucionalizado, feito abertamente.

Todas as decisões de nomeação de pessoas para postos-chave (no partido e nos órgãos do Estado, mas também nas grandes companhias) são primeiro feitas por um órgão do partido, o Departamento de Organização Central, cujo amplo quartel-general em Pequim não tem número de telefone na lista nem qualquer placa indicando o ocupante em seu interior. Uma vez tomada a decisão, órgãos legais (Estado, assembleias, conselhos administrativos) são informados e passam pelo ritual de confirmação pelo voto. O mesmo procedimento dobrado – primeiro no partido, depois no Estado – é reproduzido em todos os níveis, até as decisões básicas de política econômica, que primeiro são debatidas nos órgãos do partido e, uma vez alcançada a decisão, formalmente decretadas por órgãos do governo.

Essa lacuna que separa o poder puramente voluntarista acima da lei dos órgãos legais é mais palpável na luta anticorrupção: quando há uma suspeita de que algum funcionário de alto escalão esteja envolvido em corrupção, a Comissão Central de Inspeção Disciplinar, um órgão do partido, entra em cena e investiga as acusações, livre de quaisquer sutilezas legais – eles basicamente sequestram o funcionário suspeito e podem mantê-lo

Religião e suas alegrias 135

preso por até seis meses, submetendo-o a severos interrogatórios. Significativamente, a única limitação imposta aos interrogadores é a extensão até a qual o funcionário suspeito é protegido por algum quadro de primeiro escalão do partido, como um membro do Politburo. Uma vez alcançado o veredito (e esse veredito não depende simplesmente de quaisquer fatos descobertos, mas também é resultado de complexas negociações de bastidores entre diferentes grupos do partido), e se o funcionário for considerado culpado, ele é finalmente entregue aos órgãos da lei; nesse nível, as coisas já foram decididas e o processo é uma formalidade – a única coisa (às vezes) negociável é a extensão da sentença.

Uma das consequências de tal estrutura de poder é que, apesar de certas coisas serem claramente proibidas na China, algumas dessas proibições não podem ser publicamente expressas, pois são elas próprias proibidas: não é que seja meramente proibido levantar a questão da auto-organização dos trabalhadores contra a exploração capitalista como princípio central do marxismo, também é proibido afirmar publicamente que seja proibido levantar essa questão.[19]

Enquanto estava prestando o serviço militar no Exército Popular da Iugoslávia em 1975-76, lembro-me de ter observado um caso claro de uma regra não escrita que era proibido mencionar abertamente. Segundo a Constituição iugoslava, todas as línguas faladas entre as nações e nacionalidades na Iugoslávia eram iguais, motivo pelo qual todos os discursos eram traduzidos da língua em que eram feitos (servo-croata, esloveno, macedônio, albanês) para as outras três. A Constituição também especificava que todas as quatro línguas eram iguais no Exército, com exceção da emissão de comandos, já que as ordens eram dadas em servo-croata, a língua falada pela maioria (uma exceção totalmente compreensível, já que, no meio de uma batalha, não é possível gritar ordens em quatro línguas). Entretanto, *de facto*, na vida cotidiana, não só na educação, mas nas conversações, só o servo-croata era usado, e essa clara violação da Constituição era imposta sem debate. Lembro-me de que uma vez um soldado albanês na minha unidade levantou a questão óbvia, ele perguntou ao oficial numa aula de educação política: "Por que não temos permissão de usar nossa própria língua, apesar de a Constituição afirmar que ela é igual às outras no Exército?" Antes que pudesse concluir sua pergunta, ele foi interrompido pelo oficial com uma ameaça: se fizesse perguntas como essa, ele seria preso por divulgar propaganda separatista... Mais um caso claro de proibição cuja proclamação aberta era ela mesma proibida.[20]

Desse modo, violamos o que Kant chamou de "fórmula transcendental do direito público": "Todas as ações relativas ao direito de outros homens são injustas se sua máxima não for conforme com a publicidade." Uma lei secreta, uma lei desconhecida por seus sujeitos, legitimaria o despotismo arbitrário daqueles que a exercem. Comparemos isso com o título de um relatório recente sobre a China: "Even What's Secret is a Secret in China".[21] Intelectuais inoportunos que falam sobre opressão política, catástrofes ecológicas, pobreza rural etc. podem pegar anos de prisão por traírem um segredo de Estado. O engodo é que muitas das leis e regulamentos que compõem o regime do segredo de Estado são elas próprias classificadas como secretas, tornando difícil para os indivíduos saber como e quando eles as estariam violando – o que as revelações de Edward Snowden tornaram palpável é a extensão até a qual as agências que monitoram planos secretos de terroristas funcionam à maneira chinesa.

É claro, o problema é que o próprio partido, com a sua complexa rede fora de controle público, é a fonte máxima de corrupção. O círculo íntimo da *nomenklatura*, os membros e funcionários de primeiro escalão do partido e do Estado, assim como administradores, estão interligados através de uma rede telefônica exclusiva, a "máquina vermelha"; possuir um dos seus números não listados é o mais claro indicador de status. Entretanto, sobre o que as pessoas falam quando usam a máquina vermelha?

> Um vice-ministro me disse que mais da metade das chamadas que ele recebia em sua "máquina vermelha" eram pedidos de favor de funcionários seniores do partido, algo na linha de: "O senhor pode arranjar para meu filho, minha filha, sobrinha, sobrinho, primo ou amigo, e por aí vai, um bom emprego?"[22]

Religião e suas alegrias 137

Pode-se facilmente urdir aqui uma cena reminiscente de *O castelo*, de Kafka, em que o herói, K., conecta acidentalmente a linha de telefone exclusiva do castelo; entreouvindo uma conversa entre dois altos funcionários, ele só escuta sussurros abafados, erotizados, obscenos. Do mesmo modo, pode-se imaginar um chinês comum sendo ligado a uma conversação na máquina vermelha: esperando ouvir debates e decisões políticas e militares de membros do alto escalão do partido, ele se vê submerso em conversas privadas sujas sobre favores pessoais, corrupção, sexualidade...

Assim, devemos tornar mais complexa a fórmula partido-Estado como traço definidor do comunismo do século XX: há sempre uma lacuna entre os dois, correspondente à lacuna entre eu ideal (lei simbólica) e supereu, i.e., o partido permanece uma sombra obscena meio escondida, redobrando a estrutura do Estado. Não há necessidade de reivindicar uma nova política de afastamento em relação ao Estado: o partido *é* o afastamento. Sua organização dá corpo a uma espécie de desconfiança fundamental em relação ao Estado, seus órgãos e mecanismos, como se eles precisassem ser controlados, disciplinados o tempo todo. Um verdadeiro comunista do século XX nunca aceita plenamente o Estado: tem sempre que haver uma agência vigilante fora do controle das leis (do Estado), com poder de intervir no Estado – como o Exército ou a polícia secreta controlados pelo partido.

O beco sem saída no qual se encontra o PCC pode ser mais bem ilustrado pelo romance de Rick Yancey *A 5ª onda*, em que a espécie humana está à beira da extinção à medida que ataques alienígenas tentam sistematicamente destruí-la. Os "Outros" vieram em cinco "ondas": na primeira, eles lançaram uma onda PEM, que eliminou toda tecnologia eletrônica e de iluminação; na segunda, eles causaram tsunamis e terremotos gigantescos, que aniquilaram 3 bilhões de pessoas; na terceira, eles usaram pássaros portadores de vírus mortais, e essa praga acabou com a vida de 97% dos humanos remanescentes. Na quarta onda, os Outros inventaram uma maneira de tomar os corpos humanos, de modo que nem todos os humanos eram realmente humanos, e os humanos sobreviventes passaram então a ser ameaçados também por entidades vivas, que tinham aparência de seres humanos e agiam como tais. Esses não humanos começaram então a capturar as crianças humanas sobreviventes e a treiná-las como assassinas perfeitas; os treinadores diziam a elas que os Outros estavam preparando a quinta e última onda de ataque e que elas, as crianças por eles treinadas, são a última linha de defesa contra os Outros. Eles equipam as crianças com capacetes especiais, que supostamente as habilitam a identificar os Outros reais e imediatamente erradicá-los. Na realidade, aqueles que são identificados desse modo como "Outros" são na verdade os últimos humanos sobreviventes, de modo que, sem saber, as crianças estão fazendo o trabalho sujo dos Outros – *são elas próprias a quinta onda da qual pensam estar protegendo a humanidade...*

Não há algo homólogo acontecendo na China de hoje? É claro, a peste que está engolfando a China é a peste do capitalismo global, e ela está progredindo em ondas. Primeiro, a rede tradicional de solidariedade é gradualmente erradicada, o que é seguido pela desintegração das relações sociais estáveis. Não era essa a verdadeira função da Revolução Cultural? Alguns esquerdistas ingênuos afirmam que o legado da Revolução Cultural e do maoismo atua em geral como uma força contrária ao capitalismo desenfreado, impedindo seus piores excessos, mantendo um mínimo de solidariedade social. Contudo, e se o oposto exato for verdade? E se, numa espécie de astúcia da razão inintencional, e por isso mesmo mais notável e cruelmente irônica, a Revolução Cultural, com seu expurgo radical de tradições passadas, foi o "choque" que criou as condições para a explosão capitalista decorrente? Conforme demonstrado em detalhe por Naomi Klein, a transição neoliberal "exige a mobilização do Estado, pelo menos para o seu *coup de force* inicial".[23] Não se trata de um processo de forças de mercado e corporações ganhando o Estado, mas um processo posto em movimento pela mobilização total do aparelho de Estado. O exemplo óbvio é o papel do domínio autoritário de Pinochet na adoção do neoliberalismo pelo Chile – mas e se a China tiver que ser acrescentada à lista de Klein dos Estados nos quais uma catástrofe natural, militar ou social fez tábula rasa do passado para preparar a explosão capitalista? A suprema ironia da história é, assim, que foi o próprio Mao quem criou as condições ideológicas para o desenvolvimento capitalista rápido ao destruir o tecido

Religião e suas alegrias

da sociedade tradicional. A propósito, o "envenenamento" comercial das relações sociais que resulta dessas ondas é perfeitamente descrito no trabalho de Jia Zhangke, indiscutivelmente o maior cineasta chinês vivo.

Agora, porém, eis o truque final: a fim de combater a pestilência e a desintegração causada pelo Outro/capital, o PCC mobiliza quadros (especialmente os jovens), ensinando-os a identificar os Outros (os inimigos do comunismo) e a esmagar a última onda de contrarrevolução burguesa. Contudo, na realidade, o Partido Comunista é ele próprio essa última onda de contrarrevolução, e os quadros comunistas que lutam pelo partido são os executores dessa última onda de capitalismo, como as crianças treinadas em *A 5ª onda*.

Ouvimos com frequência que a Europa traiu sistematicamente seus próprios "valores" proclamados, impingindo horrores inauditos a milhões de pessoas do seu próprio e de outros povos – do Holocausto e o Gulag a matanças coloniais no Congo. Entretanto, essa hipocrisia óbvia é precisamente a questão. A Europa estava traindo seus próprios "valores" e, desse modo, abrindo espaço para uma autocrítica implacável: os próprios "valores" europeus proporcionam as melhores ferramentas para criticar a Europa. "Valores" dos outros não logram realizar a tarefa – se criticarmos a Europa do ponto de vista, digamos, dos valores da China confuciana (como os ideólogos chineses hoje estão fazendo), o resultado é que, como a Europa violou frequentemente seus próprios princípios democráticos proclamados, nós deveríamos abandonar a própria democracia. O modelo dessa crítica é a boa e velha crítica stalinista à democracia "formal" burguesa: trata-se apenas de uma forma vazia de legitimar e ocultar exploração implacável, assim... esqueçamos a própria democracia. E, efetivamente, não há nenhuma "alienação" democrática na China de hoje – não porque a democracia seja não alienada, mas simplesmente porque não há democracia *tout court*, alienada ou não. Para evitar compreensões equivocadas: é claro que a forma democrática não é inocente aqui, é claro que a crítica do conteúdo legitimado pela democracia formal deveria ser radicalizada numa crítica da forma ela mesma; entretanto, a autocrítica é inteiramente imanente à forma democrática, ela é seu próprio anverso.

É importante ser muito preciso neste ponto: o que estou defendendo não é o processo de autopurificação democrática por meio do qual nós nos livraríamos da água suja (abusos da democracia) sem perder o bebê saudável (democracia autêntica). A tarefa é, antes, transvalorizar os próprios valores (democráticos), jogar fora o bebê (a forma democrática) enquanto mantemos a água suja (da participação popular "caótica", de decisões de larga escala "autoritárias").

China, religião e ateísmo

A tensão imanente do modelo social chinês emerge em sua forma mais pura no modo estranhamente distorcido como o poder dominante se relaciona com a religião: ele promove religiões ou culturas "patrióticas", como o confucionismo, como ferramenta de estabilidade social, mas evita dar o último passo para legitimá-las – membros do Partido Comunista governante são (mais uma vez) proibidos de participar da vida religiosa. Por quê?

Lembrem-se da afirmação de Badiou de que a democracia é o nosso fetiche. Um caso exemplar é propiciado por best-sellers e megassucessos de Hollywood, de *Todos os homens do presidente* a *O Dossiê Pelicano*, nos quais uma dupla de pessoas comuns descobre um escândalo que chega até o presidente, forçando-o a renunciar. Mesmo que a corrupção seja mostrada chegando até o mais alto escalão, a ideologia reside na mensagem final otimista dessas obras: que grande país democrático é o nosso, onde um par de sujeitos como eu e você pode derrubar um presidente, o homem mais poderoso da Terra!

É por isso que o nome mais inapropriado, tolo mesmo, para um novo movimento político radical seja um que combine socialismo e democracia: ele de fato junta o fetiche máximo da ordem mundial existente com um termo que obscurece as distinções-chave. Qualquer um pode ser socialista hoje, até Bill Gates – basta professar a necessidade de algum tipo de unidade harmoniosa de uma sociedade, em nome do bem comum, da assistência aos pobres e oprimidos.

Religião e suas alegrias

Um caso exemplar do "socialismo" de hoje é a China, onde o Partido Comunista Chinês está atualmente engajado numa campanha ideológica de autolegitimação que promove três teses: (1) só a dominação do Partido Comunista pode garantir um capitalismo bem-sucedido; (2) só a dominação do Partido Comunista ateu pode garantir liberdade religiosa autêntica; e, a mais surpreendente, (3) só a continuação da dominação do Partido Comunista pode garantir que a China será uma sociedade de valores conservadores confucianos (harmonia social, patriotismo, ordem moral), à medida que o capitalismo se amalgame com a cultura local existente, permitindo que ela prospere. Em vez de rejeitar essas afirmações como paradoxos absurdos, devemos discernir suas razões: sem a estabilização do poder do partido, (1) o desenvolvimento capitalista se inflamaria num caos de agitações e protestos, (2) lutas religiosas faccionais perturbariam a estabilidade social, e (3) individualismo hedonista irrefreado corroeria a harmonia social. O terceiro ponto é crucial, pois o que jaz no fundo é o temor da influência corrosiva dos "valores universais" ocidentais de liberdade, democracia, direitos humanos e individualismo hedonista. O inimigo supremo não é o capitalismo como tal, mas a cultura ocidental desarraigada, que invade a China através do fluxo livre da internet; e é preciso combatê-la com patriotismo chinês – até a religião deve ser "sinizada" para garantir a estabilidade. Zhang Chunxian, alto executivo do PCC de Xinjiang, disse recentemente que, enquanto "forças hostis" estiverem promovendo a escalada de sua infiltração, as religiões devem funcionar sob o socialismo para servir ao desenvolvimento econômico, à harmonia social, à unidade étnica e à unificação do país: "Só quando se é bom cidadão pode-se ser um bom crente."[24]

Contudo, mesmo essa sinização (quando sociedades chinesas não Han caem sob influência Han; historicamente, Coreia, Vietnã e Taiwan) da religião não é o bastante: qualquer religião, não importa o quanto sinizada, é incompatível com afiliação ao Partido Comunista. Um artigo no boletim da Comissão Central de Inspeção Disciplinar afirma que, em função do "princípio ideológico fundador de que membros do Partido Comunista não podem ser religiosos", membros do partido não desfrutam nenhum direito de liberdade religiosa: "Cidadãos chineses têm a liberdade de crença religiosa, mas membros do Partido Comunista não são o mesmo que cidadãos comuns; eles são combatentes na vanguarda da luta por uma consciência comunista."[25] Mas como essa exclusão de crentes do partido ajuda a liberdade religiosa? A análise de Marx do imbróglio da Revolução Francesa de 1848, mencionada no capítulo anterior, vem à mente outra vez. O Partido da Ordem, governante, era a coalizão das duas alas monarquistas, os bourbons e os orleanistas. Os dois partidos eram, por definição, incapazes de encontrar um denominador comum no âmbito do monarquismo, pois não se pode ser monarquista em geral, é preciso apoiar uma casa real em particular; assim, a única maneira de os dois se unirem foi sob a bandeira do "reinado anônimo da república" – em outras palavras, a única maneira de ser monarquista em geral é ser republicano.[26] O mesmo é verdade para a religião: não se pode ser religioso em geral, só se pode acreditar em algum deus (deuses) em detrimento de outros, e o fracasso de todos os esforços para unir religiões prova que a única maneira de ser religioso em geral é sob a bandeira da "religião anônima do ateísmo". E, efetivamente, só um regime ateu pode garantir tolerância religiosa: no momento em que essa estrutura ateísta neutra desaparece, lutas faccionais entre diferentes religiões têm de emergir. É por isso que, embora os islamitas fundamentalistas ataquem o Ocidente infiel, a luta maior segue entre eles (o Estado Islâmico concentrado em matar muçulmanos xiitas). Há, entretanto, um temor muito maior em curso nesta proibição de crença religiosa para membros do PCC:

> Seria melhor para o Partido Comunista Chinês se seus membros não tivessem que acreditar em nada, nem sequer no comunismo, pois numerosos membros do partido aderem a alguma igreja (a maioria delas protestante) em função precisamente de sua frustração com o fato de até o menor traço de seus ideais comunistas ter desaparecido da política chinesa contemporânea.[27]

Em resumo, a maior oposição à liderança chinesa hoje são os comunistas verdadeiramente convictos, um grupo composto por velhos quadros do partido, em sua maioria aposentados, que se sentem traídos pela corrupção

Religião e suas alegrias 143

capitalista desenfreada, por proletários excluídos do "milagre chinês", por camponeses que perderam suas terras, trabalhadores que perderam seus empregos e vagam a esmo atrás de meios de sobrevivência, trabalhadores explorados em companhias no estilo Foxconn, todos aqueles que sofreram injustiças e humilhações e não têm ninguém a quem apelar. Eles participam frequentemente de protestos em massa ostentando cartazes com citações de Mao, e pode-se imaginar o potencial explosivo de uma tal combinação de quadros experientes com pobres que nada têm a perder. A China não é um país estável com um regime autoritário garantindo harmonia e mantendo assim sob controle a dinâmica capitalista: todo ano, milhares, até dezenas de milhares, de rebeliões caóticas de trabalhadores, agricultores, minorias etc. têm de ser esmagadas pela polícia e pelo Exército. Não é de admirar que a propaganda oficial insista obsessivamente no motivo da sociedade harmônica: essa insistência em si é testemunho do oposto, da ameaça de caos e desordem. Significa dizer que se deve aplicar aqui a regra básica da hermenêutica stalinista: como a mídia oficial não comenta distúrbios, a maneira mais confiável de detectá-los é buscar positivos excessivos na propaganda estatal – quanto mais harmonia é celebrada, mais deve haver caos e antagonismo.

Somente contra esse pano de fundo é possível entender a política religiosa do PCC: o medo da crença é efetivamente o medo da "crença" *comunista*, o medo daqueles que permanecem leais à mensagem emancipatória universal do comunismo. Significativamente, procura-se em vão na campanha ideológica em curso por qualquer menção que seja a esse antagonismo de classe básico que irrompe diariamente em protestos de trabalhadores. Não se fala de ameaça de "comunismo proletário" – toda a fúria é dirigida contra inimigos estrangeiros:

> Certos países no Ocidente propagandeiam seus próprios valores como "valores universais" e afirmam que suas interpretações de liberdade, democracia e direitos humanos são o padrão pelo qual todos os demais devem ser medidos. Eles não poupam despesas quando se trata de apregoar seus bens e mascatear seus artigos em todos os cantos do planeta, e encorajam "re-

voluções coloridas", tanto na frente como atrás da cortina. Seu objetivo é infiltrar, demolir e derrubar outros regimes. Em casa e no estrangeiro, certas forças inimigas fazem uso da expressão "valores universais" para manchar o Partido Comunista Chinês, o socialismo com características chinesas e a ideologia dominante na China. Eles planejam usar os sistemas de valores ocidentais para mudar a China, com o objetivo de fazer com que o povo chinês renuncie à liderança do Partido Comunista Chinês e ao socialismo com características chinesas e permita que a China se torne, mais uma vez, uma colônia de alguns países capitalistas desenvolvidos.[28]

Há alguns pontos verdadeiros na passagem citada, mas eles funcionam como verdades particulares encobrindo uma mentira global. É claro que é verdade que ninguém pode, nem deve, confiar ingenuamente nos "valores universais" de liberdade, democracia e direitos humanos promovidos pelas potências ocidentais, é claro que sua universalidade é falsa, que esconde um viés ideológico específico. Contudo, se os valores universais do Ocidente são falsos, será bastante opô-los a um modo de vida particular como o da "ideologia dominante" confuciana da China? Não necessitamos nós de um universalismo diferente, de um projeto diferente de emancipação universal? A suprema ironia aqui é que o "socialismo com características chinesas" significa efetivamente *socialismo com economia de mercado (com características capitalistas)*, i.e., um socialismo que integra plenamente a China ao mercado global. A universalidade do capitalismo global é deixada intacta – é silenciosamente aceita como a única estrutura possível, e o projeto da harmonia confuciana só é mobilizado a fim de manter sob controle antagonismos oriundos da dinâmica capitalista global. Mao disse repetidas vezes que a China só pode progredir se afastar-se do confucionismo (e deve-se ter em mente a ambiguidade do anticonfucionismo: ele sanciona o terror legalista de Estado, mas também igualitarismo, anti-hierarquia e mudança revolucionária – democracia e terror se sobrepõem na destruição das hierarquias comunais tradicionais). No entanto, os últimos anos não provariam que Mao estava errado? O recente retorno triunfante do confucionismo patrocinado pelo Estado não seria precisamente a forma

Religião e suas alegrias   145

ideológica predominante do desenvolvimento capitalista selvagem? Superficialmente, isso é verdade, mas num nível mais profundo não é, pois o confucionismo patrocinado pelo Estado de hoje também é uma formação reativa, uma tentativa de controlar e regulamentar uma dinâmica explosiva totalmente estranha a ele.

Tudo que resta de socialismo são as cinco cores confucianas que deveriam capacitar o partido a manter sob controle os antagonismos engendrados pela globalização capitalista. Esse socialismo de cores nacionais – um nacional-socialismo – é um socialismo cujo horizonte social é a promoção patriótica de sua própria nação, e os antagonismos imanentes gerados pelo desenvolvimento capitalista são projetados sobre um inimigo estrangeiro, que representa uma ameaça à harmonia social. O que o PCC pretende, com sua propaganda patriótica, ao falar sobre "socialismo com características chinesas", é ainda outra versão de "modernidade alternativa": *capitalismo sem luta de classes*.

Se o que está acontecendo na China hoje pode ser caracterizado como "socialismo capitalista", o que fazer, então, com movimentos fundamentalistas como o Boko Haram? Da perspectiva de uma vida comunal tradicional, a educação das mulheres é um momento-chave no efeito devastador da modernização ocidental: ele "libera" as mulheres de vínculos familiares e as ensina a se tornarem parte da mão de obra barata do Terceiro Mundo. A luta contra a educação de mulheres pareceria ser, assim, uma nova forma do que Marx e Engels chamaram, no *Manifesto comunista*, de "socialismo (feudal) reacionário", a rejeição da modernidade capitalista em favor de formas tradicionais de vida comunal. Entretanto, ao examinar mais de perto, podemos ver claramente a limitação de aplicar esse conceito aqui: o que quer que seja o Boko Haram, ele não pratica um retorno à vida comunal pré-moderna, haja vista que é (em sua forma organizacional) uma estrutura extremamente moderna, que impõe brutalmente o seu modelo universal à vida comunal tradicional no território que ocupa. O Boko Haram é gerido como uma organização terrorista/revolucionária centralizada moderna, com líderes que exercem controle total, não como uma rede tribal em que chefes patriarcais se encontram para deliberar e decidir assuntos comunais. Ele é completa e abrangentemente internacionalista: milita por um modelo internacional, ignorando modos de vida particulares ou identidades étnicas particulares. Em resumo, o Boko Haram é, ele mesmo, uma forma de modernização pervertida: ele oblitera as formas de vida comunais tradicionais até mais brutalmente do que a modernização capitalista ocidental.

O que isso significa é que devemos rejeitar não só todas as manifestações de "modernidade alternativa" (as quais equivalem a um "capitalismo sem capitalismo", sem o seu aspecto destrutivo), mas também todas as tentativas de acreditar em "mundos-da-vida" tradicionais (culturas locais) como potenciais "lugares de resistência" contra o capitalismo global. O único caminho para a liberdade passa pelo ponto zero da perda brutal de raízes, i.e., pela conclusão da desintegração dos vínculos tradicionais posta em movimento pelo capitalismo. Quando o capitalismo confia em raízes culturais tradicionais, ele está tentando conter a sua própria força destrutiva.

Ateísmo, que tipo de ateísmo?

A atitude ambígua em relação à religião na China moderna (ela é tolerada, apoiada até, como um instrumento de estabilidade e harmonia social, mas é mantida à distância da estrutura de poder propriamente dita) está longe de ser uma característica local chinesa – encontramos sua contraparte nos problemas com religião no Ocidente desenvolvido. Ao mesmo tempo que uma década ou duas atrás o ateísmo se tornou uma opção aceitável para grande parte do público norte-americano – nós até encontramos nas livrarias prateleiras especiais para "ateísmo" –, a religião é mais do que persistente.

Richard Dawkins e Sam Harris repudiaram recentemente os "esquerdistas reacionários" que, apesar de exporem à sua crítica severa todas as nossas vacas sagradas, da democracia ao cristianismo, dos direitos huma-

Religião e suas alegrias 147

nos à liberdade individual, estranhamente isentaram o islã dessa crítica: mesmo um ataque brando contra o islã é imediatamente rejeitado como "islamofobia", como intolerância contra outra cultura, como exibição brutal de imperialismo cultural ocidental. Embora haja certa validade (muito escassa) nessa posição, deve-se argumentar observando o quanto até as mais implacáveis rejeições da fé religiosa têm amiúde secretamente um viés religioso. Por exemplo, há uma necessidade profunda, não apenas uma idiossincrasia pessoal, no fato de Sam Harris concluir sua crítica severa à fé religiosa (*A morte da fé*) com a concessão antimaterialista (elaborada por David Chalmers) de que a consciência pode ser um fenômeno elementar, irredutível a processos materiais; ademais, ele é rápido ao conceder duas exceções à sua condenação global da religião. Primeira, ele exalta o misticismo espiritual – experiências espirituais são um fato que deve ser estudado escrupulosamente. "O misticismo é uma experiência racional. A religião não é."[29] Segunda, um olhar mais atento também torna visível o viés judaico encoberto de Harris:

O judaísmo é uma fonte muito menos fértil de extremismo militante. Judeus não tendem a derivar sua identidade judaica exclusivamente dos conteúdos de suas crenças sobre Deus. É possível, por exemplo, ser um judeu praticante que *não* acredita em Deus. O mesmo não pode ser dito sobre o cristianismo e o islã.[30]

Na verdade, o mesmo vale para a maioria dos cristãos hoje; e o islã até mesmo reconhece uma distinção entre pensamentos privados e ações públicas, e protege plenamente o domínio privado. Quanto às funções não crentes, um interessante acidente teve lugar em Nova York em junho de 2015, quando grupos gays estavam celebrando publicamente a sua grande vitória (a legalização federal do casamento gay) e alguns oponentes organizaram uma contramanifestação. Os judeus ortodoxos do Comitê Judaico de Ação Política contrataram trabalhadores mexicanos para se vestirem como judeus e fazerem o protesto por eles, levando cartazes com dizeres como "O judaísmo proíbe a homossexualidade" e

"Deus criou Adão e Eva e NÃO Adão e Steve". Heshie Freed, o representante do grupo, justificou o ato afirmando que os mexicanos estavam no lugar dos judeus para protegê-los da corrupção moral: "Os rabinos disseram que os rapazes da *yeshivá* não deviam sair por causa do que iam ver na parada." Como um crítico ácido comentou, os rapazes judeus provavelmente estavam "na rua, balançando seus pintos na parada".[31] Uma visão admirável, nova e inesperada da interpassividade: eu contrato outros para protestarem por mim, enquanto participo da própria coisa contra a qual protesto através dos outros.

Harris confia numa noção demasiadamente privada de crença – como se "acreditar" significasse simplesmente "tomar (algo) como factualmente verdadeiro". O que espreita em segundo plano aqui é o argumento judaico padrão em prol do caráter único do judaísmo: só o judaísmo mantém aberto o enigma do Outro, ele não mascara a ansiedade quando encontramos Deus – "O que ele quer de nós?". O cristianismo encoberta esse abismo com uma resposta confortadora: Deus nos ama, nós podemos ter certeza da sua proteção e misericórdia. Seria o caso de imaginarmos um interrogatório de Cristo parecido com o diálogo final de *Quanto mais quente melhor*, de Wilder: "Você é um perdedor crucificado pelo establishment!" "Mas eu aceitei minha morte em seu benefício." "Você não é capaz de nos ajudar!" "Mas vocês têm toda a minha solidariedade em seu sofrimento". "O que isso significa é que você não é um Deus verdadeiro!" "Bem, ninguém é perfeito..." E nem sequer a solidariedade de Cristo para conosco, os pecadores, deve ser sentimentalizada – quanto a Cristo perdoar nossos pecados, lembrem-se do que escreveu Ford Maddox Ford em *Parade's End*: a verdadeira crueldade é perdoar alguém sem misericórdia. É como Cristo o faz: apenas nos perdoando brutalmente, sem sentimentalismo, sem lugar para expressões de gratidão.

No nível mais básico, Harris repudia a fé religiosa como contrassenso epistemológico fora de sincronia com o conhecimento atual do mundo: toda religião envolve aceitar como verdade afirmações que são claramente incompatíveis com o que conhecemos, i.e., afirmações que só podem ter sido produzidas numa sociedade muito mais primitiva que a nossa. Ao nos

Religião e suas alegrias   149

envolvermos em atos religiosos, estamos, portanto, prontos a suspender
nossos padrões normais de veracidade: quem, ao lidar com a realidade
cotidiana, aceitaria histórias sobre água se transformando em vinho, sobre
nascimento sem fecundação etc.? Nessa discrepância, Harris vê o principal perigo para a sobrevivência da humanidade: a perspectiva de armas
nucleares nas mãos de fundamentalistas muçulmanos põe os meios da
nossa destruição à disposição de pessoas que mentalmente pertencem ao
século XIV. O pior, para Harris, é a visão "esclarecida" tolerante, que nos
diz que, em nome da liberdade religiosa, não devemos impedir outros de
ostentar quaisquer crenças que queiram, e a afirmação concomitante de
que o terrorismo fundamentalista é uma perversão terrível das grandes
religiões autênticas. Harris faz a pergunta pertinente: por que então só temos terroristas muçulmanos (e, numa escala menor, hindus)? O sofrimento
dos tibetanos não é menos terrível do que a dura situação dos palestinos,
por exemplo, e contudo não há terroristas tibetanos... Mas será isso verdade? Não encontramos, só nas últimas décadas, terrorismo budista (entre
outros países) no Sri Lanka, na Tailândia e, sob forma anti-islâmica, em
Burma/Mianmar?

Há outro viés a ser acrescentado a essa história. Ao escrever "É possível, por exemplo, ser um judeu praticante que *não* acredita em Deus",
Harris deixa de mencionar como o não crente pode todavia tirar todas
as consequências práticas dessa crença – por exemplo, você pode não crer
em Deus e todavia acreditar que Deus deu ao seu povo a terra que ele
reclamava ser sua:

> O vice-ministro das Relações Exteriores Tzipi Hotovely disse em discurso aos
> novos membros do estafe do ministério que Israel não deveria mais falar em
> termos velados sobre possuir a terra, pois Deus a deu aos judeus. [Hotovely]
> citou um rabino judeu medieval, Rashi, que escreveu sobre a criação do
> mundo. Nesse relato, o rabino sugeriu: "Caso as nações do mundo dissessem
> a Israel 'Vocês são ladrões, pois conquistaram pela força as terras de sete
> nações [de Canaã]', Israel poderia responder: 'A terra toda pertence ao Santo,
> louvado seja o Seu Nome; Ele a criou (e nós o aprendemos pela história da

Criação) e a deu àquele que Ele julgou apropriado quando Ele desejou. Ele a deu a eles e, quando Ele desejou, Ele a tirou deles e deu a nós'". Segundo Hotovely, Israel deveria seguir a mesma política hoje, pois chegou a hora de "dizer ao mundo que nós estamos certos – e que somos inteligentes".[32]

Se tamanha legitimação de reivindicação de terra com referência à vontade de Deus não é fundamentalismo religioso, então devemos nos perguntar se esse termo tem de fato algum significado... Entretanto, deve-se observar aqui o viés abertamente cínico introduzido pelo predicado conclusivo: "nós estamos certos – e somos inteligentes". A ironia chega a seu ápice quando pensamos que, segundo algumas pesquisas, Israel é o Estado mais ateu do mundo (mais de 60% dos judeus em Israel não acreditam em Deus).

Infelizmente, o governo israelense vem se atolando cada vez mais fundo nesse pântano. Em seu discurso ao Congresso Mundial Sionista em 21 de outubro de 2015 em Jerusalém, Benjamin Netanyahu sugeriu que Hitler tinha apenas desejado expulsar os judeus, e que foi Haj Amin al-Husseini, o grande mufti palestino de Jerusalém, que de algum modo o convenceu a eliminá-los. Em seguida, Netanyahu descreveu um suposto encontro entre Haj Amin al-Husseini e Hitler em novembro de 1941: "Hitler não queria exterminar os judeus. Haj Amin al-Husseini procurou Hitler e falou: 'Se você os expulsar, eles virão para cá [para a Palestina].'" Segundo Netanyahu, Hitler então perguntou: "O que devo fazer com eles?". E o mufti respondeu: "Queimá-los." Muitos destacados pesquisadores israelenses do Holocausto problematizaram imediatamente essas declarações, especificando que a matança em massa de judeus por unidades móveis da SS já estava em curso quando os dois se encontraram. Reagindo aos comentários de Netanyahu, o líder oposicionista Isaac Herzog escreveu: "Essa é uma perigosa distorção histórica e eu exijo que Netanyahu a corrija imediatamente, pois ela minimiza o Holocausto, o nazismo e... o papel de Hitler no terrível desastre do nosso povo." Ele acrescentou que as observações de Netanyahu são trunfos nas mãos dos negadores do Holocausto. O parlamentar da União Sionista

Religião e suas alegrias

151

Itzik Shmuli demandou a Netanyahu que ele pedisse desculpas às vítimas do Holocausto. "É uma grande vergonha, um primeiro-ministro do
Estado judeu a serviço dos negadores do Holocausto – é a primeira vez
que isso acontece." Denunciando os comentários de Netanyahu, Erekat,
chefe palestino das negociações de paz, escreveu: "Triste dia na história
quando o líder do governo israelense odeia seu vizinho a ponto de desejar
absolver o mais famigerado criminoso de guerra da história, Adolf Hitler,
do assassinato de 6 milhões de judeus durante o Holocausto." Um porta-
voz de Angela Merkel também rejeitou a concepção de Netanyahu:
"Todos os alemães conhecem a história da obsessão racial assassina dos
nazistas, que levou à ruptura com a civilização que foi o Holocausto.
Eu não vejo razão para mudarmos nossa visão da história sob nenhum
aspecto. Nós sabemos que a responsabilidade por esse crime contra a
humanidade é alemã e bastante nossa."[33]

Nós devemos ter plena consciência do que significam afirmações desse
tipo feitas por Netanyahu: elas são um sinal claro da regressão do nosso
espaço público. Coisas que foram até agora confinadas ao submundo obscuro das obscenidades racistas estão ganhando terreno no discurso oficial.

Não obstante, há uma coisa boa sobre o fundamentalismo religioso:
eles também não são capazes de se tolerar mutuamente, i.e., não há perigo
de uma "frente unida" dos fundamentalistas cristãos e muçulmanos na
Europa (se não levarmos em conta incidentes menores como seu esforço
conjunto para criminalizar textos "desrespeitosos" sobre religião como
discurso de ódio). A comunidade muçulmana europeia enfrenta uma situação paradoxal delicada: a única força política que não os reduz a cidadãos de segunda classe e lhes dá espaço para usar sua identidade religiosa
são os ateus liberais "ímpios", ao passo que aqueles que são os mais próximos da sua prática social religiosa, a sua imagem espelhada cristã, são
seus maiores inimigos políticos. O paradoxo é que, não os que primeiro
publicaram as caricaturas de Maomé (conservadores dinamarqueses isla-
mofóbicos), mas aqueles que, por solidariedade à liberdade de expressão,
reproduziram as caricaturas (gente de esquerda em toda a Europa), são
seus únicos aliados verdadeiros.

Há uma espécie de justiça poética no fato de o clamor essencialmente muçulmano contra a ímpia Dinamarca ter sido imediatamente seguido por violência aumentada entre sunitas e xiitas, as duas facções muçulmanas no Iraque. A lição de todos os totalitarismos está escrita em letras garrafais aqui: a luta contra o inimigo externo se transforma mais cedo ou mais tarde em luta contra o inimigo interno.

Depois de todas as discussões recentes proclamando o retorno pós-secular do religioso, os limites do desencantamento e a necessidade de redescobrir o sagrado, talvez o que nós realmente necessitemos seja de uma dose do bom e velho ateísmo. Uma das ideias comuns hoje é que os liberais descuidados e céticos ocidentais devem aprender sua lição: eis aqui os limites do desencantamento secular. Mas é essa realmente a lição a ser aprendida da turba matando, saqueando e incendiando em nome da religião? Por muito tempo, nos disseram que, sem religião, somos meros animais egoísticos lutando por nosso quinhão, nossa única moralidade sendo a da alcateia, e que só a religião pode nos elevar a um nível espiritual superior. Hoje, à medida que as religiões emergem como a principal fonte de violência assassina em todo o mundo, estamos cansados das garantias constantes de que fundamentalistas cristãos, muçulmanos ou hindus estão apenas abusando e pervertendo a nobre mensagem espiritual do seu credo. Não é hora de restaurarmos a dignidade do ateísmo, talvez nossa única chance de paz? Em regra, quando se trata de violência religiosamente ins-pirada, pomos a culpa na violência ela mesma: é o agente político violento que faz "mau uso" da nobre religião, e assim o objetivo passa a ser resgatar a essência legítima de uma religião da sua instrumentalização política. Contudo, e se devêssemos correr o risco de inverter essa relação? E se o que parece ser uma força moderadora, que nos impele a controlar nossa violência, for o seu instigador secreto? Ideólogos religiosos geralmente afirmam que, verdadeira ou não, a religião induz algumas pessoas más a fazer coisas boas. Considerando a experiência atual, o melhor é ficar com a afirmação de Steve Weinberg de que, enquanto, com ou sem religião,

Religião e suas alegrias

pessoas boas podem fazer coisas boas e pessoas más coisas más, só a religião pode fazer pessoas boas fazerem coisas más.

Para onde vai o sionismo?

Em julho de 2008, o diário vienense *Die Presse* publicou uma caricatura de dois austríacos parrudos com cara de nazistas, um deles segurando um jornal nas mãos e comentando com o amigo: "Aqui dá pra ver mais uma vez como um antissemitismo plenamente justificado é mal usado para fazer críticas inescrupulosas a Israel!" A piada gira em torno do argumento sionista padrão contra críticas a políticas do Estado de Israel: como todos os demais Estados, o Estado de Israel pode e deve ser julgado e eventualmente criticado, mas os críticos de Israel fazem mau uso de críticas justificadas a políticas israelenses por propósitos antissemitas. Quando apoiadores cristãos fundamentalistas de Israel rejeitam críticas de esquerda a políticas israelenses, não é sua linha de argumentação estranhamente próxima daquela da caricatura do *Die Presse*? Lembrem-se do norueguês Anders Breivik, o assassino em massa anti-imigrante: ele é antissemita, mas pró-Israel, haja vista Israel ser a primeira linha de defesa contra a expansão muçulmana – ele até quer ver o Templo de Jerusalém reconstruído. Sua visão é de que está tudo bem com os judeus, enquanto não houver um número demasiado grande deles – ou, como ele escreveu em seu "Manifesto":

> Não há problema judeu na Europa ocidental (com exceção do Reino Unido e da França), pois só temos 1 milhão deles na Europa ocidental, considerando que, desse 1 milhão, 800 mil vivem na França e no Reino Unido. Os Estados Unidos, por outro lado, com mais de 6 milhões de judeus (600% mais do que na Europa), na verdade têm um problema judeu considerável.

Sua figura materializa desse modo o paradoxo supremo de um sionista antissemita – e nós encontramos traços dessa esquisita postura mais frequentemente do que seria de esperar. O próprio Reinhardt Heydrich, o grande idealizador do Holocausto, escreveu em 1935:

> Devemos separar os judeus em duas categorias, os sionistas e os partidários da assimilação. Os sionistas professam um conceito estritamente racial e, através da emigração para a Palestina, ajudam a construir seu próprio Estado judeu ... nossos melhores votos e nossa boa vontade oficial estão com eles.[34]

Em sua visita à França para homenagear as vítimas das matanças recentes em Paris, Netanyahu convocou a comunidade judaica da França (que é a maior da Europa) a se mudar para Israel por motivos de segurança. Antes mesmo de sua partida para Paris, Netanyahu anunciou que planejava dizer aos judeus franceses que seriam "recebidos de braços abertos" em Israel. A manchete do principal diário polonês, *Gazeta wyborsza*, diz tudo: "Israel quer França sem judeus"... o mesmo querem os antissemitas franceses, poder-se-ia acrescentar. Como pode estarmos agora de volta ao ponto de partida? A constituição do Estado de Israel foi, do ponto de vista da Europa, a realização da "solução final" do problema judeu (se livrar dos judeus) cogitada pelos próprios nazistas. Quer dizer, não seria o Estado de Israel, para virar Clausewitz de cabeça para baixo, a continuação da guerra contra os judeus por outros meios (políticos)? Não seria essa a "mancha de injustiça" que pertence a Israel?

Vinte e seis de setembro de 1937 é uma data da qual qualquer pessoa interessada na história do antissemitismo deve se lembrar: nesse dia, Adolf Eichmann e seu assistente pegaram um trem em Berlim a fim de visitar a Palestina. O próprio Heydrich deu a Eichmann permissão para aceitar o convite de Feivel Polkes, uma liderança do Hagannah (uma organização sionista clandestina), para visitar Tel Aviv e lá discutir a coordenação das organizações nazista e sionista para facilitar a emigração de judeus para a Palestina. Tanto os alemães como os sionistas queriam que tantos judeus quanto possível se mudassem para a Palestina: os alemães os preferiam fora da Europa ocidental e os próprios sionistas os queriam na Palestina para exceder os árabes em número o mais rápido possível. (A visita fracas-

Religião e suas alegrias 155

sou porque, devido a alguma violenta agitação, os britânicos bloquearam o acesso à Palestina; mas Eichmann e Polkes de fato se encontraram mais tarde no Cairo e discutiram a coordenação de suas atividades.)[35] Esse estranho incidente não é um exemplo supremo do interesse comum compartilhado pelos nazistas e pelos sionistas radicais – em ambos os casos, a proposta era um tipo de "limpeza étnica", i.e., alterar violentamente a proporção de grupos étnicos na população? (Aliás, pode-se afirmar claramente e sem ambiguidades que, do lado judeu, essa transação com os nazistas é vista como um ato irrepreensível numa situação desesperada.)

Aqueles que se lembram de pelo menos um par de décadas atrás não podem deixar de notar como toda a estrutura de argumentação dos que defendem as políticas de Israel em relação à Palestina está mudando. Até o final dos anos 1950, líderes judeus e israelenses eram muito honestos sobre o fato de que não tinham direito total à Palestina, e até proclamavam com orgulho as suas ações violentas, mesmo quando eram descritas como "terroristas". Imaginem se lêssemos a seguinte declaração na mídia de hoje:

> Nossos inimigos nos chamaram de terroristas... Pessoas que não são nem nossos amigos nem nossos inimigos... também usaram este epíteto latino... Contudo, nós não somos terroristas... As origens históricas e linguísticas do termo político "terror" provam que ele não pode ser aplicado a uma guerra revolucionária de libertação... Combatentes da liberdade têm de se armar; de outro modo, seriam esmagados da noite para o dia... O que tem a luta pela dignidade do homem, contra a opressão e a submissão, a ver com "terrorismo"?

Ela seria automaticamente atribuída a um grupo terrorista islâmico e condenada. Entretanto, o autor dessas palavras é ninguém menos que Menachem Begin, nos anos em que o Hagannah estava combatendo as forças britânicas na Palestina.[36] É quase cativante ver a primeira geração de líderes israelenses confessando o fato de que suas reivindicações à terra da Palestina não podem ser baseadas na justiça universal, que estamos lidando com uma simples guerra de conquista entre dois grupos em relação aos quais nenhuma mediação é possível. Eis o que escreveu David Ben-Gurion, primeiro-ministro de Israel:

> Todos podem ver o peso dos problemas nas relações entre árabes e judeus. Ninguém vê, porém, que não há solução para esses problemas. Não há solução! Há aqui um abismo, e nada pode ligar os seus dois lados... Nós, como um povo, queremos que essa terra seja nossa; os árabes, como um povo, querem que essa terra seja deles.[37]

O problema com esta declaração hoje é claro: tal isenção de considerações morais em conflitos étnicos por terra simplesmente já não é mais aceitável. Arthur Koestler, o grande anticomunista convertido, teve um profundo insight: "Se o poder corrompe, o inverso também é verdade; a perseguição corrompe as vítimas, embora talvez de maneiras mais sutis e mais trágicas."

Essa é a falha fatal no único argumento forte pela criação de um Estado-nação judaico depois do Holocausto: ao criar seu próprio Estado, os judeus superariam a situação de serem abandonados à mercê dos Estados da diáspora e à tolerância ou intolerância de suas maiorias nacionais. Embora essa linha de argumentação seja diferente da religiosa, ela tem de se apoiar em tradições religiosas para justificar a localização geográfica do novo Estado. De outro modo, fica-se na situação da velha anedota sobre um homem louco procurando sua carteira perdida sob um poste de luz e não na esquina escura em que ele a perdeu, porque se enxerga melhor sob a luz: porque era mais fácil, os judeus tomaram a terra dos palestinos e não daqueles que lhes causaram tanto sofrimento e, portanto, lhes deviam uma reparação.

A certa altura nos anos 1960, e especialmente depois da guerra de 1967, uma nova fórmula emergiu: "paz por terra" (o retorno às fronteiras israelenses pré-1967 em troca do pleno reconhecimento de Israel pelos árabes) e a solução de dois Estados (com um Estado palestino independente na Cisjordânia). Entretanto, essa solução, embora oficialmente apoiada pela ONU, pelos Estados Unidos e por Israel, foi *de facto* gradualmente abando-

Religião e suas alegrias

nada. O que a está substituindo é cada vez mais abertamente sinalizado pela mídia. Caroline B. Glick (autora de *The Israeli Solution: A One-State Plan for Peace in the Middle East*) afirmou num artigo no *New York Times* intitulado "There Should Be No Palestinian State" que as pessoas que propõem reconhecer a Palestina como Estado

> sabem que, ao reconhecer a "Palestina", elas não estão ajudando a causa da paz. Elas estão promovendo a ruína de Israel. Se estivessem sequer remotamente interessados em liberdade e paz, os europeus estariam fazendo exatamente o contrário. Estariam evocando o fortalecimento e a expansão de Israel, a única zona estável de liberdade e paz na região. Eles abandonariam a solução espúria de dois Estados, a qual ... é meramente um jogo de palavras, que busca a destruição de Israel e sua substituição por um Estado de terror.
>
> Com cegueira estratégica e depravação moral agora servindo como placas gêmeas de sinalização para as políticas europeias em relação a Israel, Israel e seus apoiadores têm de dizer a verdade sobre o esforço para reconhecer a "Palestina". Não diz respeito a paz e justiça. Diz respeito a odiar Israel e dar assistência aos que buscam ativamente a sua supressão.[38]

O que era (e ainda é) a política internacional oficial é agora abertamente denunciado como receita para a ruína de Israel. E é claro que, longe de defender uma visão extremista minoritária, essa posição apenas explicita a orientação estratégica de colonização gradual da Cisjordânia nas últimas décadas: a disposição de novos assentamentos (com grande número deles no Leste, perto da fronteira jordaniana) deixa claro que um Estado palestino na Cisjordânia está fora de questão. (Em algumas de suas últimas declarações, o próprio Netanyahu rejeitou abertamente a ideia de um Estado palestino independente.) Além disso, não se pode deixar de notar a ironia de como, quanto mais forte Israel fica, mais o país se apresenta como ameaçado. Essa reescritura do passado alcançou seu auge em dezembro de 2016, quando Benjamin Netanyahu advertiu a Nova Zelândia de que a resolução da ONU que ela estava copatrocinando era uma "declaração de guerra" contra Israel.[39] Entretanto, a resolução em questão (que pedia que Israel parasse de construir assentamentos na terra palestina ocupada, inclusive em Jerusalém oriental, declarando que os assentamentos eram "ilegais") meramente reafirmava uma velha posição internacional. Portanto, o que fora até então política comum é agora um ato de guerra...

O mesmo deslocamento – a expansão dos critérios do que conta como antissemitismo – também é discernível em outros domínios. Eis o que aconteceu quando o Metropolitan Opera reencenou *A morte de Klinghoffer*, de John Adams. Na primeira apresentação,

> homens e mulheres em trajes de gala caminhavam por um labirinto de barricadas da polícia, enquanto manifestantes protestavam aos gritos de "Vergonha!" e "Terror não é arte!". Um manifestante levantava um lenço branco manchado de vermelho. Outros, em cadeiras de rodas arranjadas para a ocasião, se alinhavam ao longo da Columbus Avenue. Personalidades políticas, inclusive o ex-prefeito Rudolph W. Giuliani, se juntaram ao agrupamento, com centenas de pessoas no Lincoln Center, para denunciar uma ópera que tinha se tornado objeto de um carregado debate sobre arte, antissemitismo e política. *Klinghoffer*, considerada uma obra-prima por alguns críticos, há muito desperta paixões, simplesmente em função de seu tema: o assassinato de Leon Klinghoffer, um passageiro judeu norte-americano em cadeira de rodas, por membros da Frente de Libertação da Palestina, durante o sequestro, em 1985, do navio de cruzeiro *Achille Lauro*. Um dos participantes da manifestação, Hilary Barr, 55 anos, enfermeira pediátrica do condado de Westchester, disse acreditar que a ópera fazia apologia do terrorismo. "Ao encenar uma coisa dessas no meio de Manhattan a mensagem é: 'Saia por aí, mate alguém, seja terrorista e nós vamos escrever uma peça sobre você', disse ela."[40]

Como essa ópera, amplamente aceita sem problemas em sua estreia, passou agora a ser denunciada como antissemita e pró-terrorista? Outro sinal do mesmo deslocamento: numa entrevista recente, a ativista Ayan Hirsi Ali declarou que o primeiro-ministro israelense, Netanyahu, deveria receber um Prêmio Nobel da Paz por promover a atual campanha militar

Religião e suas alegrias 159

das Forças de Defesa de Israel contra os militantes do Hamas em Gaza. Perguntada sobre quem ela admirava, Ali (que rejeita o islã como um "culto niilista da morte") incluiu Netanyahu em sua lista, dizendo que o admira "porque ele está sob muita pressão, de tantas e tantas fontes, mas ainda assim faz o que é melhor para o povo de Israel, cumpre o seu dever ... Eu acho realmente que ele deveria receber o Prêmio Nobel da Paz ... Em um mundo justo, ele o receberia".[41] Em vez de repudiar essas afirmações como ridículas, nós deveríamos detectar a cruel ironia em sua verdade parcial: é claro, Israel é sincero em seu empenho pela paz – ocupantes de um país por definição querem paz na região que ocuparam... Portanto, a verdadeira questão é: a presença de Israel na Cisjordânia é uma ocupação, e é legal os habitantes resistirem a ela, e armados? Querendo defender o direito de Israel controlar a Cisjordânia, Jon Voight atacou recentemente Javier Bardem e Penelope Cruz por sua crítica ao bombardeio de Gaza pelas FDI – os dois

> são obviamente ignorantes de toda a história do nascimento de Israel, quando em 1948 a ONU ofereceu ao povo judeu uma porção de terra que foi originalmente separada para eles em 1921, e aos palestinos árabes foi oferecida a outra metade.[42]

Mas quem é aqui realmente ignorante? A forma passiva "foi separada" obscurece a questão-chave: por quem? Voight, é claro, está fazendo uma referência oblíqua à declaração de Balfour – um senhor colonial (ministro das Relações Exteriores britânico) prometendo a outros terras que não pertenciam ao seu país. (Sem falar que Voight faz parecer que tudo "foi separado" para os judeus que, então, graciosamente, aceitaram somente a metade.) Ademais, Voight apresenta Israel como uma nação amante da paz que meramente se defende quando atacada – mas e quanto à ocupação por Israel de toda a península do Sinai em 1956 (juntamente com a ocupação britânico-francesa da zona do canal após a nacionalização de Nasser)? Até os Estados Unidos condenaram essa ação como agressão e pressionaram Israel a retirar-se.

Quanto à afirmação de que os judeus têm direito histórico à terra de Israel, visto que ela lhes foi dada por Deus – como? O Velho Testamento o descreve em termos de limpeza étnica. Depois de sua libertação da escravidão no Egito, os israelitas chegaram aos limites da Terra Prometida, onde Deus os condenou a destruir totalmente o povo que ocupava aquelas regiões (os cananeus): "não deixarás sobreviver nenhum ser vivo" (Deuteronômio 20:16). O livro de Josué registra o cumprimento desse mandamento: "Então consagraram como anátema tudo que havia na cidade, passando ao fio da espada homens, mulheres, crianças e velhos, assim como bois, ovelhas e jumentos" (6:21). Vários capítulos depois, nós lemos que Josué "não deixou nenhum sobrevivente e destruiu tudo que respirava, como ordenou o Senhor Deus de Israel" (10:40; 11:14). Os versículos seguintes mencionam cidade após cidade onde Josué, conforme o mandamento de Deus, passa todos os habitantes ao fio da espada, destruindo totalmente as populações e não deixando sobreviventes (10:28, 30, 37, 39, 40; 11:8, 14). Isso significa que os judeus são de algum modo culpados de um ato original de limpeza étnica? Absolutamente não: nos tempos antigos (e não tão antigos), em maior ou menor grau, *todas* as religiões e grupos étnicos funcionavam assim, budistas inclusive.[43] O que devemos fazer não é apenas rejeitar sem ambiguidades o uso direto dessas passagens como legitimação de políticas contemporâneas; nós também devemos ignorá-las, com base na consideração de que não são essenciais para a construção do edifício religioso em questão, mas meramente pontos secundários, condicionados por circunstâncias históricas específicas. A lição é simplesmente que toda legitimação de reivindicação de terra com referência a algum passado mítico deve ser rejeitada. A fim de resolver (ou pelo menos conter) o conflito Israel-Palestina, nós não devemos insistir ou dar ênfase ao passado antigo – devemos, ao contrário, esquecer o passado (que de qualquer modo a toda hora é reinventado para justificar ações no presente). Outra lição, ainda mais crucial, é que em última análise é o próprio povo judeu quem vai pagar o preço pela política de fundamentalismo étnico que, estranhamente, tanto o aproxima do conservadorismo antissemita. Ela levará os

Religião e suas alegrias 161

judeus a se tornarem apenas mais um grupo étnico que anseia por seu *Blut und Boden** particular.

Islamocentrismo? Não, obrigado!

Deve-se igualmente submeter à análise crítica a ideia "antieurocentrista" de que a modernidade ocidental deriva da incompreensão dos insights da filosofia muçulmana. Há muitas tentativas de demonstrar essa linhagem – basta mencionar Rasheed Araeen, que, em resposta à visão ocidental da cristandade como o apogeu da civilização, inverte a jogada e eleva o islã ao ápice da história humana, propondo uma tríade progressista de judaísmo, cristianismo e islamismo (observem que ele fica no interior do campo das "religiões do livro", descartando todas as outras religiões como inferiores) – um caso exemplar de como os críticos do eurocentrismo prontamente adotam a mesma postura que criticam em seus oponentes. Qual seria, então, a base dessa superioridade do islã? Para encurtar uma longa história, Araeen propõe uma visão muito simples da evolução da consciência humana – eis algumas passagens de seu "Language of Human Consciousness":[44]

> O primeiro autoconhecimento da humanidade advém da consciência, que era primitiva. Foi a experiência das coisas vistas pelo OLHO que criou a primeira fase, ou fase primitiva, da consciência, conduzindo aos meios pelos quais humanos começaram a se expressar mediante as imagens, que hoje podemos ver nas cavernas. Essa foi a primeira expressão da consciência humana, hoje considerada a primeira forma de arte, a qual, depois, cruzando a Mesopotâmia, o Egito, a Grécia e os romanos e se desenvolvendo numa linguagem de arte em que o corpo ou figura humana era central, se tornou a base da arte cristã, tornando-se, enfim, a base do que foi visto e imposto ao mundo

---

* *Sangue e solo*, expressão associada a ideologias com foco em ascendência e território, representativas de posturas nacionalistas alemãs do século XIX e, depois, também apropriadas pelo nazismo. (N.T.)

pelo Ocidente como a civilização mais avançada, na qual se supunha residir a realização e a salvação final da humanidade.

Hegel também adota essa trajetória em sua dialética histórica, implicando uma visão de mundo que relega outras culturas ou civilizações a um status inferior ou secundário. Na visão dele, elas não possuem inteiramente o que ele chama de *autoconsciência*, a qual na verdade é baseada na sensualidade do corpo humano nu e na sua expressão na arte, que Hegel descobriu na beleza da escultura grega, que ele, então, historiciza como pináculo da maior realização da arte. A estética de Hegel é baseada na sensualidade da forma, compreendida especificamente a partir de olhar e vivenciar o corpo humano, o que resulta em Hegel ser incapaz de ver qualquer significância no que vai além e desafia as imagens produzidas pela consciência primitiva, a qual, na verdade, o conduz à sua visão frívola sobre a "proibição de imagens de escultura" no islã. Portanto, ele é incapaz de compreender que o islã nasceu em oposição e desafio àquilo que exigia a adoração dessas imagens e, consequentemente, não necessitava dessas imagens esculpidas para sua representação. Na verdade, o conceito do divino no islã não tem nenhuma forma física e, por conseguinte, não pode ser representado através de imagens profanas, e muito menos por imagens esculpidas que sejam percebidas e contempladas pelo olho. Assim, era necessário para o islã ir além e confrontar o que estava e continuou preso na escuridão da consciência primitiva.

Na verdade, não é a questão da proibição de imagens esculpidas que foi e ainda é importante, mas *libertar* a consciência dessas imagens – uma diferença historicamente significativa que Hegel deixou de compreender e reconhecer –, o que por sua vez capacitou a mente muçulmana a ir além da consciência primitiva, ou do que Lacan chama de "estágio do espelho", e penetrar a invisibilidade das coisas. Disso emergiu verdadeiramente uma forma de geometria em arte, cujas complexas configurações multicamadas criadas por artistas árabes/muçulmanos ao redor do mundo mais de mil anos atrás capacitaram a humanidade a ver e a pensar sobre o que está além do visível, aquilo que a consciência do olho não podia ver nem perceber, e propuseram não apenas uma visão esclarecida do Divino, mas também o que, historicamente, foi um avanço no conceito e na compreensão do cosmos como um todo.

Religião e suas alegrias

A primeira coisa que se deve observar aqui é que Araeen está apresentando um esquema cabalmente simplificado da história humana, que corre em linha direta do fascínio "primitivo" pelas formas corpóreas sensuais para a sociedade contemporânea do espetáculo, semelhante à dialética do esclarecimento de Adorno e Horkheimer, que corre numa linha direta do pensamento mágico "primitivo" para a manipulação tecnológica contemporânea. Em ambos os casos, a sociedade contemporânea (o mundo administrado, a sociedade do espetáculo) aparece como o ponto extremo que revela o potencial destrutivo que era latente desde o princípio. A segunda coisa a ser notada é que a tese de Araeen sobre a libertação da consciência do jugo das "imagens esculpidas" no islã é estranhamente inconsistente. Uma libertação verdadeira não teria que se basear em proibição, não seria traumatizada por tais imagens, pois nutriria por elas uma indiferença calma. (A propósito, é por isso que a pintura modernista abstrata é totalmente diferente da configuração abstrata de formas na arte islâmica louvada por Araeen – a arte modernista não é resultado de uma função proibitiva.) As consequências dessa inconsistência se tornam aparentes quando Araeen aplica seus princípios gerais a um caso concreto, o assassinato de Qandeel Baloch por seu irmão Muhammad Waseem em 15 de julho de 2016, sobre o qual Araeen diz que "foi sem dúvida um tipo de 'crime de honra', mas o que desencadeou essa morte não foi meramente o código moral da tribo de onde ela vinha, cuja violação pode frequentemente levar a 'crimes de honra'". Eis aqui a sua linha de pensamento:

O papel dos meios de comunicação de massa no Paquistão, particularmente da televisão, é enorme, especialmente ao definir e criar o que é considerado ser uma vida moderna desejável; e esse papel foi agora suplementado pela assim chamada "mídia social" ... Estava claro para Qandeel o que ela tinha que fazer para se tornar famosa e bem-sucedida. De fato, ela se autodenominou "Kim Kardashian paquistanesa" e justificou isso chamando-se também de "feminista moderna". Contudo, quando se apresentou quase seminua na mídia social, desencadeou-se o inferno. Não foi um problema tão grande para o público paquistanês, na medida em que esse tipo de espetáculo de mídia é hoje muito comum no Paquistão, quanto foi para outros lugares na maior parte do mundo muçulmano. Na verdade, isso é considerado hoje uma parte essencial da modernidade da vida urbana da burguesia paquistanesa, que adota e celebra acriticamente o que quer que venha do Ocidente. Para a tradicional família Baloch, porém, nem tudo era aceitável, pois Qandeel tinha passado dos limites.

Uma breve história da arte ocidental – do seu começo, quando imagens foram criadas para culto e, depois, sua secularização, sua evolução primeiro até a fotografia e depois até o cinema e, finalmente, o seu surgimento no espaço privado de quase todos os lares, e agora a sua proliferação através da mídia social – pode explicar a conexão, não apenas entre o passado e o presente, mas também seu suporte, filosoficamente (Hegel, Clark, Gombrich...), baseado no que foi concebido para ser visualmente apresentável através da forma humana, a qual se mostraria ao olho para adoração ou admiração. (Não são as imagens de celebridades quase adoradas pelas massas?)

... embora essa missão do Ocidente tenha sido amplamente aceita pelo mundo colonizado, inclusive o muçulmano, também houve ressentimento contrário a ela, amiúde oculto, e de fato, em muitos casos, revolta aberta ... essa missão ... hoje evoluiu globalmente para espetáculos de mídia, particularmente de televisão e sua extensão para a mídia social, e seu impacto sobre o mundo muçulmano.

Se até aqui fiz rodeios, deixem-me dizer agora o que agudamente eu quis dizer, clara e conclusivamente. Tentei estabelecer uma ligação entre o assassinato de Qandeel por seu irmão e o que o Estado Islâmico está fazendo. Posso de fato argumentar que a morte de Qandeel seja uma metáfora da violência brutal do EI e de seus seguidores. Entretanto, as causas reais em ambos os casos não são as geralmente percebidas, particularmente pelos meios de comunicação de massa (ocidentais) e sua propaganda contra o islã. A questão aqui não é apenas a representação equivocada do islã, mas o que engana as massas, e o que, desse modo, encobre a enorme violência do sistema ocidental dominante, não só contra os muçulmanos, mas contra toda a gente.

A conclusão é clara: enquanto Araeen rejeita, é óbvio, a violência brutal dos crimes de honra e do EI, parece que ele a vê (imprópria e erradamente,

Religião e suas alegrias   165

é verdade) como uma reação à violência muito mais brutal do sistema ocidental dominante e seu regime de imagens do corpo humano, que culmina na cultura contemporânea global do espetáculo, uma cultura que é inerentemente pornográfica. Essa violência é precisamente metafísica: ela escraviza seres humanos e os desvia da busca da espiritualidade. Se deixarmos de lado a questão da extensão de até onde a proibição de imagens é ela mesma um gesto extremamente violento, é impossível evitar notar que a "imagem" máxima do corpo é a do corpo nu da mulher, motivo pelo qual ele deve ser coberto a fim de impedir que exerça sua atração fatal sobre o público. Seguindo a lógica de Araeen, não deveríamos dizer então que *toda* violência masculina contra mulheres, até assassinatos de honra, são em última análise apenas uma reação contra uma violência mais básica, exercida pela exibição pública de corpos de mulheres?

Contudo, não é a iconoclastia islâmica um caso claro de "negação abstrata" hegeliana: o homem não permanece para sempre escravizado pelo corpo feminino nu, incapaz de resistir a ele? Lembrem-se da ridícula proibição talibã de saltos de metal para mulheres – como se, mesmo inteiramente cobertas por um traje, o estalido de seus saltos ainda provocasse os homens. A necessidade de manter a mulher velada implica um universo *extremamente sexualizado* em que qualquer contato com uma mulher constitui uma provocação à qual um homem é incapaz de resistir. A repressão tem de ser tão forte porque o sexo é igualmente forte – que sociedade é essa em que o estalido de saltos de metal é capaz de fazer homens explodirem de lascívia?

Raízes muçulmanas da modernidade?

Não podemos concluir sem mencionar uma tentativa conservadora de traçar as raízes comuns dos dois extremos, o fundamentalismo islâmico e a permissividade hedonista politicamente correta. Nas décadas recentes, testemunhamos um renascimento do fundamentalismo católico agressivo, que propõe um novo mapeamento cognitivo global da nossa situação. O fundamentalismo islâmico, com sua definição clara do papel (subordinado) das mulheres, e o universalismo multicultural (incluindo teoria de gênero e reivindicações transgênero que reduzem a identidade sexual a uma convenção cultural contingente) são considerados as duas faces da mesma moeda. Mesmo que pareçam radicalmente opostos, ambos se empenham na destruição do legado cristão que forma o núcleo da identidade europeia. O diagnóstico é baseado numa teoria da conspiração em dois níveis. A teoria de gênero é concebida como produto supremo do "marxismo cultural", cujo principal proponente é a Escola de Frankfurt. A ascensão da Escola de Frankfurt seguiu-se à derrota das revoluções comunistas na Europa ocidental e central dos anos 1920. Os comunistas chegaram à conclusão de que tinham sido derrotados porque subestimaram a tenacidade do legado cristão básico e, por isso, adotaram uma mudança de estratégia – antes de engajar-se numa nova tentativa revolucionária, eles deviam trabalhar pacientemente no enfraquecimento da vida familiar cristã, denunciando a família patriarcal como instrumento de opressão, advogando liberdades sexuais etc. Ou, para citar um idiota esloveno de direita (cujo anonimato eu devo graciosamente preservar), a ideologia comunista de hoje não sobrevive "na forma ortodoxa de marxismo e leninismo, mas sob a forma essencialmente mais traiçoeira e consequentemente mais perigosa do marxismo cultural da Escola de Frankfurt". Em resumo, a oposição entre marxismo ocidental e a ortodoxia stalinista é apenas aparente e, segundo alguns teóricos da conspiração, a Escola de Frankfurt teria sido fundada sob ordens diretas do Comintern stalinista...

Assim, no outro lado da moeda, qual é o vínculo com o islã? É muito interessante a maneira como as coisas ficam ainda mais loucas nesse ponto. Do ponto de vista católico conservador, o comunismo é a consequência máxima do niilismo da subjetividade moderna, cujos primeiros porta-bandeiras foram a filosofia cartesiana e o protestantismo; e a fonte máxima da subjetividade moderna é... sim, a leitura equivocada de Aristóteles por comentadores muçulmanos medievais como Avicena e Averróis. (Essa visão tem algum fundamento: já que no caso da revolução no Haiti, o islã pode desempenhar um papel progressista inesperado.)[45] Enquanto a cristandade (com exceção de algumas seitas evangélicas) não compreende as Escrituras como a palavra direta de Deus, mas meramente como inspirada por Deus e, como tal, necessitada de interpretação apropriada, o Corão é, para os muçulmanos, a palavra direta de Deus, a ser lida literalmente, com pouco espaço para interpretação. Epistemologicamente, isso significa que a verdade divina não é uma alteridade abissal impenetrável, mas algo diretamente revelado às nossas mentes (no Corão). Em outras palavras, nós não temos que explorar o mistério da realidade para obter acesso ao absoluto: o absoluto já está lá para os crentes, isento dos meandros da realidade externa. O ponto-chave aqui é que uma lacuna se abre entre nossa mente e a realidade externa, lacuna que persiste mesmo quando já não nos esforçamos mais para ter acesso direto ao absoluto. Nesse caso, a lacuna se torna aquela que caracteriza o nominalismo, a lacuna entre a realidade externa e os nomes que damos às coisas nessa realidade: noções universais não se baseiam mais em realidade objetiva (como o são na ontologia aristotélica de Tomás de Aquino), mas, em vez disso, são construções livres formadas sobre a base de impressões confusas. Essas noções universais ou bem são contingentes (o que abre caminho para o relativismo cultural) ou são necessárias (o que abre caminho para o transcendentalismo kantiano) – em ambos os casos, a lacuna entre nossas noções universais e a realidade externa é intransponível.

Podemos ver agora como a mesma lacuna, a mesma ruptura com o realismo aristotélico, pode levar a três posições epistemológicas e ontológicas diferentes: (1) absolutismo ontológico dogmático da verdade (a verdade é diretamente acessível à nossa mente); (2) relativismo histórico e cultural (a verdade é um construto cultural contingente); (3) subjetivismo transcendental (existe uma verdade universal necessária *a priori*, mas é a verdade do sujeito transcendental que estrutura nosso acesso à realidade, não a verdade da realidade ela mesma). Além disso, para um realista aristotélico, é fácil estabelecer a lógica da passagem do absolutismo direto para o relativismo nominalista: haja vista o conhecimento real só ser possível através de uma investigação longa e árdua da realidade, toda afirmação direta de verdade absoluta é, em última análise, um subjetivismo absolutizado, a elevação de um construto contingente ao absoluto. É por isso que a modernidade oscila entre objetivismo dogmático (conhecimento direto da realidade objetiva) e relativismo subjetivo – não é verdade que mesmo hoje nosso campo cognitivo é fendido entre objetivismo científico "dogmático" (reducionismo naturalista) e relativismo cultural "pós-moderno"?

Desse ponto de vista, o pecado original da modernidade é a primazia cartesiana da epistemologia sobre a ontologia: antes de começar a conhecer a realidade, é preciso averiguar a fundação do nosso conhecimento, seus métodos e sua confiabilidade. Essa epistemologia, que analisa as capacidades cognitivas do sujeito independentemente da realidade objetiva, funciona, portanto, *de facto*, como ontologia subjetivista, baseando a (nossa noção de) realidade objetiva no modo como o sujeito a aborda. A mente, portanto, não é baseada na realidade – é um instrumento externo que tem uma verdade própria. Para neotomistas, o único modo de romper com esse círculo é retornar ao realismo de Aquino, em que as noções são aspectos imanentes à realidade objetiva externa e em que o processo de conhecimento é uma longa e ardorosa penetração, através de objetos particulares, até suas essências universais. Soa familiar? Claro que sim: esse tipo de realismo é estranhamente próximo ao materialismo dialético soviético clássico, conforme foi amiúde reconhecido por muitos historiadores neotomistas da filosofia, como Joseph M. Bochenski,[46] que exalta o realismo e o racionalismo do materialismo dialético, a sua afirmação básica de que a realidade existe fora da nossa mente e é conhecível, em contraste com as especulações irrefreadas ou o ceticismo subjetivo-idealista. Ele também exalta a afirmação materialista dialética de que a realidade é uma interação complexa de diferentes níveis (mecânico, biológico, social, espiritual), contra todos os tipos de monismo reducionista.

Há uma suprema ironia no fato de a visão católica fundamentalista anticomunista se apoiar numa filosofia que chega perto do materialismo dialético, o aspecto mais inútil do marxismo ortodoxo. Essa proximidade, porém, não é tão paradoxal quanto possa parecer: ambas as orientações, materialismo dialético e neotomismo, são em última análise reações tradicionalistas à modernidade. A questão a ser levantada aqui é o que resta de

Religião e suas alegrias 169

noções paradigmáticas como democracia, direitos humanos e liberdades etc., que são todas baseadas na subjetividade moderna. É possível, então, imaginarmos uma frente comum de islamismo radical e subjetividade moderna dirigida contra a aliança de cristãos e ortodoxias marxistas-dialéticas? Sim, nós podemos – mas não sem uma transformação radical de ambos os termos.

O retorno da religião?

Em sua análise do atual retorno da religião como força política, Boris Buden[47] rejeita a interpretação predominante que vê esse fenômeno como uma regressão causada pelo fracasso da modernização. Para Buden, a religião como força política é um efeito da desintegração pós-política da sociedade, da dissolução dos mecanismos tradicionais que garantiam vínculos comunais estáveis: a religião fundamentalista não é apenas política, é a própria política, i.e., ela sustenta o espaço da política. De modo ainda mais intenso, ela já não é mais apenas um fenômeno social, mas, sim, a própria textura da sociedade, de tal maneira que, de certo modo, a sociedade propriamente dita se torna um fenômeno religioso. Já não é mais possível discernir o aspecto puramente espiritual da religião de sua politização: num universo pós-político, a religião é o espaço predominante no qual as paixões antagônicas retornam. O que aconteceu recentemente à guisa de fundamentalismo religioso é, por conseguinte, não o retorno da religião na política, mas simplesmente *o retorno à política como tal*.

Por que, então, o islamismo é hoje a religião mais politizada? O judaísmo é a religião da genealogia, da sucessão matrilinear de gerações. Quando, no cristianismo, o filho morre na cruz, isso significa que o pai também morre (como Hegel tinha plena consciência), e morre a ordem genealógica patriarcal como tal; o Espírito Santo não assenta a série familiar, ele introduz uma comunidade pós-paternal/familiar. Em contraste tanto com o judaísmo como com o cristianismo, o islamismo exclui Deus da lógica paterna: Alá não é pai, nem sequer um pai simbólico – Deus nem nasceu nem faz nascer criaturas. *Não há lugar para a Sagrada Família no islã.* É por isso que o islã enfatiza que o próprio Maomé era órfão; é por isso que, no islã, Deus intervém precisamente nos momentos de suspensão, retração, fracasso, "apagão" da função paterna (quando a mãe ou a prole é abandonada ou ignorada pelo pai biológico). O que isso significa é que Deus permanece inteiramente no domínio do Real-impossível: ele é o Real-impossível externo ao pai, de modo que há um "deserto genealógico entre homem e Deus".[48] Esse era o problema com o islã para Freud, visto que toda a sua teoria é baseada no paralelo entre Deus e o pai. E mais importante ainda, isso inscreve a política no próprio âmago do islã, já que o "deserto genealógico" torna impossível basear uma comunidade nas estruturas de parentesco ou em outros vínculos de sangue: "o deserto entre Deus e Pai é o lugar em que o político se institui".[49] Com o islã, já não é mais possível basear uma comunidade, ao modo de *Totem e tabu*, mediante o assassinato do pai e a culpa decorrente que junta os irmãos – daí a inesperada atualidade do islamismo. Esse problema está no próprio coração da (mal-)afamada *umma*, a "comunidade de crentes" muçulmana; ele propicia uma explicação satisfatória da sobreposição do religioso e do político (a comunidade deve se basear diretamente na palavra da Deus), assim como para o fato de o islã "estar em seu melhor" quando baseia a formação da comunidade "a partir do nada", no deserto genealógico, como fraternidade igualitária revolucionária. Não é de admirar que o islamismo prospere quando homens jovens se encontram privados de uma rede de segurança familiar tradicional. Essa dimensão propriamente política sobrevive em comunidades xiitas muito mais do que na maioria sunita. Khomeini declarou claramente que a fundação do islã está na política: "O islã é uma religião política; é uma religião na qual tudo é político, inclusive os atos de devoção e culto." Eis aqui a sua mais sucinta formulação: "Islã é política ou não é nada."[50]

Buden cita Živko Kastić, um padre nacionalista-católico croata que declarou que o catolicismo é "um sinal de que você não está pronto para renunciar à sua herança nacional e cultural – a existência croata integral, tradicional".[51] O que essa citação deixa claro é que já não é mais questão de crença, de sua autenticidade, mas de catolicismo como projeto político-cultural. A religião é aqui apenas um instrumento e um signo da nossa identidade coletiva, de quanto espaço público o "nosso" lado controla, de afirmar "nossa" hegemonia. É por isso que Kastić cita com aprovação um comunista italiano que disse *"io sono cattolico ateizzato"* (eu sou católico ateizado); é por isso que Breivik, também um ateu, faz referência ao legado cristão que suporta a identidade europeia – ou, para citar Buden mais uma vez: "Crenças se mostram agora como cultura, em sua diferença em relação a outra cultura – seja a cultura de outra confissão ou a cultura de ateísmo em suas formas modernistas."[52] Pode-se ver claramente como os fundamentalistas religiosos, que, ao contrário, desprezam o relativismo cultural e o historicismo, já funcionam dentro do seu horizonte:

> O espaço de diferença se torna agora algo exclusivamente cultural. Para que nós percebamos diferenças e divisões políticas e as reconheçamos como tal, elas devem primeiro ser traduzidas em linguagem de cultura e se declarar como identidades culturais ... A cultura, assim, se tornou o horizonte elementar da experiência histórica.[53]

Nossa resposta deve ser aqui a política da verdade, uma política universalista que deixa para trás toda forma de culturalismo comunitário.

PARTE II

O teatro de sombras ideológico

4. A "ameaça terrorista"

Formas de falsa solidariedade

Quando todos nós estamos em estado de choque após um acontecimento brutal como a matança nos escritórios do *Charlie Hebdo*, é o momento certo de juntar coragem para *pensar* – não depois, quando as coisas se acalmarem, como proponentes de sensatez barata tentam nos convencer. O difícil é combinar o calor de um momento e o ato de pensar. Pensar no frio do desenlace não engendra uma verdade mais equilibrada – antes, normaliza a situação, permitindo que evitemos o gume cortante da verdade.

A primeira coisa a rejeitar é a forma de identificação patética "Eu sou..." (ou "Somos todos..."), que só funciona dentro de certos limites, além dos quais ela se torna obscenidade. Sim, podemos proclamar *"Je suis Charlie"*, mas as coisas rapidamente começam a se desintegrar com exemplos como "Todos vivemos em Sarajevo!" (durante o começo dos anos 1990, quando Sarajevo estava sob sítio) ou "Somos todos Gaza!" (quando Gaza foi bombardeada pelas FDI): o fato brutal de que *não* somos todos Sarajevo nem Gaza é forte demais para ser encoberto por uma identificação patética. Essa identificação se torna absurda no caso dos "muçulmanos" (*Muselmannen*, que nada tinham a ver com verdadeiros muçulmanos – eram os "mortos-vivos" em Auschwitz, gíria usada entre os prisioneiros para denotar os que tinham perdido o desejo básico de viver): é impossível dizer "Somos todos muçulmanos!" (para mostrar nossa solidariedade para com eles), simplesmente porque em Auschwitz a desumanização das vítimas tinha ido tão longe que se identificar com elas em qualquer sentido significativo era impossível. Os "muçulmanos" de Auschwitz eram precisamente excluídos do espaço simbólico da identificação de grupo, motivo pelo qual seria totalmente obsceno proclamar pateticamente "Somos todos *Muselmannen!*". (E, na direção oposta, também seria ridículo afirmar solidariedade com as vítimas do 11 de Setembro dizendo "Somos todos nova-iorquinos!" – milhões no Terceiro Mundo diriam enfaticamente: "Sim, adoraríamos nos tornar nova-iorquinos, é só nos dar um visto!") E o mesmo é válido para a matança no *Charlie Hebdo*: embora possamos nos identificar facilmente com *Charlie*, teria sido muito mais difícil, até constrangedor, anunciar pateticamente "Somos todos de Baga!" – simplesmente não há base suficiente para identificação nesse caso. (Para os que não entenderam: Baga é uma pequena cidade no noroeste da Nigéria, onde, depois de ocupá-la, o Boko Haram executou todos os seus 2 mil residentes.)

Pensar significa ir além do *páthos* de solidariedade universal que explodiu nos dias seguintes ao acontecimento e culminou no espetáculo de domingo 11 de janeiro, com grandes nomes políticos de todo o mundo de mãos dadas, de Cameron a Lavrov, de Netanyahu a Abbas – se jamais houve uma imagem da falsidade hipócrita, foi esta. Quando a passeata em Paris passou sob sua janela, um cidadão anônimo tocou "Ode à Alegria" de Beethoven, hino oficioso da União Europeia, acrescentando um toque brega político ao espetáculo repulsivo encenado pelos líderes, que são os maiores responsáveis pela encrenca em que estamos. E quanto à obscenidade de o ministro Lavrov juntar-se à fila de dignitários protestando contra a morte de jornalistas? Se aderisse a um protesto dessa natureza em Moscou (onde dezenas de jornalistas foram assassinados), ele seria preso imediatamente! E quanto à obscenidade de Netanyahu se apertando para ficar na primeira fila, quando em Israel a mera menção pública à al-Nakbah (a "catástrofe" de 1948 para os palestinos) é proibida – quando aqui se trata de empatia com a dor e o sofrimento do Outro? E o espetáculo foi literalmente encenado: as fotografias exibidas na mídia deram a impressão de que a fileira de líderes políticos estava à frente de uma grande multidão que caminhava ao longo da avenida, manifestando assim a sua solidariedade e unidade com o povo... exceto que o evento foi simplesmente encenado como uma oportunidade fotográfica. Uma fotografia feita de cima da cena

A *"ameaça terrorista"*

completa mostra claramente que atrás dos políticos havia somente cerca de uma centena de pessoas, com um amplo espaço vazio, patrulhado pela polícia, atrás e em volta deles. Na realidade, o verdadeiro gesto *Charlie Hebdo* seria publicar na primeira página uma grande caricatura ridicularizando brutal e espalhafatosamente esse evento, com desenhos de Netanyahu e Abbas, Lavrov e Cameron e outros casais se abraçando e beijando apaixonadamente enquanto afiam suas facas por trás das costas do outro.

Embora eu seja resolutamente ateu, acho que essa obscenidade foi demasiada até para Deus, que se viu obrigado a intervir com uma obscenidade de própria lavra, digna do espírito de *Charlie Hebdo*: enquanto o presidente François Hollande estava abraçando Patrick Pelloux, o médico e colunista do *Charlie Hebdo*, na frente do escritório do jornal, um pássaro defecou no ombro direito de Hollande, enquanto a equipe do semanário tentava conter sua incontrolável gargalhada – uma verdadeira resposta divina do Real ao ritual repulsivo. Lembrem-se do motivo cristão de uma pomba descendo para entregar uma mensagem divina – e mais, em alguns países, um pássaro cagar na sua cabeça é considerado um sinal de sorte.

Sim, os ataques terroristas de Paris devem ser condenados incondicionalmente. Trata-se apenas de dizer que devem ser *realmente* condenados, para o que é necessário mais do que o simples espetáculo patético de solidariedade de todos nós (pessoas livres, democráticas, civilizadas) contra o Monstro Muçulmano assassino. Devemos, é claro, condenar sem ambiguidade os assassinatos como um ataque contra a própria substância das nossas liberdades, e condená-los sem admoestações ocultas ("*Charlie Hebdo* estava provocando e humilhando demais os muçulmanos", "os irmãos atacantes foram profundamente afetados pelos horrores da ocupação militar norte-americana do Iraque"; certo, mas por que eles não atacaram alguma instalação militar estadunidense em vez de um jornal satírico francês?). O problema com a evocação de antecedentes complexos é que ela pode igualmente ser usada a propósito, por exemplo, de Hitler: ele também teve êxito ao mobilizar contra a injustiça do Tratado de Versalhes, não obstante, foi totalmente justificado lutar contra o regime nazista com todos os meios à nossa disposição. A questão não é se as queixas que condicionam ações terroristas são verdadeiras ou não, a questão é o projeto político-ideológico que emerge como reação contra injustiças. As recentes intervenções de Rasheed Araeen no debate desenvolvido no ciberespaço sobre refugiados e terror são paradigmáticas dessa postura:

> Desde o ataque terrorista em Paris, em particular, todos estão ocupados, falando sobre o islã e o extremismo do Estado Islâmico, e como derrotá-lo. Há pouca conversa ou discussão sobre quem ou o que criou o EI, sobre ele ser produto do que foi criado pelo imperialismo norte-americano/saudita para combater os soviéticos no Afeganistão e, depois, a invasão do Iraque por forças militares anglo-americanas combinadas. Não foram o desmantelamento e a desintegração do Exército iraquiano que levaram alguns de seus oficiais a fugirem para o norte do Iraque e formarem um grupo para resistir e lutar contra o imperialismo anglo-americano, grupo este que finalmente se tornou o EI?[1]

Araeen enfatiza "essa ausência no debate público": o que a gente vê na mídia pública é "puro lixo sobre o islã e o extremismo islâmico. Ninguém jamais mencionou a palavra 'imperialismo', que a continuação do imperialismo ocidental é responsável pelo que está acontecendo particularmente no Oriente Médio, e pela migração de pessoas e suas consequências". O violento fundamentalismo islâmico

> foi criado pela aliança norte-americana/saudita nos anos 1980 a fim de lutar contra a presença soviética no Afeganistão, o qual agora está em toda parte como Talibã ou al-Qaeda e sua ramificação EI ... esse espírito foi criado e libertado da garrafa por algumas potências do Ocidente e não importa se você o atribui ao imperialismo ou não, a responsabilidade pelo que aconteceu em consequência disso cabe ao Ocidente. Portanto, toda essa conversa sobre extremismo islâmico é tapeação; se há extremismo islâmico, é resultado do que o Ocidente vem fazendo com o mundo muçulmano, particularmente desde os anos 1980.

Essa passagem contém toda uma série de pontos problemáticos. Primeiro, é mesmo verdade que ninguém fala da responsabilidade do Oci-

A *"ameaça terrorista"*

dente no surgimento do Estado Islâmico? Isso não é amplamente debatido? Segundo, e quanto ao declínio da esquerda secular nos países árabes, que era muito forte nos anos 1950 e 1960 (Mossadegh, Bourguiba, Nasser...)? É demasiado simples culpar o Ocidente pelo fracasso da modernização árabe. (Significativamente, os dois Estados que recentemente se desintegraram e se tornaram o maior nascedouro de refugiados são o Iraque e a Síria, os únicos dois oficialmente seculares, onde o islã não era religião de Estado.) Terceiro, asseverar a responsabilidade exclusiva do Ocidente não implica uma total passividade das vítimas árabes? Não está claro que os muçulmanos árabes agora também estão engajados numa série de projetos políticos, desde a expansão do islã na direção da Europa até o conflito entre sunitas e xiitas? Segundo a lógica de Araeen, pode-se dizer que a responsabilidade por Hitler é do capitalismo ocidental, então, concentremo-nos nele. Embora em algum sentido isso seja verdade (Max Horkheimer escreveu nos anos 1930 que os que não queriam falar sobre capitalismo também deviam permanecer calados sobre o fascismo), não impediu a urgência da luta contra o fascismo com todos os meios, as democracias ocidentais e a União Soviética juntos.

Além disso, há um aspecto dos acontecimentos recentes na França que predominantemente parece passar despercebido: houve adesivos e faixas anunciando não só *Je suis Charlie*, mas também *Je suis flic* (Eu sou policial)! A unidade nacional abrangente celebrada e representada em grandes aglomerações públicas era não só a unidade de pessoas atravessando todos os grupos étnicos, classes e religiões, mas também (e talvez acima de tudo) a unificação do povo com as forças da ordem e do controle. A França era até então o único país no Ocidente (que eu saiba) em que policiais eram alvo constante de piadas brutais que os retratavam como burros e corruptos (uma prática comum em países comunistas). Agora, na esteira dos assassinatos no *Charlie Hebdo*, a polícia é aplaudida e elogiada, abraçada como se fosse uma mãe protetora – não só a polícia, mas também as forças especiais (o CRS, que em 1968 inspirou os slogan "CRS: SS!"), os serviços secretos, todo o aparelho de segurança do Estado. Não há lugar para Snowden ou Manning nesse novo universo; para citar Jacques-Alain Miller: "O ressentimento contra a polícia deixou de ser o que era, exceto entre os jovens pobres árabes ou de origem africana ... um acontecimento sem precedentes na história da França." O que de fato se vê ocasionalmente em todo o mundo e na França é, em raros momentos privilegiados, um êxtase de "osmose entre a população e o Exército nacional, que a protege de agressões externas. Mas o amor de uma população pelas forças de repressão *interna?*".[2] Assim, a ameaça terrorista teve êxito em alcançar o impossível: reconciliar a geração dos revolucionários de 68 com seu arqui-inimigo, em algo como a versão popular francesa do Ato Patriota de Bush nos Estados Unidos, imposto por aclamação popular, com pessoas se voluntariando para a vigilância. Em resumo, os momentos extáticos das manifestações de Paris deram corpo ao triunfo da ideologia: elas unificaram o povo contra um inimigo cuja presença fascinante momentaneamente obliterou todo antagonismo. Apresentaram ao público uma escolha triste e deprimente: ou você é (faz parte do mesmo corpo) *flic* ou (solidário com) terrorista. Consequentemente, a questão a ser levantada é: o que essas escolhas obscurecem? O que elas têm função de obscurecer?

A resposta a essa pergunta não tem coisíssima nenhuma a ver com relativização mesquinha do crime ("Quem pode no Ocidente, perpetradores de terríveis massacres no Terceiro Mundo, condenar esses atos?"). Menos ainda tem a ver com o medo patológico de muitos esquerdistas liberais ocidentais de serem culpados de islamofobia. Para esses falsos esquerdistas, qualquer crítica ao islã é denunciada como expressão de islamofobia ocidental; Salman Rushdie foi denunciado por provocar desnecessariamente os muçulmanos e, portanto (pelo menos em parte), ser responsável pela *fatwa* que o condenava à morte etc. O resultado de tal postura é o que se pode esperar nesses casos: quanto mais os esquerdistas liberais ocidentais esquadrinham as suas culpas, mais são acusados por fundamentalistas islâmicos de serem hipócritas tentando esconder seu ódio ao islã. Essa constelação reproduz perfeitamente o paradoxo do supereu: quanto mais você obedece ao que o outro demanda de você, mais culpado se sente. Ou, num paralelo, quanto mais você tolera o islã, mais forte será a pressão sobre você...

A *"ameaça terrorista"*

Um dos efeitos secundários dessa postura superegoica é como a nossa mídia liberal prefere minimizar incidentes sexuais com refugiados e imigrantes. Eis aqui dois casos. Em 2015, uma mulher ativista do No Borders foi estuprada por um grupo de imigrantes sudaneses num campo de refugiados italiano, perto da fronteira francesa; entretanto, seus colegas de trabalho a convenceram a não prestar queixa do crime, argumentando que a publicidade prejudicaria os refugiados e a causa das fronteiras abertas.[3] E depois do espetáculo carnavalesco do ano-novo numa estação de trem em Colônia, um memorando interno da polícia detalhava "uma solicitação do ministério" instruindo a polícia a "cancelar" o uso da palavra "estupro" em seus relatórios.[4] Embora essa diluição seja compreensível, o perigo é que ela alimente a desconfiança em relação à mídia e, com isso, aumente a visibilidade da imprensa anti-imigrante de direita, o que pode ser percebido como essa imprensa estar "nos contando o que outros não ousam dizer". Entretanto, num incidente recente na Noruega, a postura politicamente correta alcançou um novo extremo.

Em abril de 2016, foi relatado que, alguns anos antes, Karsten Nordal Hauken, um jovem político de esquerda norueguês, autoproclamado antirracista e feminista, foi estuprado em sua casa por um refugiado somali, que foi então detido e condenado a quatro anos de prisão. Tendo cumprido a sentença, as autoridades o deportaram para a Somália. Quando soube da deportação, Hauken publicou uma série de textos nos quais explicava que agora estava se sentindo culpado e responsável: "[Eu] fiquei com um forte sentimento de culpa e de responsabilidade. Eu era a razão pela qual ele não ficaria mais na Noruega, mas, em vez disso, seria enviado para um futuro sombrio e incerto na Somália." Hauken também escreveu que vê seu estuprador "principalmente como produto de um mundo injusto, produto de uma criação marcada por guerra e desesperança". Hauken não nega de maneira nenhuma o impacto traumático do estupro sobre ele; admite que, para poder sobreviver à crise, ele se refugiou no álcool e nas drogas:

Eu me sinto esquecido e ignorado, mas não ouso falar disso. Tenho medo de ataques de todos os lados. Tenho medo de que nenhuma garota queira ficar comigo e de que outros homens riam de mim. Medo de ser percebido como antifeminista, quando digo que um jovem que está lutando deveria receber mais atenção. Homens e rapazes devem compreender que está certo falar de seus sentimentos. Rapazes e homens são ignorados. Para mim, isso resultou em anos de depressão, solidão e isolamento.[5]

É fácil sucumbir aqui ao senso comum populista, debochando da loucura e do masoquismo do politicamente correto levado ao extremo. Assim, a primeira coisa a fazer é destacar que esse acontecimento gerou tanto interesse porque o crime foi cometido por um imigrante – há estupros acontecendo a toda hora que são ignorados pela mídia. Segundo, é destacar que a lei deve ser a mesma para todos: sem tratamento especial para imigrantes, nem mais rigor nem mais tolerância. Finalmente, deve-se elogiar a maneira como Hauken realça o tópico importante das vítimas masculinas da violência sexual e suas consequências. O problema está em outra parte: no fato de Hauken sentir-se culpado e responsável pelo que aconteceu com seu estuprador. Essa postura encarna a versão extrema do axioma do politicamente correto: em última análise, nós (homens brancos ocidentais) somos responsáveis, mesmo quando coisas horríveis são feitas contra nós, por isso devemos nos sentir responsáveis pelo perpetrador quando ele é punido – o perpetrador não é realmente um agente, mas, sim, uma vítima passiva das circunstâncias, seu crime é "produto de um mundo injusto, produto de uma criação marcada por guerra e desesperança"... Considero essa postura um caso exemplar de patologia perversa: se levada a sério, pode se expandir indefinidamente. Não somos *todos* vítimas de circunstâncias e criação? Isso também não vale para o padre pedófilo que abusa de dezenas de crianças? Ou para um estuprador que abusa brutalmente de uma mulher? Ora, deve a sua vítima, a mulher estuprada e agredida, sentir-se também culpada e responsável? Por conseguinte, a postura de Hauken não é uma excentricidade bizarra, mas uma extrapolação da posição politicamente correta.

Devemos seguir aqui o axioma da psicanálise: a pessoa é radicalmente responsável pela maneira como goza as coisas – o gozo significa que ninguém é meramente uma vítima nesta situação. O que torna todos os perpetradores de violência sexual culpados é a maneira como eles subjetivizam sua situação, reagindo a ela com um ato sexual de violência – somos sempre inteiramente responsáveis pela maneira como gozamos as coisas, e o gozo nesse contexto não deve ser limitado à sexualidade direta, já que inclui toda forma de humilhação da vítima, de fazer dela um sofredor ou sofredora. O agricultor somali esfomeado que submete sua filha a uma cliterotomia não é menos responsável do que um ocidental sádico rico que estupra escravas sexuais.

O fundamentalismo é pré-moderno ou pós-moderno?

É por isso que também acho insuficiente fazer apelos à moderação, na linha da afirmação de Simon Jenkins,[6] de que nossa tarefa é "não reagir com excessos, não dar publicidade excessiva às consequências. É tratar cada acontecimento como um acidente passageiro de horror". O ataque contra o *Charlie Hebdo* não foi um mero "acidente passageiro de horror": ele seguiu uma agenda religiosa e política precisa e, como tal, faz claramente parte de um padrão muito mais amplo. Claro, nós não devemos reagir com excessos, se com isso se quer dizer sucumbir à islamofobia cega – mas devemos analisar implacavelmente esse padrão. A melhor maneira de chegar a um insight é fazer uma pergunta simples: os muçulmanos fundamentalistas são um fenômeno pré-moderno ou moderno? Aqui, as coisas são muito mais ambíguas. Se perguntarmos a um russo anticomunista qual tradição deve ser responsabilizada pelos horrores do stalinismo, chegaremos a duas respostas opostas. Alguns veem o stalinismo (e o bolchevismo em geral) como um capítulo na longa história da modernização ocidental da Rússia, uma tradição que começou com Pedro o Grande (quiçá antes disso, com Ivã o Terrível), enquanto outros porão a culpa no atraso russo, na longa tradição de despotismo oriental que lá predominava. Assim, enquanto para o primeiro grupo modernizadores ocidentais romperam brutalmente a vida orgânica da Rússia tradicional, substituindo-a pelo terror de Estado, para o segundo grupo, a tragédia da Rússia foi a revolução socialista ocorrer num tempo e num lugar errados, num país atrasado sem tradição democrática. Não é parecido com o fundamentalismo muçulmano que encontra a sua expressão extrema (até aqui) no Estado Islâmico? Kevin McDonald argumentou que os *jihads* do EI não são medievais, mas, antes, moldadas pela filosofia ocidental moderna: nós deveríamos olhar para a França revolucionária, se quisermos compreender a fonte da ideologia e da violência do EI.

> Ao fazer seu discurso na Grande Mesquita de Mossul declarando a criação de um Estado islâmico com ele próprio como califa, Abu Bakr al-Baghdadi citou extensamente o pensador indiano/paquistanês Abul A'la Maududi, fundador do partido Jamaat-e-Islami em 1941 e criador da expressão contemporânea Estado islâmico ... É central para o pensamento [de Maududi] a compreensão da Revolução Francesa, que ele acreditava ter oferecido a promessa de um "Estado fundado num conjunto de privilégios", em oposição a um Estado baseado numa nação ou num povo. Para Maududi, esse potencial malogrou-se na França; sua realização teria que esperar por um Estado islâmico.
>
> Na França revolucionária, é o Estado que cria seus cidadãos e nada deve ficar entre o cidadão e o Estado ... Esse cidadão universal, separado de comunidade, nação ou história, jaz no centro da visão de Maududi de "cidadania no islã". Assim como o Estado revolucionário francês criou seus cidadãos, com o cidadão impensável fora do Estado, também o Estado islâmico cria seus cidadãos ...
>
> Não olhe para o Corão para compreender isso – olhe para a Revolução Francesa e, em última análise, para a secularização de uma ideia que encontra suas origens no cristianismo europeu: *extra ecclesiam nulla salus* (fora da Igreja não há salvação), ideia que, com o nascimento dos Estados europeus modernos, se transformou em *extra stato nulla persona* (fora do Estado não há personalidade legal). Essa ideia ainda demonstra extremo poder até hoje: é a origem do que significa ser um refugiado.
>
> Se o Estado do EI é profundamente moderno, o mesmo é verdade para a violência. Os combatentes do EI não matam simplesmente; eles buscam

A *"ameaça terrorista"*

humilhar, como vimos na semana passada, quando conduziram reservistas sírios para a morte só de cuecas. E eles buscam desonrar o corpo de suas vítimas, particularmente através de manipulações *post-mortem*.[7]

Embora haja um momento de verdade nesse comentário, sua tese básica é todavia profundamente problemática. Não que apenas ela chegue perto demais da autoinculpação politicamente correta do Ocidente. Mais significativamente, o paralelo entre o Estado Islâmico e a Revolução Francesa é puramente formal, como aquele às vezes feito entre nazismo e stalinismo como duas versões do mesmo "totalitarismo": um conjunto similar de medidas opressivas extremas obscurece não só um conteúdo social e ideológico diferente, mas também um funcionamento diferente das próprias medidas opressivas (por exemplo, não há nada semelhante aos expurgos stalinistas no nazismo). O momento de verdade reside no fato de que o motivo religioso da subordinação total do homem a Deus (encontrado, entre outras religiões, no islã), longe de necessariamente sustentar uma visão de escravidão e subordinação, também pode sustentar um projeto de emancipação universal, como o faz *Milestones*, de Sayyid Qutb, em que ele desdobra o vínculo entre liberdade humana universal e servidão humana a Deus:

Uma sociedade na qual a soberania pertence exclusivamente a Alá e encontra expressão em sua obediência à Lei Divina, e toda pessoa é libertada da servidão a outras, só então ela experimenta a verdadeira liberdade. Só isso é "civilização humana", porque a base da civilização é a completa e verdadeira liberdade de todas as pessoas e a plena dignidade de todo indivíduo na comunidade. Por outro lado, em uma sociedade na qual alguns são senhores que legislam e outros são escravos que lhes obedecem, não há liberdade no sentido real nem dignidade para o indivíduo ...

Em uma sociedade baseada no conceito, crença e modo de vida originários de Alá, a dignidade do homem é mantida inviolável no mais alto grau: ninguém é escravo de ninguém, como o são em sociedades nas quais conceitos, crenças e modo de vida são originários de fontes humanas. Naquela primeira sociedade, as características mais nobres do homem – tanto espirituais como intelectuais – encontram plena expressão, ao passo que em uma sociedade baseada em cor, raça, nacionalismo ou outras bases semelhantes, estas se degeneram, tornando-se grilhões para o pensamento humano e meio para suprimir os mais nobres atributos e qualidades humanos. Todos os homens são iguais indiferentemente de sua cor, raça ou nação, mas quando eles são privados de espírito e razão, eles também são despidos de sua humanidade. O homem é capaz de mudar suas crenças, seu pensamento e sua atitude em relação à vida, mas é incapaz de mudar sua cor, sua raça; e tampouco pode decidir em que lugar ou nação vai nascer. Portanto, é claro que a sociedade só é civilizada na medida em que as associações humanas são baseadas numa comunidade de escolha moral livre, e uma sociedade é atrasada na medida em que a base de associação é outra, diferente da escolha livre.[8]

A premissa essencial de Qutb é que, na medida em que nós humanos agimos "livremente", no sentido de apenas seguir espontaneamente nossas inclinações naturais, não somos realmente livres, mas escravizados por nossas naturezas animais – já encontramos antes essa mesma linha de raciocínio em Aristóteles, que, referindo-se à escravidão para ilustrar um aspecto ontológico geral, escreveu que, deixados a si mesmos, escravos são "livres", no sentido de que só fazem o que querem, ao passo que homens livres observam seu dever – e é essa "liberdade" que torna escravos escravos:

todas as coisas são ordenadas de algum modo, mas não todas do mesmo modo – peixes, aves e plantas; e o mundo não é tal que uma coisa nada tem a ver com outra, mas são relacionadas. Observe-se que todas são ordenadas para um fim, mas é como em uma casa onde homens livres não têm liberdade de agir casualmente, mas todas as coisas ou a maior parte das coisas já estão ordenadas para eles, enquanto os escravos e os animais pouco fazem para o bem comum e geralmente vivem casualmente; pois tal é o princípio que constitui a natureza de todos.[9]

Assim, Qutb imagina a liberdade universal (também social e econô-mica) como ausência de quaisquer senhores: minha servidão a Deus é a

A "ameaça terrorista"

garantia negativa da rejeição de todos os demais senhores (terrenos, humanos) – ou, como se pode dizer com mais ousadia, o único conteúdo positivo da minha subordinação a Deus é a minha rejeição a todos os senhores terrenos. Observem, contudo, a ausência sintomática de um termo nessa série de propriedades naturais de um ser humano: é verdade, não se pode mudar a cor, a raça ou a nação; mas também não se pode mudar o *sexo*, então, por que a sociedade livre por ele imaginada não postula a igualdade entre homens e mulheres? Através desses detalhes, podemos discernir a lacuna intransponível que separa o projeto de Qutb do projeto emancipatório ocidental de igualdade baseada na soberania do povo, sem garantias sob forma alguma de um grande Outro.

Apesar de tudo o que há de profundamente problemático na passagem citada, não haveria nela um grão de verdade, i.e., não descreveria a sua caracterização de escravos a escravidão consumista de hoje, em que eu posso agir casualmente e "fazer o que eu quero", mas permaneço, como tal, escravizado pelo estímulo das mercadorias? De volta a Aristóteles e Qutb, a vantagem de Aristóteles (do nosso ponto de vista, pelo menos) é que ele alude ao sentido de dever moral, não à subordinação a Deus, como agência que restringe nossa liberdade animal; entretanto, a vantagem de Qutb é que ele imagina uma liberdade universal (também social e econômica), uma ausência de quaisquer senhores. O que Qutb propõe é uma espécie de troca homóloga àquela descrita nas célebres linhas de *Athalie*, de Racine: *Je crains Dieu, cher Abner, et je n'ai point d'autre crainte* ("Eu temo a Deus, meu caro Abner, e não tenho qualquer outro temor"). Todos os medos são trocados por um medo só: é o próprio temor a Deus que me faz destemido em todos os assuntos terrenos. Mais uma vez, para Qutb, meu único senhor é Deus, e minha servidão a Deus significa que eu rejeito quaisquer outros senhores terrenos.[10]

Uma questão mais geral a ser levantada aqui é que a resistência ao capitalismo global não deve se apoiar em tradições pré-modernas, na defesa de suas formas de vida particulares – pela simples razão de que retornar a tradições pré-modernas é impossível, considerando que a globalização já modela as formas de resistência a ela. Os que se opõem à globalização em nome de tradições por ela ameaçadas o fazem de um modo que já é moderno: eles já falam a linguagem da modernidade. Seu conteúdo pode ser antigo, mas sua forma é ultramoderna. Por isso, em vez de ver no Estado Islâmico um caso de resistência extrema à modernização, deve-se antes concebê-lo como mais um caso de modernização pervertida e localizá-lo na série de modernizações conservadoras iniciada com a restauração Meiji no Japão (a rápida modernização industrial assumiu a forma ideológica de uma "restauração", o retorno da autoridade plena do imperador). A famosa fotografia de Baghdadi, o líder do EI, com um sofisticado relógio suíço em seu pulso é aqui emblemática: o EI é bem organizado em termos de propaganda na internet, transações financeiras etc., embora essas práticas ultramodernas sejam usadas para propagar e impor uma visão político-ideológica que está menos para conservadora do que para uma ação desesperada com o objetivo de impor delimitações hierárquicas claras, principalmente, entre elas, as que regulam religião, educação e sexualidade. Em resumo, não devemos nos esquecer de que mesmo essa imagem de uma organização fundamentalista estritamente disciplinada e regulamentada não é sem ambiguidades: a opressão religiosa não é (mais do que) suplementada pelo modo como as unidades militares locais do EI parecem funcionar? Enquanto a ideologia oficial do EI esculhamba a permissividade do Ocidente, a prática cotidiana das gangues do EI inclui arrebatadas orgias carnavalescas (estupros coletivos, tortura e assassinato, pilhagem dos infiéis).

A radicalidade inaudita do EI reside no fato de ele não mascarar a sua brutalidade, mas ostentá-la abertamente: degolações transmitidas pela mídia, escravidão sexual admitida e justificada, e assim por diante.[11] Tomemos uma versão extrema desse fenômeno, o movimento nigeriano Boko Haram. O nome pode ser tosca e descritivamente traduzido por "Educação ocidental é proibida", especificamente a educação para mulheres. Como, então, explicar a existência de um movimento sociopolítico cujo principal item programático é a regulação hierárquica da relação entre os dois sexos? Consequentemente, eis o enigma: por que alguns muçulmanos, que foram sem dúvida expostos a exploração, dominação e outros aspectos destrutivos e humilhantes do colonialismo, assestam em sua reação o que é (para nós, pelo menos) a melhor parte do legado do Ocidente, nosso igualitarismo e nossas liberdades pessoais, inclusive de uma dose saudável de ironia e deboche de toda e qualquer autoridade? A resposta óbvia teria de ser que seu alvo é bem escolhido: o que torna as potências ocidentais tão insuportáveis é que elas não só praticam a exploração e a dominação violenta, mas, para piorar, apresentam essa brutal realidade disfarçada do seu oposto, liberdade, igualdade e democracia.

Feminismo colonial, antifeminismo anticolonial

Tornou-se lugar-comum afirmar que a ascensão do Estado Islâmico é o último capítulo na longa história do novo despertar anticolonial (as fronteiras nacionais arbitrárias impostas pelas grandes potências depois da Primeira Guerra Mundial estão sendo redesenhadas) e, simultaneamente, um capítulo na luta contra o modo como o capitalismo global solapa o poder das nações-Estado. Todavia, o que causa medo e consternação é outra característica do regime do EI: as declarações públicas das autoridades do EI deixam claro que, para eles, a principal tarefa do poder de Estado não é a regulamentação do bem-estar da sua população (saúde, a luta contra a fome); o que realmente importa é a vida religiosa, e a garantia de que toda a vida pública obedeça a leis religiosas. É por isso que o EI permanece mais ou menos indiferente em relação a catástrofes humanitárias dentro de seus domínios – seu lema é "cuide da religião e o bem-estar cuidará de si mesmo". Aí reside a lacuna que separa a noção de poder praticada pelo EI da noção ocidental moderna do que Michel Foucault chamou de "biopoder", que regula as vidas individuais para proteger o bem-estar geral. O califado do EI rejeita totalmente a noção de biopoder.

Consequentemente, evocar os antagonismos do capitalismo global não é suficiente: há uma fratura sociocultural por trás dos ataques do EI ao Ocidente. Décadas atrás, o aiatolá Khomeini deixou claro por que um ataque como o feito contra o *Charlie Hebdo* pode ser considerado apropriado: "Nós não temos medo de sanções. Não temos medo de invasão militar. O que nos amedronta é a invasão da imoralidade ocidental."[12] E o *Charlie Hebdo* não é o epítome da "imoralidade ocidental"? Quando Khomeini fala de medo, quando fala sobre o que os muçulmanos devem mais temer no Ocidente, devemos tomá-lo literalmente. Fundamentalistas muçulmanos não têm nenhum problema com a brutalidade de lutas econômicas e militares; seu verdadeiro inimigo não é o neocolonialismo econômico nem a agressividade militar do Ocidente, é a sua cultura "imoral".

O mesmo vale para Putin, na Rússia, onde os nacionalistas conservadores definem seu conflito com o Ocidente como cultural, focado, em último caso, em diferença sexual: a propósito da vitória da *drag queen* barbada austríaca Conchita Wurst no concurso de música da Eurovision, Putin falou num jantar em São Petersburgo: "A Bíblia fala de dois gêneros, homem e mulher, e o principal propósito da união de ambos é fazer filhos."[13] Como sempre, o nacionalista raivoso Zhirinovsky foi mais direto:

> [Zhirinovsky] chamou o resultado desse ano de "o fim da Europa", dizendo: "Não há limite para nosso ultraje... Não há mais homens e mulheres na Europa, apenas *isto*" ... O vice-primeiro-ministro Dmitry Rogozin publicou um tweet virulento, afirmando que o resultado da Eurovision "mostrou aos partidários da integração europeia o seu futuro europeu – uma moça barbada".[14]

Há certa beleza, quase poética, fantasmagórica, nessa imagem da senhora barbada (por muito tempo uma personagem clássica de shows de aberração em circos baratos) como símbolo da Europa unida – não é de admirar que a Rússia tenha se recusado a transmitir o concurso da Eurovision na TV pública, o que evoca uma Guerra Fria cultural renovada. Não deixem de observar a mesma lógica que a de Khomeini: o objeto verdadeiramente temido é a depravação moral, a ameaça da diferença sexual – o Boko Haram apenas levou esse pensamento ao seu termo lógico.

Em muitos países africanos e asiáticos, movimentos gays também são percebidos como expressão do impacto cultural da globalização capitalista e sua sabotagem das formas sociais e culturais tradicionais; consequentemente, a rejeição da libertação gay se mostra como um aspecto da luta

A *"ameaça terrorista"* 191

anticolonial. Não seria o mesmo para o Boko Haram? Para seus membros, a libertação das mulheres se mostra como o aspecto mais visível do impacto cultural destrutivo da modernização capitalista.

A diferença sexual como conjunto de características fixas que definem o papel de cada gênero implica, é claro, hierarquia clara e responsabilidade dividida. A atitude branda em relação ao estupro nos países muçulmanos é claramente baseada na premissa de que o homem que estuprou uma mulher há de ter sido secretamente seduzido (provocado) por ela a fazê-lo. No outono de 2006, o xeique Taj Din al-Hilali, o mais alto clérigo muçulmano da Austrália, causou um escândalo quando, depois de um grupo de homens muçulmanos ser preso por estupro coletivo, disse: "Se você pegar carne e deixá-la exposta do lado de fora, na rua ... e os gatos vierem e comerem... de quem é a culpa – dos gatos ou da carne exposta? A carne exposta é o problema."[15] A natureza escandalosa dessa comparação entre uma mulher sem véu e carne crua exposta distraiu a atenção de outra presunção subjacente, muito mais surpreendente, no argumento de al-Hilali: se as mulheres são responsáveis pela conduta sexual dos homens, isso não significa que os homens são totalmente desamparados quando confrontados com o que eles percebem como provocação sexual, que eles são simplesmente incapazes de resistir a elas, que são totalmente escravizados por seu apetite sexual? Em contraste com essa presunção de completa ausência de responsabilidade masculina por sua própria conduta sexual, a ênfase no erotismo feminino público no Ocidente se baseia na premissa de que homens são capazes de comedimento sexual, que não são escravos cegos de seus impulsos sexuais. Essa responsabilização total da mulher pelo ato sexual é confirmada por bizarras regulações legais no Irã, onde, em 3 de janeiro de 2006, uma moça de dezenove anos foi sentenciada à morte por enforcamento depois de admitir ter esfaqueado um dos três homens que tinham tentado estuprá-la. Eis o beco sem saída: qual teria sido o resultado se ela tivesse decidido não se defender? Se tivesse permitido que os homens a estuprassem, ela seria submetida a cem chibatadas sob as leis iranianas sobre castidade; se fosse casada na época do estupro, ela provavelmente seria considerada culpada de adultério e sentenciada à morte por apedrejamento. Assim, o que quer que aconteça, a responsabilidade é inteiramente *dela*. O que, então, ela devia ter feito? A resposta é simples e clara: *ficar em casa*, nunca sair sozinha.

Esse tipo de atitude não se limita de maneira alguma ao islã – trata-se apenas de uma expressão extrema de uma postura que encontramos em toda a nossa volta. Em seu artigo "In Russia and Ukranie, Women are Still Blamed for Being Raped", Anastasiya Melnychenko escreveu:

> Em todo o mundo pós-soviético, as pessoas começam imediatamente a se perguntar o que a mulher fez de errado. Talvez ela estivesse usando saia muito curta? Talvez estivesse voltando para casa tarde demais? Ou talvez estivesse bêbada? A sugestão é que a mulher é culpada porque é mulher.[16]

A mesma tese é ouvida na versão para o cinema da série de TV *The Handmaid's Tale* [*O conto da aia*]: "Homens não podem resistir. Mas nós somos diferentes. Nós podemos resistir." Assim, enquanto numa parte do mundo aborto e casamento gay são apoiados como um claro sinal de progresso moral, em outras partes, homofobia e campanhas antiaborto estão pululando. Em junho de 2016, a Al Jazeera relatou que uma mulher holandesa de 22 anos disse à polícia que havia sido estuprada depois de ter sido drogada numa boate chique em Doha – o resultado é que ela foi considerada culpada por um tribunal catari de manter relação sexual ilegítima, recebendo uma pena suspensa de um ano. (Na outra ponta, o que conta como assédio no ambiente politicamente correto também está se ampliando. Relatou-se um caso de uma mulher andando na rua com uma bolsa na mão e um homem negro andando cinco metros atrás dela; quando tomou consciência disso, a mulher – inconscientemente, automaticamente? – apertou firme a bolsa nas mãos e o homem negro deu parte de que tinha experimentado o gesto da mulher como um caso de assédio racial...)

Ao lidarmos com a atmosfera opressiva nos países muçulmanos, não devemos nos esquecer de compará-la com a atmosfera (não menos opressiva) do Cinturão da Bíblia norte-americano.[17] Nós também devemos nos lembrar de que o conceito de religião "politicamente suspeita" não é

A "ameaça terrorista" 193

reservado exclusivamente ao islã. Nos Estados Unidos, durante a Segunda Guerra Mundial, dado o grande número de budistas dentro da minoria japonesa, o budismo – que só hoje é celebrado no Ocidente como modelo de espiritualidade tolerante – ocupou o lugar da religião "politicamente suspeita" de modo semelhante ao papel hoje desempenhado pelo islamismo.[18] Há outros paralelos surpreendentes à nossa espera. Segundo a narrativa ideológica do Estado Islâmico:

> A prova final do islã com o antimessias ocorrerá em Jerusalém após um período de conquista islâmica renovada ... O antimessias, conhecido na literatura apocalíptica muçulmana como Dajjal, virá da região de Khorasan, no Irã oriental, e matará um vasto número de combatentes do califado, até que só restem 5 mil, encurralados em Jerusalém. Bem na hora em que o Dajjal se preparava para eliminá-los, Jesus – o segundo profeta mais venerado no islã – retornará à Terra, atravessará o Dajjal com uma lança e conduzirá os muçulmanos à vitória.[19]

Soa familiar? Claro que sim: é a história do Armagedom ligeiramente reformulada, usada regularmente pelos fundamentalistas cristãos norte-americanos... que bom ver fundamentalistas cristãos e muçulmanos andando na mesma direção e se apoiando nas mesmas fantasias, mesmo quando fingem ter ódio um ao outro.

Em julho de 2016, relatou-se que um líder religioso, referindo-se a textos sagrados antigos, estava afirmando que estuprar mulheres inimigas capturadas pode ser justificado em tempos de guerra. Seria esse líder um outro excêntrico sacerdote muçulmano próximo do Estado Islâmico? Não, tratava-se do recém-nomeado rabino-chefe das Forças de Defesa de Israel, que se enrascou ao fazer comentários que pareciam perdoar o estupro de mulheres não judias em tempos de guerra.[20] A lição desse escândalo não é apenas que autoridades religiosas deveriam aplicar padrões morais de hoje em seu esforço para tornar as fontes religiosas tradicionais relevantes – todos sabemos que os textos sagrados são verdadeiros monumentos à brutalidade bárbara. Uma lição muito mais importante diz respeito à proximidade (talvez) inesperada dos linhas-duras israelenses "civilizados" com os fundamentalistas muçulmanos "bárbaros".

"Bête et méchant"

Como a noção de liberdade e direitos humanos, que tanto antagonismo provoca nos países muçulmanos, terá se originado da tradição cristã? É só no espaço criado pela distância entre Deus e a lei que a noção moderna de direitos humanos pode ter surgido: direitos humanos só podem ser concebidos quando lei não é a última palavra de Deus, quando obedecer à lei é substituído por uma dimensão diferente (de amor, graça). É crucial ter em mente a interconexão entre o Decálogo e direitos humanos, os últimos sendo o anverso moderno do primeiro. Como a experiência da nossa sociedade liberal-permissiva demonstra amplamente, direitos humanos são expressão em última análise, em sua essência, simplesmente do direito de violar os Dez Mandamentos. "O direito à privacidade" – o direito ao adultério, consumido em segredo, quando ninguém me vê nem tem direito de ficar sondando a minha vida. "O direito à busca da felicidade e de possuir propriedade privada" – o direito de roubar (de explorar o outro). "Liberdade de imprensa e de expressão de opinião" – direito de mentir, difamar e humilhar. "O direito (nos Estados Unidos, pelo menos) de cidadãos livres possuírem armas" – direito de matar. E, por último, "a liberdade de crença religiosa" – o direito de celebrar falsos deuses. É claro, direitos humanos não desculpam diretamente a violação dos Mandamentos, eles apenas mantêm aberta uma "zona cinzenta" marginal, fora do alcance do poder (religioso ou secular). Nessa zona obscura, eu posso violar os Mandamentos, e se o poder se intrometer, me pegando de calças arriadas e tentando impedir minhas violações, eu grito: "Estão cerceando meus direitos humanos básicos!" A questão, assim, é que é estruturalmente impossível, para o poder, estabelecer uma linha clara de demarcação e impedir apenas o "abuso" de um direito humano, sem infringir um uso próprio, i.e., um uso que não viole os Mandamentos.[21]

A "*ameaça terrorista*"

195

É a esta zona cinzenta que pertence o humor brutal do *Charlie Hebdo*. Devemos nos lembrar de que o *Charlie Hebdo* começou em 1970 como sucessor do *Hara-Kiri*, uma revista proibida por debochar da morte do general De Gaulle. Depois de uma carta de leitor logo no começo acusar o *Hara-Kiri* de ser "estúpido e mau" ("*bête et méchant*"), a expressão foi adotada como slogan oficial do jornal e entrou para a linguagem cotidiana. Essa é a zona cinzenta do *Charlie Hebdo*: não uma sátira benévola, mas, muito literalmente, estúpida e má, tanto que seria muito mais apropriado a multidão proclamar "*Je suis bête et méchant*", em vez do insípido "*Je suis Charlie*". Contrariamente às expectativas, as manifestações de solidariedade de Paris foram *bêtes et méchants*!

Reanimadora como podia ser em algumas situações, a postura "*bête et méchant*" adotada pelo *Charlie Hebdo* é claramente restringida pelo fato de a gargalhada não ser em si mesma libertadora, mas sim profundamente ambígua. Lembrem-se do contraste entre os solenes e aristocráticos espartanos e os joviais e democráticos atenienses, que são parte do nosso senso comum sobre a Grécia Antiga. Esse senso comum, contudo, deixa de perceber como os espartanos, que tinham orgulho de sua severidade, botavam a gargalhada no centro da sua ideologia e prática – eles reconheciam que a gargalhada pública possuía um poder que nos ajuda a aumentar a glória do Estado. (Os atenienses, ao contrário, restringiam legalmente a gargalhada brutal e excessiva como uma ameaça ao espírito de diálogo democrático respeitoso, em que nenhuma humilhação do adversário devia ser permitida.) O tipo espartano de gargalhada – a zombaria brutal de um inimigo ou escravo humilhado, caçoando de seu medo e de sua dor a partir de uma posição de poder – sobrevive até hoje: nós a encontramos, entre outros lugares, nos discursos de Stálin, em que ele se mofa do pânico e da confusão dos "traidores", no sarcasmo do torturador face aos balbucios confusos de sua vítima meio morta, ou no fidalgo bem-educado ridicularizando as tentativas canhestras de seu servo de imitar suas maneiras. (A propósito, essa risada brutal deve ser distinguida de um outro modo de rir dos que estão no poder, o deboche cético, que sinaliza que eles não levam a sério a sua própria ideologia.) O problema com o humor do *Charlie Hebdo* não é ir longe demais em sua irreverência, mas, sim, ser um excesso inofensivo, que se adéqua perfeitamente ao funcionamento cínico hegemônico da ideologia em nossas sociedades. Não representa absolutamente nenhum tipo de ameaça àqueles no poder, meramente torna seu exercício do poder mais tolerável. Upton Sinclair escreveu que é difícil fazer um homem entender uma coisa quando seu trabalho depende de ele não entendê-la. Como isso funciona? Não com um encerramento psicótico direto de uma parte do conhecimento do sujeito, mas mais à guisa de uma negação fetichista: embora o sujeito compreenda muito bem a coisa, ele *suspende a eficiência simbólica do seu entendimento.*

Pode-se arriscar a hipótese de que o que está faltando ao islã (e ao judaísmo) é a zombaria carnavalesca da divindade, que faz parte da própria tradição religiosa europeia, começando pela Grécia Antiga ridicularizando ritualisticamente os deuses do Olimpo. Não há nada de subversivo ou de ateísmo aqui: essa zombaria é uma parte inerente da vida religiosa. Como para o cristianismo, não devemos nos esquecer dos momentos de ironia carnavalesca nas parábolas e nos enigmas de Cristo. Até a crucificação contém a sua própria zombaria, o espetáculo blasfemo do Rei Cristo montado num jumento, com sua coroa feita de espinhos.

O islã tem, é claro, o seu próprio pé carnavalesco, mas ele funciona de maneira diferente. Quando a mídia estava interessada no acontecimento em Colônia, seja demonizando-o como uma intrusão brutal do barbarismo muçulmano ou tentando desesperadamente minimizá-lo, um aspecto-chave foi quase totalmente ignorado: durante os grandes protestos anti-Mubarak, na praça Tahir, incidentes semelhantes estavam acontecendo o tempo todo – grupos de manifestantes dançavam em volta de uma mulher, desrespeitando a sua privacidade, tocando-a obscenamente, às vezes até estuprando-a. (A grande maioria dos repórteres ocidentais decidiu ignorar os numerosos incidentes desse tipo que eles estavam testemunhando, em função da solidariedade com os que protestavam e com medo de serem percebidos como pró-Mubarak. Coisas semelhantes acontecem regularmente na Cisjordânia e em outros lugares no Oriente Médio.) Uma prova, caso ainda seja necessária, é que o incidente em Colônia fazia meramente

A "ameaça terrorista"

parte da tradição carnavalesca do Oriente Médio, que ignora mulheres em apuros.

É contra esse pano de fundo que se deve abordar o sensível tópico dos múltiplos modos de vida. Enquanto o poder de Estado das sociedades seculares liberais ocidentais protege as liberdades públicas e intervém no espaço privado (por exemplo, quando suspeita de abuso contra crianças), tais "intromissões no espaço doméstico, a afronta a domínios 'privados' é desaprovada na lei islâmica, apesar de a conformidade no comportamento 'público' poder ser muito mais estrita ... para a comunidade, o que importa é a prática social do sujeito muçulmano – incluindo comunicação verbal – não seus pensamentos internos, quaisquer que possam a ser".[22] Embora, como diz o Corão, "que creia aquele que deseja e o rejeite quem quiser" (18:29), este "direito de pensar o que quiser não inclui ... o direito de expressar crenças morais ou religiosas publicamente, com intenção de converter pessoas para um falso comprometimento".[23] É por isso que, para os muçulmanos, é "impossível ficar calado quando confrontado com a blasfêmia": sua reação é tão apaixonada porque, para ele, "a blasfêmia não é nem 'liberdade de expressão' nem o desafio de uma nova verdade, mas, sim, algo que busca romper uma relação viva".[24] Do ponto de vista liberal ocidental, é claro que há um problema com ambos os termos dessa formulação nem/nem: e se a liberdade de expressão incluir atos que rompam essa relação viva? E se uma "nova verdade" também tiver o mesmo efeito disruptivo? E se uma nova consciência ética fizer a relação viva parecer injusta?

Yasri Khan, membro muçulmano do Partido Verde sueco, se recusou a cumprimentar uma jornalista, afirmando que o ato é "íntimo demais"; quando foi criticado, disse que essa crítica refletia os preconceitos etnocentristas que abundam mesmo dentro do Partido Verde, o qual, contrariamente, defende a diversidade cultural. "Como você combina diversidade e [liberdade de] religião com uma ideia etnocêntrica e preconceituosa de igualdade de gênero?"[25] Embora o gesto de Khan possa ser justificado (parcialmente, pelo menos), sua defesa aponta para o coração do problema: pode a igualdade de gênero, que tem de incluir o cumprimento entre homem e mulher em público, ser de fato descartada como "uma ideia etnocêntrica e preconceituosa"? E o anverso: pode a submissão das mulheres ser defendida como um componente de uma identidade cultural que somos obrigados a respeitar? Onde colocarmos aqui o limite?

Se, para muçulmanos, não só é "impossível ficar calado quando confrontado com a blasfêmia", mas também é impossível permanecer inativo, não fazer nada – e ações podem incluir atos violentos e assassinos –, então, a primeira coisa a fazer é situar essa atitude em seu contexto contemporâneo. Não seria o mesmo válido para o movimento antiaborto cristão? Para seus membros, também é "impossível ficar calado" em face de centenas de milhares de fetos mortos todos os anos, matança que eles comparam com o Holocausto. É aqui que começa a verdadeira tolerância – a tolerância do que experimentamos como "o impossível de suportar" ("*l'impossible-à-supporter*", como formula Lacan) –, e, nesse nível, o corretismo político liberal de esquerda se aproxima do fundamentalismo religioso, com a sua própria lista de "impossíveis de ficar calado quando confrontado com a...": o que para nós é (percebido como) "blasfêmia" de sexismo, racismo e outras formas de intolerância. É fácil escarnecer da regulação islâmica da vida cotidiana (a propósito, um aspecto que o islã compartilha com o judaísmo), mas e a lista politicamente correta dos gestos de sedução que podem ser considerados assédio verbal, das brincadeiras que são consideradas racistas, sexistas ou mesmo "especistas" (aporrinhar demais outras espécies de animais)? O que se deve enfatizar aqui é a contradição imanente da postura liberal de esquerda: a postura liberal de ironia e zombaria universais, tirar sarro de todas as autoridades, espirituais e políticas (a postura corporificada no *Charlie Hebdo*), tende a descambar para o seu oposto, uma sensibilidade excessiva à dor e humilhação do outro.

É por causa dessa contradição que a maior parte das reações da esquerda aos assassinatos de Paris seguiu um padrão previsível: embora suspeitassem que algo estava profundamente errado no espetáculo de consenso liberal e de solidariedade com as vítimas, eles só foram capazes de condenar os assassinatos depois de longas e tediosas qualificações do tipo "nós também somos culpados". Esse temor de que, ao condenar de forma clara os assassinatos, corremos o risco, de algum modo, de incorrer

A "ameaça terrorista"

em islamofobia é política e eticamente totalmente errado. Não há nada de "islamofóbico" em condenar cabalmente a matança em Paris, do mesmo modo que nada há de antissemita em condenar cabalmente as políticas de Israel em relação aos palestinos. No momento em que a gente procura algum mínimo de "equilíbrio" aqui, começa o fiasco ético-político.

O que isso também significa é que, ao abordar o conflito Israel-Palestina, devemos insistir em padrões implacáveis e frios, suspendendo nosso impulso de tentar "compreender" a situação: deve-se resistir incondicionalmente à tentação de "entender" o antissemitismo árabe (onde nós realmente o encontramos) como uma reação "natural" à situação tristemente dura dos palestinos, ou "compreender" as medidas de Israel como uma reação "natural" à memória de fundo do Holocausto. Não deve haver nenhuma "compreensão" para com o fato de Hitler ainda ser considerado um herói em muitos, se não na maioria, dos países árabes desde a Arábia Saudita até o Egito, nem para com o fato de todos os mitos antissemitas tradicionais serem repetidos nos manuais de escola primária, desde os celebremente forjados "Protocolos dos Sábios do Sião" até as afirmações de que judeus usaram sangue de crianças cristãs (ou árabes) para fins sacrificiais. Afirmar que o antissemitismo expressa, de maneira deslocada, a resistência contra o capitalismo não o justifica de modo algum: o deslocamento não é aqui uma operação secundária, mas o gesto fundamental de uma mistificação ideológica. O que essa afirmação *de facto* envolve é a ideia de que, a longo prazo, a única maneira de lutar contra o antissemitismo é não pregar tolerância liberal etc., não interpretar nem julgar atos singulares "em conjunto", mas removê-los de sua textura histórica. Quando todo e qualquer protesto contra atividades das Forças de Defesa de Israel na Cisjordânia é denunciado como expressão de antissemitismo e – implicitamente, pelo menos – posto na mesma categoria que a negação do Holocausto, quer dizer, quando a sombra do Holocausto é permanentemente evocada para neutralizar quaisquer críticas às ações israelenses, não basta insistir na diferença entre antissemitismo e críticas a medidas particulares do Estado de Israel; deve-se dar um passo adiante e afirmar que, nesse caso, é o Estado de Israel que está dessacralizando as vítimas do Holocausto, manipulando-as impiedosamente como meio para legitimar decisões políticas atuais. O que isso significa é que devemos rejeitar a própria noção de todo e qualquer vínculo entre o Holocausto e as presentes tensões entre Israel e a Palestina: são dois fenômenos completamente diferentes, um sendo parte da história europeia de resistência direitista à dinâmica de modernização, o outro sendo um dos últimos capítulos da história do colonialismo. Por outro lado, a tarefa difícil para os palestinos é aceitar que seus verdadeiros inimigos não são os judeus, mas os regimes árabes que manipulam a sua difícil situação a fim precisamente de impedir mudanças, i.e., uma radicalização política em seu próprio meio. Parte da situação de hoje na Europa é efetivamente o crescimento do antissemitismo – por exemplo, em Malmö, uma minoria agressiva de muçulmanos assedia judeus para que eles tenham medo de andar nas ruas em seus trajes tradicionais. Esse fenômeno deveria ser clara e cabalmente condenado: a luta contra o antissemitismo e a luta contra a islamofobia deveriam ser vistas como dois aspectos da *mesma* luta.

Assim, mais uma vez, não menos obviamente, a solução tolerante óbvia (respeito mútuo pela sensibilidade do outro) não funciona: se os muçulmanos acham "impossível de suportar" nossas imagens blasfemas e nosso humor sem escrúpulos (que consideramos ser parte das nossas liberdades), os liberais ocidentais também acham "impossível de suportar" muitas práticas (a subordinação de mulheres etc.) que são parte das "relações vivas" muçulmanas. Em resumo, as coisas explodem quando membros de uma comunidade religiosa vivenciam como injúria blasfema e perigo para seu modo de vida, não um ataque direto contra a sua religião, mas *o próprio modo de vida de outra comunidade* – como foi o caso dos ataques contra gays e lésbicas na Holanda, na Alemanha e na Dinamarca, ou é o caso com os franceses e francesas que veem uma mulher usando burca como um ataque contra a identidade francesa, motivo pelo qual também acham "impossível ficar calado" quando encontram uma mulher assim encoberta entre eles. Não devemos procurar as origens do liberalismo em algum individualismo exacerbado: em vez disso, ele foi originalmente uma resposta ao problema do que fazer em situações desse tipo, quando dois grupos étnicos vivem perto um do outro, mas têm modos de vida incompatíveis.

Terroristas com rosto humano

Um exame mais apurado dos "terroristas" propicia mais uma surpresa. Mohamed Lahouaiej-Bouhlel, o francês de 31 anos de ascendência tunisiana que, no anoitecer de 14 de julho de 2016, dirigiu um caminhão alugado para cima da multidão que estava celebrando o Dia da Bastilha em Nice e matou 84 pessoas, só era conhecido da polícia em conexão com crimes comuns, como roubo e violência – os serviços de inteligência não tinham nenhum registro de quaisquer vínculos com o islamismo radical. Trabalhando como motorista de entregas, ele agia como se estivesse plenamente integrado na vida cotidiana e profissional normal, quando, de uma hora para outra, sua vida começou a se desintegrar e uma queda na prática de crimes e violência triviais levou ao ato terrorista autodestrutivo. Outros casos seguem um padrão semelhante – lembrem-se apenas de Hasna Aitboulahcen, a mulher que era supostamente uma das perpetradoras dos ataques de Paris: ela também levava uma vida "moderna" secular e só se converteu ao islã radical três meses antes do ataque.

O caso mais notável nessa série é o de Salah Abdeslam, o suspeito de terrorismo em Paris que foi preso em março de 2016 em Bruxelas. A primeira coisa que salta aos olhos é que ele não é nenhum Mohammed Atta, nenhuma figura austera de fanatismo "desumano", mas, antes, parece perfeitamente "humano", no sentido usual da palavra: exibe todas as fraquezas comuns (relata-se que chora frequentemente) e é uma pessoa gentil, muito sorridente, apaixonado por música e dança, gosta de beber e de outros aspectos da *joie de vivre*. Nascido na Bélgica, Abdeslam é cidadão francês de ascendência marroquina e foi empregado pela STIB-MIVB (a companhia de transportes públicos de Bruxelas) como mecânico de setembro de 2009 a 2011; não está claro por que ele foi demitido (talvez por repetidas faltas, ou atos criminosos), mas a partir de dezembro de 2013 Abdeslam foi gerente de um bar em Molenbeek, frequentado por clientes magrebinos e um centro de tráfico de drogas. Em resumo, Abdeslam vem de uma família plenamente integrada, tinha emprego permanente e participava da vida cotidiana comum – então por que ele se radicalizou? A sua história forma uma espécie de tríade hegeliana: cidadão comum trabalhador, queda para as drogas e a subcultura criminal, depois a queda/ascensão final para o terror religioso... É a razão dada por outro terrorista morto em Paris, Abdelhamid Abaaoud, que, num vídeo promovendo o Estado Islâmico, se dirigiu a seus espectadores com uma pergunta simples: vocês estão satisfeitos com suas vidas? É tudo o que vocês querem, ou vocês buscam algo mais, um engajamento mais profundo que torne a sua vida não apenas significativa, mas também mais dinâmica, ousada e até mais divertida? (Aliás, é por isso que a solução não é estabelecer mais comunidades de refugiados em nossas grandes cidades. Terroristas em geral vêm desse tipo de lugar; eles representam a rebelião dos filhos da segunda geração contra seus pais bem integrados. O problema deles não é falta de integração: eles reagem à integração na sociedade ocidental como tal, uma sociedade que eles consideram decadente.)

Devemos evitar aqui nos deixar levar pelo conceito psicossociológico barato de uma geração alienada que não consegue encontrar realização na nossa sociedade de consumo. Ainda pior é buscar um paralelo entre violência de direita e de esquerda, o tema padrão do centro liberal. Há violência e há violência, e a questão é não desqualificar *a priori* nenhum modo de violência, mas nos indagar com que modo de violência estamos lidando. Lembrem-se dos protestos estudantis de 2008 na Grécia, que ameaçavam se espalhar por toda a Europa, da Croácia até a França. Muitos observadores comentaram que seu aspecto-chave era a violência – não a violência no sentido de matar pessoas, mas no sentido de perturbar a ordem pública e destruir (bem escolhidas) propriedades privadas e do Estado, com o objetivo de interromper o andamento regular do Estado e da maquinaria capitalista. A aposta de terrorismo radical de esquerda (Baader-Meinhof na Alemanha, Brigadas Vermelhas na Itália, Action Directe na França) foi que, numa época em que as massas estavam tão totalmente imersas no sono ideológico capitalista que a crítica ideológica padrão já não funcionava mais, só um recurso ao Real cru da violência direta – *"l'action directe"* – poderia despertar as massas. Embora

A *"ameaça terrorista"*

se deva rejeitar sem ambiguidade o modo assassino como esse insight foi levado a cabo, não há motivo para temer endossar o insight ele mesmo. A "maioria silenciosa" pós-política de hoje não é tola, mas está ceticamente resignada. A limitação da pós-política é mais bem exemplificada não só pelo sucesso do populismo direitista, mas pelas eleições de 2005 no Reino Unido. Apesar da impopularidade crescente de Tony Blair (ele foi regularmente eleito a pessoa mais impopular do Reino Unido), não havia como o descontentamento encontrar uma expressão política efetiva, e, por isso, os trabalhistas foram reeleitos, com Blair no comando. Algo está muito errado aqui – não é que as pessoas "não saibam o que querem", mas, antes, que sua resignação cética as impede de agir e, por isso, o resultado é uma lacuna fatídica entre o que as pessoas pensam e como elas agem (votam). Uma frustração desse quilate pode fomentar explosões extraparlamentares perigosas, que a esquerda não deve lamentar: antes, ela deve correr o risco de usá-las para "despertar" o povo. Em claro contraste com essa estratégia (errada e moralmente inaceitável), os atos de terrorismo muçulmanos – e isso é válido em geral para o terrorismo de direita – de Breivik até os fundamentalistas norte-americanos – não pretendem "despertar" e mobilizar os europeus para a sua realidade, mas, sim, aterrorizá-los.

E a série continua: o refugiado afegão de dezessete anos que atacou passageiros com um machado num trem no sul da Alemanha havia sido especialmente selecionado para adoção, pois parecia estar se adaptando bem à sua nova vida. A questão da integração é muito mais complexa do que a noção simplista de que a maioria nativa nos países ocidentais não está preparada para aceitar imigrantes. Sloterdjik estava certo: enquanto os europeus estavam "descobrindo" outros continentes a partir do século XVI, a população do Terceiro Mundo está "descobrindo" a Europa agora.[26]

Ali Sonboly, o rapaz de dezoito anos com cidadania germano-iraniana, "um adolescente intimidado e solitário, obcecado por assassinatos em massa",[27] que atirou e matou nove pessoas num shopping center nos subúrbios de Munique, iniciou uma curta conversa (ou, antes, uma gritaria) pouco antes de começar a fuzilaria – eis aqui uma versão condensada:

Homem na varanda: "Você é um tremendo babaca."

Ali: "Por sua causa eu sofri sete anos de *bullying*..."

Homem: "Babaca. Você é um babaca."

Ali: "...E agora tenho que comprar uma arma pra te dar um tiro."

Falante desconhecido: "Turcos de merda!"   ·

Homem: "Estrangeiros de merda!"

Ali: "Eu sou alemão ... É isso aí, eu nasci aqui."

Homem: "Nasceu, mas que porra você acha que tá fazendo agora?"

Ali: "Eu cresci aqui, no Hartz 4 [seguro-desemprego na Alemanha]."

O significado óbvio de "Eu sou alemão... eu nasci aqui" seria que, embora formalmente cidadão alemão, ele não era realmente aceito como tal e foi tratado como um pária marginal que vivia de seguro-desemprego – mas resta a pergunta: o que ele desejava? Queria realmente se tornar alemão? Que tipo de alemão? Além disso, a referência de Ali à posição social que fez dele o que ele era ("Eu cresci aqui, no Hartz 4") soa demasiado reflexiva, lembrando um mantra sobre a negligência dos programas sociais e dos esforços de integração, negligência que privou a geração de imigrantes mais jovens de toda e qualquer perspectiva econômica e social: explosões violentas são a sua única maneira de expressar sua insatisfação. Por isso, em vez de nos entregarmos a fantasias de vingança, deveríamos fazer um esforço para compreender as causas mais profundas da explosão violenta: podemos sequer imaginar o que significa ser um homem jovem num subúrbio pobre e racialmente misturado, *a priori* suspeito e assediado pela polícia, vivendo em famílias muito pobres e desintegradas, não apenas desempregados, mas frequentemente inempregáveis, sem nenhuma esperança de futuro? No momento em que levarmos isso tudo em consideração, as razões pelas quais as pessoas estão tomando as ruas ficarão claras... O problema com esse relato é que ele só lista condições objetivas para a violência, ignorando a dimensão subjetiva: provocar distúrbios não é fazer uma declaração subjetiva, não é declarar implicitamente como o sujeito se relaciona com suas condições objetivas, como ele as objetiva. Vivemos numa era em que podemos facilmente imaginar um manifestante

A *"ameaça terrorista"* 205

que, quando pego saqueando ou incendiando uma loja e pressionado a explicar as razões de sua violência, começa subitamente a falar como falam os assistentes sociais, sociólogos e psicólogos sociais, citando mobilidade social diminuída, insegurança crescente, desintegração da autoridade paterna, carência de amor maternal na primeira infância – ele sabe o que está fazendo, e todavia o está fazendo, como no célebre número "Gee, Officer Krupke" em *Amor, sublime amor,* que inclui a afirmação de que "a delinquência juvenil é simplesmente uma doença social":

Pô, policial Krupke, somos muito revoltados;
Nunca tivemos o amor que toda criança deve ter.
Não somos delinquentes.
Somos mal compreendidos.
Lá no fundo, temos o bem dentro de nós!

Meu pai é um patife,
Minha mãe uma FDP.
Meu avô tá sempre de porre,
Minha avó vende fumo.
Minha irmã usa bigode,
Meu irmão usa vestido.
Deus do céu, é por isso que sou um caos!

Policial Krupke, o senhor é mesmo um palerma.
Esse rapaz não precisa de médico, só de um emprego honesto.
A sociedade pregou uma peça terrível nele,
E sociologicamente ele está doente!*

---

* No original: *"Gee, Officer Krupke, we're very upset;/ We never had the love that ev'ry child oughta get./ We ain't no delinquents,/ We're misunderstood./ Deep down inside us there is good!// My father is a bastard,/ My ma's an S.O.B./ My grandpa's always plastered,/ My grandma pushes tea./ My sister wears a mustache,/ My brother wears a dress./ Goodness gracious, that's why I'm a mess!// Officer Krupke, you'r really a slob./ This boy don't need a doctor, just a good honest job./ Society's played him a terrible trick,/ And sociologic'ly he's sick!"* (N.T.)

Os jovens delinquentes não se limitam a ser uma doença social, eles mesmos declaram sê-lo, encenando ironicamente diferentes relatos da sua difícil situação (como assistentes sociais, psicólogos ou juízes poderiam descrevê-la). Para alcançar esse ponto, deve-se discernir, numa espécie de análise espectral, os diferentes modos contemporâneos de racismo. Primeiro, há a rejeição antiquada desavergonhada do Outro muçulmano (despótico, ortodoxo, corrupto, oriental) em favor de valores autênticos (ocidental, civilizado, democrático, cristão). Depois, há o racismo "reflexivo" do politicamente correto: a percepção multiculturalista dos muçulmanos como terreno de horrores e intolerâncias étnicos, de paixões belicistas primitivas, ao qual se opõe o processo democrático-liberal pós-nação-Estado de resolução de conflitos através de negociações racionais, compromissos e respeito mútuo. Nesse caso, o racismo é, por assim dizer, elevado à segunda potência: ele é atribuído ao outro, ao passo que nós ocupamos a confortável posição de observadores neutros benevolentes, justificadamente angustiados com os horrores do que está acontecendo lá. Finalmente, há o racismo reverso: ele celebra a autenticidade do Outro muçulmano que, em contraste com os europeus ocidentais inibidos e anêmicos, ainda exibem um entusiasmo prodigioso pela vida. Isso nos traz a outro aspecto-chave desse racismo reflexivo: ele inverte a distinção entre desprezo cultural para com o outro e racismo franco e direto. Geralmente, considera-se que o racismo seja uma versão mais forte e mais radical do desprezo cultural: estamos lidando com racismo quando a cultura do simples desprezo pelo outro é elevada à noção de que o outro grupo étnico é, por razões inerentes (biológicas ou culturais), inferior a nós. Entretanto, o racismo "reflexivo" de hoje é, paradoxalmente, capaz de se expressar em termos de respeito direto pela cultura do outro: ora, não era esse o argumento oficial do apartheid na velha África do Sul, de que as culturas negras deviam ser preservadas em sua singularidade, e não dissolvidas no caldo ocidental? Os racistas europeus de hoje, como Le Pen, não enfatizam que o que eles estão pedindo é somente o mesmo direito a identidade cultural que africanos e outros estão pedindo para si? É demasiado simples repudiar esses argumentos com a afirmação de que

A *"ameaça terrorista"*　　207

o respeito pelo outro é aqui simplesmente "hipócrita". O mecanismo em curso é, antes, a negação que é característica da divisão fetichista: "Eu sei muito bem que a cultura do outro é digna do mesmo respeito que a minha, não obstante... (eu a desprezo de todo o coração)."

A questão mais geral a tratar aqui é a lição hegeliana de que a reflexivização/midiatização global gera o seu próprio imediatismo brutal, mais bem capturada pela noção de Étienne Balibar da crueldade excessiva não funcional como traço distintivo da vida contemporânea:[28] uma crueldade cujas formas vão do assassinato fundamentalista racista e/ou religioso até explosões "sem sentido" de violência protagonizadas por adolescentes e sem-teto em nossas megalópoles, uma violência que somos tentados a chamar de isso-mal, uma violência baseada em nenhum raciocínio utilitário ou ideológico. Toda a falação sobre estrangeiros roubando nossos empregos ou sobre as ameaças que eles representam para os valores do Ocidente não deve nos enganar: sob exame mais apurado, logo fica claro que essa conversa só faz prover racionalizações secundárias, antes superficiais. A resposta que finalmente obtemos de um skinhead é que ele gosta de bater em estrangeiros, que a presença deles o incomoda... O que encontramos aqui é certamente o isso-mal, i.e., o mal estruturado e motivado pelo mais elementar desequilíbrio na relação entre eu e *jouissance*, pela tensão entre prazer e *jouissance* no âmago do corpo estranho. Assim, o isso-mal encena o curto-circuito mais elementar da relação do sujeito com o objeto-causa primordialmente faltante desse desejo: o que nos "incomoda" no "outro" (judeu, japonês, africano, turco) é que ele parece manter uma relação privilegiada com o objeto – o outro possui o objeto-tesouro, tendo-o roubado de nós (e é por isso que não o temos), ou representa uma ameaça à nossa posse do objeto. O que deve ser proposto aqui é o "juízo infinito" hegeliano, afirmando a identidade especulativa dessas explosões "inúteis" e "excessivas" de imediatismo violento, as quais exibem tão somente um ódio puro e nu ("não sublimado") à alteridade, com a reflexivização global da sociedade. Talvez o exemplo máximo dessa coincidência seja o destino da interpretação psicanalítica: hoje, as formações do inconsciente (de sonhos a sintomas histéricos) perderam em definitivo sua inocência e são inteiramente reflexivizadas. As "associações livres" de um analisando instruído típico consistem, em sua maioria, de tentativas de prover uma explicação para seus distúrbios, de modo que é bastante justificado dizer que temos não só interpretações junguianas, kleinianas, lacanianas dos sintomas, mas sintomas propriamente ditos que são junguianos, kleinianos, lacanianos, i.e., cuja realidade envolve referência implícita a alguma teoria psicanalítica. O resultado infeliz dessa reflexivização global da interpretação (tudo se torna interpretação, o inconsciente interpreta a si mesmo) é que a própria interpretação do analista perde sua "eficiência simbólica" performativa e deixa o sintoma intacto no imediatismo da sua *jouissance* idiota.

O que acontece no tratamento psicanalítico é estritamente homólogo à resposta do skinhead neonazista, que, quando realmente pressionado a dar as razões da sua violência, começa de repente a falar como um assistente social, sociólogo ou psicólogo social, citando mobilidade social diminuída, insegurança crescente, desintegração da autoridade paterna, carência de amor materno na primeira infância. A unidade entre a prática e sua legitimação ideológica inerente se desintegra em violência crua e sua interpretação impotente e ineficiente. Essa impotência da interpretação também é a impotência do anverso necessário da reflexividade universal saudada pelos teóricos da sociedade de risco: é como se nosso poder reflexivo só pudesse prosperar na medida em que tirasse sua força e se apoiasse num apoio substancial "pré-reflexivo" mínimo que escapa ao seu alcance, de tal modo que a universalização se dá ao preço da sua ineficiência, i.e., pelo ressurgimento paradoxal do Real bruto da violência "irracional", impermeável e insensível à interpretação reflexiva. Assim, quanto mais a teoria social de hoje proclama o fim da natureza e/ou da tradição e a ascensão da "sociedade de risco", mais referências implícitas à "natureza" permeiam nosso discurso cotidiano: mesmo quando não falamos do "fim da história", não estaríamos propondo a mesma mensagem quando afirmamos que estamos entrando numa era "pós-ideológica" pragmática, o que vem a ser outra maneira de dizer que estamos entrando numa ordem pós-política, cujos únicos conflitos legítimos são os conflitos étnicos/culturais? Tipicamente, no discurso crítico e político de hoje, o termo "trabalhador" desa-

A *"ameaça terrorista"*

pareceu do vocabulário, substituído e/ou obliterado por "trabalhador(es)/imigrante(s)": argelinos na França, turcos na Alemanha, mexicanos nos Estados Unidos. Dessa maneira, a problemática de classe da exploração dos trabalhadores é transformada em problemática multiculturalista da "intolerância à alteridade" etc., e o investimento excessivo dos liberais multiculturalistas na proteção dos direitos étnicos dos imigrantes tira claramente a sua energia da dimensão "reprimida" de classe. Apesar de a tese de Francis Fukuyama sobre o "fim da história" ter caído rapidamente em desgraça, ainda presumimos em silêncio que a ordem capitalista global democrático-liberal é de algum modo o regime social "natural" finalmente encontrado, ainda concebemos implicitamente os conflitos nos países em desenvolvimento como uma subespécie de catástrofe natural, como explosões de paixões violentas quase naturais ou como conflitos baseados em identificação fanática com raízes étnicas determinadas (e o que é "o étnico" aqui senão mais uma vez um código para "natureza"?). Mais uma vez, a questão-chave é que essa renaturalização cabalmente difusa é estritamente correlata à reflexivização global da nossa vida cotidiana. Por essa razão, quando confrontados com o ódio e a violência étnica, nós devemos rejeitar completamente a ideia padrão multiculturalista de que, contra a intolerância étnica, nós devemos aprender a respeitar e conviver com a alteridade do Outro, devemos desenvolver tolerância a diferentes estilos de vida, e por aí vai. A maneira de combater o ódio étnico com eficiência não é através da sua contrapartida imediata, o que nós precisamos é de *ainda mais ódio*, mas o ódio político justo e apropriado, o ódio dirigido contra o inimigo político comum.

E não deveríamos pôr na mesma série Andreas Lubitz, o copiloto do voo da Germanwings que jogou seu avião nos Alpes franceses, matando as 150 pessoas a bordo, inclusive a si mesmo? Como ele não tinha absolutamente nenhum vínculo com qualquer grupo ou organização política ou ideológica/religiosa, os assim chamados especialistas tentaram atribuir sua ação a questões psicológicas, depressão, e assim por diante – mas resta o fato de que ele era um homem perfeitamente dedicado ao trabalho, moderno, não ideológico e liberal, que se levantava todos os dias às cinco da manhã para uma corrida de cinco quilômetros, tendo boas relações com amigos e vivendo uma vida muito disciplinada...[29]

Assim, talvez, em vez de procurar nos recessos distantes do islã, outra abordagem seja necessária e devamos pôr em foco o niilismo peculiar às nossas próprias sociedades: algo deve estar errado conosco se jovens que pareciam estar integrados regridem ao terrorismo; assim, de onde vem o seu ódio? Lembrem-se dos distúrbios nos subúrbios franceses no outono de 2005, quando vimos milhares de carros incendiados e uma explosão maior de violência pública. Estamos lidando aqui com a reversão padrão do desejo frustrado em agressividade que é descrita pela psicanálise, e o islã meramente fornece a forma que vai dar base a esse ódio (auto)destrutivo. Frustração e inveja se radicalizam em ódio assassino e autodestrutivo contra o Ocidente e as pessoas se envolvem em violência vingativa. Essa violência só pode culminar em atos orgiásticos de (auto)destruição, sem nenhuma visão séria de uma sociedade alternativa. Não há nenhum potencial emancipatório na violência fundamentalista, por mais anticapitalista que ela afirme ser: em vez disso, trata-se de um fenômeno inerente ao universo capitalista global.

A resposta de Ciacco, ou estranhos numa terra estranha

Jacques Lacan escreveu que, mesmo se um marido ciumento afirmar ser verdade tudo o que ele diz sobre sua esposa (que ela dorme com outro homem, digamos), seu ciúme ainda é patológico – por quê? A pergunta real não é "O ciúme dele tem base?", mas "Por que ele precisa do ciúme para manter sua autoidentidade?". Nessa mesma linha, pode-se dizer que, mesmo se o que a maioria dos nazistas declara sobre os judeus fosse verdade (eles exploram os alemães, seduzem as moças alemãs), seu antissemitismo ainda seria (e foi) patológico, pois reprime a verdadeira razão pela qual os nazistas precisaram do antissemitismo para sustentar sua posição ideológica.

Não é exatamente a mesma coisa que acontece com o medo crescente de refugiados e imigrantes? Para extrapolar ao extremo: mesmo que a maior parte de nossos preconceitos sobre eles se mostrasse verdadeira

A "ameaça terrorista"

(eles são terroristas fundamentalistas escondidos, eles roubam e estupram), o discurso paranoico sobre a ameaça imigrante ainda é uma patologia ideológica que revela mais sobre os europeus do que sobre os imigrantes. A questão central não é "Os imigrantes são uma verdadeira ameaça para a Europa?", mas "O que esta obsessão com a ameaça imigrante nos diz sobre a fraqueza da Europa?".

Portanto, existem aqui duas dimensões que devem ser mantidas separadas. Uma é a atmosfera de medo, de luta contra a islamização da Europa, com seus absurdos óbvios: refugiados que fogem do terror são equiparados aos terroristas de quem estão fugindo. E, assim, o fato óbvio de que entre os refugiados também há terroristas, estupradores, criminosos etc., enquanto a grande maioria é de pessoas desesperadas à procura de uma vida melhor, adquire um viés paranoico – os imigrantes parecem ser (ou fingem ser) refugiados desesperados, enquanto, na realidade, são pontas de lança de uma nova invasão islâmica da Europa; e acima de tudo, como geralmente é o caso, a responsabilidade por problemas que são imanentes ao capitalismo global moderno é projetada sobre um intruso externo.

Um olhar desconfiado sempre encontra o que está procurando: as "provas" estão em toda parte, mesmo que rapidamente metade delas se mostre falsa. Deve-se enfatizar em especial esse ponto hoje, quando, em toda a Europa, o medo de uma invasão de refugiados está alcançando proporções verdadeiramente paranoicas. Pessoas que não viram um único refugiado real reagem de modo violento à proposta de estabelecer um centro de refugiados na sua vizinhança; histórias sobre incidentes tomam a imaginação, se espalham como incêndio na floresta e persistem mesmo depois de ter sido claramente demonstrado que eram falsas. É por isso que a pior reação à paranoia anti-imigrante é ignorar os incidentes e problemas reais com os imigrantes, argumentando que toda e qualquer menção crítica a imigrantes só alimenta os inimigos racistas. Contra esse raciocínio, devemos destacar que é o silêncio que realmente ajuda os inimigos racistas – pois alimenta diretamente a desconfiança das pessoas comuns ("Está vendo, eles não estão nos dizendo a verdade!"), aumentando a credibilidade dos rumores e mentiras racistas.

A outra dimensão é o espetáculo tragicômico de autoinculpação incessante da Europa que supostamente traiu sua humanidade, de uma Europa assassina deixando milhares de corpos afogados em suas fronteiras – um exercício narcísico sem absolutamente nenhum potencial emancipatório. Além disso, o acento na catástrofe humanitária espertamente despolitiza a situação. Não é de admirar que Angela Merkel, ao referir-se à crise dos refugiados, tenha dito recentemente: "Vocês acreditam seriamente que todos os euro-Estados que lutaram de todas as maneiras no ano passado para manter a Grécia na zona do euro – e nós fomos os mais rigorosos – possam, um ano depois, permitir que a Grécia mergulhe, de certo modo, no caos?"[30] Essa declaração expressa claramente a mentira básica da posição humanitária de Merkel: é parte de uma abordagem tipo "recompensa a punição", com a ajuda humanitária como bônus para a rendição político-econômica.

Deveríamos dar aos humanitários que lamentam "o fim da Europa" a grande lição hegeliana: quando alguém está pintando um quadro da degeneração moral generalizada e derradeira da Europa, a questão a ser levantada é de que modo essa postura é cúmplice do que está criticando. Não é de admirar que, com exceção dos apelos humanitários à compaixão e à solidariedade, os efeitos dessa autoflagelação compadecida sejam nulos.

Quando a esquerda liberal faz variações incessantes sobre o tema de como a ascensão do terrorismo é resultado das intervenções coloniais e militares ocidentais no Oriente Médio, a análise deles, embora pretendendo ser respeitosa para com os outros, se destaca como um caso ostensivo de racismo paternalista que reduz o outro a uma vítima passiva e o priva de toda e qualquer agenda. Nessa linha, pode-se até ler a extrema brutalidade do Estado Islâmico como uma tentativa desesperada de afirmar plenamente a sua agenda, de modo que a mensagem de suas ações seria "Permitam-nos ao menos ser agentes autônomos do mal!", à qual eles estão recebendo a seguinte resposta liberal de esquerda do Ocidente: "De jeito nenhum! Sentimos muito, mas quanto mais violentos vocês forem, mais serão um efeito do imperialismo ocidental!" O que essa postura não consegue ver é como os árabes não são de modo nenhum apenas um agente passivo das maquinações neocoloniais europeias e norte-americanas. Seus

A "ameaça terrorista"

diferentes cursos de ação não são apenas reações, são formas diferentes de engajamento ativo em sua situação: pressão extensiva e agressiva em prol da islamização (financiando mesquitas em países estrangeiros etc.), guerra aberta contra o Ocidente, e assim por diante. Todos são modos de se engajar ativamente numa situação com objetivos bem definidos.

Do que o legado emancipatório europeu deveria ser defendido é principalmente dos próprios europeus, especificamente dos populistas anti-imigrantes que veem a Europa ameaçada pela esquerda multiculturalista demasiadamente tolerante. É fácil dizer que os imigrantes muçulmanos que violam as nossas regras devem ser expulsos e enviados de volta para o lugar de onde vieram – mas e quanto àqueles entre nós que violam nosso legado emancipatório? Onde devemos jogá-los? Precisamos dar mais atenção à proximidade entre eles e os fundamentalistas islâmicos, especialmente em vista da descoberta repentina dos direitos das mulheres e dos gays pelos populistas anti-imigrantes, que se opõem a esses direitos em sua própria comunidade, mas os defendem quando as mulheres ou os gays são atacados por fundamentalistas islâmicos, usando o ódio dos fundamentalistas muçulmanos contra mulheres e gays como mais um argumento contra eles. A obscenidade da situação é de tirar o fôlego: as próprias pessoas que, em seus países, escarnecem e atacam continuamente o direito ao aborto e ao casamento gay agora renasceram como defensoras das liberdades ocidentais.

É por isso que não há lugar aqui para um compromisso negociado, nenhum ponto sobre o qual os dois lados pudessem concordar ("Certo, os paranoicos anti-imigrantes exageram, mas há alguns fundamentalistas entre os refugiados..."): nem mesmo a precisão mínima das afirmações racistas anti-imigrantes serve como explicação autêntica da sua paranoia, e, do lado oposto, a autoculpabilização humanitária é minuciosamente narcisista, fechada ao vizinho imigrante. Tudo que há de "mal" sobre o outro é descartado, seja como projeção nossa (racista ocidental) sobre o outro, ou como resultado da natureza (ocidental imperialista) dos maus-tratos (violência colonial) que nós infligimos ao outro; o que jaz além desse círculo fechado de nós mesmos e nossas projeções (ou, melhor, das projeções do nosso lado mau "reprimido" sobre o outro), o que, a partir dessa perspectiva, nós encontramos como o outro "autêntico" quando realmente nos abrimos para ele, o outro inocente e bom, é, mais uma vez, a nossa fantasia ideológica. Não seria esta reversão da nossa suposta objetividade máxima ("o que o imigrante realmente é") em subjetividade máxima um caso exemplar do que Hegel discerniu como o segredo da *Ding-an-sich* kantiana? A "coisa em si", a maneira como ela é independentemente de como nos relacionamos com ela, é uma pura *Gedankending*, uma "criatura da nossa mente".

Portanto, quem ou o que é o verdadeiro Outro? No mercado de hoje, encontramos toda uma série de produtos destituídos de suas propriedades malignas: café sem cafeína, creme de leite sem gordura, cerveja sem álcool... Definitivamente, deveríamos acrescentar o *cheiro* a essa série: talvez a diferença-chave entre a classe mais baixa e a classe média diga respeito à maneira como elas se relacionam com os cheiros. Para a classe média, as classes mais baixas cheiram mal, seus membros não tomam banho regularmente – ou, para citar a resposta proverbial de um parisiense de classe média sobre por que ele prefere viajar nos vagões da primeira classe no metrô: "Eu não me importaria de viajar com trabalhadores na segunda classe – só que eles fedem!" Isso nos leva a uma das definições possíveis do que hoje significa vizinho: um vizinho é aquele que por definição *fede*. É por isso que hoje desodorantes e sabonetes são cruciais – eles tornam os vizinhos pelo menos toleráveis. Eu estou pronto a gostar dos meus vizinhos... desde que eles não cheirem muito mal. Há pouco tempo, cientistas de um laboratório na Venezuela acrescentaram mais um elemento a essa série: através de manipulação genética, eles conseguiram desenvolver feijões que, depois de consumidos, não geram gases fedorentos e socialmente constrangedores! Assim, depois de café descafeinado, bolo sem gordura, refrigerante *diet* e cerveja sem álcool, agora temos feijões sem flatulência...

Então, a tarefa é falar abertamente sobre todas as questões desagradáveis sem concessões ao racismo, i.e., rejeitar a idealização humanitária dos refugiados, que repudia toda tentativa de confrontar abertamente as questões difíceis da coabitação de modos de vida diferentes como conces-

A *"ameaça terrorista"*   215

são à direita neofascista. O que desaparece nessa idealização é o encontro verdadeiro com o vizinho real em seu modo de vida específico. Descartes, o pai da filosofia moderna, observou que, quando ele era jovem, os costumes e as crenças dos estrangeiros lhe pareciam ridículos e excêntricos; mas ele se perguntou: e se nossos próprios costumes também lhes parecerem ridículos e excêntricos? O resultado dessa inversão não é um relativismo cultural generalizado, mas algo muito mais radical e interessante: deveríamos aprender a nos vivenciar como excêntricos, ver nossos costumes em toda a sua estranheza e arbitrariedade. Em seu *O homem eterno*, G.K. Chesterton imagina o monstro que o homem pode ter parecido aos olhos dos animais meramente naturais à sua volta:

> A mais simples verdade sobre o homem é que ele é um ser muito estranho; quase no sentido de ser um estranho na terra. Em toda a sobriedade, ele tem muito mais a aparência externa de alguém que traz hábitos alienígenas de outra terra do que a de um mero produto desta aqui. Ele tem uma vantagem injusta e uma desvantagem injusta. Não pode dormir na própria pele; não pode confiar nos próprios instintos. É, ao mesmo tempo, um criador, que move miraculosamente suas mãos e seus dedos, e uma espécie de aleijado. É embrulhado em bandagens artificiais chamadas roupas, escorado por muletas artificiais chamadas mobílias. Sua mente tem as mesmas liberdades duvidosas e as mesmas limitações selvagens. Único entre os animais, é sacudido pela bela loucura chamada gargalhada; como se tivesse tido a visão de algum segredo na própria forma do universo que se esconde do próprio universo. Único entre os animais, ele sente necessidade de desviar seu pensamento das realidades essenciais da sua existência corporal; de escondê-las como se estivesse em presença de alguma possibilidade superior que criasse o mistério da vergonha. Exaltemos essas coisas como naturais do homem ou as critiquemos como artificiais em sua natureza, elas permanecem únicas no mesmo sentido.[31]

O "modo de vida" não é precisamente a maneira de sermos estrangeiros nesta terra? Um "modo de vida" específico não é composto apenas de "valores" (cristãos, muçulmanos), é algo corporificado numa espessa rede de práticas cotidianas: como comemos e bebemos, cantamos, fazemos amor, como nos relacionamos com autoridades...

O islamismo (como qualquer outra religião substancial) é o nome de todo um modo de vida – em sua versão médio-oriental, ele se fia em famílias grandes com autoridade firme mantida pelos pais, os irmãos (o que não é especificamente muçulmano, mas, sim, mediterrâneo), e quando membros jovens dessas famílias, especialmente moças, se envolvem com seus pares de famílias ocidentais mais individualistas, isso dá quase inevitavelmente lugar a tensões. Nós "somos" o nosso modo de vida, ele é a nossa segunda natureza, e esse é o motivo por que a "educação" direta não pode mudar isso. Algo muito mais radical é necessário, uma espécie de "estranhamento" brechtiano, uma experiência existencial profunda por meio da qual subitamente nos damos conta de quanto nossos costumes e rituais são tolamente sem sentido e arbitrários – de que nada há de natural na maneira como abraçamos e beijamos, no modo como nos lavamos, em como nos comportamos ao comer...

A questão, portanto, é não se reconhecer nos estrangeiros, não se vangloriar na falsidade reconfortante de que "eles são como nós", mas reconhecer um estrangeiro em nós mesmos – nisso reside a dimensão mais recôndita da modernidade europeia. Comunitarismo não é o bastante: o reconhecimento de que nós somos todos, cada um a seu modo, lunáticos esquisitos proporciona a única esperança de uma coexistência tolerável de diferentes modos de vida. O clássico de ficção científica *Um estranho numa terra estranha*, de Robert A. Heinlein, de 1961, conta a história de um humano que vem à Terra no começo da vida adulta, depois de ter nascido e sido criado em Marte por marcianos. Talvez seja essa a solução para todos nós.

Isso significa que devemos nos resignar a uma coexistência de grupos isolados de lunáticos, deixando à lei pública a manutenção de algum tipo mínimo de ordem pela imposição de regras de interação? Claro que não, mas o paradoxo é que nós temos de passar por este ponto zero de "desnaturalização" se quisermos nos engajar no longo e difícil processo da solidariedade universal, no longo e difícil processo de construir uma causa que

A *"ameaça terrorista"*

seja forte o bastante para atravessar diferentes comunidades. Se quisermos a solidariedade universal, temos de nos tornar nós mesmos universais, nos relacionar conosco como universais, mediante um distanciamento em relação ao nosso mundo-da-vida. Um trabalho duro e doloroso é necessário para alcançar isso, não somente ruminações sentimentais sobre migrantes e uma nova forma de "proletariado nômade".

Então, para fazer a velha pergunta de Lênin, o que fazer? Para começar, que tal duas medidas totalmente praticáveis? Curto prazo: a UE deve estabelecer centros de acolhimento nos locais seguros mais próximos possíveis (norte da Síria, Turquia e ilhas gregas...) e, depois, organizar transporte direto dos refugiados aceitos para seus destinos europeus (via pontes aéreas e marítimas), eliminando os contrabandistas cujo negócio gira em torno de bilhões de dólares, bem como acabando com a miséria humilhante de milhares de pessoas vagando a pé pela Europa. Médio prazo: aplicar todos os meios, públicos e secretos, de guerras de informação no estilo WikiLeaks até chantagens econômicas (contra a Arábia Saudita, por exemplo), para acabar com as guerras ou pelo menos expandir as zonas livres de conflitos. A única solução de longo prazo, claro, é o comunismo, mas isso é outra história...

Para concluir, voltemos aos nossos grandes clássicos. No Canto VI de *Inferno* (linhas 77-87), Dante pergunta ao glutão Ciacco (é interessante notar que ele não está disposto a assumir o seu nome: em vez de dizer "Eu sou Ciacco", ele diz: "Vocês cidadãos me chamam de Ciacco") sobre o destino dos homens de boa razão, homens que dedicaram a vida ao bem da cidade:

E eu: "Mas minhas questões não terminaram,
inda peço-te o dom de alguma verba:

Farinata e o Tegghiaio – os que se alçaram –,
Jacopo Rusticucci e o Mosca e Arrigo,
e os outros que pra o bem seu gênio usaram,

onde é que agora estão? O seu abrigo
final demais anseio conhecer:
é o bem do Céu, ou do Inferno o castigo?"

"Entre as almas mais negras foram ter,
por vária culpa, às valas abissais,
e os verás se até lá fores descer."*

Imagine se fôssemos visitar o Inferno de Dante agora e encontrásse-
mos, no Terceiro Círculo, o Ciacco de hoje, um europeu ocidental glutão
que ignora a difícil condição dos migrantes, pois está concentrado em não
permitir que perturbem o seu consumo. Se lhe perguntássemos: "Mas
onde estão todos aqueles humanitários que tanto se dedicavam a fazer o
bem?". Ele responderia: "Vocês vão ter que descer muito mais, as almas
deles estão muito mais desgraçadas do que a minha!" Por quê? Não seria
uma reação cruel demais? A questão é que, por mais autocrítica que possa
parecer, a reação humanitária quase imperceptivelmente transforma um
problema político-econômico num problema moral de "crise de refugiados"
e de "ajudar as vítimas". Em vez de criticar a maioria silenciosa de classe
mais baixa por racismo e ignorância da situação dos imigrantes, ou, na melhor hipótese, por ser vítima tola da propaganda racista da mídia, ela devia
lidar com os interesses dessas classes, que se expressam de maneira racista.

Além disso, a defesa da aceitação irrestrita de imigrantes não envolve
uma estranha mistura de ética e de raciocínio pragmático? É nosso dever
receber os refugiados... o que, ademais, vai nos beneficiar, pois a população
europeia está diminuindo em função das taxas de natalidade... Contudo,
por que a diminuição da população seria um problema? Já não há gente
demais na terra? Em vez de intervenção política propriamente dita, temos
a velha dobradinha de moralidade ("abra seu coração aos que sofrem") e
de biologia ("a Europa precisa de sangue novo para se rejuvenescer"). Esse

---

* *A divina comédia*, Dante Alighieri [tradução de Italo Eugenio Mauro, Editora 34, 2014].
(N.T.)

A "ameaça terrorista"

paradoxo espelha uma outra inversão, muito mais profunda, das coordenadas políticas padrão, segundo as quais a esquerda politiza os conflitos e a direita os naturaliza/despolitiza: na direita populista de hoje, o tema dos imigrantes não é "despolitizado"; ele é, ao contrário, extremamente politizado, apresentado como uma ação inimiga bem orquestrada, e "é a esquerda política tradicional que parece estar sendo forçada a lançar mão do discurso despolitizado: imigrantes são simplesmente seres humanos que precisam da nossa ajuda (muito parecido com o que ocorre nos casos de desastres naturais)".[32]

A premissa básica da nossa abordagem dos refugiados deve, por isso, ser literalmente *anti-humanista*: humanos em geral não são bons, mas egoístas *pervertidos*. Mesmo quando parecem sacrificar seus interesses egoístas em nome de um bem comum superior, o mais frequente é que isso seja parte de uma estratégia para obter satisfação perversa. A tarefa, portanto, é não idealizar os refugiados, mas aceitá-los como eles são, iguais a nós mesmos, não em sua humanidade, mas em seu oportunismo inescrupuloso e suas perversões mesquinhas.

5. O sexual (não) é político

As armadilhas do politicamente correto

As pessoas frequentemente se perguntam se alguém pode realmente imaginar o que é ser outra pessoa; o que um psicanalista acrescentaria é que tampouco conseguimos imaginar o que é sermos nós mesmos – ou, mais precisamente, nós (só) imaginamos que somos nós mesmos, sem realmente sê-lo. Eis um exemplo da impossibilidade de sermos nós mesmos.

Na primavera de 2015, a mídia do Reino Unido falou extensivamente sobre Grace Gelder, uma fotógrafa de meia-idade que, depois de praticar meditação indiana e ouvir Björk cantar em uma de suas canções o verso "eu me casei comigo mesma", resolveu fazer precisamente a mesma coisa: ela organizou uma cerimônia completa de autocasamento, fez seus votos para si mesma, colocou em seu dedo uma aliança e se beijou num espelho... Longe de ser uma excentricidade idiossincrática, a ideia de autonamoro e autocasamento circula cada vez mais na internet. Detalhes técnicos acerca de como proceder para o autonamoro abundam: o autoamante prospectivo deve deixar bilhetes de amor em todo o seu apartamento; quando alguém decide se namorar, deve arrumar seu apartamento, preparar uma bela mesa com velas, vestir suas melhores roupas, informar os amigos que tem um encontro importante consigo mesmo... O objetivo do autonamoro é adquirir um conhecimento mais profundo de si mesmo, do que realmente a gente quer, para que, ao me declarar ao meu eu mais profundo, eu possa alcançar autoaceitação e auto-harmonização, e isso vai me tornar apto a levar uma vida profundamente satisfeita... não é mesmo?

Antes de rolarmos de tanto rir dessa ideia e descartá-la como uma expressão extrema do narcisismo patológico contemporâneo, devemos averiguar o seu momento de verdade: a ideia de autonamoro e autocasamento pressupõe que eu não seja diretamente uno. Eu só posso casar comigo mesmo se eu não for diretamente eu mesmo, de modo que a unidade do meu eu tenha que ser registrada pelo grande Outro, desempenhada numa cerimônia simbólica, tornada "oficial". Aqui, contudo, surgem os problemas: como essa inscrição na ordem simbólica, aos olhos da qual eu agora sou "casado comigo mesmo", se relaciona com a minha experiência direta de mim mesmo? E se o resultado do meu exame de mim mesmo for a descoberta de que absolutamente eu não gosto do que encontrei? E se o que eu encontrar for a vileza da inveja, fantasias sádicas e obsessões sexuais repugnantes? E se a tão celebrada "riqueza interior" da minha personalidade for inerentemente excrementícia – *vulgaris eloquentia*, e se na realidade eu for cheio de merda? Em resumo, e se eu descobrir que sou meu próprio vizinho no sentido bíblico estrito (o abismo de um X impenetrável totalmente estranho ao meu eu oficial), e se eu procurar contato com os outros precisamente para fugir de mim mesmo? Eles dizem que para amar os outros, você tem que amar a si próprio – é mesmo? E se o oposto vigorar: eu amo os outros para escapar de mim mesmo e só posso amar a mim mesmo na medida em que seja capaz de amar os outros. O autocasamento pressupõe que eu encontrei a paz comigo mesmo – mas e se eu não puder me reconciliar comigo mesmo? E se eu só descobrir isso depois de me casar comigo mesmo? Devo encenar um autodivórcio formal? Esse divórcio deve ser permitido para católicos? É por esse motivo, a propósito de injunção para amar seu vizinho como a si mesmo, que Lacan observou acerbamente "a impossibilidade de responder a esse tipo de desafio em primeira pessoa: ninguém jamais supôs que seria possível responder a esse 'Ama teu vizinho como a ti mesmo' com um 'Eu amo meu vizinho como a mim mesmo', pois, obviamente, a fraqueza dessa formulação é clara para todos".[1]

Nisso reside o problema com o bem conhecido lema "Seja você mesmo"... Qual você mesmo? Na medida em que o eu com quem me caso, ao me autocasar, é o meu eu ideal, "o melhor de mim", a imagem idealizada de mim mesmo, autoidentificação relaxada e autoaceitação se transformam imperceptivelmente em autoalienação, e o medo de que eu não seja fiel ao meu "verdadeiro eu" me assombrará para sempre. E exatamente a mesma pergunta – que eu? – assombra a última obsessão politicamente correta cuja expressão comercial é o assim chamado "Kit de Consentimento Afirmativo", oferecido on-line pelo Affirmative Consent Project por apenas dois dólares: uma bolsinha (disponível nas versões camurça sintética e lona) com preservativos, uma caneta, pastilhas de menta para o hálito e um contrato simples afirmando que ambas as partes consentem livremente um ato sexual compartilhado. Sugere-se que o casal pronto a fazer sexo tire uma foto segurando o contrato nas mãos ou que ambos o datem e assinem. Embora o "Kit de Consentimento Afirmativo" lide com um problema muito real, o faz de uma maneira que não é só tola, como é diretamente contraproducente – por quê?

A ideia subjacente é que o ato sexual, para ser purificado de toda suspeita de coerção, tem de ser previamente declarado como resultado de uma decisão consciente e livre, tomada por ambas as partes – para dizê-lo em termos lacanianos, o ato tem de ser registrado pelo grande Outro, inscrito na ordem simbólica. Como tal, o kit é apenas a expressão extrema de uma atitude que está crescendo em todos os Estados Unidos – por exemplo, o estado da Califórnia aprovou uma lei exigindo que todos os colégios que aceitem financiamentos estatais adotem políticas obrigando todos os estudantes a obter um consentimento afirmativo (definido como um "acordo afirmativo, consciente e voluntário para engajar-se em atividade sexual" que seja "corrente", e não consentida em estado de embriaguez) antes de se envolver em atividades sexuais, sob risco de punição por crime de violência sexual.

"Acordo afirmativo, consciente e voluntário" – de quem? A primeira coisa a fazer aqui é mobilizar a tríade freudiana eu, supereu e isso (numa versão simplificada, meu autoconhecimento consciente, a agência de responsabilidade moral que me impõe normas, e minhas paixões mais profundas parcialmente renegadas). E se houver um conflito entre os três?

Se, sob a pressão do supereu, meu eu disser "não", mas meu isso resistir e se agarrar ao desejo renegado? Ou (um caso muito mais interessante) o oposto: e se eu disser "sim" ao convite sexual, me entregando à paixão do meu isso, mas em meio ao desempenho do ato, meu supereu provocar um insuportável sentimento de culpa? Assim, para levar as coisas ao absurdo, deve o contrato ser assinado pelo eu, o supereu e o isso de cada parte, de modo que só seja válido se todos três disserem "sim"? Ademais, e se o parceiro masculino também usar seu direito contratual de recuar e cancelar o acordo em qualquer momento da atividade sexual? Imaginem que, depois de obter o consentimento da mulher, quando os amantes prospectivos já se encontram despidos no leito, algum pequenino detalhe corporal (um ruído desagradável como um vulgar arroto) dissipe o encanto sexual e faça o homem desistir? Não seria isso uma humilhação para a mulher?

A ideologia que sustenta essa promoção de "respeito sexual" merece um exame mais apurado. A fórmula básica é: "Só sim significa sim!" – tem de haver um sim explícito, não apenas a ausência de um não. A ausência de "não" não equivale automaticamente a um "sim": se uma mulher que está sendo seduzida não resiste a isso efetivamente, a situação ainda deixa um espaço aberto para diferentes formas de coerção. Aqui, contudo, problemas abundam: e se a mulher o desejar apaixonadamente, mas for embaraçada demais para declará-lo? E se, para ambos os parceiros, brincar ironicamente de coerção seja parte do jogo erótico? E um "sim" para quê, precisamente, para que tipos de atividades sexuais é o declarado "sim"? Deve, então, o modelo do contrato ser mais detalhado, de modo que o consentimento principal seja explicitado: um "sim" para o intercurso vaginal, mas não para o anal, um "sim" para a felação, mas sem engolir o esperma, um "sim" para tapinhas, mas não para pancadas brutas... Pode-se imaginar a longa negociação burocrática acabando completamente com todo e qualquer desejo pelo ato, embora ela possa vir a ser libidinalmente investida em si mesmo. Isso para não mencionarmos a possibilidade oposta: um "sim" forçado. Numa das cenas mais penosas e perturbadoras de *Coração selvagem*, de David Lynch, Willem Dafoe faz pressão sexual sobre Laura Dern num quarto solitário de motel: ele a toca e a agarra, invadindo o espaço da in-

O sexual (não) é político

timidade dela e repetindo de maneira ameaçadora: "Diz, 'me come!'", i.e., extorquindo dela as palavras que sinalizariam seu consentimento para o ato sexual. A cena sórdida e desagradável se arrasta e, quando finalmente a exausta Dern diz um "Me come!" que mal dá para ouvir, Dafoe abruptamente a larga e se afasta, simula um sorriso simpático e amigável e alegremente retruca: "Não, obrigado, hoje estou sem tempo, tenho que ir; mas noutra ocasião, eu teria prazer..." O mal-estar da cena reside, é claro, no fato do choque de a rejeição final por Dafoe da oferta extraída à força de Dern dar a ele a palavra final: a sua inesperada rejeição é o seu triunfo supremo e, embora o estupro seja pior, de certo modo, esse desenlace é mais humilhante para ela. Ele alcançou o que realmente queria: não o ato ele mesmo, apenas o consentimento dela, sua humilhação simbólica.

Esses problemas estão longe de ser secundários. Eles dizem respeito ao próprio núcleo da interação erótica, da qual não podemos nos retirar para uma posição neutra de metalinguagem e declarar a prontidão (ou embaraço) de alguém para engajá-la: toda declaração desse tipo é parte da interação e ou deserotiza a situação ou se erotiza ela própria. Há algo na própria estrutura da interação erótica que resiste à declaração formal direta de consentimento ou intenção. No drama inglês inspirado na classe operária *Um toque de esperança*, o herói acompanha uma jovem que, à entrada de seu apartamento, lhe diz: "Gostaria de entrar para um café?" À resposta dele – "Há um problema, eu não tomo café" – ela responde com um sorriso: "Tudo bem, eu nem tenho café..." O imenso poder erótico direto da resposta dela reside em como, através de uma dupla negação, ela pronuncia um convite sexual embaraçosamente direto sem jamais mencionar sexo: ao convidá-lo inicialmente para um café e depois admitir que não tem café, ela não cancela seu convite, ela apenas deixa claro que o primeiro convite para um café era um substituto (ou pretexto), indiferente em si mesmo, para o convite ao sexo. Assim, o que deveria o homem fazer nesse caso para obedecer ao "respeito sexual"? Deveria ele dizer à garota: "Espere um minuto, vamos deixar as coisas claras: como você me convidou para uma xícara de café em seu apartamento sem ter café, isso significa que você quer sexo – um sim?" Pode-se imaginar como a abordagem "(Só um) sim significa sim" iria não só arruinar o encontro, mas também ser percebida pela moça (de maneira plenamente justificada) como um gesto extremamente agressivo e humilhante.

Podemos imaginar aqui múltiplos níveis, começando pela comunicação direta: "Eu gostaria que você viesse ao meu apartamento e me comesse." "Eu também gostaria de te comer, vamos subir e transar!" Depois, a menção direta ao artifício como artifício: "Eu gostaria que você viesse ao meu apartamento e me comesse, mas estou encabulada de convidar diretamente. Então, vou ser educada e perguntar se não quer subir comigo para um café." "Eu não tomo café, mas também adoraria te comer, vamos só subir e transar!" Depois, a resposta idiota: "Você gostaria de subir ao meu apartamento para uma xícara de café?", "Desculpe-me, eu não bebo café", "Idiota, não tem nada de café, é sexo, o café é só um pretexto!", "Oh, compreendo, então vamos subir e transar". Depois, a versão com saltos entre os níveis: "Você gostaria de subir ao meu apartamento para uma xícara de café?!", "Sim, eu adoraria te comer!" (Ou, "Sinto, mas estou muito cansado para sexo".) E a versão invertida: "Você gostaria de subir ao meu apartamento para me comer?", "Sinto muito, não estou com vontade de tomar café agora". (Claro, esse recuo polido é mais uma vez um ato de extrema agressão e humilhação.) Também podemos imaginar uma versão na linha de "café sem...": "Estou cansado esta noite, eu gostaria de subir à sua casa, mas só para uma xícara de café, sem sexo." "Estou menstruada agora, não posso lhe dar café sem sexo – mas tenho um bom DVD para assistirmos, então, que tal um café sem DVD?" Até a versão autorreflexiva máxima: "Você gostaria de subir à minha casa?", "Não tenho certeza se quero sexo ou assistir a um filme, que tal subirmos só para uma xícara de café?".

Por que o convite direto para o sexo não funciona? Porque o verdadeiro problema não é que o café nunca seja apenas café, mas sim que sexo nunca é apenas sexo, que não há relação sexual, motivo por que o ato sexual necessita de um suplemento fantasmático. Portanto, não se trata apenas de uma censura educada que impeça um convite direto: "Vamos subir e transar!" O café, ou algo assim, tem de ser mencionado para propiciar uma moldura fantasmática para o sexo. Em outras palavras, o que é

O sexual (não) é político

primordialmente reprimido na cena de *Um toque de esperança* não é o sexo (que, por essa razão, tem de ser substituído no texto explícito por café), mas o que está faltando no sexo ele mesmo, a impossibilidade/fracasso inerente do sexo. A substituição de sexo por café é uma repressão secundária cuja função é obscurecer a repressão primordial.

A regra sexual do "sim significa sim" é um caso exemplar da noção narcisista de subjetividade que predomina hoje. O sujeito é vivenciado como algo vulnerável, algo que tem de ser protegido por um conjunto complexo de regras, advertido previamente sobre todas as possíveis intrusões que possam perturbá-lo ou perturbá-la. Na época do seu lançamento, *ET* foi proibido na Suécia, na Noruega e na Dinamarca: sua representação não solidária dos adultos foi considerada perigosa para a relação entre as crianças e seus pais. (Um detalhe engenhoso confirma essa acusação: nos primeiros dez minutos do filme, todos os adultos só são vistos abaixo da linha da cintura, como os adultos que nos desenhos animados ameaçam Tom e Jerry...) Da perspectiva de hoje, podemos ver que essa proibição é um sinal precoce da obsessão politicamente correta de proteger indivíduos de toda experiência que possa prejudicá-los de algum modo. Não só experiências da vida real, mas até a ficção pode ser censurada, como podemos ver numa solicitação do Conselho Consultivo de Assuntos Multiculturais (Maab, na sigla em inglês), da Universidade Columbia, de colocar "avisos de gatilho" (ou "avisos de conteúdo") em obras de arte canônicas. (Uma prova de que, às vezes, ficções devem ser levadas mais a sério do que a realidade.) O que desencadeou essa requisição foi a queixa de uma estudante, que fora vítima de crime de violência sexual, cuja revivência foi "disparada" pelas vívidas descrições de estupro em *Metamorfoses*, de Ovídio, que ela fora instruída a ler. Como o professor desconsiderou a queixa da aluna, o Maab também propôs "classes de educação sensitiva" para professores, ensinando-os a lidar com sobreviventes de ataques, pessoas de cor ou originárias de um histórico de baixa renda. Jerry Coyne tem razão ao afirmar que

> o caminho para esses avisos de gatilho – não só para crimes de violência sexual, mas por violência, intolerância e racismo – levará finalmente *todas*

as obras literárias a serem rotuladas como potencialmente ofensivas. Lá se vai a Bíblia, lá se vai Dante, lá se vai Huck Finn (*carregado* de racismo), lá se vai toda a literatura antiga, escrita antes que nós compreendêssemos que minorias, mulheres e gays não eram pessoas de segunda classe. E quanto à violência e ao ódio, bem, estão em toda parte, pois são exatamente tão partes da literatura quanto partes da vida. *Crime e castigo?* Aviso de gatilho: violência brutal contra mulher idosa. *O grande Gatsby?* Aviso de gatilho: violência contra mulheres (lembram quando Tom Buchanan quebrou o nariz da sra. Wilson?). *Inferno?* Aviso de gatilho: violência explícita, sodomia e tortura. *Dublinenses?* Aviso de gatilho: pedofilia ... No fim das contas, todo mundo pode alegar ofensa e gatilho sobre qualquer coisa: liberais sobre políticas conservadoras, pacifistas contra violência, mulheres contra sexismo, minorias contra intolerância, judeus contra antissemitismo, muçulmanos contra qualquer menção a Israel, criacionistas contra evolução, religiosos contra ateísmo, e assim sucessivamente.[2]

E a lista pode continuar indefinidamente – não se esqueçam da proposta de apagar digitalmente as pessoas fumando nos clássicos de Hollywood... E não são só as pessoas de baixa renda que podem se sentir prejudicadas – e quanto aos ricos que se encasulam para evitar serem "disparados" por encontros mais próximos com classes inferiores de verdade? Não é o isolamento em "espaços seguros" encasulados precisamente a estratégia dos ricos? Contudo, o caso da religião é especialmente interessante. Na Europa ocidental, representantes muçulmanos estão liderando uma campanha para impor proibições legais à blasfêmia e ao desrespeito à(s) religião(ões). Certo, mas não deveríamos aplicar essa proibição também aos próprios textos religiosos, proibindo ou totalmente reescrevendo, no estilo politicamente correto, toda a Bíblia e todo o Corão? (Isso para não mencionar que também poderíamos punir o desrespeito ao ateísmo.) E – o paradoxo máximo inescapável – muitas e muitas pessoas não se sentiriam prejudicadas por avisos de gatilho tão universalizados, vivenciando-os como um regime opressivo de controle total? O que devemos rejeitar aqui é a premissa básica do Maab: "Os estudantes precisam se sentir seguros em sala de aula..." Não, eles não precisam se sentir seguros, eles precisam aprender a confrontar abertamente todas as humilhações e injustiças da vida e a lutar contra elas. Toda a visão de vida do Maab está errada: "É hora de aprender que a Vida é Instigante ... Encasular-se num Grande Espaço Seguro por quatro anos faz a vida andar exatamente o mesmo tanto para trás."[3] A gente deve ser instruída a sair do Grande Espaço Seguro encasulado, entrar na vida perigosa e insegura fora dele e intervir nela. Devemos ser informados de que *não* vivemos num mundo seguro – vivemos num mundo de múltiplas catástrofes, desde desastres ambientais e perspectivas renovadas de guerra até a violência social crescente.

"Se você não pode encarar Hiroshima no teatro, você vai acabar na própria Hiroshima." Essa afirmação (de Edward Bond) dá o melhor argumento contra aqueles que se opõem a descrições explícitas de violência sexual e outras atrocidades, repudiando-as por participarem da mesma violência que essas descrições pretendem analisar criticamente e rejeitar. Por exemplo, numa resenha (muito) crítica da minha intervenção na conferência "Benjamin in Ramallah", o autor afirma que eu enumerei

> uma lista detalhada de violências sexuais ritualizadas que tiveram lugar *fora* do mundo islâmico, mostrando assim disposição de associar "crimes de honra" com atrocidades comparáveis. A cada vez, ele foi retoricamente apologético sobre suas descrições ("É realmente muito difícil falar sobre isso, mas devo lhes dizer") e, a cada vez, voltou com detalhes mais obscenos, sangrentos e explícitos. Isso bastaria para captar a futilidade (e ambivalência) da sua intervenção: ostentar preocupações sobre violência sexual, *submetendo* a plateia atenta à violência de imagens cruas de práticas sexuais abomináveis.[4]

Esse é o protótipo de uma linha de argumento politicamente correta que eu não somente rejeito, mas considero extremamente perigosa. A fim de realmente compreender a violência sexual, é preciso ser chocado, traumatizado até, por ela – se nos limitarmos a descrições técnicas assépticas, estaremos fazendo exatamente a mesma coisa que as pessoas que se referem à tortura como "técnicas de interrogatório aperfeiçoadas". É somente o gosto da coisa ela mesma que efetivamente nos vacina contra ela. E nós já podemos ver as consequências dessa postura: quando, no começo de setembro de 2016, o Facebook censurou a foto icônica da "menina do napalm", uma menina vietnamita aterrorizada fugindo nua, aos nove anos de idade, das bombas de napalm, ele se justificou hipocritamente, dizendo que se tratava de uma defesa contra a nudez infantil, que pode ser construída como pornografia infantil, ignorando sua dimensão política óbvia. Claramente, não é à excitação sexual que aquela imagem pode servir de "gatilho", mas, sim, à consciência do horror da guerra contra populações civis. (Os protestos do grande público forçaram o Facebook a reintegrar a fotografia.) Nessa mesma linha, Nikki Johnson-Huston descreveu eloquentemente como os "liberais brancos sequestraram a discussão sobre diversidade, correção política e que tópicos devem nos ultrajar":

> Meu problema com o liberalismo é que ele se preocupa mais com policiar a linguagem e o pensamento das pessoas, sem exigir que façam algo para resolver o problema. Estudantes de universidades liberais falam de "espaços seguros", "palavras-gatilho", "microagressões" e "privilégio branco", mas ao mesmo tempo não têm que fazer nada a respeito nem, ainda mais significativamente, desistir de alguma coisa. Eles nem sequer conseguem conversar com alguém que veja o mundo de maneira diferente sem lançar mão de chamá-lo de racista, homofóbico, misógino, fanático e tentar expulsá-lo do campus ou arruiná-lo e à sua reputação. Eles dizem que sentem a dor dos negros porque viajaram à África para ajudar os desfavorecidos, mas não estão dispostos a ir a um bairro negro na cidade na qual eles vivem. Esses mesmos universitários esposarão as alegrias da diversidade, mas, no mesmo fôlego, presumirão que você só está no campus por causa das políticas de ação afirmativa, ou que todos os negros cresceram na pobreza.[5]

Nisso reside o problema com o politicamente correto: para parafrasear Robespierre, o politicamente correto admite as injustiças da vida real, mas quer curá-las com uma "revolução sem revolução": quer mudança social sem mudança real. Portanto, não é apenas questão de equilibrar os dois

O sexual (não) é político

extremos, de encontrar o ponto certo entre o politicamente correto, que objetiva proibir maneiras de falar que possam magoar terceiros e, em geral, a liberdade de expressão, que não deve ser restringida – a tentativa do politicamente correto de regular a fala é falsa em si mesma, pois obscurece o problema em vez de tentar resolvê-lo.

Outra consequência da atitude politicamente correta em relação ao discurso é a proibição crescente da ironia: quando se faz uma observação considerada politicamente incorreta, é cada vez menos possível se salvar dizendo que era ironia. Aqui, os opostos coincidem mais uma vez: no começo de setembro de 2016, a mídia relatou que

> a Coreia do Norte proibiu as pessoas de fazerem comentários sarcásticos sobre Kim Jong-un ou o seu regime totalitário em suas conversações cotidianas. Mesmo críticas indiretas ao governo autoritário foram proibidas ... Os residentes foram advertidos contra criticar o Estado numa série de assembleias maciças organizadas por funcionários em todo o país. Autoridades disseram ao povo que expressões como "Isto é tudo culpa da América" constituiriam críticas inaceitáveis para o regime.[6]

Em última análise, essa estratégia só pode fracassar, e por uma simples razão: em tais circunstâncias, o jargão oficial funciona cada vez mais como o seu próprio comentário irônico.

Unidos contra o heterossexismo

Eu vivi plenamente a verdade dessas linhas na tarde de sábado 31 de julho de 2016, sentado num quarto de hotel em Vancouver, assistindo à cobertura ao vivo da Parada do Orgulho Gay de Vancouver, quando a mídia hegemônica disse: "o poder do amor brilhou". Todos estavam presentes, centenas de milhares de pessoas, ou bem no cortejo (liderado, como esperado, por ninguém menos que o primeiro-ministro canadense Justin Trudeau, que, com toda a sua família, roubou a cena) ou então em meio ao público, observando a parada e fervorosamente aplaudindo. (É claro, esse tipo de amor não tem nada a ver com a paixão violenta do amor autêntico, com sua fixação exclusiva num ser singular, que descarrila inteiramente a nossa imersão na nossa vida cotidiana ordinária. O "amor" que brilhou na parada foi um "sentimento oceânico", tolo e abrangentemente inclusivo do qual Freud não fez ideia, sentimento que é ideologia encarnada, sentimento que oblitera toda luta e antagonismo.) Essa grande exibição inclusiva de "unidade na diversidade" precisava, é claro, de um inimigo – o "heterossexismo" foi constantemente evocado pelos comentaristas da televisão, que, é claro, não queriam, desse modo, atacar a heterossexualidade como tal, mas meramente o privilégio da heterossexualidade como norma universal que reduz outras orientações sexuais à condição de desvio secundário. (Apesar de essa visão crítica do heterossexismo pretender ser não normativa, aberta a todas as orientações, ela de fato privilegia orientações não heterossexuais – pelo menos como menos propensas a apropriações ideológicas e mais "subversivas" em relação à ideologia hegemônica.) Para parafrasear Mao, centenas de flores estavam desabrochando: os grupos em desfile abrangiam não apenas organizações queer e LGBT, mas também bibliotecas e livrarias, restaurantes, teatros, advogados, grupos ecológicos, empresas industriais e agrícolas, até uma boate "sempre aberta para gays e trans". Eis como os organizadores se apresentaram:

> Há aproximadamente 150 alas na parada – carros alegóricos, dançarinos, grupos em marcha – que compõem um fluxo constante de entretenimento ao longo do percurso de três horas. Prepare-se para ser surpreendido, maravilhado e inspirado à visão de coisas como penteados de um metro e vinte de altura, carros de bombeiros cor-de-rosa, mais bandeiras de arco-íris do que você poderá contar e cartazes transmitindo mensagens de esperança e mudança. Uma das partes mais memoráveis da parada são as fantasias, que são tão elaboradas e exorbitantes que fazem um boá de plumas e botas Gogo parecerem singelos.

O sexual (não) é político 233

Rapazes dançavam com sungas apertadas que lhes acentuavam os contornos dos pênis, só interrompendo sua dança para abraçar e beijar; moços e moças acima do peso exibiam as camadas de gordura que pendiam de suas barrigas (por meio disso subvertendo as normas sexistas de beleza)... Todos estávamos longe da situação de décadas atrás, quando gays viviam num submundo sombrio, na melhor hipótese polidamente tolerados e ignorados. (Não obstante, deve-se notar que essa marginalização do espaço público deu origem a um excedente de gozo de si mesmo: toda a excitação de viver num espaço obscuro meio proibido, de transgredir as regras predominantes... Encontramos entre alguns membros da comunidade LGBT um desejo contraditório de ganhar legitimidade plena no espaço público e simultaneamente desfrutar a excitação da transgressão.) Uma exibição jovial desse porte é justificada, pois o heterossexismo ainda está presente nas nossas vidas cotidianas: mediante ostentar orgulhosamente a sua orientação, as pessoas homossexuais não apenas superam a sua própria reticência, elas também nos tornam, nós os espectadores, conscientes dos nossos preconceitos persistentes, confirmados pelo desconforto ao observar a exibição deles.

A ironia dessa parada é que a situação de décadas atrás é quase simetricamente invertida: hoje, é a heterossexualidade que é tolerada, mas espera-se que a maioria heterossexual não ostente a sua orientação com orgulho demasiado, visto que tal exibição seria imediatamente qualificada de heterossexista – a heterossexualidade é percebida (não explicitamente, mas sutilmente) como uma limitação, como uma orientação sexual que se satisfaz oportunisticamente com velhos padrões estabelecidos e evita os riscos de explorar novas possibilidades liberalizantes, como uma submissão impassível à ordem libidinal imposta pela estrutura de dominação social. O "LGBT+" proveu, assim, a cor específica do campo como totalidade: embora o LGBT+ provavelmente não abranja mais que 10% da população, eles determinaram a cor de campo como totalidade; estavam todos unidos sob a sua bandeira. (Se limitarmos a população àqueles que rejeitam efetivamente as duas opções padronizadas de identidade de gênero e, desse modo, excluirmos lésbicas e gays que ainda se vivenciam como mulheres e homens, ficamos com cerca de 1% da população – e como é possível não se lembrar do famoso slogan do Occupy Wall Street, de 99% contra 1% de privilegiados? No caso das pessoas transgênero, a justiça (não a legal, mas a ética) está do lado do 1% contra os 99% despreocupados com sua identidade de gênero).

Assim, "somos todos queer", embora alguns mais do que outros. Esse tipo de unidade é, por definição, ideologia em seu estado mais puro, e imediatamente nós devemos fazer duas perguntas: qual é a forma de subjetividade que está na base dessa unidade, e quem ou o que foi *de facto* excluído (não mencionado, ignorado) desse buquê de cem flores desabrochando, ou que se recusaram diretamente a participar? Muitos grupos étnicos declinaram tomar parte, em solidariedade com o protesto do Black Lives Matter de Vancouver contra o fato de a Parada do Orgulho ter incluído um carro alegórico da polícia; muitos povos indígenas são membros do Black Lives Matter e, assim, *de facto* não participaram.[7] O grupo homossexual muçulmano Salaam e o grupo homossexual sul-asiático Trikone também se posicionaram fora da Parada do Orgulho naquele ano; o Salaam declarou que "por causa de reações racistas … nós precisamos ter a nossa própria marcha … o Orgulho não está falando conosco. A cidade não está falando conosco".[8] Essas ausências sinalizam precisamente os terrenos de antagonismos sociais – e deveríamos incluir nesse quadro os indivíduos transgênero cuja vida é cheia de ansiedades e incertezas sociais e está longe da imagem feliz de rapazes pintados, dançando e se beijando seminus.

Por todas essas razões, assistir à Parada do Orgulho de Vancouver deixou um gosto amargo em minha boca (mas também na de muitas pessoas LGBTQ) – ela me lembrou de muitas paradas semelhantes a que assisti na minha juventude na Iugoslávia comunista, paradas rotineiras em que diferentes coletivos se apresentavam celebrando sua "unidade na diversidade" sob o guarda-chuva compartilhado da ideologia dominante (fraternidade e unidade de todas as nações na Iugoslávia socialista autoadministrada e não alinhada). Até mesmo o tédio sutil e o jargão burocrático dos comentaristas da televisão de Vancouver com suas previsibilidades politicamente corretas (eles tinham o cuidado de designar o guarda-chuva

O sexual (não) é político

ideológico da parada com uma versão da complexa fórmula "LGBTQIA+") me fez lembrar o jargão semelhante dos comentaristas comunistas, em que toda ironia era proibida.

Quanto à forma subjacente de subjetividade, estamos lidando claramente com a versão sexualizada do assim chamado "sujeito proteano": hoje, a forma hegemônica de subjetividade já não é mais o sujeito autônomo subordinado à lei edipiana paterna que garante a sua liberdade (moral), mas sim o sujeito fluido, que experimenta a si mesmo como alguém que se reinventa e se reconstrói permanentemente, testando de modo jovial combinações de diferentes identidades. A teórica paradigmática dessa nova forma de subjetividade é Judith Butler, e embora ela insista no seu caráter "subversivo", é fácil demonstrar que esta subjetividade que rejeita toda identidade fixa e é obcecada com reinvenção discursiva lúdica permanente se adéqua perfeitamente à sociedade consumista e comoditizada contemporânea. É por isso que os ataques obsessivos contra o patriarcado e a ordem edipiana soam tão falsos e desesperados: eles atacam um inimigo que está em plena retirada, reagindo a algo novo que já é hegemônico. Em resumo, o problema com essa visão de uma nova subjetividade fluida não é que seja utópica, mas que já seja predominante – mais um caso da ideologia dominante se apresentando como subversiva e transgressiva da ordem existente. (Claro, a consequência a ser tirada de tudo isso não é defender um retorno à autoridade simbólica paterna como única saída para o impasse autodestrutivo do eu proteano narcisista do capitalismo tardio, mas inventar uma nova noção de sujeito, um sujeito que não seja realmente assim tão novo, visto que já se encontra aqui na modernidade filosófica, desde o *cogito* cartesiano e do eu kantiano. Deve-se igualmente duvidar da acurácia da categoria clínica do "sujeito proteano" pós-edipiano – vai ela realmente além do Édipo ou continua a se basear na lógica edipiana?)

Um comentário mais geral sobre o destino da libertação sexual parece ser apropriado aqui. Graham Harman cita uma observação lúcida sobre os anos 1960 – "Você tem que se lembrar de que os anos 1960 realmente aconteceram nos anos 1970" – e pondera: "de algum modo, um objeto existe 'ainda mais' no estágio seguinte ao seu apogeu inicial. A maconha, o amor livre e a violência interna dramática dos anos 1960 na América foram, de algumas maneiras, mais bem exemplificados na atmosfera afetada e insossa dos anos 1970".[9] Se, contudo, olharmos mais de perto a passagem dos anos 1960 para os anos 1970, podemos ver facilmente a diferença-chave: na década de 1960, o espírito de permissividade, liberação sexual, contracultura e drogas fazia parte de um movimento utópico de protesto político, ao passo que, nos anos 1970, esse espírito foi despojado do seu conteúdo político e plenamente integrado na cultura e na ideologia hegemônicas. Consequentemente, o "ainda mais" (que significa: integração na ideologia hegemônica) foi pago com um "muito menos" (i.e., despolitização), e embora definitivamente se possa levantar a questão da limitação do espírito dos anos 1960 que terá tornado essa integração tão fácil, a repressão da dimensão política permanece sendo um fator-chave da cultura popular dos anos 1970.

Por essa razão, a ideia de conceber a identidade transgênero como um *sinthoma*, uma constelação de significantes que gira em torno de um centro vazio, no sentido de Lacan, não é de grande utilidade – ou é demasiado geral ou demasiado estreita. Por um lado, *sinthoma* é, para (o falecido) Lacan, a "fórmula" mais elementar de gozo, provendo o mínimo de consistência ao edifício libidinal de todo ser humano. Por outro, Lacan lê os textos literários de Joyce como um *sinthoma*, uma formação sintética que lhe possibilitou evitar a psicose, i.e., que lhe serviu como uma formação que suplementou a Em-Nome-do-Pai perdida – mas eu não acho que indivíduos transgênero sejam psicóticos potenciais que evitaram a psicose mediante a criação de um *sinthoma*... A grandeza ética dos sujeitos transgênero reside precisamente no fato de eles rejeitarem a "despersonalização" e permanecerem sujeitos, assumindo o impasse da subjetividade ainda mais radicalmente do que outros sujeitos mais "normalizados". Sujeitos transgênero não subtraem de modo nenhum o seu espaço de gozo da intersubjetividade e praticam sua busca de gozo em transações diretas com objetos: suas ansiedades parecem dizer respeito precisamente à sua posição no espaço social. Ao contrário, a sociedade capitalista consumista de hoje faz essa subtração muito bem: em vez de sexo com pessoas, nós temos cada vez mais sexo com o que Lacan chama de *latusas*, objetos parciais criados tecnologicamente, todas as "coisas que não existem" antes da intervenção científica no real, de telefones celulares a brinquedos de controle remoto, de condicionadores de ar a corações artificiais.

Um caso de pseudoluta

A luta entre fundamentalismo e permissividade alcançou um novo ápice (ou, antes, uma nova derrocada) quando autoridades municipais francesas proibiram os burquínis (um traje de banho que cobre completamente o corpo) em suas praias. Três razões foram citadas: (1) o burquíni é uma ameaça higiênica para a água da praia; (2) representa um risco para a segurança, pois pode esconder armas; (3) é incompatível com a cultura secular francesa. Em reação à "ameaça", o primeiro-ministro francês Manuel Valls exaltou os seios despidos de Marianne, símbolo da República Francesa e ícone de liberdade e razão, como o oposto do burquíni: "Marianne tem um seio nu porque está alimentando o povo! Ela não usa véu porque é livre! Essa é a república!" Em resumo, mulheres muçulmanas que usam o véu não são livres, portanto o véu é antifrancês, ao passo que seios despidos são emblemáticos da França: "Primeiro-ministro francês sugere que seios nus representam melhor a França do que lenços de cabeça", diz uma manchete.[10] A obscenidade mal encoberta dessa linha de argumentação foi logo observada: será mesmo a atração de Marianne com um seio nu (pensem no célebre quadro de Delacroix, *A Liberdade guiando o povo*) baseada na percepção de que ela estaria alimentando o povo?

Como era de esperar, os Estados Unidos se engajaram nessa celebração do suposto potencial emancipatório de seios nus de um jeito "gente como a gente" mais organizado – grupos feministas nas grandes cidades de São Francisco a Nova York organizaram dias de protesto "GoTopless", em que centenas de mulheres caminharam nas ruas com os seios nus, exigindo plena igualdade, i.e., ostentando sua rejeição contra mais uma segregação sexual (os homens podem andar com o peito descoberto, as mulheres não):

O dia do GoTopless cai no domingo mais próximo do Dia da Igualdade da Mulher, em 26 de agosto. Com efeito, foi no dia 26 de agosto de 1920 que as mulheres conquistaram, com base na Igualdade de Gêneros, o direito de votar. Em 1971, o Congresso dos Estados Unidos reconheceu a data e a denominou "Dia da Igualdade da Mulher". O presidente dos Estados Unidos é convocado a comemorar essa data todos os anos. É apenas lógico que os protestos do dia do GoTopless (ou as celebrações, dependendo da regulamentação da lei na sua cidade) caia perto do Dia da Igualdade da Mulher, pois o direito ao topless para mulheres é baseado na igualdade de gênero, como seu direito de votar foi outrora. No domingo dia 28 de agosto, a população das cidades de todo o mundo está convidada a se manifestar em defesa do direito da mulher ao topless em público. Por favor, entre em contato conosco se quiser organizar um evento na sua área para que possamos elencar seu local no nosso *Boob Map* 2016.[11]

Essas paradas promovem "a igualdade de gênero e os direitos das mulheres de desnudar os seios em público" – como se o segundo fosse uma implicação natural do primeiro... e é óbvio que, se muitas das mulheres manifestantes fossem velhas e gordas e a exibição de seus seios caídos não obedecesse às normas estabelecidas de beleza, isso só acrescentaria outra questão ao protesto, a rejeição das normas de beleza que objetificam as mulheres. Entretanto, esse movimento em favor do topless deveria ser analisado como parte de uma constelação ideológica específica, e não universalizado como um gesto emancipatório. Um par de anos atrás, eu estava visitando universidades norte-americanas e dando palestras junto com Mladen Dolar; o seguinte incidente aconteceu num jantar depois de uma de nossas apresentações. O professor que presidia informalmente o evento propôs que todos os presentes (cerca de dez pessoas) se apresentassem brevemente, declarando nosso cargo profissional, nosso campo de trabalho e nossa orientação sexual. Nossos colegas norte-americanos o fizeram como se fosse a coisa mais normal e óbvia, enquanto Dolar e eu simplesmente despistamos a última questão. Fiquei tentado a propor acrescentar outros aspectos a essa autoapresentação: quanto a pessoa ga-

O sexual (não) é político

nhava e qual seu patrimônio (tenho certeza de que meus amigos norte-americanos achariam isso muito mais intrusivo do que a pergunta sobre orientação sexual...). Em seu esplêndido comentário sobre o incidente, Dolar relembra outra experiência:

> Alguns anos atrás, quando alguns amigos norte-americanos estavam visitando a Eslovênia, eu os levei a uma praia na costa adriática. Era uma praia pública e bastante cheia, e meus amigos ficaram muito perplexos ao verem que as mulheres, em grande parte, tiravam livremente o sutiã, como comumente é feito nessa parte do mundo, andando com os seios nus sem que ninguém ligasse para isso. Meus amigos disseram que isso nunca aconteceria numa praia pública nos Estados Unidos (eu nunca estive numa delas, então aceito a palavra deles). Eles ficaram bastante embaraçados, apesar de suas persuasões liberais de esquerda, sentindo-se constrangidos diante do que percebiam como uma ponta deliberada de exibição pública e provocação sexual – como uma falta de reserva ou discrição europeia. Foi quase como a evocação de um fantasma caricato de puritanismo em plena era da permissividade. Isso deu lugar a alguma meditação sobre a questão do vizinho ou vizinha, aquela criatura estranha ao nosso lado de quem supostamente nós gostaríamos, mas que causa embaraço e mortificação no momento mesmo em que se aproxima demais, perturbando o nosso espaço privado, quebrando a barreira da discrição, nos expondo, por assim dizer, por expor a si mesma, expondo sua privacidade invasiva que, desse modo, não pode ser mantida a uma distância apropriada.[12]

(Aliás, por volta da última década, o número de mulheres fazendo topless nas praias do mundo diminuiu consideravelmente – hoje em dia, elas só são encontradas excepcionalmente. Entretanto, seria errado interpretar essa mudança como um sinal de regressão conservadora.) Longe de serem opostos ou incompatíveis, os dois aspectos (declarar a orientação sexual e manter o corpo coberto) complementam um ao outro no interior do universo puritano dos Estados Unidos, o qual, como podemos ver, é corrente e está muito ativo. Vale dizer, a maneira de explicar esses paradoxos é ter em mente como a própria indiscrição, a abertura surpreendente, pode funcionar como instrumento de reserva, de retraimento.

Assim, estamos no meio de mais uma pseudoluta: burquíni ou seios nus – *essa* escolha deve ser definitivamente despolitizada, deixada ao domínio da idiossincrasia das preferências pessoais. Significa dizer que, apesar do potencial emancipatório da luta por liberdades sexuais, deve-se, todavia, desconfiar quando o universo pessoal é declarado político da maneira errada: quando exibições diretas de preferência se tornam um ato político fundamental. A política autêntica nunca é sobre afirmar publicamente o que é uma pessoa na intimidade de seus desejos e fantasias. Em outras palavras, o movimento GoTopless é algo como um show das Kardashians da política progressista. As Kardashians trouxeram a noção de fama para a sua autorreferência: em termos básicos, elas são pessoas totalmente comuns que são famosas por serem famosas. Mesmo quando seu programa de TV aborda um tema político potencialmente quente (como aconteceu com a visita delas a Cuba), seus comentários são estritamente reduzidos a trivialidades de senso comum, como acenar para uma criança que passa e gritar "Oi, Cuba!" ou comentar como as pessoas em Cuba estão desconectadas e gostam da vida tranquila, enquanto nos Estados Unidos estão o tempo todo tentando alcançar alguma coisa.

Entretanto, devemos ter um pouco de cuidado com Kim Kardashian. Depois de ter sido amarrada e ter suas joias roubadas num elegante hotel de Paris, o famoso estilista Karl Lagerfeld a criticou por ostentar demais seu dinheiro. De modo que ela seria em parte responsável pelo roubo: ela seria "excessivamente pública – temos que entender em que tempo vivemos. Você não pode exibir sua riqueza e depois ficar surpresa porque alguém quer compartilhá-la. Se for tão famosa e mostrar todas as suas joias na internet, você tem que ir para um hotel onde ninguém possa chegar perto do seu quarto". Embora eu considere Kim Kardashian uma figura pública embaraçosamente sem talento, acho o comentário de Lagerfeld repugnante – em essência, ele a está censurando por se misturar com pessoas comuns, por não se isolar delas. Contudo, se há um traço redentor em Kim, é justo seu jeito de sair por aí e se misturar com seu

O sexual (não) é político

público. É fácil demais fazer piada sobre a pobre Kim – ela é vulgar, sua espontaneidade é falsa, ela não é ela mesma (o que ela realmente é), ela, antes, *representa ela mesma* (uma imagem ideal de si mesma). É fácil demais destacar como sua fama carece de toda e qualquer substância – mas não é verdade que ela traz à tona uma característica comum a todas as "pessoas famosas" das nossas sociedades consumistas? Tomemos alguém que possa parecer o oposto de Kim: Angelina Jolie, com todo o seu engajamento humanitário dirigido à salvação dessas ou daquelas vítimas. Enquanto zombam de Kim, Jolie é respeitosamente recebida por figuras políticas e, em 2017, chegou até mesmo a lecionar na prestigiosa London School of Economics (como professora visitante num curso de graduação chamado Mulheres, Paz e Segurança). Ao contrário, acho que Jolie é mais problemática: embora tanto Kim como Jolie participem da cultura das celebridades, Jolie quer guardar o bolo e comê-lo. Ela explora plenamente a cultura de celebridades *e* tenta obscurecer esse fato atuando como agente de causas "superiores". A verdadeira obscenidade não é a autoexposição desavergonhada de Kim, a verdadeira obscenidade é Jolie oferecendo-se como uma figura ético-política autêntica. Zombar de Kim nos faz esquecer que a tolice projetada nela é a nossa substância compartilhada. Mas o que é a obscenidade da pobre Kim comparada com a obscenidade que impregna as grandes celebridades filantrópicas? Assim, e se desdenhar Kim for uma parte imanente de sua celebridade? E se o consumidor ideal dos seus shows e notícias não for um crente ingênuo, mas, sim, um consumidor inseguro que sabe muito bem quanto ela é vulgar, mas segue adiante, engolindo notícias sobre ela enquanto curte o sentimento de superioridade que esse conhecimento lhe dá?

Diferença sexual, hierarquia ou antagonismo?

A atmosfera religiosa opressiva dos países muçulmanos é um fato que deve ser confrontado – mas como? Há uma luta em curso na mídia social palestina, ignorada no Ocidente. Duas figuras estão no centro dessa disputa:

Mohammed Assaf e Tamer Nafar. Assaf é um cantor pop de Gaza, incrivelmente popular não apenas entre os palestinos, mas também em todos os países árabes e mesmo em partes da Europa, e ele é apoiado pelo Hamas, em Gaza, e pela Autoridade Palestina, que o nomeou embaixador cultural da Palestina. Ele canta, com uma bela voz, baladas sensíveis e canções patrióticas em estilo popular. Politicamente, é uma figura unificadora, acima das divisões políticas, exceto em seu apoio à liberdade palestina. Em março de 2016, Assaf declarou numa entrevista que, como parte do esforço para manter a "tradição", ele não permitiria que sua irmã cantasse em público. Tamer Nafar, o rapper palestino que é o ator principal e coautor do filme de Udi Aloni *Junction 48*, respondeu a Assaf com esta tocante carta aberta:

> Se qualquer outro artista pop dissesse "Segundo nossas tradições, mulheres são proibidas de cantar e, no âmbito pessoal, eu respeito e apoio essas tradições, então não posso permitir que minha irmã cante", eu protestaria e o magoaria, mas como foi Assaf, nossa Cinderela de Gaza, quem disse essas palavras, eu ainda estou enraivecido, mas principalmente estou magoado.
>
> Como os palestinos que estiveram unidos pela primeira vez nas ruas de Gaza, na Cisjordânia, na Diáspora, nos Campos de Refugiados e na TV '48 para apoiar Mohammed Assaf, nós convidamos Assaf a se juntar a nós nas mesmas ruas para encorajar a moça do Iêmen, de Gaza, do Marrocos, da Jordânia e de al Lydd – a moça que está sonhando cantar, dançar, escrever e atuar no *Arab Idol*! Como palestinos, nós devemos combater o apartheid israelense e o apartheid de gênero. Meu sonho é marchar de mãos dadas, uma mulher segurando a mão de um homem, contra todo e qualquer muro de separação. Não é razoável marchar separadamente e reclamar unidade ao mesmo tempo!
>
> Você quer falar sobre tradições? Por experiência pessoal, fui um garoto raivoso dos guetos de Lydd. Eu só me acalmava quando minha mãe cantava para mim uma canção de Fairuz. Essa é a tradição que eu quero exaltar! Então, minhas queridas irmãs árabes (Hawwa), cantem tão alto quanto puderem, rompam as barreiras para podermos nos acalmar. Liberdade para todos ou liberdade para ninguém![13]

O sexual (não) é político

O filme *Junction 48*, de Udi Aloni, lida com a difícil situação dos jovens "palestinos israelenses" (palestinos descendentes de famílias que ficaram em Israel depois da guerra de 1948), cuja vida cotidiana envolve uma luta contínua em duas frentes: tanto contra a opressão do Estado de Israel como contra as pressões fundamentalistas de dentro de sua própria comunidade. Em suas canções, Nafar zomba da tradição dos "assassinatos de honra" de moças nas famílias palestinas, motivo pelo qual ele também foi atacado por ocidentais de esquerda politicamente corretos. Uma coisa estranha aconteceu com ele durante uma visita recente aos Estados Unidos. Depois de apresentar sua canção contra crimes de honra no campus da Universidade Columbia em Nova York, alguns estudantes antissionistas o atacaram por tratar do assunto – censurando-o porque, desse modo, ele estaria promovendo a visão sionista dos palestinos como primitivos bárbaros (acrescentando que, se de fato há assassinatos de honra, Israel é responsável, pois a ocupação israelense mantém os palestinos em condições primitivas e impede a sua modernização). Eis a digna resposta de Nafar: "Quando me criticam, vocês estão criticando a minha comunidade em inglês para impressionar os seus professores radicais. Eu canto em árabe para proteger as mulheres do meu 'gueto'."

O argumento de Nafar é que os palestinos não precisam da ajuda paternalista de liberais ocidentais; e menos ainda precisam de silêncio sobre crimes de honra que faz parte do "respeito" de esquerdistas ocidentais pelo modo de vida palestino. Esses dois aspectos – a imposição de valores ocidentais como direitos humanos universais e o respeito por culturas diferentes, independentemente dos horrores que possam fazer parte dessas culturas – são dois lados da mesma mistificação ideológica. Muito já foi escrito sobre como a universalidade dos direitos humanos universais é distorcida, sobre como se dá secretamente preferência aos valores e normas culturais ocidentais (a prioridade do indivíduo sobre sua comunidade, e assim por diante). No entanto, também devemos acrescentar a isso o insight de que a defesa multiculturalista anticolonialista da multiplicidade de modos de vida também é falsa: ela encobre antagonismos existentes dentro de cada um desses modos de vida particulares, justificando atos de brutalidade, sexismo e racismo como expressões de uma cultura particular, que nós não teríamos direito de julgar pelos valores ocidentais estrangeiros.

Essa polêmica entre Assaf e Nafar é parte de uma luta maior em defesa da diferença sexual, a qual dá um novo viés ao velho lema de 1968, "O sexual é político". Os efeitos destrutivos dessa luta são discerníveis em todas as partes do mundo. O destino de Attawapistak, uma remota comunidade aborígene no norte de Ontário, que chamou atenção da mídia no começo de 2016, exemplifica por que os aborígenes canadenses continuam a ser uma nação dilacerada, incapaz de encontrar a estabilidade mínima de um arranjo de vida:

> Desde o outono, houve mais de cem tentativas de suicídio em Attawapistak, cuja população é de apenas 2 mil habitantes. A pessoa mais jovem a tentar suicídio tinha onze anos de idade, a mais velha, 71. Depois que onze pessoas tentaram tirar as próprias vidas na noite de sábado, os líderes exaustos declararam estado de emergência. Na segunda-feira, enquanto funcionários se esforçavam para mandar conselheiros de crise para a comunidade, vinte pessoas – inclusive uma criança de nove anos – foram levadas para o hospital depois de terem sido ouvidas fazendo um pacto de suicídio. "Estamos pedindo socorro", disse o chefe attawapistak, Bruce Shisheesh. "Quase toda noite há uma tentativa de suicídio."

Ao investigar as razões para o terrível ônus, deve-se olhar além do óbvio (casas superlotadas consumidas por mofo, abuso de drogas e alcoolismo etc.); entre as razões sistêmicas, a principal é o legado devastador do sistema de escolas residenciais, que rompeu a continuidade entre as gerações:

> durante décadas, mais de 150 mil crianças aborígenes foram levadas contra a vontade numa tentativa de assimilação forçada à sociedade canadense. Pródigas em abusos, as escolas visavam "matar o índio na criança", conforme foi documentado por uma recente comissão da verdade. Milhares de crianças morreram nessas escolas – a ausência de padrões dietéticos nas escolas deixou muitas delas subnutridas e vulneráveis a doenças como varíola, sarampo

O sexual (não) é político

e tuberculose – com centenas delas enterradas às pressas em túmulos não marcados perto das instituições. Em quase um terço das mortes, o governo e as escolas nem sequer registraram os nomes dos estudantes que morreram.[14]

(Deve-se observar aqui que a exploração sexual de crianças nas escolas residenciais era amplamente disseminada.) Para milhões de pessoas em todo o mundo, infernos semelhantes são a realidade do que os sociólogos chamam de processo de modernização, de dissolução dos laços tradicionais de família: eles só recebem o aspecto destrutivo, o qual são incapazes de "negar" e transformar em individualidade póstradicional. Jacqueline Rose especificou recentemente um aspecto-chave ao lidar com a questão: o discurso disseminado sobre violência contra a mulher na nossa mídia hegemônica é uma indicação de que há mais violência na vida real? Ou trata-se apenas de essa violência ter se tornado mais visível em consequência, por conta da consciência feminista crescente, de aplicarmos padrões éticos mais elevados, que qualificam como violência o que antes seria considerado parte do estado normal das coisas? Rose salienta que essa visibilidade maior é profundamente ambígua: ela sinaliza o fato de que a consciência feminista penetrou a cultura geral, mas também neutraliza o impacto da violência contra mulheres, tornando-a tolerável e padronizada – nós a vemos em toda parte, nós protestamos contra ela, e a vida segue... O estilo Boko Haram não é solução para esse impasse, pois não ordena um retorno real à vida comunal tradicional, mas meramente contra-ataca a destruição com uma identificação de grupo ainda mais (auto)destrutiva.

O Boko Haram simplesmente leva a lógica da diferença sexual normativa ao seu extremo. (A propósito, o argumento de Lacan é que a verdadeira ameaça não é a perversão polimórfica, que desestabiliza, às vezes até ignora, a diferença sexual, mas a diferença ela mesma, em sua dimensão antagonística.) A noção de diferença sexual que prescreve a cada um dos dois sexos um papel específico a desempenhar e impõe, por meio disso, uma norma simbólica destinada a garantir as relações sexuais, a fornecer as coordenadas do sexo "normal". Um caso exemplar desse tipo de (ab)uso da diferença sexual é apresentado por Suheyb Öğüt em seu comentário: "The Butch Lesbians and the HDPKK":[15]

> Segundo a psicanálise, toda relação é sexual. Mas isso não significa que toda relação na vida cotidiana cheire a sexualidade. Ao contrário, isso significa que em todas as relações – quaisquer que sejam, políticas, sociais ou econômicas – agentes ocupam uma posição sexual que é ou a posição de um homem ou a de uma mulher. Com efeito, mesmo que o tipo de relação não seja convencional, mas inusual para a maioria da população, essa regra é válida. É exatamente por essa razão que mesmo em relações "homossexuais" – como nas relações heterossexuais – há um papel macho (senhor, dominante) e uma fêmea (serva, submissa). Caso contrário, a relação é impossível.
>
> Por exemplo, lésbicas: fundamentalmente, há dois tipos de lésbicas: sapatão (papel masculino) e *femme* (papel feminino). Quando observamos lésbicas sapatões, parece impossível distingui-las do macho. Sua linguagem corporal (sentar, andar, gesticular, a mímica, roupas, mesmo suas tatuagens) é viril. Elas parecem muito valentes e honestas.[16] São muito mais agressivas e do tipo "se bater, derrube" do que um homem mediano. Se você entrar numa briga com um sapatão, é provável que fuja imediatamente. Essa "imagem" macho também é desempenhada nas suas relações com suas parceiras: são muito dominantes e pedem às suas parceiras para se comportarem de maneira muito submissa. Assim, ao observar esse tipo de relação, você nota o mesmo gozo fálico que o de um homem desfrutando a submissão[17] de seu parceiro ou parceira.
>
> Na realidade, porém, a situação é exatamente a oposta. A lésbica sapatão não ocupa uma posição de masculinidade fálica. A máscara viril-masculina que ela usa – testemunhando a sua castração simbólica – na vida cotidiana não lhe permite extrair dela nenhum tipo de gozo fálico. Trata-se, antes, do gozo do grande Outro que define a masculinidade viril. É por isso que a lésbica sapatão é desesperadamente compelida a usar algum instrumento artificial em substituição ao órgão-real-natural de que ela carece, e também porque ela cede o seu próprio prazer a fim de realmente possuir sua parceira como um homem teria possuído. Esse tipo de prazer encontrado em ceder seu próprio prazer

O *sexual (não) é político*

corporal, um prazer encontrado meramente em satisfazer de maneira dolorosa o prazer do Outro, corresponde ao gozo feminino. Consequentemente, por trás da aparência viril dos sapatões, não há nada exceto as usuais "boas moças" obedientes. Entretanto, essa situação, da qual elas têm inconscientemente conhecimento, não as perturba enquanto elas parecerem viris ao olhar do Outro, enquanto puderem manter escondida a "boa moça" em seu interior.

Não importa, os HDP+PKKS parecem sapatões que agem como machão, desafiando o Estado e a maioria do povo por meio da utilização de armas externas reminiscentes do vibrador. Há uma mulher "boa moça" por trás dessa máscara. Há uma escrava patética por trás daqueles que trabalham para o gozo do grande Outro (do secularismo, de Israel, do kemalismo). O que, por conseguinte, os faz suportar a dor de mascarar sua *femme* submissa castrada, de deixar para trás sua feminilidade "boa moça" original? Eis aqui a resposta, a mesma resposta que a das lésbicas sapatões: eles suportam a dor para poderem ser vistos e aprovados como senhores (de esquerda) desobedientes e durões (seculares) pelo grande Outro. É isso.[18]

Esse breve comentário (que foi publicado num jornal popular turco), um pesadelo teórico e político, constitui um abuso ostensivo da psicanálise lacaniana. Ele apresenta a diferença sexual no sentido tradicional (mestre e escravo, ativo e passivo...) como estrutura que define as agências específicas de "masculinidade e feminilidade" e, em seguida, as universaliza como modelo para todas as relações, "políticas, sociais e econômicas"; mesmo quando uma relação sexual não é padrão, como é o caso com lésbicas, tem de haver a posição masculina dominante e feminina submissa (sapatão e *femme*). Essa estrutura deve supostamente funcionar como uma espécie de *a priori* formal, como uma condição de possibilidade, de toda relação – "caso contrário, a relação é impossível"... O argumento de Lacan, porém, é precisamente este, a saber, que a relação sexual é impossível: *Il n'y a pas de rapport sexuel*. Toda outra relação inter-humana (não diretamente sexual) pode ser sexualizada precisamente porque "não há relação sexual": a sexualidade afeta outros domínios não por causa da sua força sobrepujante, mas por sua fraqueza. Para Lacan, "não há relação sexual" significa (entre outras coisas) precisamente que nenhuma oposição simbólica (como ativo/passivo, mestre/escravo etc.) pode determinar adequadamente a diferença sexual.

As coisas tomam em seguida um curso ainda pior: a relação lésbica é explicada em termos da oposição entre órgão sexual "real-natural" (pênis) e um vibrador externo artificial: lésbicas sapatões carecem de pênis real, então têm que confiar num vibrador artificial para impressionar certa figura do grande Outro (seu eu ideal) com sua masculinidade. Deve-se igualmente notar a dimensão política do texto de Öğüt: escrito para apoiar a política oficial do governo turco (que acusa abertamente a oposição curda de terrorismo), ele visa difamar um dos maiores aspectos da luta curda na Síria, as combatentes-mulheres que mostraram ser muito eficientes contra o Estado Islâmico (nós também devemos observar a recente virada para o feminismo de Ocalan, o líder encarcerado do PKK). A ideia é que essas combatentes-mulheres são como lésbicas sapatões: elas fingiriam sua masculinidade através da exibição dos seus vibradores (armas masculinas) para impressionar a figura do seu grande Outro sionista-secular (i.e., antiturco). Mas há um pequeno problema aqui. Para Lacan, o falo (que define a masculinidade) não é o pênis, mas um significante, o significante da castração, o que significa precisamente um suplemento externo, "estruturado como um vibrador" (para parafrasear a célebre fórmula de Lacan, "o inconsciente estruturado como uma linguagem"). Assim, a situação descrita por Öğüt como um diversionismo lésbico é, para Lacan, uma situação normal: o que define a masculinidade de um homem não é a posse de um pênis, mas o modo como ele se relaciona com o significante externo sobre o qual repousa a sua autoridade, e ele o faz para ser notado por uma figura do grande Outro que lhe confira a sua autoridade. Consequentemente, estaria Öğüt pronto a dizer que Erdogan também é sapatão, um cara fraco que exibe seu vibrador a fim de impressionar o grande Outro (Turquia, islã)?

Os impasses do transgênero

Em "A instância da letra no inconsciente, ou a razão desde Freud", Lacan, corrigindo Saussure, ilustra a relação entre significante e significado atra-

O sexual (não) é político   249

vés da enfatização do caráter diferencial do significante. Ele apresenta a imagem de um par significativo, CAVALHEIROS e DAMAS, e, sob cada um dos dois termos, abaixo de um traço, ele desenha uma imagem idêntica de uma porta de banheiro – indicação clara de que a diferença sexual não é questão de natureza (biologia, sentido), mas questão de significante. Lacan comenta:

> Aqui nós vemos que, sem estender muito o alcance do significante envolvido no experimento – isto é, apenas duplicando o tipo nominal através da mera justaposição de duas formas cujos sentidos complementares parecem ter que se reforçar –, produz-se a surpresa de uma inesperada precipitação do sentido: a imagem de duas portas gêmeas que simbolizam, com o reservado oferecido ao homem ocidental para a satisfação das suas necessidades naturais quando longe de casa, o imperativo, que ele parece compartilhar com a vasta maioria das comunidades primitivas, que submete sua vida pública às regras da segregação urinária.[19]

A noção de diferença sexual que prescreve a cada um dos dois sexos um papel específico a ser desempenhado impõe, assim, uma norma simbólica que se estende até o domínio da segregação urinária. A ironia é que as portas de banheiro segregadas estão hoje no centro de uma grande disputa legal e ideológica, especialmente nos Estados Unidos. Em 29 de março de 2016, um grupo de oitenta executivos, majoritariamente baseados no Vale do Silício, liderados pelo CEO do Facebook, Mark Zuckerberg, e o da Apple, Tom Cook, assinaram uma carta ao governador da Carolina do Norte, Pat McCrory, condenando uma lei que proibia pessoas transgênero de usar instalações públicas do sexo oposto. "Estamos desapontados com sua decisão de assinar a aprovação dessa lei discriminatória", diz a carta. "A comunidade empresarial, em geral, tem comunicado consistentemente aos legisladores em todos os níveis que leis desse tipo são ruins para nossos empregados e ruins para nossos negócios." (A lei diz que uma pessoa tem de usar instalações públicas segregadas, como banheiros e chuveiros, segundo o seu sexo biológico, não a sua identidade de gênero. A pessoa transgênero deveria ter seu sexo legalmente alterado numa certidão de nascimento para poder usar as instalações do gênero que prefere.) Assim, está claro de que lado o grande capital está. Tim Cook – que é facilmente capaz de esquecer as centenas de milhares de trabalhadores da Foxconn na China, que montam produtos Apple em condições de escravidão – faz um grande gesto de solidariedade com os desprivilegiados, clamando pela abolição da segregação de gênero... Como frequentemente é o caso, as grandes empresas se mostram aqui orgulhosamente unidas com a teoria politicamente correta.

Então, o que é o "transgenerismo"? É algo que ocorre quando um indivíduo experimenta um desacordo entre seu sexo biológico (e o gênero correspondente, masculino ou feminino, a ele atribuído pela sociedade ao nascimento) e sua identidade subjetiva. Como tal, ele não diz respeito apenas a "homens que se sentem e agem como mulheres", e vice-versa, mas a uma estrutura complexa de posições "não binárias": bigênero, trigênero, pangênero, gênero fluido e até agênero. A visão fundamental de relações sociais que sustenta o transgenerismo é o assim chamado pós-generismo: um movimento social, político e cultural cujos adeptos defendem a abolição voluntária de gênero, possibilitada pelo progresso científico recente da biotecnologia e das tecnologias reprodutivas. A proposta não diz respeito apenas à possibilidade científica, mas também é eticamente baseada: a premissa do pós-generismo é que as consequências sociais, emocionais e cognitivas de papéis de gênero fixos são um obstáculo para a emancipação plena da humanidade. Uma sociedade em que a reprodução através do sexo é eliminada (ou na qual outras versões são possíveis: uma mulher também pode ser "pai" de seu filho ou filha etc.) abrirá possibilidades inauditas de liberdade e de experimentação social e emocional. Ela vai eliminar a distinção que sustenta todas as hierarquias e explorações sociais posteriores... Pode-se argumentar que o pós-generismo é a verdade do pós-generismo: a fluidificação universal das identidades sexuais alcança inevitavelmente seu apogeu no cancelamento do sexo como tal. Essa ambiguidade caracteriza a conjunção de sexualidade e liberdade através do século XX: à medida

O sexual (não) é político

que as tentativas de libertar a sexualidade se tornaram mais radicais, mais perto elas chegavam da sua autossuperação e se transformavam em tentativas de estabelecer uma libertação dos grilhões *da* sexualidade:

> Se parte dos programas revolucionários do século XX para criar uma relação social radicalmente nova e um Novo Homem foi a libertação da sexualidade, essa aspiração foi marcada por uma ambiguidade fundamental: é a sexualidade que deve ser libertada, emancipada de preconceitos morais e proibições legais de modo que os impulsos possam ter uma expressão mais aberta e fluida; ou é a humanidade que deve ser libertada da sexualidade, finalmente livre de suas dependências obscuras e restrições tirânicas? Trará a revolução uma florescência da energia libidinal ou, vendo-a como uma distração perigosa para a árdua tarefa de construir um mundo novo, exigirá a sua supressão? Em uma palavra, é a sexualidade o objeto da emancipação ou o seu obstáculo?[20]

A oscilação entre os dois extremos é claramente discernível na primeira década após a Revolução de Outubro, quando os clamores feministas pela libertação da sexualidade logo foram suplantados por clamores gnóstico-cosmológicos por um Novo Homem, que deixaria a própria sexualidade para trás, como armadilha burguesa elementar. A primeira coisa a observar aqui é que o transgenerismo faz par com a tendência geral na ideologia liberal de esquerda, hoje predominante, de rejeitar todo e qualquer "pertencimento" particular e de celebrar a "fluidificação" de toda e qualquer identidade. Pensadores como o teórico social francês e figura pública Frédéric Lordon demonstraram recentemente a inconsistência dos intelectuais "cosmopolitas" antinacionalistas, que defendem a "libertação do pertencimento" e, *in extremis*, tendem a repudiar toda busca de raízes e todo vínculo com uma identidade étnica ou cultural particular como se fosse uma postura quase protofascista. Lordon contrasta esse desenraizamento autoproclamado com a realidade medonha dos refugiados e imigrantes ilegais que, despojados de direitos básicos, buscam desesperadamente algum tipo de pertencimento (como uma nova cidadania). Lordon está totalmente certo aqui: é fácil observar como as elites intelectuais "cosmopolitas", desdenhando as pessoas comuns que se apegam às suas raízes, pertencem elas mesmas a seus próprios círculos exclusivos de elites desenraizadas, e, assim, como seu desenraizamento cosmopolita é a marca de um pertencimento profundo e forte. (É por isso que é totalmente obsceno propor uma equivalência entre elites "nômades", que voam em torno do planeta inteiro, e refugiados desesperados em busca de um lugar seguro ao qual possam pertencer – a mesma obscenidade que equiparar uma mulher ocidental de classe superior fazendo dieta e uma mulher refugiada esfomeada.) Esse paradoxo propriamente hegeliano sempre operou ao longo da história: no interior de cada comunidade particular (nação), a classe hoje universal de CEOs e das elites universitárias como grupo particular isolado da maioria pelo seu modo de vida como um todo – um professor de ciências humanas em Nova York tem muito mais em comum com um professor de ciências humanas em Paris ou mesmo em Seul do que com um trabalhador que viva em Staten Island. A classe universal de hoje, que atravessa nações particulares – CEOs, intelectuais – é simultaneamente, dentro de cada nação, um grupo extremamente particular, separado de todos os outros por seu modo de vida – é uma universalidade que divide uma identidade particular a partir de dentro.

Além disso, nós encontramos aqui o velho paradoxo: quanto mais marginal e excluída for a pessoa, mais está autorizada a afirmar uma identidade étnica e um modo de vida exclusivo. É assim que a paisagem politicamente correta é estruturada: pessoas longe do mundo ocidental têm consentimento para afirmar plenamente sua identidade étnica particular sem serem declaradas identitários racistas essencialistas (norte-americanos nativos, negros...). Quanto mais perto se chega dos famigerados machos brancos heterossexuais, mais problemático se torna fazer essa afirmação: asiáticos, tudo bem, italianos e irlandeses, talvez, mas com alemães e escandinavos já é problemático... Entretanto, proibir a afirmação da identidade particular de Homens Brancos (como modelo de opressão de outros), embora ela se apresente como a admissão de sua culpa, confere a eles, todavia, uma posição central: a própria proibição os transforma em média universal

O sexual (não) é político

neutra, o lugar a partir do qual a verdade sobre a opressão de outros é acessível. O desequilíbrio também pesa na direção oposta: países europeus pobres esperam que os países europeus ocidentais desenvolvidos arquem com todo o fardo da abertura multicultural, ao passo que eles podem se dar ao luxo de patriotismo. Embora afirmar a identidade de uma minoria marginal oprimida não seja, é claro, o mesmo que afirmar a identidade de uma nação branca privilegiada, devemos, contudo, não perder de vista a identidade formal entre as duas: "a direita nacionalista simplesmente se apropriou da política de identidade. Eles estão dizendo: 'Não vocês (gays, negros...), *nós* somos as verdadeiras vítimas aqui, nós somos a minoria, ninguém cuida de nós...'".[21] (A propósito, algo semelhante aconteceu com o movimento antiaborto, que também se apresenta como uma expansão simples e lógica da luta antirracista: inicialmente, a luta era para incluir negros e outras raças no conjunto dos que são plenamente humanos; agora, nós queremos estender essa luta àqueles que ainda não nasceram...)

É fácil detectar uma tensão semelhante no transgenerismo. Os sujeitos transgênero que se mostram transgressivos, desafiando todas as proibições, comportam-se simultaneamente de maneira hipersensível; eles se sentem oprimidos por uma escolha imposta ("Por que deveria eu decidir se sou um homem ou uma mulher?"), eles necessitam de um lugar onde possam se reconhecer de modo pleno. Se tão orgulhosamente insistem em sua classificação "trans", além de toda classificação, por que exibem uma demanda tão urgente de um lugar apropriado? Por que, ao se encontrarem diante de banheiros com separação de gênero, não agem com heroica indiferença – "Eu sou transgênero, um pouco disso e um pouco daquilo, então posso escolher qualquer dos dois que quiser!"? Além disso, os heterossexuais "normais" não têm um problema semelhante, não acham frequentemente difícil se reconhecer em identidades sexuais prescritas? Pode-se até dizer que homem (ou mulher) não seja uma identidade fixa, mas mais um certo modo de evitar uma identidade... E podemos prever com segurança que novas demandas antidiscriminatórias surgirão: por que não casamentos entre múltiplas pessoas? O que justifica a limitação à forma binária de casamento? Por que não até mesmo casamento com animais – afinal, já não estamos a par das sutilezas das emoções animais?

O beco sem saída da classificação é claramente discernível na necessidade de expandir a fórmula, o básico LGBT (Lésbica, Gay, Bissexual, Transgênero) se tornou LGBTQIA (Lésbica, Gay, Bissexual, Transgênero, Questionadores, Intersexo, Assexuado) ou mesmo LGBTQQIAAP (Lésbica, Gay, Bissexual, Transgênero, Queer, Questionadores, Intersexo, Assexuado, Aliados, Pansexual).[22] Para resolver o problema, acrescenta-se frequentemente apenas um "+", que serve para incluir todos os demais grupos associados com a comunidade LGBT, como em LGBT+. Isso, porém, levanta uma questão: é "+" apenas um substituto para as posições ausentes, como "e outros", ou pode alguém ser diretamente um "+"? A resposta dialética apropriada é: sim – na série, há sempre um elemento excepcional que claramente não pertence a ela e consequentemente dá corpo ao "+". Pode haver "aliados' (indivíduos não LGBT "honestos"), assexuados (negando inteiramente o campo da sexualidade), ou "questionadores" (flutuando aqui e ali, incapazes de adotar uma posição determinada). (Especialmente suspeita aqui é a categoria de "aliados": por que heterossexuais que têm simpatia por pessoas transgênero devem ser contados como uma categoria especial de identidade sexual? Não é a simpatia deles um fato de sua moralidade, que nada tem a ver com a sua sexualidade? A normatividade oculta do transgenerismo é claramente perceptível aqui: a heterossexualidade é silenciosamente concebida como "inferior" à posição transgênero, como imanentemente ligada à opressão, de tal modo que "aliados" são "inimigos honestos", quase o mesmo sentido em que historiadores do nazismo gostam de descobrir um "nazista honesto", um nazista que admite a natureza criminosa do nazismo...)

Consequentemente, só há uma solução para esse impasse, a solução que encontramos em outro campo do descarte de resíduos, aquele das latas de lixo. As latas de lixo públicas são hoje em dia cada vez mais diferenciadas: há latas de lixo para papéis, vidro, latinhas metálicas, papelão, plástico etc. Já aqui as coisas começam a se complicar: se você tiver de jogar fora um saco de papel ou um caderno com uma pequena tira de plástico, qual das latas é apropriada, as para papel ou para plástico? Não é de admirar que sempre encontremos nas latas de lixo instruções detalhadas sob a designação genérica: PAPEL – livros, jornais etc., mas *não* livros de capa dura nem livros de capa plastificada etc. Nesses casos, para descartar adequadamente seus lixos, a pessoa tem que gastar meia hora ou mais de leitura e análise detalhadas. Para facilitar as coisas, então criamos uma lata de lixo suplementar para RESÍDUOS EM GERAL, onde jogamos fora tudo que não bate com os critérios específicos das outras latas de lixo – como se, além da lata para papéis, da lata para plásticos etc., houvesse lixo como tal, lixo universal. E não deveríamos fazer o mesmo com banheiros? Como nenhuma classificação pode satisfazer todas as identidades, não deveríamos acrescentar aos dois escaninhos de gênero tradicionais – HOMENS, MULHERES – uma porta para GÊNEROS EM GERAL? Não seria essa a única maneira de inscrever numa ordem das diferenças simbólicas o seu antagonismo constitutivo? Lacan salientou que a "fórmula" da relação sexual como real/impossível é I + I + *a*, isto é, os dois sexos mais o "osso na garganta" que torna impossível a sua tradução em diferença simbólica. Esse terceiro elemento não simboliza o que é excluído do domínio da diferença, ele simboliza (o real da diferença) a diferença como tal.

A razão desse fracasso de toda classificação que busca ser exaustiva não é a riqueza empírica de identidades que desafiam classificações, mas, ao contrário, a persistência da diferença sexual como real, como "impossível" (desafiando toda categorização) e simultaneamente inevitável. A multiplicidade de posições de gênero (macho, fêmea, gay, lésbica, bigênero, transgênero etc.) gira em torno de um antagonismo que incessantemente as deixa escapar. Gays são homens, lésbicas são mulheres, transexuais impõem uma passagem de um para o outro, *cross-dressing* combina os dois, bigênero flutua entre os dois... seja qual for o caminho que tomamos, os "dois" estão à espreita sob a superfície.

Isso nos traz de volta ao que se poderia chamar da cena primal de ansiedade que define o transgenerismo: eu estou diante dos banheiros padrão com duas portas, DAMAS e CAVALHEIROS, e sou presa de uma ansiedade, sem reconhecer a mim mesmo em nenhuma das escolhas. Mais uma vez, não têm os heterossexuais "normais" o mesmo problema, também não acham difícil se reconhecer em identidades prescritas? Que homem não se viu num dilema momentâneo: "Terei realmente direito a entrar no banheiro dos CAVALHEIROS? Sou realmente um homem?" Podemos ver de maneira clara agora ao que realmente equivale a ansiedade quando sou confrontado com a escolha DAMAS OU CAVALHEIROS: à ansiedade da castração (simbólica). Qualquer escolha que faça, vou perder algo, e esse algo *não* é o que o outro sexo tem – ambos os sexos juntos não formam um todo, pois algo foi irrecuperavelmente perdido pela própria divisão dos sexos. Podemos até mesmo dizer que, ao fazer a escolha, *eu evoco a perda do que o outro sexo não tem*, i.e., eu tenho que renunciar à ilusão de que o Outro possua aquele X que preencheria a minha falta. E podemos razoavelmente conjecturar que o transgenerismo seja, em última análise, precisamente uma tentativa de evitar (a ansiedade da) castração: um espaço liso é criado no qual as múltiplas escolhas que eu possa fazer não ostentam a marca da castração – ou, como formula Alenka Zupančič:

> Tem-se geralmente timidez de afirmar a existência de dois gêneros, mas ao passarmos à multidão, essa timidez desaparece e a existência de dois gêneros é firmemente declarada. Se for considerada em termos de gênero, a diferença sexual se torna compatível – pelo menos em princípio – com os mecanismos da sua plena ontologização.[23]

Aí reside o ponto crucial da questão: embora a tendência LGBT tenha razão em "desconstruir" a oposição sexual normativa padrão, desontologizando-a, reconhecendo nela um construto histórico contingente cheio de tensões e incoerências, todavia ela reduz essa tensão ao fato de a pluralidade de posições sexuais ser forçosamente reduzida à camisa de força normativa da oposição binária de masculino e feminino, com a ideia de que, se nos livrarmos dessa camisa de força, teremos uma multiplicidade de posições sexuais plenamente florescentes (LGBT etc.), cada uma delas com consistência ontológica plena. Uma vez que eu me livre da camisa de força binária, eu posso me reconhecer como gay, bissexual ou seja lá

O *sexual (não) é político* 257

o que for. Do ponto de vista lacaniano, entretanto, a tensão antagonista é irredutível, é constitutiva do sexual como tal, e nenhum montante de diversificação e multiplicação classificatória pode nos salvar dela.

Embora o LGBT+ perceba a si mesmo como solapador da normatividade da oposição binária heterossexual, não se deve nunca esquecer que ele envolve uma normatividade própria: como a heterossexualidade "binária" é percebida como a imposição violenta de um modelo sobre uma pluralidade de formas e práticas sexuais, é claro que práticas que rejeitam a heterossexualidade padrão são normativamente preferidas a ela, i.e., que também há uma vantagem ética a ser imposta à norma heterossexual. Judith Butler desdobra essa superioridade em sua teoria da ascensão da heterossexualidade: o primeiro objeto libidinal de uma criança é seu genitor do mesmo sexo, e quando, sob a pressão da normatividade heterossexual, a criança é compelida a renunciar a esse objeto sexual, ela se identifica com o que foi forçada a abandonar – um garotinho se identifica como homem através da identificação com o pai como seu objeto libidinal primordial, e o mesmo é válido para as meninas. (Butler se refere aqui à tese de Freud segundo a qual nosso eu é composto de identificações com objetos libidinais perdidos.) Entretanto, homossexuais se recusam a abandonar o objeto primordial: meninos e meninas continuam seu vínculo libidinal com os objetos do mesmo sexo. Também é por isso que a diferença entre homossexualidade e heterossexualidade corresponde àquela entre a melancolia e o luto: heterossexuais concluem com sucesso o trabalho de luto do objeto perdido, ao passo que homossexuais permanecem fiéis a ele, o que significa que a heterossexualidade é baseada numa traição radical...

Interpelação malograda

A estrutura subjacente aqui é aquela de uma interpelação malograda. No caso de interpelação, o exemplo de Althusser evoca um indivíduo que, embora passeando despreocupadamente na rua, é subitamente abordado por um policial: "Ei, você aí!" Ao responder ao chamado – isto é, parar e voltar-se para o policial – o indivíduo reconhece/se constitui como sujeito de poder, do poder do grande Outro. A ideologia

> "transforma" os indivíduos em sujeitos (ela os transforma todos) por esta operação muito precisa que nós chamamos de interpelação ou saudação, que podemos imaginar a partir do tipo mesmo da mais banal interpelação policial (ou não): "Ei, você aí!"
>
> Se supusermos que a cena teórica imaginada se passa na rua, o indivíduo interpelado se volta. Por essa simples conversão física de 180 graus, ele se torna *sujeito*. Por quê? Porque ele reconheceu que a saudação era "realmente" dirigida a ele, e que "foi realmente ele quem foi interpelado" (e não outra pessoa). A experiência mostra que as transmissões práticas a distância da interpelação são de tal ordem que a interpelação praticamente nunca erra o seu homem: chamado verbal ou apito, o interpelado reconhece sempre que era ele mesmo o interpelado. Trata-se, contudo, de um fenômeno surpreendente, e que não se explica somente, apesar do grande número daqueles que "têm algo a se censurar", pelo "sentimento de culpa".
>
> Naturalmente, para a comodidade e a clareza da exposição do nosso pequeno teatro teórico, tivemos de apresentar as coisas sob a forma de uma sequência, com um antes e um depois, portanto, sob a forma de uma sucessão temporal. Há indivíduos que passeiam. Em algum lugar (em geral às suas costas) ressoa a interpelação: "Ei, você aí!" Um indivíduo (à razão de 90%, sempre o que foi visado) se vira, acreditando-desconfiando-sabendo que é com ele, logo, reconhecendo que "é ele mesmo" que é visado pela interpelação. Na realidade, porém, as coisas se passam sem nenhuma sucessão. É uma só e mesma coisa a existência da ideologia e a interpelação dos indivíduos como sujeitos.[24]

A primeira coisa que salta aos olhos nessa passagem é a referência implícita de Althusser à tese de Lacan sobre a carta que "sempre chega ao seu destino": a carta interpelativa não pode errar seu endereço, pois, por conta de seu caráter "infinito", é somente o reconhecimento/aceitação do destinatário que a constitui como carta. O aspecto-chave da passagem

O sexual (não) é político   259

citada, entretanto, é a dupla negação que opera nela: a negação de explicar o reconhecimento interpelativo por meio de um "sentimento de culpa", assim como a negação de temporalidade do processo de interpelação (estritamente falando, indivíduos não "se tornam" sujeitos, eles "sempre-já" são sujeitos).[25] Essa dupla negação deve ser lida como uma negação freudiana: o que o caráter "infinito" da interpelação torna invisível é uma espécie de sequencialidade atemporal, que é muito mais complexa do que o "teatro teórico" encenado por Althusser em favor do suspeito álibi de "conveniência e claridade". Essa sequência reprimida diz respeito a um "sentimento de culpa" de natureza puramente formal, "não patológica" (no sentido kantiano), uma culpa que, exatamente por essa razão, pesa mais gravemente sobre aqueles indivíduos que "nada têm a censurar-se". Vale dizer: em que consiste, precisamente, a primeira reação do indivíduo ao "Ei, você aí!" do policial? Consiste numa mistura contraditória de dois elementos: (1) por que eu, o que o policial quer comigo? Eu sou inocente, estava só passeando, entregue aos meus pensamentos... Entretanto, esse protesto perplexo de inocência é sempre acompanhado por (2) um sentimento kafkiano indeterminado de culpa "abstrata", uma sensação de que, aos olhos do poder, eu sou *a priori* terrivelmente culpado de algo, embora seja impossível saber do que precisamente sou culpado, e por essa razão – como não sei do que sou culpado – sou mais culpado ainda; ou, mais exatamente, é dessa minha ignorância que consiste a minha verdadeira culpa.[26]

O que temos aqui, portanto, é a estrutura lacaniana completa da divisão do sujeito entre inocência e culpa abstrata, indeterminada, confrontado com um chamado não transparente do Outro ("Ei, você aí!"), um chamado em que não está claro para o sujeito o que o Outro realmente quer dele (*"Che vuoi?"*). Em resumo, o que encontramos aqui é a interpelação anterior à identificação. Antes do reconhecimento no chamado do Outro, por meio do qual o indivíduo se constitui como sujeito "sempre-já", somos obrigados a reconhecer o instante "infinito" do impasse, no qual inocência coincide com culpa indeterminada: a identificação ideológica por meio da qual eu suponho um mandato simbólico e me reconheço como sujeito de poder só acontece como resposta a esse impasse. Por isso, o que permanece "impensado" na teoria da interpelação de Althusser é o fato de que, antes do reconhecimento ideológico, nós temos um momento de interpelação obscena impenetrável sem identificação, uma espécie de mediador evanescente que tem de se tornar invisível para o sujeito poder alcançar identidade simbólica, i.e., concluir o gesto de subjetivação. Em resumo, o "impensado" de Althusser é que já há um sujeito misterioso que precede o gesto de subjetivação. E o mesmo é válido para a interpelação sexual: minha identificação como "homem" ou "mulher" sempre é uma reação secundária à ansiedade "castradora" do que eu sou.

É por isso que a solução óbvia de estabelecer uma fronteira de distinção entre o aspecto legal e o tumulto psicológico de ser transgênero é lamentavelmente fácil. O problema com essa abordagem (acabar com a segregação em banheiros [e iniciativas similares] é apenas uma medida legal externa que deve ser adotada em nome da justiça social, mas que de modo nenhum ajuda a cancelar o tumulto e a ansiedade psicológicos de ser transgênero) é que não se pode estabelecer tal fronteira, pois (como certamente aprendemos com Kafka) o domínio legal é inerentemente um domínio de intensos investimentos libidinais, de ansiedades, satisfações perversas etc. Ter um banheiro "só seu" pode facilmente se transformar numa segregação ainda pior do que não ter um espaço para si, e impor um banheiro neutro para todos continuará a funcionar como negação de antagonismos básicos.

No sentido preciso do termo de Lacan, o terceiro elemento (o limpador de chaminés kierkegaardiano) efetivamente simboliza o elemento fálico – como? Na medida em que representa diferença pura: funcionários públicos, empregadas domésticas e limpadores de chaminés são o masculino, o feminino, *mais a sua diferença como tal*, como um objeto contingente particular – mais uma vez, por quê? Porque não só a diferença é diferencial, mas, numa (não)relação antagônica, ela precede os termos que diferencia: não só a mulher é não homem, e vice-versa, mas a mulher impede o homem de ser plenamente homem, e vice-versa. É como a diferença entre a esquerda e a direita no espaço político: sua diferença é a diferença no próprio modo como diferenças são percebidas. Todo o espaço político

O sexual (não) é político

se mostra diferentemente estruturado se nós o olharmos a partir da esquerda ou a partir da direita; não há um terceiro modo "objetivo" (para um esquerdista, a divisão política atravessa todo o corpo social, ao passo que, para um direitista, a sociedade é um todo hierárquico perturbado por intrusos marginais). A diferença "em si" é, portanto, não simbólica/diferencial, mas real-impossível – algo que escapa e resiste à apreensão simbólica. Essa diferença é o universal como tal – universal não como uma estrutura neutra elevada acima das suas duas espécies, mas como o antagonismo delas constitutivo; e o terceiro elemento (limpador de chaminés, judeu, *objeto a*) simboliza a diferença como tal, a diferença/antagonismo "puro" que precede os termos diferenciados. Se a divisão do corpo social em duas classes tivesse sido completada, sem o elemento excessivo (judeu, populaça...),[27] não haveria luta de classes, apenas duas classes claramente divididas. Esse terceiro elemento não é a marca de um lembrete empírico que escapa à classificação de classes (a divisão pura da sociedade em duas classes), mas a materialização *de sua própria diferença antagônica*, na medida em que essa diferença precede os termos diferenciados. No espaço do antissemitismo, o "judeu" simboliza o antagonismo social como tal: sem o intruso judaico, as duas classes viveriam em harmonia... Podemos ver agora como o terceiro elemento intrusivo é acontecimental: não se trata somente de mais uma entidade positiva, ele simboliza o que é para sempre perturbador da harmonia dos dois, abrindo-a para um processo incessante de reacomodação. Um exemplo supremo desse terceiro elemento, o *objeto a*, que complementa o par, vem, uma vez mais, da Turquia – é propiciado por um incidente estranho que ocorreu na Turquia kemalista de 1926. Parte da modernização kemalista foi impor novos modelos "europeus" às mulheres, de como deveriam vestir-se, falar e agir, para que se desembaraçassem das opressivas tradições orientais. Conforme é bem sabido, decretou-se uma Lei do Chapéu, prescrevendo como homens e mulheres, ao menos nas grandes cidades, deveriam cobrir suas cabeças. Então,

em Erzurum, em 1926, havia uma mulher entre as pessoas executadas sob pretexto de "oposição à Lei do Chapéu". Era uma mulher muito alta (quase dois metros) e de aparência muito masculina, que mascateava xales para ganhar a vida (daí o seu nome "Şalcı Bacı" [Irmã do Xale]). Um jornalista, Nimet Arzık, a descreveu como "de dois metros de altura, com o rosto escuro e *dreadlocks* finos serpeantes ... e com andar masculino". É claro, como mulher, ela não estaria usando chapéu, então não poderia ser "culpada" de nada; contudo, provavelmente em sua azáfama, os soldados a tomaram por um homem e a levaram às pressas para o cadafalso. Şalcı Bacı foi a primeira mulher a ser executada por enforcamento na história da Turquia. Ela definitivamente não era "normal", pois a descrição de Arzık não condiz com nenhum modelo de normalidade feminina daquele período particular, e é provável que ela fosse membro da velha tradição de "pessoas especiais" toleradas e culturalmente incluídas, portadoras de algum tipo de "doença" genética. Não obstante, a transição forçada e apressada para a "modernidade" não permitiu que existisse uma inclusão desse tipo e, consequentemente, ela teve que ser eliminada, riscada da equação. "Uma mulher usaria um chapéu que ela fosse enforcada?", foram as últimas palavras que ela murmurou a caminho do cadafalso, relatou-se. Exceto por não fazer absolutamente nenhum sentido, essas palavras representavam um vazio semântico e apenas indicavam que aquela era uma cena do Real, subvertendo as regras da semiótica: ela foi primeiro emasculada (em seu sentido etimológico primário de "construir o masculino"), para, então, poder ser "emasculada".[28]

Como devemos interpretar esse ato estranho e absurdamente excessivo de assassinato? A leitura óbvia seria butleriana: através de sua aparência e maneira de agir transexual provocativa, Şalcı Bacı tornou visível o caráter contingente da diferença sexual, o caráter contingente de como ele é simbolicamente construído – como tal, ela era uma ameaça para as identidades sexuais normativamente estabelecidas... Minha leitura é ligeiramente (ou não tão ligeiramente) diferente: em vez de minar a diferença sexual, Şalcı Bacı simbolizava esta diferença como tal, em seu Real traumático, irredutível a toda e qualquer oposição simbólica. Sua aparência perturbadora transforma diferença simbólica clara no real-impossível de um antagonismo. Assim, mais uma vez, da mesma maneira como a luta

O sexual (não) é político

de classes não é apenas "complicada" quando surgem outras classes que não entram na divisão clara de classe dominante e classe oprimida (esse excesso é, ao contrário, o próprio elemento que torna o antagonismo de classe real, e não apenas oposição simbólica), a fórmula de antagonismo sexual não é M/F (a oposição clara entre masculino e feminino), mas MF+, onde "+" simboliza o elemento excessivo que transforma a oposição simbólica no Real de um antagonismo.

Isso nos traz de volta ao nosso tópico, a grande oposição que está emergindo hoje: por um lado, a imposição violenta de uma forma simbólica fixa de diferença sexual como gesto básico de contraposição à desintegração social; por outro, a total fluidificação transgênero do gênero, a dispersão da diferença sexual em múltiplas configurações. Essa oposição é falsa. Ambos os polos compartilham uma característica-chave: ambos misturam diferença sexual como o real/impossível de um antagonismo.

O que também acontece é a negligência da dimensão de classe e de raça pelos proponentes politicamente corretos dos direitos das mulheres e dos gays.

Em "10 Hours of Walking in NYC as a Woman", criado por uma empresa de marketing de vídeo em 2014, uma mulher usando calças jeans, camiseta preta e tênis andou por vários bairros de Manhattan, registrando ações e comentários de homens que ela encontrou com uma câmera e um microfone escondidos. Ao longo de toda a caminhada, a câmera registrou mais de cem episódios codificados como assédio verbal, estendendo-se de cumprimentos amigáveis até observações sexualizadas sobre seu corpo, inclusive ameaças de estupro. Embora o vídeo tenha sido saudado como um documento sobre assédio de rua e o medo da violência que são parte cotidiana da vida das mulheres, ele ignorou raça e classe: a maior proporção dos homens apresentados no vídeo é composta por minorias: em inúmeros episódios, os homens que comentam a atriz estão encostados em prédios, descansando em hidrantes ou sentados em cadeiras dobráveis na calçada, posturas usadas para caracterizar homens de classes mais baixas e desempregados – ou, conforme comentou um leitor: "O vídeo tinha intenção de gerar ultraje… e usou criptorracismo para fazê-lo."[29]

O grande erro ao lidar com essa oposição é buscar uma medida apropriada entre os dois extremos.[30] O que se deve fazer, em vez disso, é explicitar o que ambos os extremos compartilham: um mundo pacífico em que a tensão antagonista da diferença sexual desaparece, seja numa distinção hierárquica clara e estável de sexos, ou então na fluidez feliz de um universo dessexualizado. E não é difícil discernir nessa fantasia de um mundo feliz a fantasia de uma sociedade sem antagonismos sociais; em resumo, sem luta de classes.

Antagonismo universal

Para concluir, pessoas transgênero não são simplesmente marginais que perturbam a norma de gênero hegemônica; a mensagem delas é universal, diz respeito a todos nós, explicitam a ansiedade subjacente a toda identificação sexual, o seu caráter construído/instável. Isso não implica, é claro, uma generalização barata que embotasse o sofrimento das pessoas transgênero ("nós todos temos ansiedades e sofremos de uma maneira ou de outra") – é nas pessoas transgênero que essa ansiedade e esse antagonismo, que de outro modo permanecem geralmente latentes, eclodem. Portanto, assim como procedeu Marx, se é para entender o funcionamento "normal" do capitalismo, é preciso tomar como ponto de partida as crises econômicas, se é para analisar a heterossexualidade "normal", é preciso começar pelas ansiedades que são predominantes nas pessoas transgênero.

Assim, de um ponto de vista clínico, o que são indivíduos transgênero? Eles não são uma categoria clínica – certamente não mais "patológicos" do que a maioria das pessoas "normais". Catherine Millot[31] estava certa ao enfatizar que cada caso deveria ser abordado em sua quintessência, focando na economia subjetiva específica que levou o sujeito a formular uma demanda de mudança de gênero, um desconforto com a identidade de gênero socialmente outorgada etc. Sujeitos transgênero podem desempenhar a negação fetichista da castração (quando sua identidade funciona como fetiche), eles podem ser presas de questionamentos histéricos etc.,

O sexual (não) é político

de modo que se deve evitar generalizações rápidas e ter em mente que a castração real (como a praticada pela antiga seita búlgara de *skopci*) é a forma suprema de negação da castração. Os que seguem Butler ao enfatizar a plasticidade infinita da construção discursiva de gênero ("escolha o seu sexo") ignoram o real, não o real biológico que supostamente propõe um limite para transformações discursivas, mas o real do antagonismo sexual.

É por isso que o antagonismo não é entre heterossexualidade e LGBT; o antagonismo (ou mais uma vez, como diz Lacan, o fato de que "não há relação sexual") opera no próprio núcleo da heterossexualidade normativa. É o que a imposição violenta de normas de gênero se empenha em conter e obscurecer. É aqui que entra o meu paralelo com a figura antissemítica do judeu: o "judeu" (a figura antissemítica do judeu) como ameaça à ordem orgânica de uma sociedade, como o elemento que introduz a corrupção e a decadência trazendo-as de fora, é um fetiche cuja função é mascarar o fato de que o antagonismo não vem de fora, mas é imanente a toda sociedade de classe.

Um modo – tradicional – de evitar essa ansiedade é impor uma norma heterossexual que especifique o papel de cada gênero; o outro, como vimos, é defender a superação da sexualidade como tal (a posição pós-gênero). Hoje, com o crescimento da "Internet das Coisas" e da biogenética, essa perspectiva recebeu um novo impulso. E, como parte dessa nova perspectiva, novas demandas para superar velhas limitações surgirão; entre elas, haverá reivindicações de legalização do casamento múltiplo (que já existem, não só como poligamia, mas também como poliandria, especialmente na região do Himalaia), bem como reivindicações de algum tipo de legalização de laços emocionais intensos com animais (legalmente descritos como "animais de apoio emocional", eles já são algo imenso nos Estados Unidos). Eu não estou falando de sexo com animais (embora me lembre, da minha juventude no final dos anos 1960, da tendência amplamente difundida em toda a Europa de praticar sexo com animais), nem muito menos de "bestialismo" como parafilia, mas sobre uma tendência a reconhecer alguns animais (digamos, um cão fiel) como parceiros legítimos.

E isso nos traz de volta ao tópico da normatividade; a postura predominante na ética consumista-capitalista de hoje está efetivamente além da normatividade, "além do bem e do mal", mas não há nisso nada de sequer vagamente "progressista"; esse "além" deveria, antes, significar "abaixo". A normatividade não pode – e não deve ser – reduzida a um espantalho de "imposições normativas da ideologia hegemônica". Não é o fato de a homofobia e a tolerância ao estupro não serem admissíveis, pelo menos no nosso espaço público, um caso de normatividade que deve ser endossado sem qualificações? A normatividade pela qual devemos lutar deve ser diferente da normatividade heterossexual/conservadora hegemônica, assim como da fraude do politicamente correto.

Nancy Fraser[32] mostrou como a forma predominante de feminismo nos Estados Unidos foi basicamente cooptada pelos políticos neoliberais, ao passo que a animosidade dos países do Terceiro Mundo contra as lutas gays é amplamente conhecida, e seu aspecto mais desalentador é que tais países apresentem a sua rejeição da homossexualidade, e assim por diante, como parte de sua luta anti-imperialista. Assim, do mesmo modo que a homofobia e o antifeminismo em muitos movimentos no Terceiro Mundo devem nos fazer desconfiar do nível do anti-imperialismo deles, também devemos tomar nota do fato de que indivíduos que personificam a vanguarda do capitalismo global, como Tim Cook, apoiam enfaticamente os direitos LGBT+. Não há nada de *a priori* ruim nesse fato, é claro – há uma longa história de grandes empresas atuando contra o apartheid. Na velha África do Sul, companhias estrangeiras com fábricas lá (como a Mercedes) começaram a pagar aos trabalhadores negros o mesmo que aos brancos e, desse modo, contribuíram decisivamente para o fim do apartheid. É todavia sintomático ouvir histórias de como indivíduos LGBT são oprimidos, vitimizados etc. – é verdade, contudo, que também devemos observar que eles desfrutam o total apoio do espaço político hegemônico e dos grandes negócios. Isso, é claro, não deve de maneira nenhuma problematizar nosso apoio ao LGBT+, mas deve nos advertir sobre o pano de fundo político-ideológico da questão.

Sempre que se menciona a luta de classes, teóricos multiculturais tendem a disparar tiros de advertência contra o "essencialismo de classe", contra a redução de lutas antirracistas e antissexistas à dimensão de fenômenos

O sexual (não) é político

secundários; entretanto, uma inspeção rápida do trabalho deles mostra que (com raras exceções) eles simplesmente ignoram a luta de classes. Embora oficialmente promovam o mantra "sexo-raça-classe", a dimensão de classe nunca é realmente tratada. A luta de classes é *de facto* proibida no discurso multiculturalista – mas essa proibição é ela mesma proibida, não se pode enunciá-la oficialmente – e a penalidade é a acusação imediata de "essencialismo de classe". É por isso que os críticos de meu texto sobre LGBT+, que me acusam de essencialismo de classe no velho estilo, de ignorar novas formas de lutas culturais, estão completamente equivocados: meu problema é precisamente como juntar de maneira efetiva a luta anticapitalista e as lutas antissexistas etc. O problema não é de comunicação, de uma compreensão mais profunda do outro, mas de autotransformação: cada lado vai ter de passar por uma mudança tão radical que o problema não seja resolvido, mas simplesmente desapareça.

Vai ver o problema é muito mais sério do que parece – vai ver, os chamados desesperados à unificação das lutas testemunham o fato de que a forma de luta antissexista, hoje predominante nos países desenvolvidos ocidentais, seja a tal ponto restringida pelas coordenadas ideológicas das sociedades capitalistas tardias altamente desenvolvidas, que a unificação direta seja simplesmente impossível. Pode ser que a expressão "luta de classes e luta antissexista" dissimule uma dimensão "castradora" oculta, uma dimensão de "véu", de escolha difícil: uma *ou* outra, nunca ambas as lutas. A despeito de toda a retórica de solidariedade, o "proletariado nômade" real de hoje (imigrantes de países não ocidentais – essa nova forma do que Frantz Fanon chamou de "os condenados da terra") e os movimentos antissexistas reais de hoje não são capazes de encontrar a mesma linguagem. Mais uma vez, construir um espaço compartilhado para ambos é uma tarefa difícil, que exige trabalho extenso e duro de autotransformação de ambos os lados. Falando em termos mais brutais, sem esse espaço compartilhado, é impossível livrar-se da suspeita de que a esquerda cultural politicamente correta esteja ficando tão fanática ao advogar o "progresso", ao travar batalhas contra os recém-descobertos "apartheids" cultural e sexual, para encobrir a sua plena imersão no capitalismo global. O espaço compartilhado é o espaço em que o LGBT+ se encontra com Tim Cook.

Não é de admirar que esse processo de radicalização progressiva das exigências em vista de superar as diferentes formas de "segregação" tenha recentemente chegado ao seu apogeu com a desregulação dos banheiros – há uma longa história por trás dessa reivindicação. Em 2012, Viggo Hansen, um parlamentar de esquerda, propôs ao Parlamento sueco uma lei proibindo indivíduos masculinos de urinar de pé, visando acabar com a segregação dos banheiros e impor a todos o mesmo modelo de urinação.[33] No entanto, podemos ir até mais longe no passado: em 1934, Gabriel Chevalier publicou *Os escândalos de Clochemerle*, um romance situado num povoado ficcional francês na região de Beaujolais. O livro satiriza os conflitos entre católicos e republicanos na Terceira República francesa, contando a história da instalação de um mictório na praça da comunidade de Clochemerle. O prefeito "esquerdista radical" e o professor da escola local tramam a ideia de um mictório público como um grande símbolo do igualitarismo republicano, que traria o esclarecimento secular ao povoado e, por meio disso, golpearia fortemente os reacionários católicos. É difícil deixar passar a referência ao urinol de Duchamp (*Fonte*, exibido pela primeira vez em 1917), exemplo supremo de igualitarismo artístico radical (qualquer objeto pode ser arte se for exibido como tal). Além disso, devemos ter em mente a arbitrariedade com que uma atividade é escolhida para ser considerada digna de libertação ou dessegregação. Por que, por exemplo, fumar é cada vez mais proibido, enquanto o uso de drogas é crescentemente considerado um direito inalienável? Outro exemplo: décadas atrás, a imprensa progressista francesa publicou toda uma série de petições exigindo descriminalização da pedofilia, afirmando que, desse modo, a fronteira artificial, opressiva e estreita que separa crianças de adultos seria abolida e o direito de dispor livremente de seu corpo seria estendido também às crianças; só forças obscuras da "reação" poderiam se opor a esta medida – entre os signatários estavam Sartre, Beauvoir, Derrida, Barthes, Foucault, Aragon, Guattari, Deleuze, Dolto, Lyotard...[34] Hoje, entretanto, a pedofilia é percebida como um dos piores crimes e, em vez de luta em nome do progresso anticatólico,

O sexual (não) é político

ela é antes associada com o lado obscuro da Igreja católica, de modo que lutar contra a pedofilia é hoje uma tarefa progressista dirigida contra as forças da reação... A vítima cômica desse deslocamento é Daniel Cohn-Bendit, que, ainda vivendo no velho espírito dos anos 1960, recentemente descreveu numa entrevista como, quando trabalhava num jardim de infância em sua juventude, fazia brincadeiras masturbatórias regularmente com meninas. Para sua surpresa, ele enfrentou uma reação brutal, e sua expulsão do Parlamento europeu bem como a abertura de um processo judicial foram exigidas.

Num nível metodológico mais geral, não se pode distinguir de maneira direta a dimensão universal do projeto emancipatório e a identidade de um modo de vida particular, pois embora estejamos todos juntos engajados numa luta universal, ao mesmo tempo nós respeitamos plenamente o direito de cada grupo ao seu modo de vida particular. Nunca se deve esquecer que, para um sujeito que vive um modo de vida particular, *todos os universais a ele se mostram "coloridos" pelo seu modo de vida*. Cada identidade (modo de vida) compreende também uma maneira específica de se relacionar com *outros* modos de vida. Por isso, quando postulamos como diretriz que cada grupo deve ser livre para desempenhar sua identidade particular, praticar o seu próprio modo de vida, o problema surge imediatamente: onde param os costumes que formam a minha identidade e onde começa a injustiça? Os direitos das mulheres são apenas um costume nosso, ou a luta pelos direitos das mulheres também é universal (e parte da luta emancipatória, como foi no conjunto da tradição socialista desde Engels até Mao)? A homofobia é apenas um traço de uma cultura particular, a ser tolerada como um componente da sua identidade? Os casamentos arranjados (que formam o próprio núcleo de estruturas de parentesco em algumas sociedades) devem ser aceitos como parte de uma identidade particular? E assim por diante.

Essa "mediação" do universal com o particular (modo de vida) é válida para todas as culturas, a nossa (ocidental) inclusive, é claro. Os princípios universais defendidos pelo Ocidente também são coloridos pelo modo de vida ocidental, por isso a tarefa é levar a luta para dentro de todo modo de vida particular: cada modo de vida particular é antagônico, repleto de tensões e inconsistências internas, e a única maneira de proceder é trabalhar por uma aliança das lutas em diferentes culturas. Daqui, eu gostaria de voltar ao projeto da aliança entra as classes médias progressistas e os proletários nômades: em termos de problemática concreta, isso significa que a luta político-econômica contra o capitalismo global e a luta pelos direitos da mulher etc. têm que ser concebidas como dois momentos da mesma luta emancipatória por igualdade.

Os teóricos transgênero que se empenham para afirmar o vínculo entre a sua luta e a luta contra o racismo são capturados pela linha de argumentação que alcança seu ápice com a afirmação de Che Gossett de que "pessoas trans e não conformistas de gênero estão situadas (como a violência do binário de gênero a que nos opomos) no interior das coordenadas teóricas e políticas da história e no tempo presente da história – a vida após a morte da escravidão e do colonialismo. Žižek ignora o fato de que não podemos pensar o gênero binário fora do contexto da escravidão racial e do colonialismo no seio do qual ele foi forjado".[35] Assim, não se trata apenas de o racismo e o colonialismo mobilizarem e manipularem – o gênero binário terá surgido no contexto da escravidão racial... E quanto ao fato óbvio de todas as cosmologias pré-modernas estarem baseadas precisamente no gênero binário, na interação de "princípios cósmicos" masculinos e femininos? (Para não falar da confusão usual entre diferença/antagonismo sexual e "gênero binário".)

Esses dois aspectos – a imposição de valores ocidentais como direitos humanos universais e o respeito por culturas diferentes, independentemente dos horrores que possam ser parte dessas culturas – são dois lados da mesma mistificação ideológica. A defesa multiculturalista anticolonialista da multiplicidade de modos de vida também é falsa: ela encobre antagonismos existentes no interior desses modos de vida particulares, justificando atos de brutalidade, sexismo e racismo como expressões de uma cultura particular que nós não teríamos direito de julgar por valores estrangeiros ocidentais.

Esse aspecto não pode de modo algum ser descartado como marginal: do Boko Haram e Mugabe até Putin, as críticas anticolonialistas ao Oci-

O sexual (não) é político 271

dente aparecem cada vez mais como uma rejeição da confusão "sexual" ocidental e uma exigência de retorno à hierarquia sexual tradicional. É claro, é verdade que a exportação imediata do feminismo ocidental e dos direitos humanos individuais pode servir como um instrumento de neo-colonialismo ideológico e econômico (nós todos nos lembramos de como algumas feministas norte-americanas apoiaram a intervenção dos Estados Unidos no Iraque como um meio de libertar as mulheres naquele país, embora o resultado tenha sido exatamente o oposto). Contudo, deve-se rejeitar absolutamente a ideia de tirar daí a conclusão de que a esquerda ocidental deve fazer aqui um "compromisso estratégico", tolerando silenciosamente "costumes" que humilham mulheres e gays, em nome da luta maior anti-imperialista.

Entretanto, a oposição entre a política sexual do fundamentalismo religioso (cujos casos extremos são Estado Islâmico e Boko Haram) e o radicalismo das formas LGBT+ compõem um eixo de excessos do qual nós devemos distinguir outro eixo, o da oposição entre as duas posturas "normais" (e muito mais predominantes), a ideologia da família conservadora "normal", que está pronta a deplorar os excessos extremistas, e a postura "normal" da permissividade liberal, que apoia o feminismo e os direitos gays, mas prefere descartar zombeteiramente os excessos do LGBT+. O eixo básico é esse, e cada um dos seus dois polos opostos tende a repudiar a sua versão radicalizada (a subordinação extrema das mulheres ao estilo muçulmano é rejeitada pelos muçulmanos conservadores moderados, as medidas excessivas defendidas pelo LGBT+ também são rejeitadas pelos defensores da corrente hegemônica dos direitos das mulheres e dos direitos gays). Cada lado rejeita esses extremos como sua própria excrescência patológica, como algo que pertence àqueles que perderam a medida humana adequada.

A luta comunista pela emancipação universal significa *uma luta que interrompe o curso de cada identidade particular, dividindo-a a partir de dentro.* Quando há racismo, quando há dominação das mulheres, isso é sempre uma parte integral de um "modo de vida", um aspecto sórdido bárbaro integral de uma cultura particular. No mundo ocidental "desenvolvido", a luta comunista significa uma luta brutal e ética contra todas as formações ideológicas que, mesmo que se apresentem como "progressistas", funcionam como um obstáculo para a emancipação universal (feminismo liberal etc.); ela significa não só atacar os nossos próprios fundamentalismos racistas e religiosos, mas também demonstrar como eles se originam nas incoerências do liberalismo predominante. E nos países muçulmanos, a estratégia comunista não deve de modo algum endossar o "modo de vida" tradicional, que inclui assassinatos de honra etc.; ela deve não apenas colaborar com as forças que lutam contra o patriarcado tradicional nesses países, mas dar um passo à frente crucial e demonstrar como, longe de servir como ponto de resistência contra o capitalismo global, essa ideologia tradicional é um instrumento direto do neocolonialismo imperialista.

6. A tentação populista

A simples arte de defecar em público

Em 18 de fevereiro de 2017, discutindo o terror, Donald Trump mencionou o incidente "na noite passada na Suécia" – mas, como comentaristas suecos foram rápidos em salientar, não ocorrera nenhum "incidente" na Suécia na noite anterior... É inevitável lembrar aqui o célebre diálogo entre o detetive da Scotland Yard Gregory e Sherlock Holmes no conto "Silver Blaze":

> – Há algum outro detalhe para o qual gostaria de chamar a minha atenção?
>
> – O curioso incidente do cachorro durante a noite.
>
> – O cachorro não fez nada durante a noite.
>
> – Esse foi o incidente curioso.

Ou, na versão de Trump, um jornalista lhe pergunta: "Há qualquer outra questão para a qual gostaria de chamar atenção da imprensa, sr. presidente?" E Trump responde: "Para o curioso incidente na Suécia na noite passada." O jornalista, surpreso, reage: "Mas não aconteceu nada na Suécia na noite passada." Trump retruca: "Esse é o incidente curioso." Esse breve diálogo transborda a verdade da boataria da propaganda de Trump de "fatos alternativos": a "curiosidade" não reside no fato mencionado por Trump, mas em como ele apresenta não acontecimentos como fatos.

Entretanto, o desleixo de Trump com os fatos é somente um efeito de uma perturbação muito mais profunda. Quando foi anunciado que, de julho a setembro de 2015, o "Jade Helm 15" – uma série de exercícios militares de grande porte – teria lugar no sudoeste dos Estados Unidos, a notícia ocasionou imediatamente uma suspeita de que eles eram parte de uma trama federal para colocar o Texas sob lei marcial, numa direta violação da Constituição. Descobrimos todos os suspeitos de sempre participando dessa paranoia de conspiração, até Chuck Norris; o mais louco entre eles é o site All News PipeLine, que vinculou os tais exercícios ao fechamento de várias megalojas do Walmart no Texas: "Serão essas lojas de massa prontamente usadas como 'centros de distribuição de alimentos' e para abrigar quartéis-generais de tropas invasoras da China, que estão aqui para desarmar os norte-americanos um por um, como prometido por Michelle Obama aos chineses, antes de Obama deixar a Casa Branca?"[1] O que torna o episódio nefasto é a reação ambígua das lideranças republicanas: o governador Greg Abbott ordenou à Guarda Estadual que monitorasse os exercícios, enquanto Ted Cruz exigiu detalhes do Pentágono... Os conservadores texanos estavam tão imbuídos de seu ódio por Obama, que se mostraram prontos a acreditar que o então presidente realmente quisesse facilitar o controle do sudoeste dos Estados Unidos pela China; e embora os líderes republicanos do Texas não estivessem dispostos, é claro, a abraçar publicamente teorias da conspiração tão excêntricas, queriam sinalizar sua solidariedade com os fanáticos anti-Obama entre seus eleitores.

Incidentes tão estapafúrdios só podem ser entendidos contra o pano de fundo do conflito entre o establishment do Partido Republicano e o seu elemento populista-religioso ativo em fenômenos como o movimento do Tea Party. Como fenômeno de mídia, Trump é uma resposta a essa situação: trata-se simplesmente de uma tentativa de manter unidos os dois componentes do Partido Republicano – grande capital e populismo. Embora tenha apoiado o Tea Party, ele definitivamente não é um dos seus direitistas lunáticos. Se olharmos seu programa de perto, é o rol republicano padrão: desregulamentar e baixar impostos na economia, repudiar o Aquecimento Global como fraude, política externa pró-Israel, cristianismo antiaborto etc. Em todo caso, o programa dele é até relativamente moderado (ele reconhece muitas realizações democráticas, e sua postura sobre o casamento gay é ambígua). A função das suas provoca-

A tentação populista

ções "revigorantes" e irrupções de vulgaridade é precisamente mascarar a trivialidade do seu programa.

É por isso que a direita republicana moderada "racional" está em pânico: desde o declínio das chances de Jeb Bush, ela procura desesperadamente por um novo rosto, flertando com a ideia de mobilizar Bloomberg etc. O que deve ser feito é levantar uma questão mais radical: o verdadeiro problema reside na posição moderada "racional" ela mesma. O fato de a maioria não poder ser convencida pelo discurso capitalista "racional" e estar mais propensa a endossar uma postura populista antielitista não pode ser desconsiderado como mero caso de primitivismo da classe mais baixa: o populismo detecta corretamente a irracionalidade dessa abordagem racional, sua raiva dirigida contra as instituições sem cara que regulam suas vidas de modo não transparente é plenamente justificada.

Trump é a mais pura expressão dessa tendência de aviltamento da nossa vida pública. O que ele faz para "roubar o show" nos debates públicos e entrevistas? Oferece uma mistura de vulgaridades "politicamente incorretas": ofensas racistas (contra imigrantes mexicanos), suspeitas quanto ao local de nascimento e ao diploma universitário de Obama, ataques de mau gosto contra mulheres, ofensas a heróis de guerra como John McCain... Em meados de dezembro de 2015, Trump debochou de Hillary Clinton por se atrasar na volta a um debate após um intervalo comercial, pois estava usando o banheiro: "O que aconteceu com ela? Eu estava assistindo ao debate e ela desapareceu. Para onde ela foi?!", disse ele num comício em Michigan, e continuou: "Eu sei aonde ela foi. É nojento, não quero falar sobre isso."[2] Há um mistério nas palavras dele: em que sentido precisamente ir ao banheiro é nojento? Todos não o fazemos (com exceção de Kim Jong-il, segundo parte da mídia oficial norte-coreana)? O que é realmente nojento é ficar falando disso publicamente – assim, é o próprio Trump que é nojento em suas observações. Essas piadas grosseiras visam mostrar que Trump não liga para falsos modos e "diz abertamente o que ele (e muitas pessoas comuns) pensa". Em resumo, ele deixa claro que, apesar dos seus bilhões, é um cara vulgar comum, como todos nós, gente do povo.

Entretanto, essas vulgaridades não devem nos enganar: o que quer que Trump seja, não é um forasteiro perigoso. Seu verdadeiro segredo é que, agora que ele ganhou as eleições, nada vai mudar realmente – em contraste com Bernie Sanders, o democrata esquerdista cuja vantagem-chave sobre a esquerda liberal acadêmica politicamente correta é que ele entendia e respeitava os problemas e medos dos trabalhadores e agricultores comuns. O duelo eleitoral realmente interessante teria sido entre Trump, como candidato republicano, e Sanders, como candidato democrata.

Faz certo tempo, Donald Trump foi depreciativamente comparado com um homem que defeca ruidosamente num canto da sala onde está acontecendo um coquetel de alta classe[3] – certo, mas eram os demais candidatos republicanos à presidência dos Estados Unidos substancialmente diferentes em alguma coisa? Nós todos provavelmente nos lembramos da cena de *O fantasma da liberdade*, de Buñuel, na qual as relações entre comer e excretar são invertidas: as pessoas estão sentadas em suas latrinas em volta da mesa, conversando agradavelmente; então, quando um deles quer comer, pergunta muito discretamente à criada "Onde é a sala de jantar?", e se esgueira para um quartinho nos fundos. Não teriam os candidatos republicanos – para prolongar a metáfora – uma semelhança com essa reunião no filme de Buñuel? E o mesmo não seria válido para muitos políticos importantes em todo o globo? Não estava Erdogan defecando em público quando, num acesso paranoico, descartou os críticos de sua política em relação aos curdos como traidores e agentes estrangeiros? Não estava Putin defecando em público quando (numa bem calculada vulgaridade pública visando aumentar sua popularidade interna) ameaçou um crítico de sua política chechena de castração química? Não estava Sarkozy defecando em público quando, em 2008, retrucou a um agricultor que se recusou a apertar sua mão: *"Casse-toi alors, pauvre con!"* (uma tradução bastante leve seria "Sai fora, seu idiota!", mas o verdadeiro significado está muito mais para "Foda-se, seu babaca!") E a lista continua – mesmo a esquerda não está isenta desse aviltamento. Eis aqui um exemplo do racismo dos pretensos esquerdistas "radicais" em sua expressão mais brutal, combinada com uma extraordinária ignorância dos fatos[4] – o autor é o falecido John Pilger:

A tentação populista

A Iugoslávia era uma federação singularmente independente e multiétnica, embora imperfeita, que fez as vezes de ponte política e econômica durante a Guerra Fria. Isso não era aceitável para a Comunidade Europeia em expansão, especialmente a Alemanha recém-unificada, que havia começado um movimento para o Leste tendo em vista dominar seu "mercado natural" nas províncias iugoslavas da Croácia e da Eslovênia. Em 1991, quando os europeus se encontraram em Maastricht, um acordo secreto foi selado: a Alemanha reconhecia a Croácia, e a Iugoslávia estava condenada. Em Washington, os Estados Unidos garantiram que a economia iugoslava, empenhada em resolver seus problemas, teria pedidos de empréstimos negados pelo Banco Mundial, e a defunta Otan foi reinventada como força de coerção.[5]

A propósito, a Eslovênia e a Croácia não eram "províncias", mas repúblicas autônomas soberanas cujo direito à secessão foi explicitamente reconhecido pela Constituição federal. Reduzir outras repúblicas a "províncias" era parte da política nacionalista sérvia – a Iugoslávia estava condenada muito antes de 1991. Pilger ultrapassa em seguida os seus próprios padrões de calúnia com a caracterização abertamente racista de Kosovo como uma terra "que não tem economia formal e é de fato administrada por gangues criminosas que fazem tráfico de drogas, contrabando de mulheres" – mesmo a propaganda sérvia padrão não o teria dito tão abertamente (apesar, é claro, de que teria concordado com isso). Pilger, porém, de modo algum está sozinho ao lançar mão de racismo a propósito da Iugoslávia: para justificar a mudança para uma posição mais equilibrada (i.e., basicamente pró-Sérvia) no último ano da guerra pós-Iugoslávia e suas consequências, alguns membros seniores da *New Left Review* adoram evocar o egoísmo esloveno como causa principal da desintegração da Iugoslávia e da guerra decorrente. Um deles me disse em particular, antes da eclosão da guerra, que o Exército da Iugoslávia (o mesmo Exército que logo depois se pôs inteiramente a serviço da política de Milošević!) devia ter sido subornado para não tomar o partido de Milošević, i.e., deviam ter dado a ele um par de bilhões de dólares a mais para seu orçamento – a lógica dessa afirmação é simples: basicamente, os eslovenos deviam ter subornado o bandido que planejava atacá-los. E, aliás, o próprio membro sênior me disse em particular em 1994, quando uma bomba explodiu num mercado lotado de Sarajevo, matando dezenas de civis, que tinha recebido informações de fontes confidenciais do Ministério das Relações Exteriores de que os próprios bósnios tinham se bombardeado para conquistar a simpatia do Ocidente.

Esse estranho pacto de "velhos companheiros" entre membros seniores da esquerda radical do Reino Unido com as figuras sombrias do establishment conservador do Reino Unido não deixa de ser irônico – e pode-se ver como Pilger, o grande crítico do neocolonialismo ocidental, aderiu, comprando a história do establishment franco-britânico sobre o obscuro plano germano-vaticano de estender sua influência nos Bálcãs através da ruína da Iugoslávia – outro caso de esquerda "radical" se baseando em dados fornecidos pelo establishment diplomático conservador.[6]

O problema aqui é o que Hegel chamou de *Sittlichkeit*: costumes, o espesso contexto de regras (não escritas) da vida social, a substância espessa e impenetrável da ética que nos diz o que podemos e o que não podemos. Essas regras estão se desintegrando hoje: o que era simplesmente impensável dizer num debate público há um par de décadas, hoje pode ser declarado impunemente. Pode-se dizer que essa desintegração é contrabalançada pelo crescimento da correção política, que prescreve exatamente o que não pode ser dito; entretanto, se olharmos mais de perto, fica imediatamente claro como a regulação do politicamente correto participa na mesma desintegração da substância ética.

Essa dimensão específica de polidez se situa entre os dois extremos de moralidade interior pura e de legalidade externa: embora ambos os extremos sejam construídos de maneira conceitual muito precisa (o sujeito só age moralmente se o motivo de seu ato é dever puro, que não é contaminado por quaisquer considerações patológicas; o sujeito age legalmente se seus atos externos não violam nenhuma proibição e regulação legais), a polidez (boas maneiras, cortesia etc.) é mais do que apenas obedecer à legalidade externa e menos do que atividade moral pura – é o domínio ambiguamente impreciso do que a pessoa não é estritamente obrigada

A *tentação populista* 279

a fazer (se não o fizer, não quebra nenhuma lei), mas que esperam que ela faça. Estamos lidando aqui com regulações implícitas não ditas, com questões de tato, algo com que o sujeito tem em geral uma relação não refletida: algo que faz parte da nossa sensibilidade espontânea, uma textura espessa de costumes e expectativas que é parte da nossa substância herdada de costumes. Como tal, esse domínio é o domínio da ideologia por excelência, em sua expressão mais pura: a atmosfera que respiramos espontaneamente nas nossas interações cotidianas, as atitudes que aceitamos como dadas e autoevidentes. Para dizê-lo em termos althusserianos, esse domínio de aparelhos e práticas, o domínio que, para usar termos do próprio Kant, permite aos indivíduos "esquematizar" suas normas morais e legais abstratas, torná-las parte da sua experiência viva.

Mas por que falar de polidez e boas maneiras públicas hoje, quando estamos enfrentando coisas que parecem ser problemas "reais" muito mais urgentes? Ao fazê-lo, não estaríamos regredindo ao nível do célebre chiste de Quincey sobre a simples arte do assassinato – "Quantas pessoas começam desencadeando terror e catástrofes econômicas e acabam se comportando mal numa festa?"? Contudo, maneiras são *realmente* importantes – em situações tensas, elas são questão de vida ou morte, uma tênue linha que separa barbarismo de civilização. Há um fato surpreendente sobre as últimas explosões de vulgaridade pública que merece ser observado. De volta aos anos 1960, vulgaridades ocasionais eram associadas com a esquerda política: estudantes de esquerda usavam frequentemente linguagem comum para enfatizar seu contraste com a política oficial e seu jargão educado. Hoje, a linguagem vulgar é quase exclusivamente prerrogativa da direita radical, de modo que a esquerda se vê na surpreendente posição de defensora da decência e da boa conduta pública. (*Quase* exclusivamente – também há sinais de novas vulgaridades no meio da esquerda politicamente correta. No site do *The New Republic*, Alex Shephard começa seu comentário sobre mim: "Da última vez que verificamos a coleção de fluidos corporais de Slavoj Žižek..."[7] – e isso vem de um jornal que, ao contrário, deplora a vulgaridade e a degradação do discurso público de Trump...)

280   *O teatro de sombras ideológico*

Essa defesa corre sempre perigo, é claro, de degenerar em correção política: a necessidade de regras politicamente corretas advém quando costumes não escritos deixam de ser capazes de regular com eficácia as interações cotidianas – em vez de costumes espontâneos seguidos de modo irrefletido, temos regras explícitas ("negros" se tornam "afro-americanos", "gordo" passa a ser "portador de sobrepeso" etc.). A grande vítima dessas operações é precisamente o nível de "mentiras sinceras", de fingimento. Sob o regime discursivo do politicamente correto, não basta seguir as regras externas de polidez: o que se espera é que sejamos "sinceramente" respeitadores do outro, e somos questionados incessantemente sobre nossa sinceridade e nossas convicções mais íntimas. Em resumo, a atitude politicamente correta levada ao extremo parece a de um protopsicótico que está desconfiado da sinceridade da nossa polidez de modo quase paranoico: depois que o cumprimentamos – "Olá, prazer em vê-lo" – sua reação é: "Você tem realmente prazer em me ver, ou apenas está sendo hipócrita?"

Quanto à substituição da palavra "tortura" por "interrogatório aperfeiçoado", deve-se observar aqui uma extensão da lógica do politicamente correto: exatamente do mesmo modo que "inválido" se torna "portador de deficiência física", "tortura" se torna "técnicas de interrogatório aperfeiçoadas" (e, mais uma vez, "estupro" poderia tornar-se "técnica de sedução aperfeiçoada"). O ponto crucial é que fizeram da tortura – a violência brutal praticada pelo Estado – algo publicamente aceitável no momento exato em que a linguagem pública estava sendo expressa em palavras politicamente corretas para proteger as vítimas da violência simbólica. Esses dois fenômenos são os dois lados da mesma moeda.

Um paralelo com o estupro se impõe aqui: e se um filme quisesse mostrar um estupro brutal da mesma maneira neutra, afirmando que devemos evitar o moralismo barato e começar a pensar sobre o estupro em toda a sua complexidade? Nossas entranhas nos dizem que algo está terrivelmente errado aqui: eu gostaria de viver numa sociedade em que o estupro fosse simplesmente considerado inaceitável, de modo que qualquer um que argumente em favor dele figure como um idiota excêntrico, não numa sociedade em que é necessário argumentar contra o estupro – e o

A *tentação populista* 281

mesmo se aplica à tortura: é sinal de progresso ético o fato de a tortura ser "dogmaticamente" rejeitada como repulsiva, sem nenhuma necessidade de argumentação.

Além disso, o espaço público de esquerda é crescentemente dominado pelas regras da cultura do tweet: réplicas curtas, retruques, observações sarcásticas ou ultrajadas, sem espaço para discussões e argumentos ponderados. Uma passagem (ou uma frase, ou mesmo apenas uma parte dela) é isolada e respondida. Por exemplo, muitos críticos reagiram à minha análise da figura antissemítica do judeu como intruso estrangeiro que perturba a harmonia social, acusando-me de antissemitismo, ignorando totalmente o fato de que a afirmação sobre os "judeus como intrusos estrangeiros" é, para mim, exatamente a afirmação que eu rejeito por compreendê-la como operação ideológica exemplar de obscurecimento de antagonismos sociais – eles simplesmente cortam as palavras que querem e em seguida me atacam... A postura que sustenta essas réplicas no tweet é uma mistura de moralismo dono da verdade, correção política e sarcasmo brutal: no momento em que qualquer coisa que soe problemática é percebida, a resposta é automaticamente deflagrada, em geral um lugar-comum politicamente correto. Apesar de os críticos gostarem de enfatizar o quanto rejeitam a normatividade ("a norma heterossexual imposta" etc.), sua postura é de normatividade implacável, denunciando todo e qualquer desvio mínimo do dogma politicamente correto como "transfobia", "fascismo" ou o que quer que seja. Essa cultura tweet, que combina tolerância e abertura oficiais com intolerância extrema a opiniões realmente diferentes, simplesmente torna o pensamento crítico impossível. Trata-se de uma verdadeira imagem de espelho do ódio populista cego no estilo Donald Trump, e é simultaneamente uma das razões pelas quais a esquerda é tão frequentemente ineficaz contra o populismo direitista, especialmente na Europa de hoje. Se alguém apenas mencionar que esse populismo extrai grande parte de sua força do descontentamento popular dos explorados, é imediatamente acusado de "essencialismo de classe"...

O começo de uma bela amizade? Quando a esquerda descobre o pertencimento

Além da tentação de aderir ao centro liberal contra o Lobo Mau, outra reação da esquerda ao avanço do ódio populista é uma variação do velho tema "Se não puder derrotá-los, junte-se a eles!". Da Grécia à França, uma nova tendência está surgindo no que resta da esquerda radical: a redescoberta do nacionalismo. De repente, o universalismo acabou, descartado como uma contrapartida política e cultural sem vida do capital global "desenraizado" e seus especialistas financeiros tecnocráticos, na melhor das hipóteses, a ideologia de social-democratas habermasianos que defendem o capitalismo global com face humana. A razão para essa redescoberta do nacionalismo é óbvia: a ascensão do populismo nacionalista de direita na Europa ocidental é hoje a força política mais forte na defesa da proteção dos interesses das classes trabalhadoras e, simultaneamente, a força política mais forte capaz de originar paixões políticas próprias. Assim, a ideia é: por que a esquerda deveria deixar esse campo das paixões nacionalistas para a direita radical, por que não haveria ela de "resgatar *la patrie* do Front National"? Não poderia a esquerda radical mobilizar essas mesmas paixões nacionalistas, como instrumento poderoso contra o fato central da sociedade global de hoje, que é o reino crescentemente irreprimido do capital financeiro sem raízes? O populismo anti-imigrantes traz a paixão de volta para a política, fala em termos de antagonismos, de Nós contra Eles; e um dos sinais da confusão no meio do que resta da esquerda é a ideia de que é preciso tirar da direita essa abordagem apaixonada: "Se Marine le Pen pode fazer essa abordagem, por que não deveríamos nós fazê-la também?" Ora, devemos então retornar ao ideal de uma nação-Estado forte e mobilizar paixões nacionais? Seria uma luta absurda, perdida por antecipação.

Uma vez que aceitemos esse horizonte, o fato de que a crítica à tecnocracia de Bruxelas do ponto de vista da soberania nacional é o aspecto principal da direita radical de hoje, fica claro por que ele se tornou uma razão para patriotismos da esquerda. Na Grécia, essa é a oposição entre Varoufakis e Lapavotsas, que zomba da iniciativa DIEM de Varoufakis

A tentação populista

por seu pan-europeísmo sem vida, que aceita, por antecipação, o terreno do inimigo.

Mais uma vez, Frédéric Lordon, crítico intransigente do capitalismo global financializado (especialmente em sua versão UE de Bruxelas), é de especial interesse para essa controvérsia. Lordon está empenhado em produzir uma base filosófica para a reabilitação esquerdista do "pertencimento" (a uma comunidade particular, um modo de vida etc.) no pensamento de Spinoza. Ele ataca a tradição individualista cartesiana do sujeito abstrato, possuidor de livre-arbítrio, sem nenhuma raiz substancial, a qual sobrevive no existencialismo e na celebração pós-moderna da hibridez, a partir da posição de Spinoza como "o pensador que pode nos emancipar das desilusões do livre-arbítrio ou da escolha individual desimpedida, nos permitindo compreender as lutas humanas pela existência de maneira materialista esclarecida, livre de falsas ideias".[8] Contra o individualismo pós-nacional e o universalismo direto, Lordon defende

uma concepção spinoziana da comunidade constituída por convergência em torno de uma emoção compartilhada – uma visão comum de bem e mal, por exemplo – a qual a soberania vertical estabelece então como uma condição de afiliação. O sentimento de si da comunidade excede as emoções individuais de seus membros, criando algo que é parte deles e, contudo, vai além deles. Para Spinoza, esse excesso é o potencial de multidão, que engendrará consequentemente uma potestade.[9]

O mecanismo que explica a constituição e o fechamento de totalidades sociais, o mecanismo que regula como os indivíduos são "capturados" num espaço social, é aquele da "imitação dos afetos" (*imitatio afecti*), e seu status é universal, é "uma necessidade antropológica de fechamento e exclusão",[10] mecanismo elementar do surgimento de grupos autoencerrados que excluem outros. A imitação de afetos opera num nível mais básico do que a noção individualista-liberal de sujeitos singulares que estabelecem vínculos convenientes para seus interesses. O ponto de partida de Spinoza não é o indivíduo, mas a multidão, um campo pluriverso de interconexões caóticas que resistem à centralização (subordinação a determinado Um). O conceito de multidão *qua* grande número é fundamentalmente ambíguo: multidão é resistência ao Um imponente, mas, ao mesmo tempo, designa o que chamamos de "turba", uma explosão selvagem "irracional" de violência que, através de *imitatio afecti*, alimenta e impele a si mesma. Esse insight profundo de Spinoza se perde na ideologia de hoje da multidão: a "indecidibilidade" do grande número designa um determinado mecanismo que engendra vínculos sociais, *e esse mesmíssimo* mecanismo, que suporta, digamos, a formação entusiástica de solidariedade social, também suporta a velocidade explosiva de violência racista. Como posteriormente desenvolveu Deleuze numa veia spinoziana, afetos não são algo que pertença a um sujeito e depois seja passado adiante a outro sujeito; afetos operam no nível pré-individual, como intensidades livremente flutuantes que não pertencem a ninguém e circulam num nível "abaixo" da intersubjetividade.

A consequência filosófica seguinte é a completa rejeição da negatividade: cada entidade se empenha rumo à sua plena realização – todo obstáculo vem de fora. Em resumo, como todas as entidades se esforçam para permanecer no próprio ser, nada pode ser destruído a partir de dentro, pois toda mudança tem de vir de fora. (E o mesmo é válido para Lordon: o conflito de paixões é irredutível, mas permanece externo, entre grupos totalizados por um *conatus* [esforço] compartilhado.)

É essa afirmação da positividade do ser que baseia a equação radical de Spinoza de potência e direito: justiça significa que cada entidade pode desdobrar livremente seus potenciais de poder inerentes, isto é, o montante de justiça que me é devido é igual à minha potência. A verdade última de Spinoza é aqui antilegalista: o modelo de impotência política é para ele a referência a uma lei abstrata que ignora a rede diferencial e a relação de forças. Um "direito" é, para Spinoza, sempre um direito de "fazer", de agir sobre as coisas segundo a natureza do sujeito, não o direito (judicial) de "ter", de possuir coisas. É precisamente essa equação entre potência e direito que, na última página do seu *Tractatus Politicus*, Spinoza evoca como argumento-chave da inferioridade "natural" das mulheres:

A tentação populista

Se as mulheres fossem, por natureza, iguais aos homens, e fossem igualmente distinguidas por força de caráter e habilidade, em que se basearia a potência humana e, por consequência, consistiria principalmente o direito humano; decerto, entre as tantas e diferentes nações, algumas seriam encontradas em que ambos os sexos governassem igualmente, e outras em que homens fossem governados por mulheres, e fossem assim educados, de modo a fazerem menos uso de suas habilidades. E como esse não é o caso em parte alguma, pode-se afirmar com perfeita propriedade que as mulheres não têm, por natureza, direito igual ao dos homens.[11]

Deve-se opor aqui Spinoza à ideologia burguesa liberal padrão, que garantiria publicamente às mulheres o mesmo status legal que ao homem, relegando sua inferioridade a um fato "patológico" legalmente irrelevante (e, de fato, todos os grandes antifeministas burgueses, de Fichte até Otto Weininger, sempre tiveram o cuidado de enfatizar que, "é claro", a desigualdade dos sexos não deve ser traduzida em desigualdade aos olhos da lei). Além disso, deve-se ler a equação de potência e direito de Spinoza contra o pano de fundo da célebre *pensée* de Pascal: "Sem dúvida, a igualdade de bens é justa, mas como os homens não podiam fazer a força obedecer ao direito, fizeram o direito obedecer à força. Como não podiam fortalecer a justiça, eles justificaram a força, de modo que direito e força convivem e reina a paz, o bem soberano."[12] A lógica *formalista* subjacente é crucial nessa passagem. A forma da justiça importa mais que o conteúdo – a forma da justiça deve ser mantida mesmo se for, em seu conteúdo, a forma do seu oposto, a injustiça. E, pode-se acrescentar, essa discrepância entre forma e conteúdo não é apenas resultado de circunstâncias particulares infelizes, mas, sim, constitutiva da própria noção de justiça: a justiça é, "em si mesma", em sua própria noção, a forma da injustiça, a saber, uma "força justificada". Geralmente, quando estamos lidando com um julgamento espúrio no qual o resultado é definido previamente por interesses políticos e econômicos, falamos de "paródia de justiça" – ele finge fazer justiça, embora seja uma mera exibição de poder ou corrupção em estado bruto posando como justiça. E se, entretanto, a justiça for "como tal", em sua noção ela mesma, uma paródia? Não é o que Pascal sugere quando conclui, de modo resignado, que se o poder não pode equivaler à justiça, então a justiça deve equivaler ao poder (i.e., subordinar-se ao poder)?

Em contraste com Spinoza, Lordon não vê o jogo subindividual de paixões como um mecanismo perigoso a ser controlado e regulado pelo sujeito racional consciente, mas como um mecanismo que (também) pode fundamentar o "progresso democrático radical, compreendido como 'enriquecimento da vida por afetos felizes'"[13] – os afetos compartilhados também podem ser aqueles de uma vida feliz afirmativa. (Até mesmo o consumismo tem um lado bom: o que motiva o consumidor não são a fome e outras necessidades dolorosas, mas as alegrias de satisfações sensuais e empreendedorismo.) Referindo-se – entre outros – a Marx, Durkheim, Mauss e Bourdieu, Lordon propõe, assim, uma espécie de "estruturalismo das paixões". Estruturas sociais e econômicas determinam diretamente o indivíduo, num nível subindividual de paixões coletivizadas: "seres humanos são em primeira instância movidos por suas paixões, as quais, por sua vez, em última análise são determinadas por estruturas sociais".[14] A não ser que nos livremos das filosofias políticas e sociais do sujeito, não podemos suplementar estruturas objetivas com um regime de desejos e afetos baseado nessas estruturas. Mesmo o comunismo, como a ideia mais radical de emancipação, não deve ser despojado do "pertencimento" como traço fundamental de todo vínculo social:

> Governado por paixões divergentes, os seres humanos nunca serão combinados e pacificados em espontânea harmonia ... Afirmar simplesmente um comunismo da razão é desejar que o peso do afeto comum não existisse. Para evitar a implosão, todo coletivo numeroso exige um direito ou poder vertical – o qual, tendo a multidão como sua única base ... todavia se ergue acima dela.[15]

Consequentemente, todo pós-nacionalismo é "a negação dessa condição fragmentária da vida social humana, da sua separação em diferentes grupos de pertencimento"[16] – formas verticais de emancipação só podem

A tentação populista 287

surgir sobre essa base de um pertencimento afetivo compartilhado. Assim, Lordon ataca a esquerda antinacionalista, repudiando suas demandas como "reivindicações grotescas dos abonados" de "'emanciparem-se do pertencimento', sem reconhecer o quanto se beneficiam de seu próprio pertencimento". Mais uma vez, Lordon contrasta esse pertencimento oculto dos autoproclamados universalistas desenraizados com a realidade da apatridia, o pesadelo da não inclusão absoluta, de sobreviver como estrangeiro em situação irregular – e com efeito lutando por cidadania, por pertencimento ... Repudiar os afetos nacionais na metrópole e ao mesmo tempo reconhecê-los, romântica ou condescendentemente, para os subalternos, é mera hipocrisia. Nunca se pode ser totalmente livre de pertencimento nacional: nós somos tomados por uma nação desde o nosso primeiríssimo dia.[17]

Lordon ataca Badiou, que, em seu universalismo radical, continua "profundamente francês", mas acima de tudo Habermas e Ulrich Beck, por seu universalismo inerte: na Europa de hoje, o clamor popular nacionalista por soberania contra a confiscação financeira "sinaliza a urgência de repensar o Estado nacional em relação à sua emancipação coletiva".[18] Devemos nos livrar da ideia de que toda "territorialização" – delimitação, estabelecimento de uma fronteira de separação – seja em si mesma quase protofascista, um ato possessivo de separar o "nosso" do "deles", e de que somente o fluxo aberto ilimitado seja verdadeiramente progressista, como se não houvesse uma maneira propriamente de esquerda de estabelecer uma fronteira. A ironia de uma tal paixão pela "desterritorialização" é que ela ocorre numa época em que, desde a Palestina até muitos outros lugares, abundam as ações desesperadas para proteger um território contra o livre fluxo capitalista global.

Estreitamente vinculada a essa reafirmação do pertencimento nacional como um componente da identidade de esquerda está a ideia de populismo de esquerda, cuja principal proponente teórica é Chantal Mouffe.[19] Segundo seu diagnóstico da nossa situação, a principal razão da derrota da esquerda é a postura não combativa de argumento racional e universalismo inerte, de fim das velhas lutas ideológicas apaixonadas, epitomadas pelos nomes de Giddens, Beck e Habermas. A Terceira Via pós-política não pode combater de maneira eficaz o antagonista lógico de Nós contra Eles, exitosamente mobilizado por populistas anti-imigrantes como Marine le Pen, na França. Consequentemente, o modo de combater o populismo direitista seria lançar mão de um populismo de esquerda que, embora retendo as coordenadas populistas básicas (a lógica de Nós contra Eles, de "povo" contra a elite corrupta), as complete com conteúdo de esquerda: "Eles" não são refugiados políticos ou imigrantes, mas o capital financeiro, a burocracia estatal tecnocrática etc. Esse populismo vai além do velho anticapitalismo de classe operária: ele busca reunir uma multiplicidade de lutas, da ecologia ao feminismo, do direito ao emprego, à educação e à assistência de saúde gratuitas etc., como o Podemos está fazendo na Espanha. Contudo, não seria essa fórmula de politização antagonística, de confrontação apaixonada contra o universalismo inerte definitiva e lamentavelmente formal? Não ignora ela a grande questão que espreita no segundo plano: por que a esquerda abandonou a lógica antagonística do Nós contra Eles décadas atrás? Não foi por causa de mudanças estruturais profundas do capitalismo, mudanças que não podem ser desfeitas com simples mobilizações populistas?

O Podemos representa a excelência do populismo. Contra elites intelectuais politicamente corretas arrogantes, que desprezam a "estreiteza" das pessoas comuns, que são consideradas "estúpidas" por "votarem contra seus interesses", seu princípio organizador é ouvir e organizar "os de baixo" contra "os de cima", além de todos os modelos tradicionais de esquerda e direita. A ideia é de que o ponto de partida da política emancipatória deve ser o sofrimento e as injustiças concretamente experimentados pelas pessoas comuns em seu mundo-da-vida (casa, local de trabalho etc.), não visões abstratas de uma futura sociedade comunista ou seja lá o que for. (A propósito, embora a nova mídia digital pareça abrir espaço para novas comunidades, a diferença entre essas comunidades e as velhas comunidades mundo-da-vida é crucial: essas velhas comunidades não são escolhidas, eu nasci dentro delas, elas formam o próprio espaço da minha socialização, ao passo que as novas comunidades [digitais] me introduzem num

A tentação populista

domínio específico definido por meus interesses e, por isso, dependente da minha escolha. Longe de tornar as velhas comunidades "espontâneas" defuntas, o fato de as velhas comunidades *não* se basearem em escolha livre as torna superiores às novas comunidades digitais, pois me obrigam a descobrir meu caminho num mundo-da-vida preexistente no qual eu encontro [e tenho que aprender a lidar com] diferenças reais, ao passo que as novas comunidades digitais, dependentes de eu escolhê-las, sustentam o mito ideológico do indivíduo que de algum modo existe antes da vida comunal e está livre para escolhê-la.) Embora essa abordagem contenha indubitavelmente um grão (muito grande) de verdade, seu problema é que, para dizê-lo abruptamente, *"pessoas" não existem.* Essa ideia não deve ser tomada como uma afirmação teórica abstrata sobre a inconsistência de multiplicidades etc., mas como uma tese que se refere a um fato muito concreto, até mesmo experimental. "Pessoas" é um nome falso para a totalidade social da qual nós extraímos todos os aspectos das nossas vidas. Em nosso capitalismo global, a totalidade é "abstrata", invisível – não há nenhuma maneira de baseá-la em mundos-da-vida concretos. Em outras palavras, no universo capitalista global, a "experiência concreta" de ser membro de um mundo-da-vida particular, com seus costumes, vínculos vivos, formas de solidariedade etc., *já é algo "abstrato"*, no sentido estrito de uma experiência particular que oblitera a espessa rede de processos financeiros, sociais etc., processos que governam e regulam esse mundo concreto particular. Não estamos lidando aqui somente com as atividades "alienadas" não transparentes do Estado e do capital, mas também com a espessa rede de serviços sociais (água, eletricidade, educação, saúde) que são necessários para que determinadas comunidades funcionem. Aqui, o Podemos vai encontrar problemas se em algum ponto do processo assumir o poder: que medidas econômicas precisas (além da bolsa de truques keynesiana padrão) ele vai tomar para limitar o poder do capital?

Formalmente, o problema é como combinar os dois eixos: hibridez/ universalismo *versus* pertencimento patriótico, e capitalismo *versus* anticapitalismo de esquerda. Todas as quatro combinações possíveis estão ocupadas: temos capitalismo global multicultural, temos uma esquerda cultural universalista, temos capitalismo com características étnica/culturais locais (China, Índia...). Esta última combinação está ficando cada vez mais forte, provando que o capitalismo global pode coexistir com identidades culturais particulares.

Para resumir, podem-se discernir claramente duas leituras opostas da desintegração em curso do modo predominante de "fabricação de consenso" que abre espaço para a vulgaridade pública: a liberal e a populista. E nós devemos rejeitar as duas – mais uma vez, nossa postura deve ser "contra a dupla chantagem". Primeiro, há a queixa liberal: o ódio popular explorado por figuras como Donald Trump e populistas anti-imigrantes na Europa implica uma "regressão da cultura política" – vulgaridades demagógicas que, mesmo há um par de anos, não seriam toleradas no espaço público, hoje se tornaram lugares-comuns, representando um "perigo claro e presente" para a nossa democracia. Depois, há a defesa de esquerda do populismo: no ódio popular que abunda em toda a nossa volta, as pessoas despertaram, tornaram seu descontentamento claro, e o que a grande mídia denuncia como uma virada perigosa é basicamente um retorno vigoroso da luta de classes ao cenário. Desse ponto de vista, os movimentos identificados pelos nomes "Trump" e "Sanders" são duas formas de populismo, de retorno da paixão antiestablishment à política. (É claro, é absurdo considerar Trump, um bilionário que explora todas as brechas legais, antiestablishment em qualquer sentido significativo – mas esse tem sido o paradoxo do populismo desde o princípio.)

Cada uma das duas posições tem algo a ser considerado. Por um lado, boas maneiras nunca devem ser subestimadas na política – um discurso público vulgar indica, por definição, uma desorientação política mais profunda; por outro lado, é verdade que o ódio populista direitista é uma forma distorcida de luta de classes – conforme foi o caso no fascismo (é claro que "o judeu" no nazismo é uma figura codificada do inimigo de classe). Entretanto, cada uma das duas posições também é fundamentalmente defeituosa. Os críticos liberais do novo populismo não veem que o ódio popular não é um sinal de primitivismo das pessoas comuns, mas sim um sinal de fraqueza da ideologia liberal hegemônica em si mesma, que já não é mais

A *tentação populista* 291

capaz de fabricar consenso, de modo que recorrer a um funcionamento mais "primitivo" da ideologia é necessário. Os defensores esquerdistas não veem que o "populismo" não é uma forma neutra à qual poderia ser dado um viés direitista-fascista ou um viés esquerdista; já no nível de sua forma, o populismo nega antagonismos sociais imanentes, deslocando a luta para um antagonismo com um intruso externo construído. Embora esteja claro, obviamente, que o populismo não se justapõe necessariamente à desintegração do discurso público em vulgaridades, verifica-se, contudo, algo como uma propensão natural do populismo a escorregar para a simplificação vulgar e a agressividade personalizada.

Uma crise de fabricação de consenso

De volta aos Estados Unidos, a reação de ambos os partidos do establishment, Republicano e Democrata, ao sucesso inesperado de Trump e de Sanders nas primárias norte-americanas foi basicamente a mesma: o sucesso deles demonstra a crise da nossa democracia, é uma anormalidade que de algum modo devemos controlar e conter... (O mesmo é válido para os establishments em toda a Europa.) Essa reação nos diz muito sobre como efetivamente nossa democracia funciona: é tolerado se for adequadamente controlado pelo establishment político ou, como observou Noam Chomsky anos atrás, "é só quando a ameaça de participação popular é superada que as formas democráticas podem ser contempladas de maneira segura".[20]

Walter Lippmann, o ícone do jornalismo norte-americano no século XX, desempenhou papel-chave na autoconsciência da democracia no país. Embora politicamente progressista (defendendo uma política justa em relação à União Soviética etc.), ele propôs uma teoria da mídia pública que contém uma verdade sinistra. Ele cunhou a expressão "fabricação de consenso", celebrizada posteriormente por Herman e Chomsky – mas Lippmann a entendia de um modo positivo. Em *Opinião pública* (1922), ele escreveu que uma "classe governante" tem que estar à altura de enfrentar o desafio – e ele via o público da mesma maneira que Platão, uma grande fera ou uma manada desnorteada, debatendo-se no "caos de opiniões locais". Por isso, a manada de cidadãos tem de ser governada por "uma classe especializada cujos interesses vão além da localidade" – essa classe de elite deve atuar como um mecanismo de conhecimento que circunde e tire vantagem do principal defeito da democracia, o ideal impossível do "cidadão onicompetente". É assim que a nossa democracia funciona – com o nosso consentimento. Não há mistério no que Lippmann estava dizendo, trata-se de um fato óbvio; o mistério é que, sabendo disso, nós jogamos o jogo. Agimos como se fôssemos livres e agíssemos livremente, não só aceitando, mas demandando silenciosamente que uma injunção invisível (inscrita na própria forma da nossa liberdade de expressão) nos diga o que fazer e o que pensar. Como Marx sabia há muito tempo, o segredo está na própria forma. Nesse sentido, numa democracia, todo cidadão comum é efetivamente um rei – mas um rei numa democracia constitucional, um rei que só decide formalmente, cuja função é assinar as medidas propostas pela administração executiva. É por isso que o problema dos rituais da democracia é homólogo ao grande problema da democracia constitucional: como proteger a dignidade do rei? Como manter a aparência de que o rei efetivamente decide, quando todos sabemos que isso não é verdade? Essa é, portanto, a nossa triste situação: os raros momentos em que a nossa democracia realmente funciona e os eleitores têm uma escolha real – lembrem-se dos acontecimentos recentes na Grécia – são percebidos como uma crise da democracia. O fato perturbador é que essa desconfiança em relação à opinião popular tem dois gumes: ela pode ser dirigida também contra o populismo anti-imigrante considerado inaceitável pelo establishment liberal. Nós tivemos o primeiro gostinho da mistura de populismo de direita e de esquerda na votação do Brexit no Reino Unido.

Brexit ou desordem sob o céu

Nos últimos anos de sua vida, Freud formulou a famosa pergunta *"Was will das Weib?"*, "O que querem as mulheres?", admitindo sua perplexi-

A tentação populista 293

dade quando confrontado com o enigma da sexualidade feminina. Uma perplexidade semelhante surge hoje a propósito do referendo do Brexit: o que quer a Europa?

As verdadeiras apostas desse referendo ficam claras se o situarmos no contexto histórico mais amplo. Na Europa ocidental e na oriental, há sinais de um rearranjo de longo prazo do espaço político. Até recentemente, o espaço político era dominado por dois tipos principais de partido, os quais se dirigiam a todo o corpo eleitoral: um partido de centro-direita (democrata-cristão, conservador-liberal, do povo...) e um partido de centro-esquerda (socialista, social-democrata...), com partidos menores que se dirigem a setores mais estreitos do eleitorado (ecologistas, neofascistas etc.). Hoje, um único partido emerge progressivamente como representante do capitalismo global como tal, geralmente com tolerância relativa a aborto, direitos gays, minorias étnicas etc.; em oposição a esse partido, há um partido populista anti-imigrante cada vez mais forte que, em suas franjas, é acompanhado por grupos neofascistas diretamente racistas. Mais uma vez, o caso exemplar é a Polônia: depois do desaparecimento dos ex-comunistas, os principais partidos são o partido liberal centrista "anti-ideológico" do ex-primeiro-ministro Donald Tusk e o partido conservador cristão dos irmãos Kaczyński. O que está em jogo na luta é: qual dos dois partidos principais, conservador ou liberal, terá êxito em se apresentar como a encarnação da não política pós-ideológica, ao mesmo tempo que descarta o outro partido como "ainda preso na armadilha dos velhos espectros ideológicos"? No começo dos anos 1990, os conservadores estavam em melhor situação; depois, eram os esquerdistas liberais que pareciam estar ganhando vantagem, e agora são, novamente, os conservadores.

Assim, o que quer a Europa? Basicamente, a Europa está presa num círculo vicioso, oscilando entre a tecnocracia de Bruxelas, incapaz de se resgatar de sua própria inércia, e o ódio popular contra essa inércia, um ódio apropriado pelos novos movimentos esquerdistas mais radicais, mas principalmente pelo populismo direitista. O referendo Brexit se moveu ao longo das linhas dessa nova oposição, motivo pelo qual havia algo de terrivelmente errado com ele. Para percebê-lo, basta olhar para os estranhos companheiros de cama que se viram juntos no campo do Brexit: "patriotas" de direita, nacionalistas populistas incentivados pelo medo de imigrantes, misturados com o ódio da classe trabalhadora desesperada... não é essa mistura de racismo patriótico com o ódio de "pessoas comuns" a base ideal para uma nova forma de fascismo?

A intensidade do investimento emocional no referendo não deve nos enganar. A escolha oferecida obscurece as questões verdadeiras: como combater "acordos" como o TTIP, que apresenta uma ameaça real à soberania popular, como enfrentar catástrofes ecológicas e desequilíbrios econômicos, que causam nova pobreza e migrações etc. A opção pelo Brexit significa um sério revés para essas lutas verdadeiras – basta ter em mente o quanto o argumento da "ameaça dos refugiados" foi importante para o Brexit. O referendo do Brexit é a prova derradeira de que a ideologia (no velho sentido marxista do termo de "falsa consciência") vai muito bem e ativa nas nossas sociedades. Por exemplo, o caso do Brexit exemplifica perfeitamente a falsidade dos clamores por restaurar a soberania nacional (o tema do "povo britânico ele mesmo, não alguns burocratas anônimos não eleitos de Bruxelas, deve decidir o destino do Reino Unido"):

> No coração do Brexit há um paradoxo digno de ser enunciado. A Inglaterra quer se retirar do controle burocrático administrativo de Bruxelas, controle visto como comprometedor da sua soberania, a fim de melhorar sua capacidade de organizar por si mesma o desmantelamento da sua soberania (por meio de uma submissão mais radical à lógica do capital global). Não tem isso as marcas de um impulso de morte? Esse é o paradoxo no coração do pensamento republicano norte-americano: nós queremos "retomar nosso país" para termos mais capacidade de submetê-lo e praticamente a inteireza da vida à lógica do mercado.[21]

Não é esse paradoxo que confirmamos com uma rápida olhada nos conflitos entre o Reino Unido e a UE nas últimas décadas? Quando diziam respeito a direitos dos trabalhadores, era a UE que reclamava uma limitação da jornada de trabalho etc., e o governo do Reino Unido se queixava

A tentação populista 295

de que medidas dessa natureza afetariam a competitividade da indústria britânica... Em resumo, a muito vilipendiada "burocracia de Bruxelas" também era uma protetora dos direitos dos trabalhadores – exatamente da mesma maneira que hoje é a protetora dos direitos dos refugiados contra muitas nações-Estado soberanas que não estão dispostas a recebê-los.

Lembrem-se novamente da exclamação de Stálin de que ambas as escolhas são piores. Não se daria o mesmo com as escolhas que os eleitores britânicos estavam encarando? Ficar era "pior" porque significava persistir na inércia que mantém a Europa em situação tão complicada. Sair era "pior", pois fazia não mudar nada parecer desejável. Dias antes do referendo, um pensamento pseudoprofundo circulou na nossa mídia: "Qualquer que seja o resultado, a UE nunca mais será a mesma, estará irreparavelmente danificada." Entretanto, a verdade é o oposto: nada mudou realmente, só ficou impossível de ignorar a inércia da Europa. A Europa vai perder tempo novamente em longas negociações entre os membros da UE, que continuarão a fazer com que todo e qualquer projeto político de larga escala seja impraticável. É isso que os que se opõem ao Brexit não enxergaram: chocados, eles agora se queixam da "irracionalidade" dos eleitores do Brexit, ignorando a necessidade desesperada de mudança que a votação tornou palpável.

Por isso, deve-se apoiar plenamente a postura da UE de que a retirada do Reino Unido deve ser efetivada o mais rápido possível, sem longas consultas prévias de nenhuma espécie. Compreensivelmente, os partidários do Brexit no Reino Unido querem agora guardar seu bolo e comê-lo (ou, como observou sagazmente um comentarista, eles querem um divórcio que ainda lhes permita partilhar o leito conjugal). Eles querem desesperadamente encontrar um caminho intermediário (a proposta de Boris Johnson de que o Reino Unido deveria manter livre acesso ao mercado comum foi muito apropriadamente repudiada como uma quimera).

A confusão sob a superfície do referendo do Brexit não se limita à Europa: ela faz parte de um processo muito mais amplo da crise de fabricação de consenso nas nossas sociedades, da lacuna crescente entre as instituições políticas e o ódio popular, o ódio que deu origem a Trump, bem como a Sanders, nos Estados Unidos. Há sinais de caos em toda parte – recentemente, um debate sobre controle de armas no Congresso norte-americano virou um alvoroço de república de bananas, com congressistas envolvidos no tipo de turbulência geralmente associada a países do Terceiro Mundo...

Há nisso razão para desespero? Embora crises sejam dolorosas e perigosas, elas são o terreno sobre o qual batalhas têm de ser travadas e vencidas. Não há uma luta também no céu, não está o céu também dividido – e não oferece a confusão em curso uma chance única de reagir à necessidade de mudança radical de uma maneira mais apropriada, com um projeto que venha a romper o círculo vicioso de tecnocracia da UE e populismo nacionalista? A verdadeira divisão do nosso céu não se dá entre a tecnocracia anêmica e as paixões nacionalistas, mas entre seu círculo vicioso e um novo projeto pan-europeu que se dedique aos verdadeiros desafios que a humanidade enfrenta hoje. Agora que, ecoando a vitória do Brexit, clamores por outras saídas da UE se multiplicam em toda a Europa, a situação reclama um projeto herético dessa natureza – mas quem vai aproveitar a chance? Infelizmente, não a esquerda existente, que é bem conhecida por sua capacidade surpreendente de nunca perder uma chance de perder uma chance...

Uma força da lei que cancela a si mesma

Longe de ser apenas um fenômeno de "má educação", a desintegração da *Sittlichkeit* se materializa no declínio da confiança no estado de direito. Lembrem-se de como, após dois casos em que um policial branco matou um homem negro a sangue-frio, um franco-atirador negro (que anteriormente servira como franco-atirador no Exército norte-americano no Afeganistão) preparou uma emboscada em Dallas durante uma marcha de protesto e matou a tiros cinco policiais brancos. A mídia conservadora declarou que esse ato de vingança era um ato de guerra, pelo qual a organização Black Lives Matter devia ser responsabilizada, e prometeu retaliação – o assas-

A tentação populista

sinato de um policial foi percebido como um crime muito mais grave do que a morte, por um policial branco, de um suspeito negro. O raciocínio subjacente é fácil de reconstruir: no caso do policial branco assassinando um homem negro, o policial foi longe demais no cumprimento do seu dever de limpar as ruas de crimes violentos, visto que as vítimas negras eram todas suspeitas de algum crime, ao passo que o ataque a tiros contra policiais que estavam apenas mantendo a ordem durante uma manifestação pacífica é um ataque muito mais abominável contra a própria força que mantém paz social. Entretanto, essa classificação continua cega para a dimensão crucial que opõe os dois crimes. Enquanto o assassinato de cinco policiais foi simplesmente a vingança de um cidadão privado contra os representantes das forças da lei, os policiais que foram responsáveis pelo assassinato de homens negros desarmados fizeram algo muito mais radical: ameaçaram de maneira muito mais grave o status da lei, pois realizaram seus atos criminosos no exercício de sua atribuição de agentes da lei, de tal modo que um crime foi cometido como parte da própria imposição da lei, obscurecendo a distinção entre crime e lei. Quando representantes da lei cometem crimes no próprio exercício de impor o estado de direito, o estado de direito é não apenas enfraquecido, mas solapado a partir de dentro – e se mostra diretamente como a sua própria negação.

E não está em curso em Israel algo bastante similar? A cruel ironia da história das relações entre nações colonialistas capitalistas (cujo princípio básico era intercâmbio equivalente regulado por lei) e nações colonizadas (que não estavam plenamente no interior da economia de intercâmbio de mercado) é que se trata de uma longa história de leis/tratados quebrados, desde o tratamento dado pelos Estados Unidos a norte-americanos nativos até o tratamento dado por Israel a palestinos, razão de o papel de Shylock (que só reclama a aplicação da lei) ser desempenhado por palestinos. Recentemente, um advogado palestino na Cisjordânia fez uma exigência das mais shylockianas ao Estado de Israel:

> Um advogado da família de um adolescente palestino cujo assassinato em 2014 foi parte de uma cadeia de acontecimentos que desencadeou a guerra

de Gaza diz que quer que Israel puna os assassinos do adolescente da mesma maneira que pune os militantes palestinos. O advogado Mohannad Jubara peticionou à Suprema Corte de Israel demolir as casas das famílias dos três homens israelenses que raptaram Mohammed Abu Khdeir, de 16 anos de idade, e o queimaram vivo em 2014.[22]

Israel realizar demolições de casas de militantes para dissuadir futuros ataques, não é a exigência perfeitamente lógica? (Lembrem-se também dos ruidosos protestos depois que os adolescentes responsáveis por esse ataque foram presos. Rumores de que eles haviam sido torturados pela polícia israelense começaram a se espalhar, e o público protestou... Contra quê? Contra o fato de que parecia que eles estavam sendo tratados da mesma maneira que os adolescentes palestinos suspeitos de terrorismo!) Há muito tempo, Golda Meir supostamente teria dito que, depois do Holocausto (ou, segundo outra versão, depois do julgamento de Eichmann), Israel podia fazer o que quisesse. Apesar de os judeus serem supostamente definidos pelo preceito estrito da lei, o Estado de Israel explora o Holocausto como base para uma exceção superegoica da lei.

Faces do déficit democrático

Além de aderir ao consenso centrista e tentar se apropriar do ódio populista, a principal reação da esquerda liberal ao populismo é vê-lo como um efeito de "déficit democrático" – portanto, o que nós necessitaríamos é de mais democracia. Não obstante, aqui nós finalmente nos defrontamos com o verdadeiro impasse.

Depois de Dijsselbloem e Malmström, despontou um novo rosto anônimo na UE: Frans Timmermans, o primeiro vice-presidente da Comissão Europeia, que, em 23 de dezembro de 2015, repreendeu o governo polonês por adotar uma nova lei que ameaçava a ordem constitucional democrática, pois subordinava a corte constitucional à autoridade do governo. Além disso, Timmermans condenou uma nova lei de imprensa

A tentação populista　　　　　　　　　　　　　　　　　　　　299

que passou às pressas no Parlamento da Polônia: a lei habilitará o Parlamento a despedir todos os executivos das empresas públicas de televisão e rádio do país e indicar seus substitutos. O partido governante justifica a lei como necessária para reprimir as críticas injustas às suas ações, ao passo que a oposição a censura publicamente como uma grave limitação à liberdade de imprensa. Numa resposta imediata e áspera, o lado polonês advertiu Bruxelas da necessidade de "ter mais comedimento no futuro ao instruir e admoestar o Parlamento e o governo de um Estado soberano e democrático".

Na visão padrão dos liberais de esquerda, é claro que é inapropriado colocar esses três nomes numa mesma série: Dijsselbloem e Malmström personificam a pressão dos burocratas de Bruxelas (sem legitimação democrática) sobre Estados e seus governos democraticamente eleitos, ao passo que Timmermans interveio para proteger instituições democráticas básicas (a independência de tribunais, uma imprensa livre) de um governo que excedesse os seus poderes legítimos. Entretanto, embora possa parecer obsceno equiparar a pressão neoliberal brutal sobre a Grécia à crítica justificada à Polônia, não terá a reação do governo polonês também acertado o alvo? Timmermans, um administrador da UE sem legitimação democrática clara, exerceu pressão sobre o governo democraticamente eleito de um Estado soberano.

Isso é o que torna problemáticos os apelos à transparência no processo de tomada de decisão da UE: visto que em muitos países a maioria da população era contrária à redução da dívida grega, tornar públicas as negociações da UE faria os representantes desses países defenderem medidas ainda mais duras contra a Grécia... Estamos deparando aqui com um velho problema: o que acontece com a democracia quando a maioria está inclinada a votar leis racistas e sexistas? Eu não tenho medo de tirar a conclusão de que as políticas emancipatórias não devem estar fundadas *a priori* em procedimentos democráticos formais de legitimação. As pessoas frequentemente *não* sabem o que querem, ou não querem o que sabem, ou simplesmente querem a coisa errada. Não há atalhos aqui e, como nós já vimos, é perfeitamente possível imaginarmos uma Europa democratizada com cidadãos muito mais engajados, na qual a maioria dos governos seja formada por partidos populistas anti-imigrantes.

O contexto desses impasses é o Lobo Mau da esquerda liberal europeia: a ameaça de um novo fascismo encarnado no populismo direitista anti-imigrante. Esse espantalho é percebido como o principal inimigo contra o qual nós devemos nos unir, desde a esquerda radical (o que quer que reste dela) até os democratas liberais hegemônicos (incluindo administradores da UE como Timmermans). A Europa é retratada como um continente regredindo a um novo fascismo, que se alimenta de ódio e medo paranoicos do inimigo étnico-religioso externo (principalmente muçulmanos). Embora esse fascismo seja diretamente predominante em alguns países europeus orientais pós-comunistas (Hungria, Polônia etc.), também está se fortalecendo em muitos outros países, nos quais a opinião é que a invasão de refugiados muçulmanos representa uma ameaça para o legado europeu.

É nesse ponto que não devemos perder a coragem, mas, sim, persistir no insight marxista básico: esse "fascismo" é um fenômeno estritamente secundário, engendrado por seu oposto aparente, o universo democrático liberal "aberto", de modo que o único caminho para realmente derrotá-lo é superar as limitações imanentes deste último.

A situação é aqui exatamente a mesma da assim chamada "personalidade autoritária" do lendário estudo do qual participou Adorno.[23] As características da "personalidade autoritária" são claramente opostas àquelas da figura padrão da personalidade democrática "aberta", e o dilema subjacente é: se esses dois tipos de personalidade são opostos numa luta, de modo que devêssemos lutar por um deles contra o outro, ou se a personalidade "autoritária" é na verdade a "verdade" sintomática da personalidade "democrática". O deslocamento de Adorno para Habermas a propósito da modernidade pode ser formulado nos seguintes termos: no coração do "esclarecimento dialético" de Adorno e Horkheimer está a ideia de que fenômenos como o fascismo são "sintomas" de modernidade, sua consequência necessária. Para Habermas, em contraste, eles são "sintomas" ou indicadores do fato de que a modernidade permanece sendo um "projeto inacabado", que ainda não desdobrou todo o seu potencial.

É claro que a fonte de mal-estar é o fato desagradável de que esse novo "fascismo" é democraticamente legitimado. Críticos de esquerda da UE se veem agora numa estranha situação: por um lado, eles deploram o "déficit democrático" da UE e propõem planos para tornar o processo de tomada de decisões em Bruxelas mais transparente; por outro lado, apoiam os administradores "não democráticos" de Bruxelas quando exercem pressão sobre novas tendências "fascistas" (democraticamente legitimadas).

No entanto, esse fascismo é realmente fascismo? Circulam hoje duas generalizações erradas sobre a sociedade contemporânea. A primeira é que nós vivemos numa era de antissemitismo universalizado. Com a derrota militar do fascismo, o papel outrora desempenhado pela (figura antissemítica do) "judeu" é ora representado por qualquer grupo estrangeiro experimentado como ameaça contra a nossa identidade – latinos, africanos e, especialmente, muçulmanos, que são hoje, na sociedade ocidental, cada vez mais tratados como o novo "judeu". A outra generalização errada é que a queda do Muro de Berlim levou à proliferação de novos muros, destinados a nos separar do Outro perigoso (o muro que separa Israel da Cisjordânia, o planejado muro entre Estados Unidos e México etc.) – é verdade, mas há uma distinção-chave entre os dois tipos de muro. O Muro de Berlim simbolizou a divisão do mundo pela Guerra Fria, e embora fosse percebido como uma barreira que mantinha isoladas as populações dos Estados comunistas "totalitários", ele também assinalava que o capitalismo não era a única opção, que existia uma alternativa a ele, embora fracassada. Os muros que hoje estamos vendo ser erguidos são, ao contrário, muros cuja construção foi desencadeada pela própria queda do Muro de Berlim (i.e., a desintegração da ordem comunista): eles não simbolizam a divisão entre capitalismo e comunismo, mas uma divisão que é estritamente imanente à ordem capitalista global. Num sutil movimento hegeliano, quando o capitalismo triunfou sobre seu inimigo externo e uniu o mundo, a divisão retornou em seu próprio espaço.

Quanto à primeira generalização, há uma distinção bastante óbvia entre fascismo propriamente dito e o populismo anti-imigrante de hoje.[24] Recordemo-nos da premissa básica da análise marxista do capitalismo. O capitalismo é um reino de abstração: em si, relações sociais são permeadas, reguladas e dominadas por abstrações que não são apenas abstrações subjetivas, abstrações efetuadas por nossa mente, mas sim abstrações "objetivas", abstrações que governam a própria realidade, o que Marx chamou de *Realabstraktion*, "abstração real". Essas abstrações são parte da nossa experiência social do capitalismo: nós experimentamos diretamente a nossa vida social como vivência regulada por mecanismos impenetráveis que estão além de representação, que não podem ser corporificados em nenhum indivíduo – mesmo os capitalistas que substituíram os velhos senhores são escravizados por poderes além do seu controle. O "judeu" (em sua figura antissemítica) encarna essa abstração: ele é o Senhor invisível que puxa secretamente as cordas. Judeus são plenamente integrados à nossa sociedade, eles se afiguram enganosamente como um de nós; portanto, o problema e a tarefa é identificá-los claramente (lembrem-se de todas as ridículas tentativas dos nazistas de medir suas identidades raciais). Imigrantes muçulmanos *não* são os judeus de hoje: eles são demasiadamente visíveis, não invisíveis, eles claramente não são integrados às nossas sociedades, e ninguém afirma que eles puxam secretamente as cordinhas. Se alguém vir em sua "invasão da Europa" um complô secreto, então judeus terão de estar por trás, opinião recentemente expressa numa das principais revistas semanais direitistas eslovenas, em que podemos ler que "George Soros é uma das pessoas mais depravadas e perigosas de nossos tempos", responsável pela "invasão de hordas negroides e semitas e, consequentemente, pelo crepúsculo da UE ... como um Sionista Talmúdico típico, ele é um inimigo mortal da civilização, da nação-Estado ocidental e do homem branco europeu". Seu objetivo é construir uma "coalizão arco-íris composta de marginais sociais como bichas, feministas, muçulmanos e marxistas culturais que têm ódio ao trabalho", a qual levaria a cabo em seguida "uma desconstrução da nação-Estado e a transformação da UE numa distopia multicultural dos Estados Unidos da Europa". Assim, que forças se opõem a Soros? "Victor Orban e Vladimir Putin são os políticos perspicazes que compreenderam inteiramente as maquinações de Soros e, logicamente, proibiram a atividade de suas organizações." Além disso, Soros é incoerente em

A *tentação populista*

303

sua promoção do multiculturalismo: "Ele o promove exclusivamente na Europa e nos Estados Unidos, ao passo que, no caso de Israel, ele, de um modo que para mim é totalmente justificado, concorda com seu mono-culturalismo, com seu racismo latente e sua construção de um muro. Em contraste com a UE e os Estados Unidos, ele tampouco exige que Israel abra suas fronteiras para aceitar 'refugiados'. Uma hipocrisia própria de um Sionista Talmúdico."[25]

Além da sinceridade racista desconcertante desse texto, devem-se observar duas características. Primeira, ele aglutina antissemitismo e islamofobia: a ameaça à Europa são hordas de refugiados muçulmanos, mas por trás desse fenômeno caótico estão os judeus. Segunda, ele toma claramente partido no conflito no seio da direita europeia quanto a Putin: por um lado, Putin é mau, uma ameaça à Europa, especialmente para os países vizinhos pós-comunistas, tentando minar a UE com suas maquinações; por outro, ele viu o perigo do multiculturalismo e da permissividade ocidentais e criteriosamente impediu que seu país fosse assolado por eles.

O termo "fascista" é usado com frequência lamentável como um meio de evitar uma análise detalhada do que realmente está acontecendo. O político popular direitista holandês Pim Fortuyn, morto em Moscou em maio de 2002, duas semanas antes das eleições nas quais, segundo as expectativas, ele iria conquistar um quinto dos votos, foi uma figura sintomática paradoxal: um direitista populista cujas características pessoais e mesmo (a maior parte das) suas opiniões eram quase "politicamente corretas". Ele era gay, tinha relações pessoais com muitos imigrantes, tinha um senso inato de ironia, e assim por diante – em resumo, ele era o liberal bom e tolerante em relação a tudo, exceto sua postura política básica: ele se opunha a imigrantes fundamentalistas por causa do ódio deles contra a homossexualidade, contra os direitos das mulheres etc. O que ele encarnava era, assim, uma interseção entre o populismo direitista e a correção política liberal – antes de sua morte, ele era a prova viva de que a oposição entre populismo de direita e tolerância liberal é uma falsa oposição, a prova viva de que estamos lidando com os dois lados da mesma moeda.

304   *O teatro de sombras ideológico*

Ademais, muitos liberais de esquerda (como Habermas) que deploram o declínio em curso da UE parecem idealizar seu passado: mas a UE "democrática", a perda que eles deploram, nunca existiu. A política recente da UE é apenas uma tentativa desesperada de fazer a Europa se adequar ao novo capitalismo global. A crítica liberal de esquerda usual à UE – basicamente está tudo certo, mas há um pequeno "déficit democrático" – trai a mesma ingenuidade que aquela dos críticos dos países ex-comunistas que basicamente os apoiavam: apenas se queixa da falta de democracia. Em ambos os casos, o "déficit democrático" era uma parte necessária da estrutura total.

Aqui, porém, eu sou um pessimista ainda mais cético. Ao responder recentemente a perguntas dos leitores do *Süddeutsche Zeitung* sobre a crise de refugiados, a questão que, de longe, mais chamou atenção dizia respeito precisamente à democracia, mas com um viés populista de direita: quando Angela Merkel fez seu célebre apelo público convidando centenas de milhares de imigrantes para a Alemanha, qual era sua legitimação democrática? O que lhe deu o direito de trazer uma mudança tão radical para a vida alemã sem consulta democrática? Meu objetivo aqui obviamente não é apoiar populistas anti-imigrantes, mas mostrar claramente os limites da legitimação democrática. O mesmo é válido para aqueles que defendem a abertura radical das fronteiras: eles estão cientes de que, desde que nossas democracias são democracias de nações-Estado, a demanda deles equivale a suspender a democracia – deve-se aceitar que uma mudança gigantesca afete um país sem consulta democrática à sua população? (Sua resposta seria, é claro, que os refugiados também deviam ter direito de votar – mas isso claramente não é suficiente, pois é uma medida que só pode acontecer depois que os refugiados já estiverem integrados ao sistema político deste ou daquele país.)

Yuval Harari salienta que os problemas correntes com imigrantes na Alemanha nos confrontam com os limites da democracia: como devemos nos opor aos populistas anti-imigrantes que demandam um referendo sobre imigrantes, certos de que a maioria dos alemães vai votar contra eles? A solução, então, é dar o direito de voto também aos imigrantes? Para quais

A tentação populista

dentre eles? Àqueles já na Alemanha, àqueles que querem ir para lá?... Ao final dessa linha de pensamento, nós chegamos à ideia de eleições mundiais, a qual é autodestrutiva por uma simples e precisa razão:

> As pessoas só se sentem comprometidas com eleições democráticas quando compartilham um vínculo básico com os outros eleitores. Se a experiência de outros eleitores me for estranha, e se eu acreditar que eles não compreendem meus sentimentos e não se preocupam com meus interesses vitais, então, mesmo se eu for vencido por cem contra um, não tenho absolutamente nenhuma razão para aceitar o veredito. Eleições democráticas geralmente só funcionam no seio de populações que tenham algum laço primário anterior, como crenças religiosas e mitos nacionais compartilhados. Elas são um método para resolver desacordos entre pessoas que já concordam sobre o fundamental.[26]

Em contextos mais amplos, o único procedimento à nossa disposição (fora diretamente a guerra, é claro) são negociações. É por isso que o conflito do Oriente Médio não pode ser resolvido por eleições, mas somente por guerra ou negociações. Tomemos um caso de contornos (artificialmente) muito nítidos: imaginem uma democracia na qual a maioria dos eleitores sucumba à propaganda populista anti-imigrantes e decida num referendo fechar as fronteiras a refugiados e dificultar a vida dos que já estiverem no país; imaginem um país no qual, apesar daquela propaganda, os eleitores afirmem num referendo seu compromisso com a solidariedade e sua vontade de ajudar os refugiados. A diferença não é apenas objetiva, i.e., não se trata apenas de os eleitores terem tomado, em um caso, uma decisão racista reacionária e, no outro, terem feito a escolha certa de solidariedade; a diferença também é "subjetiva", no sentido preciso de que um tipo diferente de paixão política está em operação em cada um dos dois casos. Entretanto, não se deve ter medo de postular que, no primeiro caso, não importa o quanto pareçam estar sinceramente convencidos, os eleitores sabem, de algum modo, em seu âmago, que o que fizeram foi um ato vergonhoso – toda a sua reflexão agitada apenas acoberta a sua animosidade. E, no segundo caso, as pessoas estão sempre cientes do efeito libertador do seu ato: mesmo se o que fizeram for arriscado e louco, elas sabem que realizaram um avanço, uma verdadeira ruptura. Ambos os atos, em determinado sentido, alcançam o impossível, mas de maneira inteiramente diferente. No primeiro caso, o espaço público é prejudicado, os padrões éticos são rebaixados. O que era até aquele momento uma questão de preconceitos desprezíveis privados, inaceitável no espaço público, se torna algo de que se pode falar publicamente – é possível ser abertamente racista e sexista, pregar o ódio e disseminar a paranoia. O modelo de hoje dessa "liberação" é, obviamente, Donald Trump, que, conforme nos previnem, "diz publicamente o que outros estão somente pensando". No segundo caso, a maioria de nós tem vergonha de não confiar mais nas pessoas: antes do referendo, nós esperávamos silenciosamente uma derrota, e a compostura ética dos eleitores nos surpreendeu. Esses "milagres" são dignos de ser vividos.

Obviamente, a única maneira de neutralizar o "déficit democrático" do capitalismo global seria através de alguma entidade transnacional – não foi Kant quem, mais de duzentos anos atrás, viu a necessidade de uma ordem legal transnação-Estado baseada na ascensão da sociedade global? "Haja vista que a comunidade menor ou mais ampla de povos da terra se desenvolveu tanto que uma violação de direitos em determinado lugar é sentida em todo o mundo, a ideia de uma lei de cidadania mundial não é absolutamente uma noção extravagante ou exagerada."[27] Isso, contudo, nos traz ao que é possivelmente a "contradição principal" da Nova Ordem Mundial: a impossibilidade estrutural de encontrar uma ordem política global que possa corresponder à economia capitalista global. E se, por motivos estruturais, e não apenas em função de limitações empíricas, não for possível existir uma democracia mundial ou um governo representativo mundial? E se a estrutura do capitalismo global significar que a economia de mercado global não pode ser diretamente organizada como uma democracia liberal com eleições mundiais? Na política, o que é "reprimido" na economia global retorna: fixações arcaicas, identidades (étnicas, religiosas, culturais) substanciais particulares. Essa tensão define

O triunfo da ideologia

Portanto, a lição a ser aprendida com o fenômeno Trump é que o maior perigo para a esquerda verdadeira é aceitar um pacto estratégico com os liberais Clinton contra o Grande Perigo encarnado em Trump. Alfred Hitchcock disse certa vez que um filme era tão bom quanto o seu vilão – isso significa que as eleições norte-americanas foram boas, visto que o "bandido" (Trump) é quase o vilão ideal? A revelação dos comentários dele sobre a disponibilidade sexual das mulheres não deixa claro que já fomos além da política propriamente dita? Há algo de absurdo na onda contínua dessas revelações: por que as pessoas agem como se estivessem "surpresas" pela maneira como Trump se comporta com as mulheres? Não é exatamente isso que deveríamos esperar? Essa maneira de agir não faz parte da imagem pública dele? Falando de modo cru, é quase como convidar Hitler para jantar e ficar surpreso quando ele começar a vomitar observações antissemitas. O que os republicanos que o apoiaram esperavam que ele fosse? Toda conster-nação agora é inteiramente hipócrita e constitui, em si, muito mais do que as vulgaridades de Trump, um triste sintoma de quem somos nós.

Para a maioria liberal, as eleições norte-americanas de 2016 represen-taram uma escolha claramente definida: a figura de Trump é um excesso absurdo, vulgar e explorador dos nossos piores preconceitos racistas e se-xistas, um machão chauvinista sem um mínimo de decência, tanto que os grandes nomes republicanos o abandonaram em massa... Não obstante, esse consenso democrático deveria nos preocupar. Nós deveríamos dar um passo atrás e olhar atentamente para nós mesmos: qual é a "cor" exata dessa unidade democrática tão inteiramente abrangente? Todo mundo está nela, de Wall Street aos apoiadores de Sanders no que resta do movimento Occupy Wall Street, de grandes empresários a sindicatos, de veteranos do Exército ao LGBT+, de ecologistas (horrorizados com a negação de Trump do aquecimento global) e feministas (encantadas com a perspectiva de uma primeira presidente mulher) ao establishment republicano "decente" (aterrorizado com as inconsistências e propostas "demagógicas" irresponsáveis). Entretanto, são essas mesmíssimas inconsistências que tornam a sua posição única. Por exemplo, lembrem-se da ambiguidade da postura dele em relação ao LGBT e ao aborto:

> Depois de Orlando, ele se mostrou muito interessado e sensibilizado com as vítimas/pessoas LGBT – de uma maneira que nenhum outro republicano teria ousado. Também é do conhecimento de todos que ele não é um cristão "fiel", e que ele só diz que é para parecer que é – por "conhecimento de todos", eu quero dizer que isto é sabido pelos metodistas, os mórmons e outras seitas cristãs que compõem a Frente Fundamentalista nos Estados Unidos. Por último, a posição dele sobre o aborto foi liberal durante décadas e, mais uma vez, é do conhecimento de todos que ele não é favorável à revogação da decisão do caso Roe contra Wade na Suprema Corte. Em resumo, Trump conseguiu mudar a política cultural do Partido Republicano pela primeira vez desde Nixon. Ao adotar uma linguagem crassa, misógina e racista, ele conseguiu liberar o Partido Republicano do seu apego à camisa de força ideológica fundamentalista, homofóbica e antiaborto. É uma contradição notável, que só um hegeliano pode compreender![28]

A referência a Hegel é aqui plenamente justificada: o estilo racista e misógino vulgar de Trump foi o que o capacitou a minar o dogma conservador-fundamentalista republicano (cujo representante puro é um esquisito como Ted Cruz, daí o ódio de Cruz por Trump ser compreensível) – Trump *não* é realmente o candidato dos fundamentalistas conservadores, e talvez seja uma ameaça ainda maior para eles do que para os republicanos "racionais" moderados. Essa complexidade desaparece, é claro, na demonização padrão de Trump pelos liberais de esquerda – por quê? Para enxergar isso, devemos mais uma vez voltar nosso olhar atento para o consenso Clinton e perguntar: o que desaparece nesse conglomerado manifestamente tão abrangente?

O ódio popular que deu origem a Trump também deu origem a Sanders, e embora ambos expressem um descontentamento social e político disseminado, o fazem em sentidos opostos, um se engajando no populismo direitista e o outro no clamor esquerdista por justiça. E eis aqui o embuste: o clamor esquerdista por justiça tende a se combinar com lutas por direitos de mulheres e de gays, pelo multiculturalismo e contra o racismo etc., enquanto o objetivo estratégico do consenso Clinton era claramente dissociar todas essas lutas do clamor de esquerda por justiça econômica.

Essa mesma postura foi levada ao extremo por Madeleine Albright, uma grande apoiadora "feminista" de Clinton. Imaginem que, depois do tiroteio em Orlando em junho de 2016, que matou 49 pessoas e feriu 53 num bar gay, um representante de alguma organização fundamentalista muçulmana havia dito que, deplorável como foi aquele ato, é justificado como ato de guerra contra a decadência do Ocidente e a agressão militar contra muçulmanos – imaginem a comoção e o ódio públicos diante da loucura bárbara de tais declarações, estranhas à nossa cultura judaico-cristã. Mas esperem, no programa *60 Minutes*, da CBS (12 de maio de 1996), Albright, na época embaixadora dos Estados Unidos na ONU, foi perguntada sobre a guerra no Iraque: "Nós soubemos que meio milhão de crianças morreram. Quer dizer, são mais crianças do que as que morreram em Hiroshima. E, veja, vale pagar esse preço?" Albright respondeu: "Eu acho que é uma escolha muito difícil, mas o preço – nós achamos que vale a pena pagar esse preço." Ignoremos todas as questões que essa resposta levanta (até a interessante mudança de "eu" para "nós": "*Eu* acho que é uma escolha difícil", mas "*nós* achamos que vale a pena pagar esse preço"), e concentremo-nos apenas em um aspecto: somos nós capazes de imaginar a confusão infernal que ia dar se a mesma resposta fosse dada por alguém como Putin, ou o presidente chinês, ou o presidente iraniano? Não seriam eles imediatamente denunciados em todas as nossas manchetes como monstros bárbaros frios e implacáveis? Fazendo campanha para Hillary Clinton, Albright disse: "Há um lugar especial no inferno para as mulheres que não ajudam umas às outras!" (Vale dizer: mulheres que votam em Sanders em vez de Clinton.) Talvez nós devêssemos retificar essa declaração: há um lugar especial no inferno para as mulheres (e os homens) que acham que meio milhão de crianças mortas é um preço razoável a ser pago por uma intervenção militar que arruína um país, embora apoiem sinceramente os direitos de mulheres e gays em casa... Não são as palavras de Albright infinitamente mais obscenas e impudicas do que as banalidades sexistas de Trump?

Trump não é a água suja que a gente deve jogar fora para manter a saúde da democracia norte-americana; ele é o próprio bebê sujo que devia ser jogado fora a fim de revelar a verdadeira água suja das relações sociais que sustentam o consenso Clinton. A mensagem desse consenso para os esquerdistas é: você pode conseguir tudo, nós só queremos manter o essencial, o funcionamento desimpedido do capital global. O *"Yes, we can!"* de Obama adquire assim um novo significado: sim, nós podemos conceder todas as exigências culturais... sem pôr em perigo a economia do mercado global – portanto, não há necessidade de medidas econômicas radicais. Ou, como formula Todd McGowan: "O consenso 'dos bem-pensantes' que se opõem a Trump é assustador. É como se os excessos dele autorizassem o consenso capitalista global real a revelar-se e congratular-se por sua abertura."[29]

É por isso que Julian Assange estava certo em sua cruzada contra Clinton, e os liberais que o criticaram por atacar a única pessoa que eles consideravam ser capaz de nos salvar de Trump estavam errados: o elemento a ser atacado e solapado agora é precisamente esse consenso democrático contra o Vilão.[30]

Clinton Duterte Trump

Ensaio sobre a lucidez,[31] de José Saramago, conta a história de estranhos acontecimentos numa capital anônima de um país democrático não identificado. Quando a manhã do dia das eleições é arruinada por uma chuva torrencial, registra-se um comparecimento perturbadoramente baixo, mas o tempo melhora no meio da tarde e a população comparece em massa às

A tentação populista

seções de votação. Não obstante, o alívio do governo teve vida curta, pois a contagem de votos revela que mais de 70% dos votos na capital foram em branco. Desconcertado diante desse óbvio lapso cívico, o governo dá aos cidadãos uma chance de reparação, apenas uma semana depois, marcando outra data para a eleição. Os resultados foram piores: agora, 83% dos votos foram em branco... Trata-se de uma conspiração organizada para derrubar não só o governo, mas todo o sistema democrático? Se esse for o caso, quem está por trás dela, e como conseguiram organizar centenas de milhares de pessoas para tamanha subversão sem serem notados? A cidade continua a funcionar quase normalmente ao longo do período, as pessoas se esquivando das estocadas do governo em inexplicável uníssono e com um nível verdadeiramente gandhiano de resistência não violenta. A lição desse experimento mental de Saramago é clara. A abstenção dos eleitores é um verdadeiro ato político: ele nos confronta enérgica e substancialmente com a vacuidade das democracias de hoje.

É exatamente assim que os cidadãos norte-americanos deviam ter agido ao serem confrontados com a escolha entre Clinton e Trump – fazendo novamente referência à resposta de Stálin, eles são ambos piores. Trump é obviamente "pior", pois promete uma virada à direita e representa decadência da moralidade pública; não obstante, ele pelo menos promete mudanças, enquanto Clinton é "pior" porque faz não fazer nada parecer desejável. Com escolhas assim, não devemos ter medo; devemos escolher o "pior" que signifique mudança. Mesmo que seja uma mudança perigosa, abre o espaço para mudanças diferentes e mais autênticas. A questão, portanto, não é votar em Trump – não apenas não devemos votar em tamanha escória, mas também não devemos sequer participar de eleições desse quilate. O segredo é abordar friamente a questão: que vitória é melhor para o destino do projeto emancipatório radical, Clinton ou Trump?

Trump quer fazer a América grande novamente, ao que Obama respondeu, dizendo que a América já é grande – mas é mesmo? Pode um país em que uma pessoa como Trump é presidente ser considerado realmente grande? Os perigos de uma presidência de Trump são óbvios: ele não só prometeu nomear juízes conservadores para a Corte Suprema;

ele não só mobilizou os mais sombrios círculos supremacistas brancos e flerta abertamente com o racismo anti-imigrantes; ele não só escarnece das regras mais básicas da decência e simboliza a desintegração de padrões éticos básicos; embora declare preocupação com a miséria das pessoas comuns, ele promove efetivamente uma agenda neoliberal brutal, incluindo redução de impostos para os ricos, mais desregulação etc. Trump é um oportunista vulgar, e ele também é um espécime vulgar de humanidade (em contraste com entidades como Ted Cruz ou Rick Santoro, que eu desconfio serem alienígenas). O que Trump não é, definitivamente, é um capitalista bem-sucedido, produtivo e inovador – ele prima por pedir falência e depois fazer os contribuintes cobrirem suas dívidas. Uma das histórias que circulam sobre Trump conta que, alguns anos atrás, ele estava chegando ao estacionamento de um restaurante exclusivo com sua filha Ivanka. Eles viram um sem-teto numa esquina e Ivanka fez um gesto de desdém, mas Donald a interrompeu: "Tenha respeito pelo rapaz! Ele vale 2 bilhões mais do que eu!" A implicação, claro, é que ele estaria tão endividado que seu valor líquido era de menos 2 bilhões de dólares. (Embora também possamos argumentar que Trump é precisamente o capitalismo como tal: em sua figura, o núcleo mais recôndito do capitalismo se torna visível à superfície.) Quando um homem usa peruca, geralmente tenta fazer parecer que é cabelo de verdade. Trump conseguiu o oposto: fez sua cabeleira real parecer uma peruca; e talvez essa inversão propicie uma formulação sucinta do fenômeno Trump. No nível mais elementar, ele não está tentando nos vender suas ficções ideológicas malucas como se fossem realidade – o que de fato ele está tentando nos vender é a sua realidade vulgar como se fosse um belo sonho.

Em pânico com Trump, os liberais repudiam a ideia de que a vitória dele possa desencadear um processo do qual surgiria uma esquerda autêntica – seu contra-argumento é uma referência a Hitler. Muitos comunistas alemães deram boa acolhida a Hitler, acreditando tratar-se de uma nova chance para a esquerda radical, única força que poderia derrotá-lo; como sabemos, porém, essa avaliação foi um erro catastrófico. A questão é: trata-se da mesma coisa com Trump? Trump é um perigo capaz de uni-

A *tentação populista* 313

ficar uma frente ampla como a que Hitler unificou, uma frente na qual conservadores "decentes" e partidários das liberdades lutariam juntos com os liberais progressistas hegemônicos e a esquerda radical (o que quer que dela restasse)? Fredric Jameson estava certo contra a designação apressada do movimento Trump como um novo fascismo: "As pessoas estão dizendo que 'é um novo fascismo' e minha resposta é – ainda não!"[32] (A propósito, o termo fascista é hoje frequentemente empregado como uma palavra vazia, quando algo realmente perigoso que não compreendemos claramente aparece no cenário político – não, os populistas de hoje *não* são simplesmente fascistas!) Por que ainda não?

Primeiro, temer que a vitória de Trump possa tornar os Estados Unidos um país fascista é um exagero absurdo. Os Estados Unidos têm uma rica textura de instituições cívicas e políticas divergentes cuja *Gleichshaltung* (nazificação) não pode se dar por decreto. Então, de onde vem esse medo? Sua função é claramente unificar todos nós contra Trump e, assim, obscurecer as verdadeiras divisões políticas vigentes entre a esquerda, ressuscitadas por Sanders, e por Clinton, que é *o* establishment apoiado por uma ampla coalização arco-íris, que inclui velhos promotores da guerra fria de Bush, como Paul Wolfowitz e a Arábia Saudita. Segundo, resta o fato de que Trump tira apoio do mesmo ódio do qual Bernie Sanders mobilizou seus partidários – ele é percebido pela maioria de seus partidários como o candidato antiestablishment; e o que nunca devemos esquecer é que o ódio popular é flutuante e pode ser redirecionado. Os liberais que temem a vitória de Trump não estão realmente com medo de uma virada direitista radical. Eles têm realmente medo é de uma verdadeira mudança social radical. Para parafrasear Robespierre mais uma vez, eles admitem as injustiças da nossa vida social (e se preocupam sinceramente com elas), mas querem curá-las através de uma "revolução sem revolução" (num paralelo exato do consumismo de hoje, que oferece café sem cafeína, chocolate sem açúcar, cerveja sem álcool, multiculturalismos sem fricções violentas etc.): uma visão de mudança social sem nenhuma mudança real, uma mudança em que ninguém sai realmente prejudicado, em que os liberais bem-intencionados continuam encasulados em seus enclaves de segurança. Se Clinton tivesse ganhado, podemos imaginar o alívio entre os membros da elite liberal: "Graças a Deus, acabou o pesadelo, acabamos de evitar uma catástrofe..." Esse alívio, porém, teria sido o sinal de uma verdadeira catástrofe, pois equivaleria a: "Graças a Deus, a figura da guerreira fria do establishment político, que representa os interesses dos grandes bancos, foi eleita, o perigo passou!" Ou, ainda mais exatamente: "O perigo acabou, agora podemos respirar com tranquilidade e continuar calmamente a nossa caminhada para a catástrofe..."

QUEM REALMENTE GOVERNA os Estados Unidos? Antes das eleições, podemos ter ouvido murmúrios sobre encontros secretos nos quais membros das elites financeira e outras negociaram a distribuição de postos-chave na futura administração Clinton. Para se ter uma ideia de como essas negociações nas sombras funcionam, basta ler os e-mails de John Podesta, ou *How I Lost* (de Clinton, com introdução de Julian Assange). A vitória de Clinton teria sido a vitória de um *status quo* obscurecido pela perspectiva de uma nova guerra mundial (e Clinton é definitivamente uma típica democrata combatente de guerras frias), um *status quo* no qual escorregaríamos gradual, mas inevitavelmente, para catástrofes ecológicas, econômicas, humanitárias e outras. É por isso que considero extremamente cínica a crítica que a "esquerda" faz à minha posição, afirmando que

> para intervir numa crise, a esquerda precisa estar organizada, preparada e ter apoio entre a classe trabalhadora e os oprimidos. Não podemos de modo algum endossar o racismo e o sexismo desprezíveis que nos dividem e enfraquecem a nossa luta. Temos de estar sempre do lado do oprimido e ser independentes, lutando em prol de uma saída realmente de esquerda para a crise. Mesmo que Trump cause uma catástrofe para a classe dominante, ela também será uma catástrofe para nós, se não tivermos estabelecido as fundações da nossa própria intervenção.[33]

A tentação populista   315

É verdade, a esquerda "precisa estar organizada, preparada e ter apoio entre a classe trabalhadora e os oprimidos" – nesse caso, porém, a pergunta deveria ser: que candidato teria contribuído mais para a organização da esquerda e sua expansão? Não está claro que a vitória de Trump contribuirá mais para "estabelecer as fundações da nossa própria intervenção" do que a de Clinton teria contribuído? Sim, há um grande perigo na vitória de Trump, mas a esquerda *só* será mobilizada através de uma tal ameaça de catástrofe – se mantivermos a inércia do *status quo*, com certeza não haverá *nenhuma* mobilização da esquerda. Estou tentado a citar Hölderlin aqui: "Só onde houver perigo, a força de salvação também estará se levantando." Na escolha entre Clinton e Trump, nenhum dos dois "está do lado dos oprimidos", de modo que a escolha real é: abster-se de votar ou escolher um(a) que, indigno(a) que seja, nos possibilite a melhor chance de desatrelar uma nova dinâmica política capaz de levar a uma radicalização esquerdista maciça. Em contraste com esse verdadeiro cinismo, *meu* cinismo simplesmente segue a mesma linha da "colaboração" de Lênin (o "trem lacrado") com o Império Alemão na primavera de 1917, que levou os bolcheviques ao poder meio ano depois (embora meu cinismo seja muito menos radical do que o de Lênin).

Muitos dos eleitores mais pobres afirmam que Trump fala por eles – como eles podem se reconhecer na voz de um bilionário cujas especulações e fracassos são uma das causas do seu sofrimento? Como os caminhos de Deus, as vias da ideologia são misteriosas... (embora, aliás, alguns dados sugiram que a maioria dos apoiadores de Trump não seja de baixa renda). Quando os partidários de Trump são denunciados como "lixo branco", é fácil discernir nessa designação o medo das classes mais baixas que caracteriza a elite liberal. Eis aqui a manchete e o lide de uma reportagem do *Guardian* sobre um recente comício eleitoral: "Por dentro da contagem de votos de Donald Trump: gente boa num *feedback loop* de paranoia e ódio. A massa de Trump está cheia de gente honesta e boa – mas a repreensão dos republicanos tem um efeito alarmante sobre os fãs de seu show de um homem só."[34] Mas como foi que Trump se tornou a voz de tanta "gente honesta e boa"? Sozinho, ele destruiu o Partido Republicano, antagonizando tanto o velho establishment do partido como os cristãos fundamentalistas. O que persiste como núcleo do seu apoio são portadores e mensageiros do ódio populista contra o establishment, e esse núcleo é repudiado pelos liberais como "lixo branco" – porém, não são precisamente eles que teriam de ser conquistados pela causa da esquerda radical (foi a isso que Bernie Sanders chegou)?

A derrota de Clinton foi o preço que ela teve de pagar por neutralizar Bernie Sanders. Ela não perdeu por ter ido demasiado à esquerda, mas precisamente porque foi centrista demais e, por isso, deixou de capturar a revolta antiestablishment que sustentava tanto Trump quanto Sanders. Trump os lembrou da realidade meio esquecida da luta de classes, embora, é claro, o tenha feito de uma maneira populista distorcida, mascarando essa distorção com o gozo óbvio contido em suas irrupções – não é de admirar que seu ódio seja amiúde caracterizado como "odiorgasmo". A raiva antiestablishment de Trump foi uma espécie de retorno do que estava reprimido na política moderada liberal de esquerda, focada em questões culturais e politicamente corretas. Essa esquerda recebeu de Trump a sua própria mensagem em sua forma verdadeira invertida. É por isso que a única maneira de responder a Trump teria sido se apropriar plenamente do ódio antiestablishment, em vez de descartá-lo como primitivismo de lixo branco.

Lembrem-se de quantas vezes a mídia liberal anunciou que Trump tinha sido pego com as calças arriadas e cometido suicídio público (zombando dos pais de um herói de guerra morto, se vangloriando de pegar em xoxotas etc.). Comentaristas liberais arrogantes ficaram chocados com o modo como seus ataques ácidos contínuos contra as explosões racistas e sexistas, as inexatidões factuais, os contrassensos econômicos etc. de Trump absolutamente não o prejudicavam, mas talvez até aumentassem seu apelo popular. Eles não compreenderam como funciona a identificação: em regra, nós nos identificamos com a fraqueza do outro, não só, e talvez nem mesmo principalmente, com as suas forças; por isso, quanto mais se debochava das limitações de Trump, mais as pessoas comuns se identificavam com ele e percebiam os ataques contra ele como ataques pejorativos contra si mes-

A tentação populista

mas. A mensagem subliminar das vulgaridades de Trump para as pessoas comuns era "Eu sou um de vocês!", ao passo que os apoiadores comuns de Trump se sentiam constantemente humilhados pela atitude paternalista das elites liberais para com eles. Como disse Alenka Zupančič de maneira sucinta, "os extremamente pobres estão se encarregando da luta dos extremamente ricos, como ficou claro na eleição de Trump. E a esquerda pouco mais faz que xingá-los ou insultá-los".[35] Ou então, nós devemos acrescentar, a esquerda faz ainda pior: ela "compreende" paternalisticamente a confusão e a cegueira dos pobres... Essa arrogância liberal de esquerda se mostra em sua forma mais pura no novo gênero de talk-shows de comentários políticos-comédia (Jon Stewart, John Oliver), os quais principalmente interpretam a arrogância pura da elite intelectual liberal:

> Parodiar Trump é, na melhor das hipóteses, desviar a atenção de sua política real; na pior, transforma toda a política em piada. O processo nada tem a ver com os apresentadores ou os escritores ou as suas escolhas. Trump construiu sua candidatura atuando como um cafajeste cômico – essa tem sido a sua persona de cultura pop há décadas. Simplesmente, não é possível parodiar de maneira eficiente um homem que é uma paródia consciente de si mesmo, e que se tornou presidente dos Estados Unidos com base nesse desempenho.[36]

No meu trabalho anterior, usei uma brincadeira popular entre dissidentes dos bons e velhos tempos do "socialismo realmente existente". Na Rússia do século XV, quando ocupada pelos mongóis, um camponês e sua esposa estão andando numa estrada poeirenta. Um guerreiro mongol a cavalo para ao lado deles e diz ao homem que vai estuprar sua esposa. Depois, ele acrescenta: "No entanto, como há muita poeira no chão, o senhor deve segurar meus testículos enquanto eu estiver estuprando a sua esposa, para eles não ficarem sujos!" Depois de o mongol terminar sua empreitada e partir cavalgando, o camponês começa a rir e a dar pulinhos de alegria. Surpresa, a esposa pergunta: "Por que está pulando de alegria quando eu acabo de ser brutalmente estuprada em sua presença?" O homem responde: "Eu o enganei! O saco dele está todo sujo!" Essa triste piada fala da dura situação dos dissidentes: eles pensam que estão dando duros golpes no partido da *nomenklatura*, mas tudo o que estão fazendo é jogar um pouco de poeira nos testículos da *nomenklatura*, enquanto ela continua a estuprar o povo. E não podemos nós dizer a mesma coisa sobre Jon Stewart e companhia, fazendo graça com Trump – não estão eles apenas jogando poeira no saco dele ou, na melhor hipótese, arranhando-o um pouco?

Assim, quando somos bombardeados por observações sarcásticas sobre Trump, não poderíamos imaginar Trump respondendo com as palavras de Loge, de *O ouro do Reno*, de Wagner: "Para cobrir sua desgraça, os tolos me injuriam"? A frase soa muito melhor em alemão, por causa da sua rima interna: *"Ihre Schmach zu decken schmähen mich Dumme."* No entanto, há outro problema, mais profundo, quanto a parodiar Trump. Imaginem que, poucos anos atrás, um comediante interpretasse no palco as declarações, os tweets e as decisões de Trump – a encenação teria sido experimentada como pilhéria irrealista e exagerada. Portanto, Trump já é a sua própria paródia, com o efeito estrambótico de que a realidade de seus atos é mais ultrajantemente engraçada do que a maioria das paródias.

Em uma das reveladoras ironias das eleições presidenciais norte-americanas de 2016, Trump ganhou porque obteve mais votos de delegados do colégio eleitoral do que Clinton, enquanto Clinton teve mais votos individuais (o "voto popular") – em resumo, o candidato populista ganhou por uma tecnicalidade legalista. Antes das eleições, o próprio Trump criticou o sistema de delegados por ser não democrático e reivindicou que o vencedor deveria ser eleito pela simples maioria de votos – assim, para ser coerente, ele deveria agora renunciar e dar a vitória a Clinton. Contudo, não devemos esperar coerência de nenhum dos dois candidatos: uma característica compartilhada por Clinton e Trump na campanha eleitoral foi que estavam ambos dizendo (quase) qualquer coisa, buscando agradar a todos os lados. E o resultado previsível foi que a principal razão para votar em ambos os casos era desesperadamente negativa: "Trump/Clinton não é tão ruim quanto o/a outro/a!" Em ambos os casos, mas especialmente no caso de Trump, seria errado especular sobre "o que ele realmente representa". Não só porque nós, os observadores, não sabemos: provavelmente mesmo

A tentação populista

o próprio Trump, o oportunista supremo, não sabe realmente. Quanto a Clinton, o enigma é: como pode ter dado tão errado quando todos estavam incluídos na sua coalizão arco-íris, de Wall Street ao Occupy Wall Street, do dinheiro da Arábia Saudita ao LGBTQ+? O engodo é que "todos" nunca são realmente "todos", mas sempre baseados em alguma exclusão – a visão de Clinton excluía a divisão em si, a verdadeira divisão (entre o *status quo* e a alternativa de esquerda expressa por Sanders), substituindo-a por uma divisão errada (entre o *status quo* liberal e a ameaça populista a ele).

Portanto, o título da coluna de Sarah Churchwell no *Guardian* – "Hillary Clinton não nos desapontou. Nós a desapontamos"[37] – deve ser virado do avesso: nós devemos rejeitar inteiramente botarem o fardo da culpa sobre nós, eleitores comuns. É por isso que o título de Jill Abramson (também no *Guardian*) sobre o resultado das eleições nos Estados Unidos – "Hillary Clinton um dia acreditou que tudo era possível. Agora, a tragédia dela é nossa"[38] – deveria ganhar um viés diferente do que o que foi pretendido. Clinton acreditou que "tudo era possível" no sentido de que ela pudesse reunir todos nós, de Wall Street ao Occupy Wall Street, e agora nós estamos pagando o preço – não pela tragédia dela, mas por seu oportunismo míope. Embora seja inapropriado caracterizar Trump como um fascista, o que fenômenos como Trump demonstram na velha tese de Walter Benjamin – "toda ascensão do fascismo é o testemunho de uma revolução fracassada!" – não apenas continua válido hoje, mas talvez seja mais pertinente do que nunca.

Quando um manifestante declarou em Portland que "pela primeira vez na minha vida, eu tenho um líder que temo",[39] ele admitiu sua inconsciência do que deveria realmente temer: o consenso liberal hegemônico que deu origem a Trump, mesmo que agora reaja em pânico à sua vitória. Há um momento de verdade na afirmação de que Clinton perdeu por correção política – não no sentido simplista de que a correção política entra em choque com a postura espontânea de muitas pessoas comuns, mas num sentido mais preciso do que está fundamentalmente errado com a correção política. Embora os propositores do politicamente correto sejam denunciados pela mídia conservadora como marxistas, em última análise, o politicamente correto absolutamente não é de esquerda, mas, antes, a naturalização de antagonismos sociais através da regulação de como nós falamos e agimos. A reação de esquerda à vitória de Trump deve, assim, deixar para trás o ultraje moral satisfeito consigo mesmo e empreender uma dura autocrítica: a vitória de Trump fornece uma oportunidade única de renovação da esquerda. Populismo e corretismo político são, portanto, formas mentirosas complementares que seguem a distinção clássica entre histeria e neurose obsessiva: o histérico fala a verdade disfarçada de mentira (o que é dito não é verdade literalmente, mas a mentira expressa de forma falsa uma queixa verdadeira), ao passo que um neurótico obsessivo afirma literalmente a verdade, mas é uma verdade que serve à mentira. De maneira homóloga, o politicamente correto é "como mentir com verdade. Ele diz as coisas certas, mas de algum jeito todavia nos parece errado. O populismo, por outro lado, é de algum modo como dizer a verdade sob a forma de uma mentira. Ele diz todas as coisas erradas, e todavia nós sentimos que alguma coisa ali está certa".[40] O protesto populista desloca para um inimigo externo a frustração e o sentido de perda autênticos, enquanto o politicamente correto usa seus pontos verdadeiros (detectar sexismo e racismo na linguagem etc.) para reafirmar sua superioridade moral e, assim, impedir mudanças socioeconômicas verdadeiras.

Não estaríamos, porém, brincando com fogo? Será que o bem pode mesmo advir do mal? Não deveríamos resistir a tal postura manipuladora niilista? Minha resposta é que, precisamente, o bem pode vir do mal e (com mais frequência, infelizmente) o mal pode provir do bem. A história recente é repleta de reversões dialéticas desse tipo, em que ações criaram resultados opostos aos pretendidos – o resultado final da Revolução Cultural de Mao não foi a explosão de capitalismo desencadeada pelas "reformas" de Deng Xiaoping?

Contudo, pode-se objetar, mesmo que uma nova esquerda recém-despertada pudesse surgir da vitória de Trump, não é o preço alto demais? Por uma vaga chance desse despertar, nós vamos ter que sofrer reveses gigantescos na luta ecológica, mais demolição do Estado de bem-estar social, o despertar bárbaro do racismo aberto, a redução dos muçulmanos

A tentação populista

a seres humanos de segunda classe, e assim por diante. Minha resposta é que vale a pena correr o risco porque (1) não se deve perder a coragem cedo demais e superestimar o perigo – Trump definitivamente não será capaz de realizar o cenário sombrio temido pelos liberais em pânico, e (2) não se deve subestimar o perigo no lugar aonde a continuação do *status quo* nos levaria (uma possível nova guerra mundial, catástrofes ecológicas etc.).

Antes das eleições presidenciais, Noam Chomsky disse que o Partido Republicano é "literalmente um perigo sério para a sobrevivência humana" (principalmente por causa da sua negação do aquecimento global e de outras ameaças ecológicas) e apoiou o "voto estratégico" em Clinton (apesar de sua bem conhecida posição crítica em relação a ela).[41] Embora eu acredite plenamente nessa perspectiva sombria, acho que ela devia ser ampliada para abranger a afirmação de que o sistema capitalista global em sua totalidade é um perigo para a nossa sobrevivência e que, por causa disso, nós devíamos explorar friamente como mobilizar as pessoas contra essa ameaça. O perigo do voto estratégico em Clinton era que ele engendrasse uma complacência equivocada: "Nós evitamos o pior, Clinton admite a realidade da crise ecológica e defende medidas contra ela, então podemos relaxar..." Um sentido de urgência muito mais forte é necessário.

Num discurso na Ucla na véspera das eleições presidenciais,[42] Alain Badiou definiu Trump como um sintoma do capitalismo global – ao que eu acrescentaria apenas que a ascensão de Trump não é meramente o sintoma do que está errado no capitalismo global como tal, mas acima de tudo o sintoma de Hillary Clinton, do que está errado com o projeto dela. Jacques Lacan disse que a mulher é um sintoma do homem – aqui nós temos o oposto, um homem que é o sintoma de uma mulher. Estamos falando de remédios que não curam a doença, mas que só aliviam os sintomas, tornando assim mais fácil suportar a doença (eles diminuem a temperatura, amenizam a dor etc.). Criticar Trump sem criticar Clinton é um caso puro e simples de cura dos sintomas. Não basta olhar apenas para os pequenos erros táticos da campanha de Clinton: seu erro foi mais básico. A única maneira de se livrar de Trump-o-sintoma é curar a doença-Clinton. O pânico liberal é falso e continua focado no *urbi* de

Trump, se esquecendo de como o *orbi* do capitalismo global está implicado nele, i.e., como Trump emergiu do feliz capitalismo liberal global fukuyamista. Lembrem-se mais uma vez de como Horkheimer replicou à crítica liberal ao fascismo: os que não querem falar (criticamente) do capitalismo também deviam ficar em silêncio sobre o fascismo. Hoje, nós deveríamos dizer: aqueles que não querem falar (criticamente) da desordem mundial do capitalismo global também deviam calar sobre Trump. Ficamos tentados a parafrasear o velho lema de Brecht: "O que é o roubo de um banco comparado à fundação de um?": o que é a brutalidade racista de Trump se comparada com a brutalidade e violência do capitalismo global de hoje?

Estarei argumentando aqui no espírito do lema de Badiou *mieux vaut un désastre qu'un désêtre* (mais vale um desastre – o resultado catastrófico de um acontecimento – do que uma sobrevivência insignificante num universo utilitário-hedonista)? A origem do lema de Badiou é do romance de Julien Gracq *O litoral das Sirtes*, sobre Orsenna, substituta ficcional da Itália, um país governado pela antiga e decadente cidade do mesmo nome, a qual, nos últimos trezentos anos, esteve em estado de guerra suspensa com o Farguestão, o país desértico bárbaro do outro lado do mar ao sul. A liderança de Orsenna decide provocar uma guerra aberta contra o Farguestão a fim de romper o feitiço da inércia decadente e restaurar a vida autêntica em Orsenna, embora estivesse perfeitamente consciente de que a guerra pudesse resultar na destruição de Orsenna. O dilema existencial subjacente é: o que é mais desejável, uma vida tranquila e inerte de pequenas satisfações, vida que absolutamente não é verdadeira, ou assumir um risco que bem pode acabar em catástrofe? Entretanto, não é o exemplo de Gracq enganoso? A sociedade não-ser decadente-hedonista de Orsenna é um estado falso que obscurece os antagonismos sociais fundamentais – e o pseudoacontecimento da guerra com o Farguestão dá continuidade a esse obscurecimento. Assim, há três termos e não dois: o acontecimento (que pode acabar em desastre), o pseudoacontecimento (fascismo ou, neste caso, guerra) e a biopolítica hedonista-utilitária de não ser, de regular a vida humana animal. (Vale observar que, no início dos anos 1990, à ma-

A *tentação populista*

neira de Gracq, Badiou escreveu que uma vitória de Milošević na guerra pós-Iugoslávia seria politicamente mais interessante do que a vitória das forças a ele opostas – uma clara preferência pelo pseudoacontecimento a uma vida não acontecimental... Num nível mais profundo, o problema é o repúdio de Badiou pela mera ordem do ser, da economia, como "não acontecimental".) A dificuldade hoje é como distinguir o primeiro do segundo, visto que eles frequentemente compartilham muitas características. Em resumo, mesmo quando concordamos com a fórmula *mieux vaut un désastre qu'un désêtre*, e quanto a *mieux vaut un pseudo-événement qu'un désêtre*? É um "acontecimento" fascista também melhor do que uma sobrevivência capitalista insignificante? Assim, o que estou dizendo é que é melhor o desastre Trump-presidente, que pode até acabar em catástrofe, do que uma vida vegetativa liberal? Essa definitivamente *não* é a minha posição, por duas razões: primeira, a presidência de Trump não é a catástrofe total pintada pelos membros amedrontados do Partido Democrata e, acima de tudo, a verdadeira catástrofe é a continuação do reino do consenso liberal, que, como está ficando cada vez mais óbvio, nos aproxima cada vez mais de uma verdadeira catástrofe.

Felizmente, os primeiros passos na renovação de uma esquerda mais autêntica já estão sendo dados. Com todas as incertezas sobre em que na verdade consiste a iniciativa de Bernie Sanders, o grupo "Nossa Revolução", trata-se no momento do único movimento que tem potencial de se envolver em movimentos políticos mais amplos, alcançando além de grupos sectários de esquerda. Quando radicais de esquerda lançam dúvidas sobre se Sanders é realmente radical, a resposta deve ser que a situação está genuinamente aberta, que as coisas ainda não estão decididas e nós devemos nos engajar na luta do que o "Nossa Revolução" vai se tornar.

E quanto ao fato de que Hillary Clinton teria sido a primeira mulher presidente dos Estados Unidos? Em seu novo livro, *La vraie vie*,[43] Alain Badiou adverte sobre os perigos da crescente ordem niilista pós-patriarcal, que se apresenta como o domínio de novas liberdades. Vivemos numa era extraordinária, na qual não há tradição na qual basear a nossa identidade, nenhuma estrutura significativa que nos capacite a viver uma vida além da reprodução hedonista. Essa Nova Desordem Mundial, essa civilização sem mundos que gradualmente está emergindo, afeta exemplarmente os jovens, que oscilam entre a intensidade da prostração de exaurir-se (gozo sexual, drogas, álcool, até violência) e o esforço para ter bom êxito (estudar, construir uma carreira, ganhar dinheiro... dentro da ordem capitalista existente), a única alternativa sendo um refúgio extremo no seio de alguma tradição artificialmente ressuscitada.

Badiou observa que nós estamos chegando a uma versão decadente reativa do desaparecimento do Estado anunciado por Marx: o Estado de hoje é cada vez mais um regulador administrativo do egoísmo de mercado sem nenhuma autoridade simbólica, carente do que Hegel percebia como a essência de um Estado (a comunidade abrangente em nome da qual nós estamos prontos a nos sacrificar). Essa desintegração da substância ética é claramente sinalizada pela abolição do serviço militar universal em muitos países desenvolvidos: a própria noção de estar pronto a arriscar a vida num exército que serve a uma causa comum parece cada vez mais sem sentido, quiçá diretamente absurda, de modo que a força armada como corpo do qual todos os cidadãos participam de maneira igual está gradualmente se transformando numa força mercenária.

Essa degradação da substância ética compartilhada afeta os dois sexos diferentemente. Os homens estão gradualmente se tornando adolescentes perpétuos, sem uma passagem clara de iniciação representando e ordenando sua entrada na maturidade (serviço militar, adquirir uma profissão e mesmo a educação já não desempenham mais esse papel). Não é de admirar, então, que, a fim de suprir essa falta, as gangues de jovens pós-paternais proliferem, propiciando iniciações sucedâneas e identidade social. Em contraste com os homens, as mulheres são hoje cada vez mais precocemente maduras, tratadas como pequenos adultos, destinadas a cuidar de suas vidas, planejar suas carreiras... Nessa nova versão da diferença sexual, homens são adolescentes lúdicos, fora da lei, enquanto as mulheres parecem fortes, maduras, sérias, lícitas e punitivas. Hoje as mulheres já não são mais convocadas pela ideologia dominante a se subordinarem; elas são chamadas – solicitadas, destinadas – a serem juízas,

A tentação populista

administradoras, ministras, CEOs, professoras, policiais e soldados. Uma cena paradigmática que ocorre diariamente nas nossas instituições sociais é a de uma professora/juíza/psicóloga se responsabilizando por um rapaz delinquente imaturo e associal... Uma nova figura do Indivíduo feminino está surgindo: uma agente fria e competitiva do poder, sedutora e manipuladora, demonstrando o paradoxo de que "em condições de capitalismo, as mulheres podem fazer melhor do que os homens" (Badiou).[44] É claro, isto não torna as mulheres de maneira nenhuma suspeitas de serem agentes do capitalismo; meramente assinala que o capitalismo contemporâneo inventou a sua própria imagem ideal de mulher.

Há uma tríade política que traduz perfeitamente o apuro descrito por Badiou: Clinton – Duterte – Trump. Hillary Clinton e Donald Trump são a dupla política insuperável de hoje: Trump é o eterno adolescente, um hedonista indiferente, propenso a explosões irracionais brutais que prejudicam as suas chances; Clinton exemplifica o Indivíduo feminino, uma manipuladora impassível e implacável, que explora a sua feminilidade com indiferença e se apresenta como alguém que se importa com os marginalizados e as vítimas. Por isso, não devemos nos deixar seduzir por sua imagem de vítima de Bill pulando alegremente a cerca, deixando mulheres o chuparem em seu gabinete – *ele* era o verdadeiro palhaço, enquanto *ela* é a senhora da relação, permitindo ao seu servidor pequenos prazeres irrelevantes. O que dizer, então, sobre Rodrigo Duterte, o presidente filipino que instiga assassinatos extrajudiciais de viciados e de traficantes de droga, comparando-se a Hitler? Ele simboliza o declínio do estado de direito, a transformação do poder de Estado em governo extralegal da turba, aplicando a sua justiça selvagem; como tal, ele faz o que ainda não é permitido fazer abertamente nos nossos países ocidentais "civilizados". Se condensarmos os três numa só figura, teríamos a imagem ideal *do* político de hoje: *Clinton Duterte Trump* – "Clinton Trump", a oposição principal, mais "Duterte", o intruso embaraçoso que sinaliza a violência que sustenta ambos.

O que fazer, com Trump e conosco?

Alguns meses atrás, a matéria de capa da nossa grande mídia era o LGBTQ+, como se o problema-chave das nossas sociedades fosse como superar a segregação de banheiros e impor um novo pronome pessoal de terceira pessoa para uso daqueles que não se reconhecem em "ele" nem em "ela" (*they, ze* ...). Agora, nós temos o retorno brutal do que foi reprimido: a vitória eleitoral de um homem que rompe conscientemente com as regras do politicamente correto de maneira direta e vulgar. Trump é um caso perfeito do "capitalista de dois espíritos", cuja fórmula foi fornecida por *Cidadão Kane*: quando Kane é atacado por Thatcher, um representante do capital dos grandes bancos, por usar o dinheiro dele para financiar um jornal que fala em nome dos desprivilegiados, Kane responde:

> O problema, sr. Thatcher, é que o senhor não compreende que está falando com duas pessoas. Como Charles Foster Kane, que tem 82.631 ações da Metropolitan Transfer – veja, eu tenho uma ideia geral dos meus investimentos –, eu simpatizo com o senhor. Charles Foster Kane é um patife perigoso, o jornal dele deveria ser expulso da cidade e um comitê deveria ser formado para boicotá-lo. O senhor seria capaz, se pudesse formar esse comitê, de me derrubar com uma contribuição de mil dólares. Por outro lado, eu sou o editor do *Enquirer*. Como editor, é meu dever – e vou lhe revelar um segredinho, é também meu prazer – zelar para que as pessoas decentes, que trabalham duro nesta cidade, não sejam roubadas livremente por um grupo de piratas loucos por dinheiro, porque, Deus os ajude, não têm ninguém para cuidar dos seus interesses! E vou lhe contar outro segredinho, sr. Thatcher. Eu acho que sou o homem certo para fazê-lo. Veja o senhor, eu tenho dinheiro e propriedade. Se não defender os interesses dos desprivilegiados, alguém o fará – talvez alguém sem nenhum dinheiro nem propriedade, e isso seria muito ruim.[45]

A última frase dá uma fórmula sucinta do que está errado com o bilionário Trump quando ele posa como a voz dos despossuídos: sua fun-

A tentação populista 327

ção estratégica é impedir que os despossuídos se defendam... Essa é a imensa distância que o separa de ser meramente incoerente: o que parece ser incoerência é o próprio núcleo do seu projeto. Os primeiros atos presidenciais de Trump já indicavam incoerências: ele reiterou sua intenção de reduzir as regulações financeiras Dodd-Frank – claramente em favor dos grandes bancos etc. – e seu alvoroço de ordens executivas zomba da noção de governo para e pelo povo. Entretanto, não devemos concluir depressa demais que tais inconsistências irão prejudicá-lo: por algum tempo, elas poderão funcionar. Em princípio, é fácil ver como devemos lidar com as inconsistências que sustentam o projeto de Trump. Ultimamente, trechos de *Achieving Our Country*, de Richard Rorty, têm pululado na internet[46] – por boas razões, visto que, quase duas décadas atrás, Rorty previu claramente não só o conflito entre políticas de identidade e a luta dos despossuídos, mas também como esse conflito poderia dar origem a um líder populista patrono de políticas anti-identidade. Quando o eleitorado branco pobre compreender que, apesar de toda a conversa sobre justiça social, o establishment liberal de esquerda predominante basicamente ignora suas duras condições,

> alguma coisa vai quebrar. O eleitorado não suburbano vai decidir que o sistema fracassou e começar a procurar um autocrata em quem votar – alguém disposto a garantir que, uma vez eleito, os burocratas presunçosos, advogados espertos, vendedores de títulos com supersalários e professores pós-modernistas não vão mais mandar ... Muito provavelmente, os ganhos obtidos nos últimos quarenta anos por norte-americanos negros e pardos e por homossexuais serão erradicados. O desprezo jocoso pelas mulheres vai voltar à moda ... Todo o ressentimento que norte-americanos de baixa educação sentem sobre ter seus modos impostos a eles por universitários formados vai encontrar vazão.[47]

Rorty não estava sozinho neste insight – muitos prognosticaram o que estava para acontecer, mas, como acontece geralmente em política, ter consciência do curso perigoso que as coisas podem tomar não só não impede que elas aconteçam, num caso de vida política imitando a trama de Édipo, mas pode até ajudá-las a acontecer. Não é de admirar que os ataques liberais contra Sanders por sua suposta rejeição de políticas de identidade estejam começando a aparecer, acusando-o injustamente de descartar essas políticas, apesar de Sanders estar fazendo exatamente o contrário, insistindo na existência de um vínculo entre classe, raça e gênero. Nós temos que apoiá-lo incondicionalmente quando ele rejeita políticas de identidade em si mesmas como razão para votar em alguém:

> Não basta alguém dizer sou uma mulher, votem em mim. O que nós precisamos é de uma mulher que tenha coragem para enfrentar destemidamente Wall Street, as seguradoras, a indústria farmacêutica, a indústria do combustível fóssil ... É um passo adiante nos Estados Unidos se tivermos um CEO afro-americano. Mas se o sujeito for ficar despachando empregos para fora do país e explorando seus trabalhadores, não significa coisíssima nenhuma se ele for negro, branco ou latino.[48]

Por meio disso, Sanders põe o dedo num ponto nevrálgico de racismo (também) dentro da comunidade LGBT:

> "Como posso ser intolerante se sou eu mesmo membro de uma minoria oprimida?" Eis uma atitude que prevalece entre pessoas LGBT brancas. Outra razão muito mais perniciosa, porém, é que o mundo LGBT gira em torno de homens brancos gays, excluindo outros. A bandeira do arco-íris é mais branca do que parece.[49]

Não é de admirar que movimentos de extrema direita estejam "conscientemente tentando cooptar a campanha por direitos LGBT para a sua própria agenda. Há os que só falam dos direitos LGBT se for para bater nos muçulmanos ou nos migrantes como um todo. Sites norte-americanos nacionalistas brancos agora vendem bandeira do orgulho LGBT junto com a bandeira confederada".[50] Apelos vazios por solidariedade e coalizões boas para todo mundo não bastam aqui; nós temos de enfrentar as limitações

A tentação populista

das políticas de identidade, despojando-as de seu status privilegiado. É absolutamente crucial tomar nota de uma característica compartilhada do respeito politicamente correto por algumas identidades particulares e o ódio anti-imigrante por outras: o medo de que uma identidade particular seja engolida pela universalidade anônima de uma Nova Ordem Mundial global. Quando nacionalistas conservadores salientam que apenas querem, para suas próprias nações (para alemães, franceses, britânicos...), o mesmo direito à identidade que as minorias sexuais e étnicas querem para si, essa reivindicação inteiramente hipócrita suscita todavia uma questão válida, a saber, nós temos que ir além de *todas* as formas de políticas de identidade, direitistas ou esquerdistas. Num nível mais básico, o que se deve rejeitar é a perspectiva de múltiplas lutas locais por emancipação (étnica, sexual, religiosa, legal...) que devam, em seguida, ser gradualmente unidas através da construção, entre elas, de uma sempre frágil "cadeia de equivalências" (para usar a expressão de Laclau). A universalidade não é algo que deva emergir através de um longo e paciente processo: é algo que está "sempre-já" aqui como ponto de partida de todo processo emancipatório autêntico, como sua própria motivação.

Há duas reações à vitória de Trump que devem ser rejeitadas como inaceitáveis e, em última análise, autodestrutivas. A primeira é a fascinação arrogante com a estupidez dos eleitores comuns que não perceberam que estavam votando contra seus próprios interesses e se deixaram seduzir pela demagogia superficial de Trump; a segunda é o chamado a uma contraofensiva imediata (Não é hora de filosofar, nós temos que agir), que ecoa estrategicamente a própria postura anti-intelectual de Trump. Judith Butler observou que, como no caso de todas as ideologias populistas, Trump está dando às pessoas "uma oportunidade para não pensar, uma ocasião para não ter que pensar. Pensar é pensar um mundo global muito complexo, e ele está fazendo tudo ficar muito, muito simples".[51] (É claro, como Butler sabe perfeitamente, embora Clinton se apresentasse como uma pessoa bem versada nas complexidades da política real, a referência a "complexidades" não era menos falsa, já que também era usada para dispersar reivindicações de esquerda.)

A urgência da situação atual não deve de modo algum servir como desculpa – uma situação urgente é o momento de pensar. Não devemos aqui ter medo de virar a famosa Tese XI de Marx de cabeça para baixo: "até agora, nós tentamos mudar o nosso mundo rápido demais; é chegada a hora de reinterpretá-lo autocriticamente, examinando as nossas próprias (da esquerda) responsabilidades". Há uma anedota soviética clássica sobre Lênin que alude ao fato de, nos países socialistas, o conselho de Lênin aos jovens em sua resposta quanto ao que eles deveriam fazer – "Aprender, aprender e aprender!" – ter sido pintado nas paredes de milhares de salas de aula. Diz a piada: perguntam a Marx, Engels e Lênin se eles prefeririam ter uma esposa ou uma amante. Como esperado, Marx, mais conservador em assuntos privados, responde "Uma esposa", enquanto Engels, mais para o *bon vivant*, opta por uma amante. Contudo, para surpresa de todos, Lênin diz: "Eu queria ter ambas!" Por quê? Há um traço oculto de *jouisseur* decadente por trás de sua imagem revolucionária austera? Não, explica ele: "É para eu poder dizer à minha esposa que estou indo visitar minha amante e à minha amante que tenho de estar com a minha mulher." "E daí, o que você faz?" "Vou a algum lugar solitário para aprender, aprender e aprender!" Não foi exatamente o que Lênin fez depois da catástrofe de 1914? Ele se retirou para um lugar solitário na Suíça, onde "aprendeu, aprendeu e aprendeu", lendo a lógica de Hegel. E é isso que nós devemos fazer hoje, sob o impacto da vitória de Trump (que é, não devemos nos esquecer, apenas uma de uma série de surpresas más): devemos rejeitar tanto o derrotismo quanto o ativismo cego e "aprender, aprender e aprender" o que causou este fiasco da política democrática liberal.

A ideia não é retirar-se da atividade para se dedicar à reflexão introspectiva – em situações tensas como a de hoje, não agir é em si uma maneira de (re)agir, i.e., equivale a aceitar o que está acontecendo. Não devemos nos esquecer, porém, de que o oposto também é válido: agir também pode ser um modo de não agir, de não intervir efetivamente na situação. Isso nos leva à noção de *falsa atividade*: as pessoas não agem apenas em vista de mudar alguma coisa, elas também podem agir para impedir que algo aconteça, i.e., garantir que *nada mudará*. Nisso reside a estratégia típica do

A tentação populista

neurótico obsessivo: ele é fanaticamente ativo em vista de impedir que o que realmente importa aconteça. Por exemplo, numa situação de grupo na qual alguma tensão tende a irromper, o obsessivo fala o tempo todo, conta piadas etc., a fim de impedir que o momento embaraçoso obrigue os participantes a confrontar abertamente a tensão subjacente. É por isso que, no tratamento psicanalítico, neuróticos obsessivos falam o tempo todo, inundando o analista com anedotas, sonhos, insights: sua atividade incessante é sustentada por um temor subjacente de que, se pararem de falar por um minuto, o analista vai fazer a pergunta que realmente importa. Em outras palavras, eles falam para manter o analista imóvel.

Mesmo em grande parte da nossa política progressista de hoje, o perigo não é a passividade, mas, sim, a pseudoatividade, a ânsia de "ser ativo", de "participar": as pessoas intervêm o tempo todo, "fazem alguma coisa", acadêmicos participam de debates sem sentido etc., e a verdadeira dificuldade é dar um passo atrás, distanciar-se disso. Os que estão no poder amiúde preferem até mesmo uma participação "crítica" ao silêncio – apenas para nos envolver em diálogos, garantir que nossa passividade agourenta seja quebrada. Contra esse modo de "interpassividade" da nossa participação na vida socioideológica, no qual somos ativos o tempo todo para garantir que nada aconteça, que nada mude realmente, o primeiro passo verdadeiramente crítico é *retirar-se na passividade*, se recusar a participar – este é o primeiro passo necessário que, por assim dizer, limpa o terreno para atividades verdadeiras, para um ato que efetivamente vá mudar as coordenadas da constelação. E algo semelhante não seria válido quanto à reação da esquerda à vitória de Trump? Todos os protestos contra Trump cortejam o perigo de se tornarem um meio para evitar um exame autocrítico sobre como Trump pôde ter acontecido; precisamos dar um passo atrás e pensar, para adquirirmos a capacidade de intervir efetivamente na nossa situação.

O aspecto mais deprimente do período pós-eleitoral nos Estados Unidos não são as medidas anunciadas pelo presidente eleito, mas o modo como a massa do Partido Democrata está reagindo à sua derrota histórica: a oscilação entre dois extremos, o horror ao Lobo Mau chamado Trump e o anverso desse pânico e fascinação, a renormalização da situação, a ideia de que nada extraordinário aconteceu, de que se trata apenas de mais um revés na alternância normal de presidentes republicanos e democratas: Reagan, Bush, Trump... Nessa linha, Nancy Pelosi "menciona reiteradamente os acontecimentos de uma década atrás. Para ela, a lição é clara – o passado é prólogo. O que operou vai operar novamente. Trump e os republicanos vão passar da conta e os democratas têm de estar prontos para agarrar a oportunidade quando eles o fizerem".[52] Essa postura ignora totalmente o verdadeiro significado da vitória de Trump, a fraqueza do Partido Democrata, que tornou essa vitória possível, e a reestruturação radical de todo o espaço político que ela anuncia.

Essa reestruturação é explicitada por mais uma versão da incoerência de Trump, com respeito à sua posição em relação à Rússia: embora os republicanos linha-dura atacassem continuamente Obama por sua postura demasiado flexível em relação a Putin, tolerando agressões militares russas (Geórgia, Crimeia...) e pondo assim em perigo aliados ocidentais na Europa oriental, os apoiadores de Trump defendem agora uma abordagem muito mais leniente da Rússia. O problema essencial é o seguinte: como devemos unir as duas oposições ideológicas, a oposição tradicionalismo *versus* relativismo secular e a outra grande oposição ideológica sobre a qual toda a legitimidade do Ocidente e sua "guerra contra o terror" se apoia, a oposição entre direitos individuais democráticos liberais e fundamentalismo religioso encarnado principalmente no "islamofascismo"? Aí reside a incoerência sintomática dos neoliberais norte-americanos: embora em sua política interna eles privilegiem a luta contra o secularismo liberal (aborto, casamentos gays etc.), i.e., sua luta é a da assim chamada "cultura da vida" contra a "cultura da morte", em política externa, eles privilegiam os valores liberais diametralmente opostos da "cultura da morte".

Em algum nível profundo e frequentemente obscuro, os neoconservadores norte-americanos percebem a União Europeia como *a* inimiga. Essa percepção, mantida sob controle no discurso político público, explode em seu duplo subterrâneo obsceno, a visão política da direita cristã fundamentalista, com seu medo obsessivo da Nova Ordem Mundial (Obama está em

A tentação populista

conluio secreto com as Nações Unidas, forças internacionais intervirão nos Estados Unidos e construirão campos de concentração para todos os verdadeiros patriotas norte-americanos). Uma maneira de resolver esse dilema é a do fundamentalismo cristão linha-dura, enunciada nos trabalhos de Tim LaHaye e seus seguidores: subordinar sem nenhuma ambiguidade a segunda oposição à primeira. O título de um dos romances de LaHaye aponta nessa direção: *A conspiração Europa*. Os verdadeiros inimigos dos Estados Unidos não são os terroristas muçulmanos – eles são meras marionetes, secretamente manipuladas pelos secularistas europeus, que são as verdadeiras forças do anticristo, ansiosas por enfraquecer os Estados Unidos e fundar a Nova Ordem Mundial sob domínio das Nações Unidas. De certa forma, eles estão certos nessa percepção: a Europa não é apenas mais um bloco de poder geopolítico, mas, sim, uma visão global em última análise incompatível com a ideia de nações-Estado. Essa dimensão da UE dá a chave para a assim chamada "fraqueza" europeia: há uma correlação surpreendente entre a unificação europeia e a sua perda de poder político-militar global. Entretanto, se a União Europeia for mesmo uma confederação de Estados cada vez menos importante e cada vez mais desunida, por que então os Estados Unidos estão – entre outras coisas – tão pouco à vontade com ela e tão ávidos por enfraquecê-la? Lembrem-se das indicações de apoio financeiro às forças na Irlanda que organizaram a campanha pelo "não" ao novo tratado europeu. Oposta a essa visão minoritária, a visão democrática liberal predominante vê o inimigo principal em todos os tipos de fundamentalismos e percebe o fundamentalismo cristão norte-americano como uma versão doméstica deplorável do "islamofascismo". Não obstante, essa predominância está hoje ameaçada: o que até agora era uma opinião marginal limitada a teorias da conspiração que prosperavam nos subterrâneos do espaço político está se tornando a posição hegemônica do nosso espaço público.

Isso nos traz de volta a Trump e Putin: ambos apoiaram o Brexit, ambos pertencem à linha nacionalista conservadora de "América/Rússia primeiro", a qual percebe a Europa unida como sua maior inimiga – e ambos estão certos. O problema da Europa é permanecer fiel ao seu legado, ameaçada pelo violento ataque populista conservador – como? Em seu *Notas para uma definição de cultura*, o grande conservador T.S. Eliot observou que há momentos em que a única escolha é aquela entre heresia e ateísmo, em que o único caminho para manter uma religião viva é romper sectariamente com o corpo principal. Isso é o que tem de ser feito hoje: as eleições de 2016 foram o golpe final no sonho de Fukuyama, a derrota final da democracia liberal, e a única maneira de realmente derrotar Trump e redimir o que é digno de ser salvo na democracia liberal é promover uma ruptura sectária com o corpo principal da democracia liberal – em resumo, deslocar o peso de Clinton para Sanders. A próxima eleição deve ser entre Trump e Sanders.

Elementos de um programa para essa nova esquerda são relativamente fáceis de imaginar. Trump promete cancelar os grandes acordos de livre comércio apoiados por Clinton; e a alternativa de esquerda a ambos deve ser um projeto de novos acordos internacionais diferentes, acordos que implantem controle de bancos, acordos sobre padrões ecológicos, sobre direitos dos trabalhadores, assistência de saúde, proteção de minorias sexuais e étnicas etc. A grande lição do capitalismo global é que as nações-Estado isoladamente não são capazes de realizar a tarefa, e somente uma nova política internacional teria possibilidade de controlar o capitalismo global. Um velho anticomunista de esquerda me disse certa vez que a única coisa boa sobre Stálin foi que ele realmente assustou as potências ocidentais; e pode-se dizer o mesmo de Trump: o que há de bom sobre ele é que ele realmente assusta os liberais. No passado, as potências ocidentais aprenderam uma lição e se concentraram autocriticamente nas suas próprias insuficiências, foi isso que as levou a desenvolver o Estado de bem-estar social – serão nossos liberais de esquerda capazes de fazer algo semelhante?

E a história de Trump e Clinton continua: no segundo episódio, os nomes da dupla são trocados para Marine le Pen e François Fillon. Agora que Fillon foi escolhido como candidato da direita nas próximas eleições presidenciais francesas, e com a certeza (quase absoluta) de que, no segundo turno, a escolha será entre Fillon e Marine le Pen, nossa democracia terá alcançado o seu ponto mais baixo (até então). Em sua coluna no *Guardian*,

A tentação populista 335

com a manchete "François Fillon é uma ameaça tão grande para os valores liberais quanto Marine le Pen", Natalie Nougayrède escreveu:

> Não é nenhuma coincidência que Fillon tenha sido publicamente elogiado por Putin. Isso não aconteceu somente porque o Kremlin espera encontrar um aliado presidencial francês em política estrangeira. É também porque Putin detecta em Fillon traços da sua própria ideologia ultraconservadora. Repare como a propaganda russa apelidou a Europa de "Gayropa".[53]

Se a diferença entre Clinton e Trump foi a diferença entre o establishment liberal e o ódio populista de direita, ela diminui a um mínimo no caso de Le Pen e Fillon. Embora ambos sejam conservadores culturais, em matéria de economia, Fillon é o neoliberal puro, ao passo que Le Pen é muito mais orientada para a proteção de direitos dos trabalhadores. Em resumo, como Fillon simboliza a pior combinação hoje na praça – neoliberalismo econômico e conservadorismo social –, somos tentados a preferir Le Pen. O único argumento a favor de Fillon é puramente formal: ele simboliza *formalmente* uma Europa unida e uma distância mínima em relação ao populismo. Contudo, no tocante ao conteúdo, ele parece ser pior do que Le Pen. Ele simboliza a decadência imanente do establishment em si mesmo – eis onde viemos parar depois de um longo processo de derrotas e retiradas. Primeiro, a esquerda radical teve que ser sacrificada por estar fora de contato com nossos tempos pós-modernos e seus novos "paradigmas". Depois, a esquerda social-democrata foi sacrificada também por estar fora de contato com as necessidades do novo capitalismo global. Agora, no último período dessa triste história, a própria direita liberal moderada (Juppé) é sacrificada por estar fora de contato com os valores conservadores, os quais têm de ser recrutados, se quisermos, nós, o mundo civilizado, derrotar Le Pen. Qualquer semelhança com a velha história antinazista de como nós primeiro observamos passivamente enquanto os nazistas no poder levaram os comunistas, depois os judeus, depois a esquerda moderada, depois o centro liberal, depois mesmo os conservadores honestos... é meramente acidental. A reação de Saramago – abster-se de votar – é aqui obviamente a *única* coisa certa a ser feita. Mesmo que o escândalo com sua esposa desqualifique Fillon, o próprio fato de ele ter aparecido, por algum tempo, como o principal oponente de Le Pen é bastante indicador.

Devemos nos livrar do falso pânico, temendo a vitória de Trump como o horror extremo que nos faz suportar Clinton apesar de todos os seus óbvios defeitos. A vitória de Trump criou uma situação política totalmente nova, com chances para uma esquerda mais radical. A esquerda liberal e a direita populista de hoje foram ambas apanhadas pela política de medo: medo dos imigrantes, de feministas etc., ou medo de populistas fundamentalistas. A primeira coisa a fazer aqui é levar a cabo a ação de ir do medo para a *Angst*: o medo é o medo de um objeto externo que é percebido como uma ameaça contra a nossa identidade, ao passo que a ansiedade surge quando tomamos consciência de que há algo errado com nossa identidade, com a qual queremos nos proteger da temida ameaça externa. O medo nos pressiona a aniquilar o objeto externo, ao passo que o modo de confrontar a ansiedade é nos transformando.

Fica-se tentado a completar a célebre afirmação de Benjamin sobre monstros que prosperam quando o velho está morrendo e o novo ainda não nasceu: quando uma ordem domina, horrores e monstruosidades são normalizados, mas no processo de passagem, quando a velha ordem está morrendo e a nova ainda não está presente, os horrores se tornam visíveis como tal, eles são desnormalizados. Em momentos de esperança desse tipo, grandes atos se tornam possíveis. Por isso, se você ama a América (como eu amo), é chegada a hora do árduo trabalho de amor em vista de engajar-se no longo processo de formação de uma esquerda política radical nos Estados Unidos – ou, para citar Mao outra vez: "Tudo sob o céu está mergulhado no caos, a situação é excelente."

Finale

A solidão do policial global num mundo multicêntrico

No FINAL DE SETEMBRO DE 2014, depois de declarar guerra contra o Estado Islâmico, o presidente Obama deu uma entrevista ao *60 Minutes*, na qual tentou explicar as regras do engajamento norte-americano: "Quando problemas aparecem em qualquer parte do mundo, eles não chamam Pequim, eles não chamam Moscou. Eles nos chamam. É sempre assim. A América lidera. Nós somos a nação indispensável." Isso também é válido para desastres ambientais e humanitários: "Quando há um tufão nas Filipinas, dê só uma olhada em quem está ajudando os filipinos a lidar com a situação. Quando há um terremoto no Haiti, dê só uma olhada em quem está liderando a responsabilidade de reconstruir o Haiti. É assim que a gente faz. Isso é o que nos torna americanos."

Em meados de outubro de 2014, entretanto, o próprio Obama fez um apelo a Teerã, enviando correspondência secreta ao aiatolá Ali Khamenei, em que sugeria uma reaproximação mais ampla entre Estados Unidos e Irã, baseada no interesse comum de combater os militantes do Estado Islâmico. Não apenas o Irã recusou a oferta, mas quando a notícia da carta chegou ao grande público, os republicanos norte-americanos a denunciaram como um gesto absurdo de auto-humilhação que só poderia fortalecer a visão arrogante que o Irã tem dos Estados Unidos como superpotência em declínio. É efetivamente assim que os Estados Unidos fazem: atuando sozinhos em um mundo multicêntrico, eles cada vez ganham mais guerras e perdem a paz, fazendo o trabalho sujo dos outros. Para a China e a Rússia, que têm seus próprios problemas com islâmicos, e até para o Irã – o resultado final da invasão do Iraque foi entregar o país ao controle do Irã.

A fonte última desses problemas é a mudança do papel dos Estados Unidos na economia global. Um ciclo econômico está chegando ao fim, o "século americano" terminou e estamos testemunhando a formação gradual de múltiplos centros no capitalismo global – os Estados Unidos, a Europa, a China, talvez a América Latina –, cada um deles representando um viés específico do capitalismo: os Estados Unidos, o capitalismo neoliberal; a Europa, o que resta do Estado de bem-estar social; a China, o capitalismo (autoritário) de "valores asiáticos"; a América Latina, o capitalismo populista... Nesse mundo, as novas e antigas superpotências estão testando umas às outras, tentando impor a sua própria versão das regras globais, experimentando com elas através de substitutos, os quais, é claro, são outras nações e Estados menores.

A situação presente ostenta, portanto, uma semelhança fatídica com a situação de por volta de 1900, quando a hegemonia do Império Britânico foi questionada por potências ascendentes, especialmente a Alemanha, que queria a sua parte do bolo colonial, e os Bálcãs foram um dos locais de confronto. Hoje, o papel do Império Britânico é representado pelos Estados Unidos, as novas potências emergentes são a Rússia e a China, e nossos Bálcãs são o Oriente Médio. É a mesma velha batalha por influência geopolítica: não só os Estados Unidos, mas também Moscou ouve clamores da Geórgia, da Ucrânia; e talvez vá começar a ouvi-los dos Estados bálticos... (Além disso, deve-se observar que, no começo do século XX, a Rússia era percebida por muitos na Inglaterra e na Alemanha como a próxima superpotência, que iria ultrapassar as demais em vinte ou 25 anos; porém, embora a economia russa estivesse explodindo, o mesmo ocorria com os antagonismos sociais. O mesmo é válido para a China de hoje, em que as tensões sociais são o anverso sombrio do rápido desenvolvimento econômico.)

Há outro paralelo inesperado com a situação anterior à eclosão da Primeira Guerra Mundial: recentemente, a mídia tem nos avisado continuamente sobre a ameaça de uma Terceira Guerra Mundial. Manchetes como "Superarma da Força Aérea russa: cuidado com o caça *stealth* PAK-FA" ou "Rússia pronta para iniciar hostilidades, provavelmente ganhará o confronto nuclear iminente com os Estados Unidos" abundam;

Finale

pelo menos uma vez por semana, Putin faz declarações vistas como provocação pelo Ocidente, e notáveis estadistas ocidentais ou figuras da Otan reagem advertindo contra ambições imperialistas russas; a Rússia expressa preocupações quanto a estar sendo contida pela Otan, enquanto vizinhos da Rússia temem invasões russas; e assim sucessivamente. O tom muito preocupado dessas advertências serve para aumentar a tensão – exatamente como nas décadas anteriores a 1914. E em ambos os casos, o mesmo mecanismo supersticioso esteve – e está – em operação: como se falar sobre guerras pudesse impedi-las. Nós estamos a par do perigo, mas não acreditamos que possa realmente acontecer – e é por isso que ele pode acontecer. Vale dizer, mesmo que não acreditemos que possa acontecer, estamos todos nos aprontando para ele – e essas preparações reais, amplamente ignoradas pela grande mídia, são relatadas principalmente pela mídia marginal:

> Os Estados Unidos estão em pé de guerra. Embora um cenário de Terceira Guerra Mundial esteja nas pranchetas do Pentágono há mais de dez anos, ações militares contra a Rússia são hoje contempladas em um "nível operacional". Nós não estamos lidando com uma "Guerra Fria". Nenhuma das salvaguardas da era da Guerra Fria prevalece hoje. A aprovação de um conjunto de leis fundamentais pela Câmara dos Representantes dos Estados Unidos em 4 de dezembro de 2014 (H.Res.758) daria (dependendo de uma votação do Senado) sinal verde ao presidente e comandante em chefe norte-americano para iniciar – sem aprovação do Congresso – um processo de confronto militar com a Rússia. A segurança global está em jogo. A votação histórica – que tem potencial para afetar as vidas de centenas de milhões de pessoas em todo o mundo – não recebeu virtualmente nenhuma cobertura da mídia. Prevalece um blecaute total da mídia ... Em 3 de dezembro, o Ministério da Defesa russo anunciou a investidura de uma nova entidade político-militar, que assumiria o poder em caso de guerra. A Rússia está pondo em operação uma nova instalação nacional de defesa, destinada a monitorar ameaças à segurança nacional em tempos de paz, mas que assumiria o controle de todo o país em caso de guerra. (RT, 3 de dezembro de 2014)[1]

O que complica ainda mais o assunto é que as novas e velhas superpotências competidoras se fazem acompanhar por um terceiro fator: os movimentos fundamentalistas radicalizados do Terceiro Mundo, os quais se opõem a todas elas, mas são propensos a fazer pactos estratégicos com algumas. Não é de admirar que a delicada situação esteja ficando cada vez mais obscura: quem é quem nos conflitos em curso? Como escolher entre Assad e o Estado Islâmico na Síria? Entre o EI e o Irã? Essa obscuridade – sem falar na ascensão de drones e de outras armas que prometem uma guerra limpa de alta tecnologia sem baixas (do nosso lado) – dá incremento a despesas militares e torna a perspectiva de guerra mais interessante.

Em agosto de 2016, quando começou a monstruosa batalha pela cidade de Alepo, com 2 milhões de vidas ameaçadas, o assim chamado mundo civilizado devia ter feito todos os esforços para deter a carnificina. Agora, nós vemos a gestação de um futuro fluxo gigantesco de refugiados. Agora, nós estamos observando exatamente como está se dando a escalada da luta para um conflito direto potencial entre a Rússia e os Estados Unidos. Em vista da importância do que está em jogo, a ausência de mobilização internacional séria contra a guerra é apenas e tão somente surpreendente.

O que fazer com o fluxo de imigrantes? E se a única resposta consequente for que não há soluções claras e algum tipo de guerra é a única saída visível? Embora pareçamos estar no meio de um choque de civilizações (o Ocidente cristão contra o islã radicalizado), na verdade há choques no seio de cada civilização: no espaço cristão, são os Estados Unidos e a Europa Ocidental contra a Rússia; no espaço muçulmano, são os sunitas contra os xiitas. A monstruosidade do EI serve como fetiche encobrindo todas essas lutas, nas quais todos os lados fingem combater o EI a fim de golpear o seu verdadeiro inimigo.

Há, é claro, uma complexa multiplicidade de causas que desencadearam a guerra síria e o fluxo decorrente de refugiados, inclusive até mesmo mudanças ambientais: "a seca desastrosa na Síria entre 2007 e 2010, a mais severa do registro instrumental e principal catalisadora de inquietação social, foi provavelmente parte de uma 'tendência de seca de longo prazo' associada com o aumento das emissões de gases de efeito estufa".[2] Entre-

Finale 341

tanto, parece claro que há dois fatores cujo status é excepcional: enquanto o fator *dominante* é político (em que as tensões árabes desempenham o papel principal), a *determinação em última instância* é exercida pela economia global capitalista.

Se o axioma subjacente básico da Guerra Fria era MAD (Mutual Assured Destruction [Destruição Mútua Assegurada]), o axioma da atual Guerra contra o Terror parece ser o oposto, Nuts (Nuclear Utilization Target Selection [Seleção de Alvo de Utilização Nuclear]), i.e., a ideia de que, através de um ataque cirúrgico, seja possível destruir a capacidade nuclear do inimigo, enquanto o escudo antimísseis nos protege de um contra-ataque. Mais precisamente, os Estados Unidos adotam uma estratégia diferencial: agem como se continuassem a confiar na lógica MAD em suas relações com a Rússia e a China, mas são tentados a praticar a Nuts com o Irã e a Coreia do Norte. O mecanismo paradoxal da MAD inverte a lógica da "profecia autorrealizável", transformando-a numa "intenção autoanuladora": o próprio fato de cada lado poder ter certeza de que, se decidisse lançar um ataque nuclear, o outro lado responderia com força destrutiva total garante que nenhum dos lados iniciaria uma guerra. A lógica da Nuts, ao contrário, é que o inimigo pode ser forçado a se desarmar se houver certeza de que podemos atacá-lo sem correr risco de contra-ataque. O próprio fato de que duas estratégias diretamente contraditórias sejam mobilizadas simultaneamente pela mesma superpotência é testemunho do caráter fantasmático da totalidade desse raciocínio. Em dezembro de 2016, essa incoerência alcançou um pico quase inimaginavelmente absurdo: tanto Trump como Putin enfatizaram a possibilidade de novas relações mais amigáveis entre a Rússia e os Estados Unidos e, simultaneamente, afirmaram seu compromisso total com a corrida armamentista – como se a paz entre as superpotências só pudesse ser facultada por uma nova Guerra Fria...

A mesma combinação de estratégias incompatíveis opera no modo como nos relacionamos com a ameaça de catástrofes ecológicas. Em dezembro de 2016, a poluição atmosférica em grandes cidades chinesas ficou tão espessa que milhares de pessoas fugiram para o campo, tentando alcançar lugares em que ainda fosse possível ver céu azul – esse "arpocalipse" afetou meio bilhão de pessoas. Para os que permaneceram, deslocar-se começou a parecer-se com a vida num filme pós-apocalíptico: pessoas andando de um lado para outro com grandes máscaras contra gases, numa cerração de fumaça em que até mesmo as árvores mais próximas estavam invisíveis.[3] A dimensão de classe desempenhou o papel principal: antes de as autoridades fecharem aeroportos por causa das condições atmosféricas ruins, cidades foram abandonadas por aqueles que podiam se dar ao luxo de um voo caro... E para piorar, os legisladores de Pequim consideraram catalogar o nevoeiro com fumaça como desastre meteorológico, uma ação da natureza, não um efeito da poluição industrial, para impedir que culpassem as autoridades pela catástrofe.[4] Uma nova categoria foi assim acrescentada à lista dos refugiados de guerra, secas, tsunamis, terremotos, crises econômicas etc. – os refugiados da poluição.

Talvez a coisa mais surpreendente sobre o *arpocalipse* seja a sua rápida renormalização: depois que não puderam mais negar o problema, as autoridades tentaram estabelecer novos procedimentos, que de algum modo capacitassem as pessoas a continuar suas vidas cotidianas seguindo novas rotinas, como se a poluição catastrófica fosse apenas um novo fato da vida. Em dias designados, você tenta ficar em casa tanto quanto for possível e, se necessário, sai por aí de máscara. As crianças exultaram ao saberem que, em muitos dias, as escolas estariam fechadas – uma oportunidade para ficar em casa e brincar. Viajar para o campo onde o céu azul ainda era visível se tornou uma ocasião especial almejada (já há agências em Pequim especializadas nesse tipo de viagem de um dia). O importante é não entrar em pânico, mas manter a aparência de que, apesar de tudo, a vida continua.

Uma coisa é certa: uma mudança social e psicológica extraordinária está tendo lugar bem na frente dos nossos olhos – o impossível está se tornando possível. Um acontecimento antes visto como impossível, mas não real (a perspectiva de uma catástrofe iminente que, por mais que saibamos que seja provável, não acreditamos efetivamente que ocorrerá e, por isso, repelimos como impossível), se torna real, mas já não mais impossível (uma vez ocorrida, a catástrofe é renormalizada, percebida como parte

Finale   343

do andamento normal das coisas, como "sempre-já" possível). A lacuna que faculta esses paradoxos é aquela entre saber e crença: nós *sabemos* que a catástrofe (ecológica) é possível, até provável, mas não *acreditamos* que vá realmente acontecer.

Lembrem-se do cerco de Sarajevo no começo dos anos 1990: o fato de que uma cidade europeia "normal" de meio milhão de habitantes pudesse ser cercada, subjugada pela fome, regularmente bombardeada, seus cidadãos aterrorizados pelo fogo de franco-atiradores, e que isso pudesse se estender por três anos, teria sido considerado inimaginável antes de 1992. Teria sido extremamente fácil para as potências ocidentais romper o cerco e abrir um pequeno corredor de segurança para a cidade. Quando o cerco começou, até mesmo os cidadãos de Sarajevo pensaram que seria um acontecimento de curto prazo, tentando enviar seus filhos para lugares seguros "por uma ou duas semanas, até que a confusão acabasse". Depois, muito rapidamente, o cerco foi "normalizado". Como já vimos, essa mesma passagem de impossibilidade a normalização (com um breve estágio intermediário de embotamento pânico) é claramente discernível na maneira como o establishment liberal norte-americano reagiu à vitória de Trump. Ela também está claramente em operação na maneira como os poderes de Estado e o grande capital se relacionam com ameaças ecológicas como o derretimento do gelo nos polos. Os mesmíssimos políticos e administradores que, até recentemente, descartaram os temores de aquecimento global como alarmismo apocalíptico de ex-comunistas, ou pelo menos como conclusões prematuras baseadas em provas insuficientes, garantindo que não havia razão para pânico e que, basicamente, as coisas continuariam como sempre, não mais que de repente estão tratando o aquecimento global como simples fato corriqueiro, parte da maneira como as coisas "continuam como sempre"...

Em julho de 2008, a CNN exibiu repetidas vezes uma reportagem, "The Greening of Greenland", celebrando as novas oportunidades que o derretimento do gelo oferecia aos groenlandeses – que agora podem plantar a céu aberto etc. A obscenidade dessa matéria não está somente no fato de ela centrar-se em benefícios menores de uma catástrofe global; para piorar as coisas, ela joga com o duplo sentido de "verde" no nosso discurso público (o "verde" da vegetação; o "verde" das preocupações ecológicas), de modo que o fato de ser possível cultivar mais vegetação no solo da Groenlândia devido ao aquecimento global seja associado ao aumento da consciência ecológica. Não seriam esses fenômenos mais uma mostra de quanto Naomi Klein estava certa ao descrever, em seu *A doutrina do choque*, o modo como o capitalismo global explora catástrofes (guerras, crises políticas, desastres naturais) para se livrar de "velhas" restrições sociais e impor sua agenda na lousa que a catástrofe limpou? Talvez, os desastres ecológicos futuros, longe de minar o capitalismo, lhe sirvam como o seu maior estímulo...

Uma estratégia similarmente perversa para tirar proveito da própria ameaça à sobrevivência das pessoas (e do pior resultado da primazia das pessoas) opera no novo tipo de socialismo de Estado que está surgindo na Coreia do Norte (e até certo ponto em Cuba e na Venezuela): ela combina controle implacável do Partido com o capitalismo mais selvagem. Embora o poder do Estado esteja firmemente entrincheirado no partido dominante, o Estado já não é mais capaz de suprir as necessidades vitais cotidianas da população em geral, especialmente alimentos, então, tem que tolerar o capitalismo local mais selvagem. Na Coreia do Norte, há centenas de mercados "livres" onde indivíduos vendem alimentos de produção caseira, mercadorias contrabandeadas da China etc. Desse modo, o Estado norte-coreano é dispensado de cuidar das pessoas comuns e pode se concentrar em novas armas e na vida da elite – numa ironia cruel inaudita, a noção norte-coreana básica de *juche* (autoconfiança) chega à sua verdade: não a nação, mas os indivíduos têm que confiar nas suas próprias forças. Entretanto, não está acontecendo algo semelhante na China, onde o Partido funciona como o gerente mais eficiente do capitalismo? Talvez o arpocalipse seja o preço que tenhamos de pagar por perversões sociopolíticas desse quilate.

Nós temos que acabar com esses estratagemas. O arpocalipse na China é uma indicação clara dos limites do nosso ambientalismo predominante, essa estranha combinação de catastrofismo e rotina, de sentimento de

Finale   345

culpa e indiferença. Tomemos os casos dos produtos agrícolas geneticamente modificados: em vez de se envolver em debates intermináveis sobre seus aspectos positivos e negativos, devemos dar um passo atrás e focalizar as mudanças socioeconômicas impostas por uma grande corporação como a Monsanto. Quando agricultores começam a comprar suas sementes, o ciclo autossuficiente da reprodução agrícola foi quebrado, os cultivadores são reiteradamente obrigados a obter suas sementes na Monsanto, de modo que o simples ciclo do cultivo do trigo etc. é irredutivelmente "mediado" por uma grande corporação em posição quase monopolista. Não se trata, uma vez mais, de um exemplo de privatização dos bens comuns?

Como deter nossa descida nesse vórtice? Em ambos os casos, a ameaça de catástrofe ecológica assim como a ameaça de guerra global, o primeiro passo é deixar para trás toda a conversa pseudorracional sobre os "riscos estratégicos" que temos de assumir, bem como a noção de tempo histórico como processo linear de evolução, em que, a cada momento, nós temos que escolher entre cursos diferentes de ação. Precisamos aceitar que nosso destino é a ameaça: não se trata apenas de evitar riscos e fazer as escolhas certas no âmbito da situação global, a verdadeira ameaça está na situação em sua inteireza, no nosso "destino" – se continuarmos na rota do "é assim que a gente faz", como agora, estamos condenados, não importa quanto cuidado tenhamos. Então, a solução não é ter muito cuidado e evitar ações arriscadas – ao agir assim, estamos participando plenamente da lógica que nos leva à catástrofe. A solução é tomar plena consciência do conjunto explosivo de interconexões que torna toda essa situação perigosa. Uma vez que o fizermos, uma vez que abraçarmos a coragem que vem com a desesperança, nós devemos iniciar o longo e árduo trabalho de mudar as coordenadas da situação em seu todo. Nada menos vai bastar.

Numa coincidência fatídica com "é assim que a gente faz" de Obama, quando os passageiros do voo 93 da United atacaram os sequestradores em 11 de setembro, as últimas palavras audíveis de Todd Beamer, um dos passageiros, foram: "Todo mundo pronto? Vamos, a gente faz!" É assim que todos nós fazemos, então vamos nessa, poderíamos dizer – derrubar não só o avião, mas todo o nosso planeta. Com a eleição de Donald Trump, esse trem desabalado entrou num modo novo. Alguns dias antes da posse de Trump, Marine le Pen foi vista no café Trump Tower na Quinta Avenida, como se esperasse ser chamada pelo futuro presidente. Embora não tenha ocorrido nenhuma reunião, o que se passou apenas alguns dias depois da investidura parece ter sido um efeito secundário da reunião que não houve: em 21 de janeiro, em Koblenz, representantes dos partidos da direita populista europeia se encontraram sob o lema de "Liberdade para a Europa". O encontro foi dominado por Le Pen, que chamou os eleitores de toda a Europa a "despertar" e seguir o exemplo dos eleitores norte-americanos e britânicos. Ela predisse que as vitórias de Trump e do Brexit desencadeariam uma onda imparável de "todos os dominós da Europa". Afirmou que Trump deixou claro que "não apoia um sistema de opressão dos povos": "Dois mil e dezesseis foi o ano do despertar mundial do mundo anglo-saxão. Tenho certeza de que 2017 será o ano em que os povos da Europa continental despertarão."[5]

O que quer dizer despertar nesse caso? Em seu *A interpretação dos sonhos*, Freud relata um sonho bastante apavorante: um pai cansado que passou a noite velando o caixão de seu jovem filho, adormece e sonha que o filho está se aproximando dele inteiramente em chamas, dirigindo a ele a censura aterradora: "Pai, não está vendo que eu estou queimando?" Imediatamente, o pai desperta e percebe que, por causa de uma vela caída, o tecido da mortalha do filho morto tinha pegado fogo – o cheiro de fumaça que ele sentiu enquanto dormia foi incorporado ao sonho, com o filho em chamas para prolongar seu sono. Assim, o que aconteceu? O pai despertou quando o estímulo externo (fumaça) ficou forte demais para ser contido dentro do roteiro do sonho? Não teria sido, antes, o anverso: primeiro o pai construiu o sonho a fim de prolongar seu sono, i.e., para evitar o desagradável despertar; entretanto, o que ele enfrentou no sonho – literalmente a questão candente, o espectro macabro do filho a censurá-lo – foi muito mais insuportável do que a realidade externa, então o pai acordou, escapando para a realidade externa – por quê? *Para continuar a sonhar*, para evitar o trauma insuportável da sua própria culpa pela morte dolorosa do filho. E não é a mesma coisa com o despertar populista? Nos

Finale 347

anos 1930, Adorno observou que o chamado nazista, *Deutschland, erwache!* [Alemanha, acorde!], significava exatamente o seu oposto: sigam o nosso sonho nazista (dos judeus como inimigos externos que arruínam a harmonia da nossa sociedade) para vocês poderem continuar dormindo! Dormir e evitar o rude despertar, o despertar para os antagonismos sociais que atravessam a nossa realidade social! Hoje, a direita populista está fazendo a mesma coisa: ela nos pede que "despertemos" para a ameaça dos imigrantes a fim de nos possibilitar continuar a sonhar, i.e., ignorar os antagonismos que atravessam o capitalismo global.

É claro, o discurso de posse de Trump foi ideologia em seu estado mais puro, sua mensagem simples e franca apoiada em toda uma série de inconsistências um tanto óbvias. Como se diz, o diabo mora nos detalhes. Se tomarmos o discurso de Trump em seus aspectos mais elementares, pode soar como algo que Bernie Sanders poderia ter dito: falo em nome de toda a gente trabalhadora, esquecida, negligenciada e explorada, eu sou a sua voz, agora vocês estão no poder... Entretanto, não obstante o óbvio contraste entre essas proclamações e a primeira nomeação de Trump (como pode o secretário de Estado de Trump, Rex Tillerson, o diretor-executivo da Exxon Mobil, ser a voz direta da gente trabalhadora explorada?), há uma série de indícios que dão um viés específico à mensagem dele. Trump fala das "elites de Washington", não sobre capitalistas e grandes banqueiros. Ele fala sobre exoneração do papel de policial global, mas promete a destruição do terrorismo muçulmano, a proibição dos testes balísticos norte-coreanos e a contenção da ocupação chinesa das ilhas do mar do Sul da China... Então, o que estamos recebendo é intervencionismo militar global exercido diretamente em nome dos interesses norte-americanos, sem nenhuma máscara de direitos-humanos-e-democracia. Nos anos 1960, o lema do período inicial do movimento ecológico era "Pense globalmente, haja localmente!". Trump promete exatamente o contrário: "Pense localmente, haja globalmente."

Há algo de hipócrita quanto aos liberais que criticam o slogan "América primeiro!" – como se isso não fosse o que mais ou menos *todos* os países estão fazendo, como se a América do Norte não desempenhasse um papel global precisamente porque conveio aos seus próprios interesses. A mensagem subjacente de "América primeiro!" é todavia uma mensagem melancólica: o século americano acabou, os Estados Unidos se resignaram a ser apenas um entre os países (poderosos). A suprema ironia é que a esquerda, que por tanto tempo criticou as pretensões norte-americanas de ser o policial global, pode começar a sentir saudades dos velhos tempos em que, com toda a hipocrisia envolvida, os Estados Unidos impunham padrões democráticos ao mundo.

O que torna o discurso de posse de Trump interessante (e eficiente) é que suas incoerências espelham as incoerências da esquerda liberal. Agora, no começo do reinado de Trump, a situação permanece ambígua. Uma frente ampla anti-Trump está crescendo gradualmente nos Estados Unidos e em todo o mundo, e deve ser especialmente enfatizada aqui a ascensão das mulheres como talvez o principal poder de protesto político (não só nos Estados Unidos, mas também na Polônia!).[6] A grande questão é: será esse protesto contido pela esquerda liberal ou prosperará? Lembrem-se do maravilhoso título do filme de Werner Herzog: *Os anões também começaram pequenos*; eu sempre me lembro desse título quando ouço falar de atos de protesto marginais maravilhosos, como mulheres palestinas veladas e lésbicas israelenses protestando juntas. Mas esses eventos, que começam pequenos, não irão com toda a probabilidade também permanecer pequenos e marginais?

O recente incidente com a democrata Nancy Pelosi é indicativo dessa tensão. Num encontro em janeiro de 2017 coberto pela CNN, o estudante da Universidade de Nova York Trevor Hill perguntou a ela: "Minha experiência é que a geração mais jovem está indo para a esquerda em questões econômicas, e eu fiquei muito entusiasmado ao ver como os democratas evoluíram para a esquerda em questões sociais. Como homem gay, estou muito orgulhoso de vê-la lutando por nossos direitos – de ver muitos líderes democratas lutando por nossos direitos. Mas eu me pergunto se existe algum espaço em que você sinta que os democratas possam avançar à esquerda, em busca de uma mensagem mais populista, do mesmo modo que a direita alternativa mais ou menos capturou essa linha populista

Finale   349

no campo da direita, se você acha que nós somos capazes de fazer um contraste mais claro com a economia da direita?" A resposta veio prontamente: "Veja, eu agradeço a sua pergunta, mas tenho que dizer: nós somos capitalistas. É assim que as coisas são."[7] É aqui (com a aceitação "é assim que as coisas são", automática do capitalismo) que a ruptura tem de acontecer, se realmente quisermos derrotar Trump. Num grande artigo para o *In These Times* intitulado "O fim da história?: A curta e estranha era da civilização humana parece estar chegando ao fim", Noam Chomsky apresenta um conjunto de fenômenos que auguram "o fim provável da era da civilização".[8] Deve-se observar que Chomsky, que me criticou ferozmente por minha noção de que a vitória de Trump pode levar a uma esquerda renovada mais radical, enumera aqui fenômenos (aquecimento global, desmatamento, devastações em zonas de guerra etc.) que transcorrem há anos – o máximo que se pode dizer é que a espalhafatosa negação de Trump da ameaça ecológica empurra o perigo um degrau acima. O que é necessário não é só uma oposição a Trump, mas uma ruptura clara com a totalidade da tradição capitalista liberal da qual Trump se originou.

As eleições de 2016 representaram a derrota final da democracia liberal ou, mais precisamente, do que poder-se-ia chamar de sonho fukuyamista à esquerda. Não é de admirar, portanto, que a reação liberal predominante ao discurso de posse de Trump esteja repleta de visões do dia do Juízo Final – basta mencionar o apresentador Chris Matthews, que detectou no discurso um "fundo hitlerista". Trump assumindo o poder é o fim do mundo deles e, num ponto, Marine le Pen definitivamente acertou na mosca: 2017 será o momento da verdade para a Europa. Só, espremida entre os Estados Unidos e a Rússia, ela terá de se reinventar ou morrer. Nos anos futuros, o grande campo de batalha estará na Europa, e o que estará em jogo será o núcleo duro do legado emancipatório europeu.

Notas

Introdução: *V de Vingança*, parte 2 (p.7-21)

1. Alenka Zupančič. 'The End' (manuscrito inédito).
2. George Orwell, *The Road to Wigan Pier* (1937). Disponível on-line em: http://gutenberg.net.au/ebooks02/0200391.txt
3. V.I. Lênin. *Collected Works*, v.33. Moscou: Progress Publishers, 1966, p.479.
4. Göran Therborn. "An Age of Progress?", *New Left Review*, n.99, mai-jun 2016, p.37.
5. Axel Honneth. *Die Idee des Sozialismus*. Frankfurt: Suhrkamp, 2015.
6. Citado a partir de https://www.project-syndicate.org/commentary/lesson-of-populist-rule-in-poland-by-slawomir-sierakowski-2017-01
7. Ver: http://french.about.com/od/grammar/a/negation_form_2.htm
8. Jean-Claude Milner. *Relire la Révolution*. Paris: Verdier, 2016, p.232-3.
9. Citado a partir de http://www.cnbc.com/2016/11/04/elon-musk-robots-will-take-your-jobs-government-will-have-to-pay-your-wage.html
10. Citado a partir de https://www.marxists.org/reference/archive/hegel/works/pr/preface.htm
11. Idem.

1. Mal-estar do capitalismo global (p.25-71)

1. Incidentalmente, a maneira como a mídia ocidental informa sobre a crise de refugiados ressuscita sutilmente o velho clichê racista sobre os Bálcãs como fronteira selvagem entre o Ocidente civilizado e o Oriente bárbaro, um lugar de confusões e de cercas fronteiriças quebradas, com hordas de refugiados perambulando na região – como se a civilização propriamente dita começasse na Áustria. Se o mesmo número de refugiados tivesse que entrar no Reino Unido, pode-se ter certeza de que uma solução rápida seria encontrada.
2. Peter Sloterdijk. *In the World Interior of Capital*. Cambridge: Polity Press, 2013, p.8-9.
3. Em http://www.other-news.info/2016/06/song-do-the-global-city-without-soul/
4. https://www.adbusters.org/article/the-twilight-of-the-west/
5. Saroj Giri. "Parasitic Anticolonialism" (manuscrito inédito).
6. Ibid.
7. Boris Buden observou que a *Ostalgie* em alguns países da Europa oriental não é saudade dos potenciais emancipatórios perdidos que sobreviveram em regimes socialistas, mas é estruturada como nostalgia de cultura perdida, de um modo de

vida perdido – nós estamos lidando, é claro, com a memória retroativamente construída de tempos míticos, quando a vida era modesta, mas estável e segura. É por isso que livrar-se da *Ostalgie* é condição *sine qua non* para um movimento emancipatório renovado nesses países. O público amplo, que não tem simpatia ou saudade do comunismo, o percebe (do ponto de vista do universo neoliberal) como uma cultura estrangeira excêntrica, incompreensível e irracional em suas premissas e em seus rituais. O que as duas posturas opostas compartilham é a mesma ignorância da dimensão emancipatória radical do projeto comunista: em ambos os casos, o comunismo é tratado como uma cultura particular (ver: Boris Buden. *Zone des Übergangs*. Franfkurt: Suhrkamp, 2009). O que torna a situação nos países pós-comunistas interessante é que a nova classe capitalista não está plenamente constituída como classe: ela resta – como formulou Céline quase um século atrás – "uma burguesia embrionária que ainda não negociou seu contrato".

8. O excelente romance policial de Tana French, *No bosque da memória*, também se refere a um pano de fundo de escolhas impossíveis: estudantes de ciências humanas que são coproprietários da casa onde vivem, estabelecendo-a como uma espécie de comunidade utópica que faculta um porto seguro protegido do mundo brutalmente competitivo do lado de fora, matam coletivamente um deles, uma moça que queria vender a sua parte, pois isto significaria o fim de sua vida comunal – em resumo, a moça foi morta por usar o seu direito de escolha. O romance pode efetivamente ser lido como uma nova versão do *Assassinato no Expresso Oriente*, de Agatha Christie: como o assassinato foi cometido pelo grupo de suspeitos inteiro, é a vítima que deve ser vista como a verdadeira culpada.

9. Aaron Schuster. *The Trouble with Pleasure: Deleuze and Psychoanalysis*. Cambridge, Mass.: MIT Press, 2016, p.89.

10. Lee Williams. http://www.independent.co.uk/voices/comment/what-is-ttip-and-six-reasons-why-the-answer-should-scare-you-9779688.html

11. George Monbiot. https://www.theguardian.com/commentisfree/2016/sep/06/transatlantic-trade-partnership-ttip-canada-eu

12. Estou me baseando aqui no trabalho de Jela Krečič.

13. Comunicação pessoal. A propósito, alguns esquerdistas na Europa e nos Estados Unidos fazem referência a Badiou, à sua noção de subtração, para justificar sua luta por "zonas autônomas" a serem defendidas.

14. Ibid.

15. Citado a partir de https://www.project-syndicate.org/commentary/joseph-e--stiglitz-blames-rising-inequality-on-an-ersatz-form-of-capitalism-that-benefits-only-the-rich?barrier=accesspaylog

16. Alain Badiou. "Prefazione all'edizione italiana". In: *Metapolitica*. Nápoles: Cronopio, 2002, p.14.

17. Ver: Axel Honneth. *Die Idee des Sozialismus*. Frankfurt: Suhrkamp, 2015.

18. Peter Sloterdijk. *Was geschah im 20. Jahrhundert?*. Frankfurt: Suhrkamp, 2016.

Notas 353

19. Ver: Kojin Karatani. *The Structure of World History*. Durham: Duke University Press, 2014.

20. Os casos exemplares desses "retornos do que foi reprimido" são comunidades religiosas milenaristas, que encontramos no cristianismo (como Canudos, no Brasil etc.), mas também no islã (Alamut, no Irã etc.) – não é de admirar que, tão logo uma religião se estabeleça como uma instituição ideológica que legitima as relações de poder existentes, ela tenha de lutar contra seus excessos internos. A Igreja cristã enfrentou um problema comum a partir do século IV, quando se transformou em Igreja de Estado: como reconciliar a sociedade feudal, em que senhores ricos governam camponeses empobrecidos, com a pobreza igualitária do coletivo de crentes, conforme descrita nos Evangelhos? A solução de são Tomás de Aquino é que, embora a pobreza compartilhada seja melhor em princípio, isso só é válido para seres humanos perfeitos; para a maioria de nós, que vivemos no pecado, propriedade privada e diferença de riqueza são naturais e chega a ser pecaminoso exigir a abolição da propriedade privada ou o igualitarismo nas nossas sociedades decaídas, i.e., exigir de pessoas imperfeitas o que só é próprio do perfeito. Esta é a contradição imanente no próprio núcleo da identidade da Igreja, o que faz dela a principal força anticristã de hoje.

21. A noção de "comuns colaborativos" também parece implicar uma renda básica do cidadão: produtos são resultado de uma colaboração na qual todos participamos.

22. Jeremy Rifkin. *The Zero Marginal Cost Society: The Internet of Things, the Collaborative Commons, and the Eclipse of Capitalism*. Nova York: Palgrave Macmillan, 2014, p.19, 18.

23. Citado a partir de: Dew, C.J. em: https://medium.com/basic-income/post-capitalism-rise-of-the-collaborative-commons-62b0160a7048

24. Ibid.

25. Ver: Carlo Vercellone (org.). *Capitalismo cognitivo*. Roma: manifesto-libri, 2006.

26. Karl Marx. *Grundrisse*. Disponível em: https://www.marxists.org/archive/marx/works/1857/grundrisse/ch14.htm

27. Citado a partir de Dew, op.cit.

28. Ibid.

29. Fredric Jameson. *An American Utopia: Dual Power and the Universal Army*. Londres: Verso, 2016.

30. Ver: Jean-Pierre Dupuy. *Avions-nous oublié le mal? Penser la politique après le 11 septembre*. Paris: Bayard, 2002.

31. Ver: John Rawls. *A Theory of Justice*. Cambridge/Massachusetts: Harvard University Press, 1971 (edição revisada, 1999).

32. Ver: Friedrich Hayek. *The Road to Serfdom*. Chicago: University of Chicago Press, 1994.

33. Ayn Rand. *Atlas Shrugged*. Londres: Penguin Books, 2007, p.871.

354   *A coragem da desesperança*

2. Syriza, a sombra de um acontecimento (p.73-120)

1. Stathis Kouvelakis. "Syriza's Rise and Fall". *New Left Review*, 97 (jan-fev 2016).
2. Costas Douzinas. "The Left in Power? Notes on Syriza's Rise, Fall, and (Possible) Second Rise". Disponível em: http://nearfuturesonline.org/the-left-in-power-notes-on-syrizas-rise-fall-and-possible-second-rise/
3. Ibid.
4. Kouvelakis. "Syriza's Rise and Fall".
5. Citado a partir de http://www.project-syndicate.org/commentary/tsipras-greek-crisis-by-joschka-fischer-2015-04#QyEoUcWhxTFmUJYo.99
6. http://www.theguardian.com/news/2015/feb/18/yanis-varoufakis-how-i-became-an-erratic-marxist
7. Gideon Rachman. "Eurozone's Weakest Link is the Voters". *Financial Times*, 19 dez 2014.
8. Alain Badiou, Seminário sobre Platão na École Normale Supérieure, 13 fev 2008 (inédito).
9. http://www.newstatesman.com/world-affairs/2015/07/yanis-varoufakis-full-transcript-our-battle-save-greece
10. Citado em: Richard McGregor. *The Party: The Secret World of China's Communist Rulers*. Londres: Allen Lane, 2010, p.22.
11. Ibid., p.21.
12. http://krugman.blogs.nytimes.com/2015/07/12/disaster-in-europe/
13. Ibid.
14. Stathis Kouvelakis. "From the Absurd to the Tragic". Disponível em: https://www.jacobinmag.com/2015/07/tsipras-syriza-greece-euro-debt/
15. http://krugman.blogs.nytimes.com/2015/07/12/disaster-in-europe/
16. https://www.bloomberg.com/news/articles/2015-07-02/defiant-varoufakis-says-he-ll-quit-if-greeks-endorse-austerity
17. Stathis Gourgouris. Disponível em: https://www.opendemocracy.net/can-europe-make-it/stathis-gourgouris/syriza-problem-radical-democracy-and-left-governmentality-in-g
18. Ibid.
19. Ibid.
20. Ibid.
21. Julia Buxton. "Venezuela After Chavez". *New Left Review*, 99 (mai-jun 2016), p.25.
22. http://www.lrb.co.uk/v37/n15/tariq-ali/diary
23. Ver: https://www.jacobinmag.com/2015/07/tsipras-euro-debt-default-grexit/
24. Gourgouris, op.cit.
25. Incidentalmente, devem-se rejeitar ambos os mitos otimistas, o da Plataforma de Esquerda, de que há um caminho racional claro para fazer o Grexit e trazer nova prosperidade, assim como o mito anverso (defendido, entre outros, por Jeffrey Frankel) de que, através da imposição fiel do plano de socorro financeiro, Tsipras

Notas   355

poderia se tornar o novo Lula. Ver: http://www.project-syndicate.org/commentary/kim-dae-jung-lula-da-tsipras-by-jeffrey-frankel-2015-07

26. Comunicação pessoal de Varoufakis.

27. Alberto Toscano. "A Structuralism of Feeling?". *New Left Review*, 97 (jan-fev 2016), p.93.

28. Thomas Metzinger. *Being No One: The Self-Model Theory of Subjectivity*. Cambridge, Mass.: MIT Press, 2004, p.165.

29. Ibid., p.169.

30. Ibid.

31. Ibid., p.331.

32. Ibid., p.333.

33. Citado em: Ernest Mandel. *Trotsky as Alternative*. Londres: Verso Books, 1995, p.81.

34. Citado a partir de https://www.marxists.org/archive/lenin/works/1918/mar/x03.htm

35. Para um enunciado claro dessa posição, ver: Martin Jay. "No Power to the Soviets". *Cultural Semantics: Keywords of Our Time*. Amherst: University of Massachusetts Press, 1998.

36. Isabel Allende. "The End of All Roads". *Financial Times*, 15 nov 2003.

37. Arthur Miller. "A Visit with Castro". *The Nation*, 12 jan 2004, p.13.

3. Religião e suas alegrias (p.121-71)

1. Liu Cixin. *The Three-Body Problem*. Nova York: Tor Books, 2014 (original chinês, 2008).

2. Zhang Weiwei. *The China Wave: Rise of a Civilizational State*. Hackensack: World Publishing Corporation, 2012.

3. Ibid., p.71-2.

4. Ibid., p.72.

5. Ibid., p.107.

6. Ibid., p.164.

7. Ibid., p.122.

8. Ibid., p.124.

9. Ver http://www.bbc.co.uk/news/world-asia-china-28670719

10. Zhang. *The China Wave*, p.123.

11. Ibid., p.120.

12. Ibid., p.155.

13. Jonathan Clements. *The First Emperor of China*. Chalford: Sutton Publishing, 2006, p.34.

14. Claude Lefort. *Essai sur le politique*. Paris: Éditions du Seuil, 1986.

15. Ibid.

16. Ver http://www.theguardian.com/world/2016/apr/08/china-woman-attacked-hotel-video-bystanders-ignore

356   *A coragem da desesperança*

17. Zhang. *The China Wave*, p.156.
18. Richard McGregor. *The Party: The Secret World of China's Communist Rulers*. Londres: Allen Lane, 2010, p.14.
19. Mais um exemplo: nos últimos dias da República Democrática Alemã, as massas em protesto cantavam frequentemente o hino nacional oficial da RDA – por quê? Porque desde o final dos anos 1950, sua letra (*Deutschland einig Vaterland* [Alemanha, a pátria unida]) havia sido proibida de ser cantada em público. Composto em 1949, o hino refletia a linha do partido naquele momento (uma Alemanha socialista unida), a qual não se adequava mais à mudança de ênfase que propunha a Alemanha Oriental como uma nova nação socialista. Por isso, nas cerimônias oficiais, só a versão orquestrada era tocada – e a RDA foi, assim, o único país em que cantar o hino nacional era um ato criminoso.
20. Há outro regulamento não escrito no Exército da Iugoslávia: todos os soldados deviam se misturar a soldados de outras nacionalidades e comunicar-se com eles em servo-croata (digamos, se um grupo de eslovenos era flagrado conversando entre si em esloveno, era censurado por separatismo nacionalista, por destruir a irmandade e a unidade da nação iugoslava) – todos os soldados, exceto os albaneses, que eram considerados uma causa perdida (outros soldados eram instruídos a vigiar estreitamente se albaneses estavam envolvidos em alguma atividade suspeita).
21. Ver: "Even What's Secret is a Secret in China". *Japan Times*, 16 jun 2007, p.17.
22. McGregor. *The Party*, p.10.
23. Alberto Toscano. "A Structuralism of Feeling?". *New Left Review*, 97 (jan-fev 2016), p.76.
24. Ver: http://chinadigitaltimes.net/2015/06/xinjiang-official-sinicize-religion-to-combat-hostile-forces/
25. http://www.rfa.org/english/news/china/china-religion-05252015112309.html
26. Ver: Karl Marx e Friedrich Engels. *Collected Works*, v.10. Londres: Lawrence and Wishart, 1978, p.95.
27. Zorana Baković. "Kako bo bog postal Kitajec?". *Delo*, 17 jun 2015 (em esloveno).
28. Ver: http://chinadigitaltimes.net/2015/03/unraveling-chinas-campaign-western-values/
29. Sam Harris. *The End of Faith: Religion, Terror, and the Future of Reason*. Nova York: Norton, 2005, p.221.
30. Ibid., p.253. Incidentalmente, duas censuras semelhantes são regularmente feitas pelos críticos de meus livros, as quais tentam redimir o núcleo emancipatório do legado cristão: que eu estaria errado em relação ao judaísmo (ao defender o supersessionismo cristão) e especialmente em relação ao budismo.
31. Ver: http://gawker.com/orthodox-jews-invent-uber-for-protesting-gay-pride-1714720843
32. http://www.christianexaminer.com/article/israeli.foreign.minister.bible.says.the.land.is.ours/49013.htm

Notas   357

33. Ver: http://www.theguardian.com/world/2015/oct/21/netanyahu-under-fire-for-palestinian-grand-mufti-holocaust-claim

34. Citado a partir de Heinz Hoehne. *The Order of the Death's Head: The Story of Hitler's SS*. Londres: Penguin, 2000, p.333.

35. Ibid., p.336-7.

36. Ver: Menachem Begin. *The Revolt: Story of the Irgun*. Nova York: Dell, 1977, p.100-1.

37. Citado a partir da revista *Time*, 24 jul 2006.

38. http://www.nytimes.com/roomfordebate/2014/10/16/should-nations-recognize-a-palestinian-state/there-should-be-no-palestinian-state-23

39. Ver: http://www.theage.com.au/world/israel-warned-new-zealand-that-un-resolution-was-declaration-of-war-report-20161227-gtiogk.html

40. http://www.nytimes.com/2014/10/21/arts/music/metropolitan-opera-forges-ahead-on-klinghoffer-in-spite-of-protests.html?_r=0

41. http://www.israelhayom.com/site/newsletter_article.php?id=19195

42. http://www.hollywoodreporter.com/news/jon-voight-pens-letter-ignorant-723007

43. Para o lado violento do budismo, ver: Brian Victoria. *Zen War Stories*. Londres: Routledge, 2003. Assim como: Michael Jerryson (org.). *Buddhist Warfare*. Oxford: Oxford University Press, 2010.

44. Os textos citados de Araeen circulam na internet através de seus amigos e colaboradores.

45. Ver: Ernst Bloch. *Avicenna und die Aristotelische Linke*. Frankfurt: Suhrkamp, 1963; publicado pela primeira vez em Leipzig em 1949.

46. Ver: Joseph M. Bochenski. *Der Sowyet-Russische dialektische Materialismus*. Berna/Munique: Francke Verlag, 1962.

47. Boris Buden. *Zone des Übergangs*. Frankfurt: Suhrkamp, 2009.

48. Fethi Benslama. *La Psychanalyse à l'épreuve de l'Islam*. Paris: Aubier, 2002, p.320.

49. Ibid.

50. http://www.nybooks.com/articles/1988/01/21/islamic-revolution/

51. Buden. *Zone des Übergangs*, p.134.

52. Ibid., p.111.

53. Ibid., p.59.

4. A "ameaça terrorista" (p.175-219)

1. Os textos citados de Araeen circulam na internet através de seus amigos e colaboradores.

2. Ver: Jacques-Alain Miller. "L'amour de la police", blog escrito em 13 jan 2015 e publicado em lacan.com.

3. Ver: https://www.corriere.it/cronache/15_settembre_25/attivista-stuprata-un-migrante-mi-chiesero-tacere-non-creare-scandali-496d3388-6370-11e5-9954-7c169e7f3b05.shtml

358   *A coragem da desesperança*

4. Ver: http://www.independent.co.uk/news/world/europe/cologne-police-ordered-to-remove-word-rape-from-reports-into-new-year-s-eve-sexual-assaults-a6972471.html

5. Ver: http://blogs.spectator.co.uk/2016/04/norway-syndrome-a-new-condition-for-western-victims-of-rape/ e http://www.independent.co.uk/news/world/europe/norwegian-rape-victim-feels-guilty-the-man-who-raped-him-was-deported-a6975041.html

6. Simon Jenkins. "Charlie Hebdo: Now is the Time to Uphold Freedoms and Not Give In to Fear". *The Guardian*, 7 jan 2015.

7. http://www.theguardian.com/commentisfree/2014/sep/09/isis-jihadi-shaped-by-modern-western-philosophy

8. Qutb Sayyid. *Milestones*, cap.7, citado a partir de: https://archive.org/details/MilestonesSpecialEdition_201703

9. Aristóteles. *Metafísica*. Livro 12, parte 10.

10. E, a propósito, exatamente a mesma lógica opera na defesa que Hayek faz de mercados: "Hayek argumenta que o mal advém da tirania da dependência pessoal, da submissão de uma pessoa à vontade arbitrária de outra. Só é possível escapar desse estado de subordinação se todos os membros da sociedade se submeterem a uma regra abstrata, impessoal e universal que absolutamente os transcenda" (Jean-Pierre Dupuys. *Economy and the Future: A Crisis of Faith*. East Lansing: Michigan State University Press, 2014, p.81). O Deus de Qutb ocupa, assim, exatamente o mesmo lugar que o mercado de Hayek, ambos garantindo a liberdade pessoal.

11. Num artigo em sua revista on-line, o Estado Islâmico justifica sua prática de sequestrar mulheres como escravas sexuais citando a teologia islâmica (interpretação que é rejeitada pelo mundo muçulmano em geral como uma perversão do islã): "Deve-se lembrar que escravizar as famílias dos *kuffar* – os infiéis – e tomar suas mulheres como concubinas é um aspecto firmemente estabelecido pela Sharia, ou lei islâmica." O título do artigo resume o ponto de vista do EI: "A ressurreição da escravidão antes da Hora" (a "Hora", no caso, sendo o Juízo Final). (Ver: http://edition.cnn.com/2014/10/12/world/meast/isis-justification-slavery/index.html?hpt=imi_c2)

12. https://www.goodreads.com/quotes/686461-we-re-not-afraid-of-sanctions-we-re-not-afraid-of-military

13. http://www.telegraph.co.uk/news/worldnews/europe/russia/10856197/Putin-attacks-Eurovision-drag-artist-Conchita-for-putting-her-lifestyle-up-for-show.html

14. http://www.mirror.co.uk/tv/tv-news/russia-slams-eurovision-winner-conchita-3525396

15. http://www.theage.com.au/news/national/ethnic-leaders-condemn-muslim-cleric/2006/10/26/1161749223822.html

16. https://www.theguardian.com/world/2016/jul/12/in-russia-and-ukraine-women-are-still-blamed-for-being-raped

17. Ver relato da CNN em: http://religion.blogs.cnn.com/2014/05/24/atheists-in-the-bible-belt-a-survival-guide/

Notas   359

18. Ver relato da CNN em: "When Buddhists were Public Enemy nº 1", http://edition. cnn.com/2015/02/04/us/buddhism-us-enemy/index.html
19. Citado a partir de: http://www.theatlantic.com/magazine/archive/2015/03/what-isis-really-wants/384980/
20. Ver: http://www.bloomberg.com/view/articles/2016-07-14/israel-s-army-doesn-t-need-a-rabbi-to-settle-debate-on-wartime-rape
21. Baseio-me aqui num artigo de Julia Reinhard Lupton e Kenneth Reinhard, "The Subject of Religion: Lacan and the Ten Commandments", *Diacritics*, 33, 2 (verão 2003), p.71-97.
22. Asad Talad; Wendy Brown; Judith Butler e Saba Mahmood. *Is Critique Secular?*. Berkeley: University of California Press, 2009, p.37, 40.
23. Ibid., p.40.
24. Ibid., p.46.
25. Ver: https://www.washingtonpost.com/world/middle_east/swedish-greens-jolted-by-claims-of-islamist-infiltration/2016/04/26/6e30ee88-0ba6-11e6-bc53-db634ca94a2a_story.html (26 abr 2016)
26. Ver: Peter Sloterdijk. *Was geschah im 20. Jahrhundert?*. Frankfurt: Suhrkamp, 2016.
27. Esta e todas as citações subsequentes sobre Ali foram tiradas de: https://www.theguardian.com/world/2016/jul/23/i-am-german-munich-gunman-took-part-in-shouting-match-during-attack
28. Ver: Étienne Balibar. "Violence: idéalité et cruauté". In: *La Crainte des masses*. Paris: Éditions Galilée, 1997.
29. Devo esta linha de pensamento a Engin Kurtay, Istambul.
30. Citado a partir de: http://www.theguardian.com/world/2016/feb/29/we-cant-allow-refugee-crisis-to-plunge-greece-into-chaos-says-merkel
31. G.K. Chesterton. *The Everlasting Man*. Disponível em: http://www.gkc.org.uk/gkc/books/everlasting_man.html#chap-I-i
32. Alenka Zupančič. "Back to the Future of Europe" (manuscrito inédito).

5. O sexual (não) é político (p.218-69)

1. Jacques Lacan. *Formations of the Unconscious (Seminar V)*. 25 jun 1958, citado a partir de: https://www.valas.fr/IMG/pdf/THE-SEMINAR-OF-JACQUES-LACAN-V_formations_de_l_in.pdf
2. Citado a partir de: https://newrepublic.com/article/121790/life-triggering-best-literature-should-be-too
3. Ibid.
4. Citado a partir de: https://www.radicalphilosophy.com/conference-report/benjamin-in-ramallah
5. http://www.huffingtonpost.com/nikki-johnsonhuston-esq/the-culture-of-the-smug-w_b_11537306.html

6. Citado a partir de: http://www.independent.co.uk/news/world/asia/north-korea-bans-sarcasm-kim-jong-un-freedom-speech-a7231461.html
7. Devo esta informação a Rebecca Carson, Londres.
8. Ver: http://www.cbc.ca/news/canada/british-columbia/pride-parade-vancouver-protest-1.3694172
9. Graham Harman. *Immaterialism*. Cambridge: Polity Press, 2016, p.122-3.
10. https://www.theguardian.com/world/2016/aug/30/france-manuel-valls-breasts-headscarf-burkini-ban-row
11. Citado a partir de: http://gotopless.org/gotopless-day
12. Mladen Dolar. "The Art of the Unsaid" (artigo inédito).
13. https://www.facebook.com/dampalestine/posts/10153409978136935
14. http://www.theguardian.com/world/2016/apr/16/canada-first-nations-suicide-crisis-attawapiskat-history
15. "HDPKK" é uma condensação malévola feita pelo autor das siglas HDP (o partido político pró-curdo, que tem mais de oitenta membros no Parlamento) e PKK (o movimento de resistência ilegal condenado pelo Estado turco como organização terrorista); o objetivo é deixar claro que o público e legal HDP nada mais é que a face pública dos terroristas.
16. O termo turco *delikanlı* usado aqui significa "homem jovem destemido" e é um termo jamais usado para mulheres; significa que o homem é forte o bastante para dizer a verdade, como *dobra*, que significa "capaz de dizer a verdade".
17. A palavra usada, *köleleştirme*, significa literalmente "fazer escravo".
18. Citado a partir de: http://www.aktuel.com.tr/yazar/suheyb-oguth/2015/08/17/butch-lezbiyenler-ve-hdpkk (17 ago 2015). Eu devo esta tradução a Engin Kurtay.
19. Lacan. *Écrits*. trad. Bruce Fink. Nova York: Norton, 2007, p.416-7. [Ed.bras.: *Escritos*. Rio de Janeiro: Zahar, 1998.]
20. Aaron Schuster. "The Third Kind of Complaint" (manuscrito inédito).
21. Alenka Zupančič. "Back to the Future of Europe" (manuscrito inédito).
22. E, na medida em que o outro grande antagonismo é o de classes, não poderíamos imaginar uma rejeição crítica homóloga da dualidade de classes? A luta de classes "binária" e a exploração também deveriam complementar a dualidade com uma posição "gay" (exploração no meio da própria classe dominante – banqueiros e advogados explorando capitalistas "honestos" e produtivos), uma posição "lésbica" (pedintes roubando de trabalhadores honestos etc.), uma posição "bissexual" (como trabalhador autônomo, eu atuo tanto como capitalista quanto como operário) e uma posição "assexuada" (eu fico fora da produção capitalista) etc.
23. Alenka Zupančič. Comunicação pessoal.
24. Louis Althusser. "Ideology and Ideological State Apparatuses". In: *Essays in Ideology*, Londres: Verso, 1984, p.163.
25. Condenso aqui uma leitura crítica mais detalhada da noção de Althusser de ideologia, do cap.3 de: Slavoj Žižek. *The Metastases of Enjoyment*. Londres: Verso Books, 2005.

Notas

361

26. Estou seguindo aqui as observações perspicazes de Henry Krips – ver o seu excelente manuscrito inédito "The Subject of Althusser and Lacan".

27. Existe, é claro, uma diferença-chave entre o judeu (a figura antissemítica do judeu) e a populaça (hegeliana): enquanto "o judeu como intruso que perturba a harmonia entre as classes" não é o judeu real, mas uma figura de fantasia antissemita, a populaça é uma "classe de não classe", um grupo a quem falta um lugar próprio no seio do edifício oficial. Enquanto os judeus devem supostamente agir como mestres clandestinos puxando as cordas por trás dos bastidores, a populaça é tão somente o que parece ser, um conglomerado sujo de atores desorientados – se suspeitarmos de um agente clandestino puxando as cordinhas da atividade caótica da populaça, o candidato ao papel será, mais uma vez, um agente com similaridade "judaica". (E, é claro, se a populaça viesse a se organizar, tratar-se-ia de um acontecimento radical.)

28. Bulent Somay. "L'Orient n'existe pas". Tese de doutorado defendida no Birkbeck College, Universidade de Londres, em 29 nov 2013.

29. Ver: https://thesocietypages.org/sociologylens/2014/11/18/nice-bag-discussing-race-class-and-sexuality-in-examining-street-harassment/

30. Deve-se igualmente notar que a ideia de uma "via intermediária" entre dois extremos é regularmente usada por conservadores, a começar pelo fascismo, que se concebia como a via intermediária orgânica entre os dois extremos de individualismo burguês e coletivismo comunista. Hoje, o mesmo se aplica à via intermediária entre o individualismo ocidental ativo e a inércia passiva oriental.

31. Ver: Catherine Millot. *Horsexe: Essays on Transsexuality*. Nova York: Autonomedia, 1990.

32. Ver: Nancy Fraser. *Fortunes of Feminism*. Londres: Verso Books, 2013.

33. Jean-Claude Michea. *Notre ennemi, le capital*. Paris: Climats, 2017, p.151.

34. Ibid., p.138.

35. https://lareviewofbooks.org/article/zizeks-transgender-trouble/

6. A tentação populista (p.273-336)

1. http://allnewspipeline.com/What_Martial_Law_Will_Look_Like.php

2. Citado a partir de: http://www.independent.ie/world-news/americas/donald-trump-mocks-hillary-clinton-over-disgusting-toilet-break-34309620.html

3. Ver: http://www.theguardian.com/commentisfree/2015/dec/13/dont-ban-donald-trump-just-laugh-at-him

4. Ignorância que é muito frequente entre os quase esquerdistas ao defenderem a Iugoslávia. Eu ainda me lembro de meu sorriso ao ler como, em sua condenação do bombardeio da Sérvia pela Otan, Michael Parenti deu plena expressão ao seu ultraje com o ataque sem sentido contra o carro da fábrica Crvena Zastava, que, segundo ele, não produzia armas... Bem, ao servir no Exército iugoslavo por um ano em 1975-76, eu mesmo estava equipado com uma arma da Crvena Zastava!

5. John Pilger. "Don't Forget What Happened in Yugoslavia". *New Statesman*, 14 ago 2008.

6. Porém, mesmo admitindo a premissa absurda do complô germano-vaticano para destruir a Iugoslávia, os Estados Unidos faziam realmente parte dele, i.e., eram desde o início realmente solidários com a desintegração da Iugoslávia? Quando, em junho de 1991, a Eslovênia anunciou que logo declararia independência, o secretário de Estado James Baker voou para Belgrado e declarou, diante da mídia, que se a Eslovênia tomasse abertamente iniciativas de secessão da Iugoslávia, os Estados Unidos não fariam objeção a que o Exército federal fosse convocado para preservar a unidade iugoslava – e, que surpresa, no dia imediatamente seguinte, Ante Marković, o último primeiro-ministro da Iugoslávia, deu ordem para o Exército federal entrar na Eslovênia. Assim, os Estados Unidos apoiaram "o compromisso de Marković com reformas orientadas para o mercado e construção de um pluralismo democrático", que fazia parte do seu projeto global, o qual incluía "apoio vigoroso à independência, à unidade e à soberania da Iugoslávia".

7. Ver: https://newrepublic.com/minutes/138412/slavoj-zizek-auditioning-cnn-roundtable

8. Frédéric Lordon. *Willing Slaves of Capital: Spinoza and Marx on Desire*. Londres: Verso Books, 2014, p.78.

9. Ibid., p.86.

10. Ibid., p.91.

11. Baruch Spinoza. *A Theologico-Political Treatise and A Political Treatise*. Nova York: Dover Publications, 1951, p.387.

12. Blaise Pascal. *Pensées*, trad. A.J. Kraisheimer. Harmondsworth: Penguin Books, 1966, p.21-2.

13. Lordon. *Willing Slaves*, p.80.

14. Ibid., p.84.

15. Ibid., p.84-5.

16. Ibid., p.85.

17. Ibid.

18. Ibid., p.89. Encontra-se uma linha de pensamento semelhante em *Against Hybridity* (Cambridge: Polity Press, 2015), de Haim Hazan: "antes temido, logo híbrido marginalizado, o perpetrador de pânico e desordem moral se deslocou para o núcleo legítimo da interação social ... A hibridez começou com a teoria racial e, em seguida, voltou-se contra o colonialismo e se tornou, finalmente, um pilar da cultura popular global". Hoje, "a tolerância infinita pela hibridização é acompanhada por tolerância zero pelo não híbrido". Apesar da natureza problemática de muitas de suas linhas de argumentação, Hazan está certo ao enfatizar o vínculo entre capitalismo global e multiculturalismo politicamente correto. Deve-se sempre ter em mente que hibridez é uma noção vaga, que cobre fenômenos tão diferentes quanto globalização, consumismo, teoria cultural, multiculturalismo etc.

Notas

19. Para uma breve apresentação da posição dela, ver: Chantal Mouffe. "Pour un populisme de gauche". *Le Monde*, 20 de abril de 2016, p.22.

20. Noam Chomsky. *Necessary Illusions: Thought Control in Democratic Societies*. Londres: Pluto Press, 1989, p.69.

21. Eric Santner (comunicação pessoal).

22. https://apnews.com/b80f7fd3e15e4add9b5ad7a417a73e3b

23. Theodor W. Adorno; Frenkel-Brunswik, Else; Daniel Levinson e Nevitt Sanford. *The Authoritarian Personality*. Nova York: Harper & Brothers, 1950.

24. Apoio-me aqui em: Alenka Zupančič. "AIMO" (em esloveno). In: *Mladina*, inverno 2016/17.

25. Citado a partir de: Bernard Brščič. "George Soros is one of the most depraved and dangerous people of our time" (em esloveno). *Demokracija*, 25 ago 2016, p.15.

26. Yuval Noah Harari. *Homo Deus: A Brief History of Tomorrow*. Londres: Harvill Secker, 2016, p.249.

27. Immanuel Kant. *Perpetual Peace: A Philosophical Sketch*, 1795. Disponível em: https://www.mtholyoke.edu/acad/intrel/kant/kant1.htm

28. Yanis Varoufakis (comunicação pessoal).

29. Todd McGowan (comunicação pessoal).

30. E o pobre Bernie Sanders? Infelizmente, Trump acertou na mosca quando comparou seu apoio a Clinton com um Occupy militante apoiando o Lehman Brothers. Sanders deveria ter apenas se retirado e permanecido em silenciosa dignidade, a fim de que sua ausência pesasse acentuadamente, nos lembrando do que estava faltando no duelo entre Clinton e Trump e mantendo, consequentemente, o espaço aberto para alternativas futuras mais radicais.

31. José Saramago. *Seeing*. Nova York: Harcourt, 2006.

32. Ver: http://www.criticatac.ro/lefteast/fredric-jameson-fascism-not-yet-there/

33. http://www.leftvoice.org/From-Farce-to-Tragedy-Zizek-Endorses-Trump?var_mode=calcul

34. Ver: https://www.theguardian.com/us-news/2016/oct/30/donald-trump-voters-rally-election-crowd

35. Alenka Zupančič. "Back to the Future of Europe" (manuscrito inédito).

36. http://www.latimes.com/opinion/op-ed/la-oe-marche-left-fake-news-problem-comedy-20170106-story.html

37. https://www.theguardian.com/books/2016/nov/12/hillary-clinton-we-failed-her-sarah-churchwell

38. https://www.theguardian.com/commentisfree/2016/nov/11/hillary-clinton-progressive-politics-supporters-donald-trump-win

39. Ver: http://www.dailymail.co.uk/wires/ap/article-3929004/Outrage-fear-fuel-continuing-anti-Trump-protests.html

40. Zupančič. "Back to the Future of Europe".

41. Ver: https://www.huffpostbrasil.com/entry/noam-chomsky-gop_us_56a66febe4 b0d8cc109aec78

42. Ver: https://www.youtube.com/watch?v=gRnUpVLc3Iw

43. Alain Badiou. *La vraie vie*. Paris: Fayard, 2016.

44. Ibid., p.67.

45. Citado a partir de: http://www.dailyscript.com/scripts/citizenkane.html

46. Ver: http://www.nytimes.com/2016/11/21/books/richard-rortys-1998-book-suggested-election-2016-was-coming.html?_r=0

47. Richard Rorty. *Achieving Our Country*. Cambridge, Mass.: Harvard University Press, 1999, p.48.

48. Citado a partir de: http://www.salon.com/2016/11/23/reactionary-democrats-trash-bernie-sanders-for-challenging-identity-politics/?utm_source=twitter&utm_medium=socialflow&utm_source=twitter&utm_medium=socialflow

49. Citado a partir de: https://www.theguardian.com/commentisfree/2016/nov/24/no-asians-no-blacks-gay-people-racism

50. Ibid.

51. Citado a partir de: https://www.thecairoreview.com/q-a/global-trouble/

52. Citado a partir de: http://www.politico.com/story/2016/11/nancy-pelosi-donald-trump-house-democrats-231716

53. https://www.theguardian.com/commentisfree/2016/nov/28/francois-fillon-threat-liberal-values-marine-le-pen-france

Finale: A solidão do policial global num mundo multicêntrico (p.337-49)

1. http://www.globalresearch.ca/america-is-on-a-hot-war-footing-house-legislation-paves-the-way-for-war-with-russia/5418035

2. Mike Davis. "The Coming Desert". *New Left Review*, 97 (jan-fev 2016), p.43.

3. Ver: https://www.theguardian.com/world/2016/dec/21/smog-refugees-flee-chinese-cities-as-airpocalypse-blights-half-a-billion

4. Ver: www.china.org.cn/china/2016-12/14/content_39913139.htm

5. Ver: https://www.theguardian.com/world/2017/jan/21/koblenz-far-right-european-political-leaders-meeting-brexit-donald-trump

6. Ver: https://www.project-syndicate.org/commentary/populist-war-on-women-resistance-by-slawomir-sierakowski-2017-02

7. Citado a partir de: http://www.realclearpolitics.com/video/2017/01/31/student_to_pelosi_young_people_do_not_believe_in_capitalism_can_we_fight_against_right-wing_economics.html

8. Ver: http://inthesetimes.com/article/17137/the_end_of_history

A marca fsc® é a garantia de que a madeira utilizada na fabricação
do papel deste livro provém de florestas que foram gerenciadas de maneira
ambientalmente correta, socialmente justa e economicamente viável,
além de outras fontes de origem controlada.

Este livro foi composto por Mari Taboada em Dante Pro 11,5/16
e impresso em papel offwhite 80g/m² e cartão triplex 250g/m²
por Geográfica Editora em fevereiro de 2019.